作者简介
··

　　田海洋　男，安徽安庆人，新疆喀什大学教育科学学院副教授，硕士生导师，主要从事教育史、思想史、民族教育研究。发表学术论文30余篇，主持多项各级各类课题，出版专著1部。

国
科
大学经典文库

中国近代德育理论研究

田海洋／著

中国文史出版社

图书在版编目（CIP）数据

中国近代德育理论研究 ／ 田海洋著 . —北京：
中国文史出版社，2016.8

ISBN 978-7-5034-8088-1

Ⅰ.①中…　Ⅱ.①田…　Ⅲ.①德育—教育理论—理论
研究—中国—近代　Ⅳ.①G410

中国版本图书馆 CIP 数据核字（2016）第 211153 号

责任编辑：李晓薇

出版发行：中国文史出版社
网　　址：www. wenshipress. com
社　　址：北京市西城区太平桥大街 23 号　邮编：100811
电　　话：010 - 66173572　66168268　66192736（发行部）
传　　真：010 - 66192703
印　　装：北京天正元印务有限公司
经　　销：全国新华书店
开　　本：170mm×240mm　1/16
印　　张：18.5
字　　数：332 千字
版　　次：2016 年 8 月北京第 1 版
印　　次：2016 年 8 月第 1 次印刷
定　　价：78.00 元

前　言

　　20世纪上半叶是中国教育现代化取得显著成效的时期,而作为教育重要组成部分的德育自然也不例外。不过,较之一般教育理论而言,德育理论现代化的进程似乎更为复杂,更体现出教育现代化总体进程中经常面对的新与旧、中与西、理想与现实等的曲折与矛盾。在近代复杂多变的社会面前,德育理论如何把握德育与社会现实需要之间的关系,从而使得促进人的发展和维护社会发展的功能得到协调,是其面临的突出难题。围绕这一难题,近代不同时期的教育工作者和研究者都进行了艰辛与可贵的探索,并依据时代主题给予了不同回答。他们的努力不仅为当时的教育提供了符合时代需要的价值引导,也使得德育理论自身获得了更大的生长空间。不仅如此,进入20世纪后,德育的独立性在制度上也得到了保障,从而使得德育逐渐从教育中分离出来成为一独立专门的知识领域。那么,半个世纪里,德育研究者如何思考德育问题? 涉及哪些德育基本问题? 而对这些问题的思考与探索是否也为一门学科的诞生提供了必要的理论准备? 因此,认真研究与总结这一时期德育理论发展的历史,就认识中国近代德育发展规律而言,应该说有着重要的理论意义。

　　我国近代德育理论虽然是在近代中国社会救亡图存的大背景下获得生存和发展空间的,有其特定的时代使命,但它对人的一般德性问题的求索和对社会道德问题的思考,以及对自身发展方式与途径等问题的探索等,这些对现实仍具有启示意义。于今而言,尽管社会许多领域都已取得骄人成绩,但同时整个社会的道德进步以及人的德性成长也由于价值空间的全面开放面临着巨大的风险和挑战,尤其是那些有重大影响的负面社会事件频频出现,更凸显了当今社会道德的难题。众所周知,我国改革开放尤其是市场经济建立以来,客观地说,不仅整个社会道德状况不尽如人意,而且学校德育成效也不怎么令人乐观。在这样的背景下,我们所面临的许多道德问题也许前人都曾经历过、思考过,在我们苦苦思索之际,借鉴历史就是一种明智的选择。

目 录
CONTENTS

第一章

中国近代德育理论的兴起

从鸦片战争至20世纪初的半个多世纪里,伴随列强入侵一次次的加深,中国封建社会的"末世"危机也日趋严重。面对严重危机,部分志士率先从"天朝上国"的迷梦中惊醒过来,开始了艰辛的由变"器"到变"道"的自强救亡过程。"器"变必然导致"道"变,通过东西道德的比较、批判、借鉴与吸收,到辛亥革命前后,以西方近代伦理道德思想为核心的新的道德体系逐渐萌芽。同时,随着西学东渐浪潮的推进,传统教育体系也在"道器之变"中发生了转型,新式学堂教育逐渐兴起,德育专门化趋势开始形成。近代德育理论正是在此基础上,并以新的道德体系为参照开始兴起。

第一节　传统道德的初步转型

一、鸦片战争前后新道德的缓慢酝酿

康乾盛世之后,嘉道年间的清王朝已是封建制度走向崩溃的时期。政治上的集权专制、经济上的空虚凋敝、文化教育上的压制专横、社会生活上的动荡不安等等,各种衰败迹象皆表明了封建末世社会的某种生存困境,而严重的社会道德危机正是其突出的表现。作为这一时期的智虑清明之士,龚自珍以其睿智和过人的胆识对其所处的封建末世道德状况进行了深刻的揭露,并对宋明以来作为统治阶级精神支柱的程朱理学若干核心道德准则予以深刻批判,从而开启了具有初步近代意义的道德价值观变革的先声。龚自珍所处时代已是清王朝内忧外患相当严重之时,社会道德败坏处处让人触目惊心,这种社会现实使他悲愤难平,对此他痛加鞭挞。"自乾隆末年以来,官吏士民,狼艰狈蹶。不士、不工、不商之人,十将五

六;又或飧烟草,习邪教,取诛戮;或冻馁以死,终不肯治一寸之丝、一粒之饭以益人"。① 寥寥几语便将整个社会道德沦丧状况暴露无遗。而封建官僚制度培养出来的这些"不工""不商"之人却能成为"政要之官",可他们只"知车马、服饰、言词捷给而已"。即使是清暇之官,也只"知作书法、赓诗而已"。② 除此之外,他们对国家大事则一无所能。而儒林士子们也只是"避席畏闻文字狱,著书都为稻粱谋"。③ 全然丧失身任天下的责任意识与使命精神。因此,他慨叹"历览近代之士,自其敷奏之日,始进之年,而耻已存者寡矣。官益久则气愈媮,望愈崇则谄愈固,地益近则媚益工"。④ 在中国这个以人伦道德著称于世的文明古国,耻感素来为士人所看重,如果作为社会精英的士大夫阶层失去了廉耻,那正是封建制度行将消亡的征兆。所以,他对官僚士大夫各种无耻败德行经抨击尤为激烈。"士皆知有耻,则国家永无耻矣;士不知耻,为国之大耻"。⑤ 并进一步指出:"农工之人、肩荷背负之子则无耻,则辱其身而已;富而无耻者,辱其家而已;士无耻,则名之曰辱国;卿大夫无耻,名之曰辱社稷。"⑥将官卿与士大夫的"无耻"直接视为"辱国""辱社稷"的行为。为了改变"耻已存者寡矣"的现状,他提出必须要"以教之耻为先"⑦,强调"知耻""有耻"的重要性。

　　为了解救社会道德危机,除了要进行"知耻"教育外,他并对造成危机的原因从政治、教育等多个方面作了较为全面的分析,尤其对程朱理学中压抑甚至违反人性的一些重要道德准则进行了解构和批判,在前人基础上进一步明确阐明了与理学道德观针锋相对的"人性有私"、"宥情"等道德思想,更难能可贵的是,他还提出了"尊心"这一具有近代意义的伦理命题。针对理学家所谓"大公无私"以及"存天理,灭人欲"的禁欲主义道德观,他接续清初顾炎武、黄宗羲以及清中叶戴震等思想家的思想,认为"人性怀私"是人性中本有的现象,人之"情"是人接应万物自然产生,"私""情"都是自然的、普遍的,并非是什么恶。他说:"圣帝哲后,明诏大号,劬劳于在原,咨嗟于在庙,史臣书之。究其所为之实,亦不过曰:庇我子孙,保我国家而已,何以不爱他人之国家,而爱其国家? 何以不庇他人之子孙,而庇其子孙……忠臣何以不忠他人之君,而忠其君? 孝子何以不慈他人之亲,而慈其亲?

---

① 龚自珍:《龚自珍全集》上册,上海:中华书局,1959 年,第 106 页。
② 龚自珍:《龚自珍全集》上册,上海:中华书局,1959 年,第 32 页。
③ 龚自珍:《龚自珍全集》下册,上海:中华书局,1959 年,第 471 页。
④ 龚自珍:《龚自珍全集》上册,上海:中华书局,1959 年,第 31 页。
⑤ 龚自珍:《龚自珍全集》上册,上海:中华书局,1959 年,第 31 页。
⑥ 龚自珍:《龚自珍全集》上册,上海:中华书局,1959 年,第 31 – 32 页。
⑦ 龚自珍:《龚自珍全集》上册,上海:中华书局,1959 年,第 31 页。

寡妻贞妇何以不公此身于都市,乃私自贞私自葆也?"①原来圣帝所为也不外保自己的国家,忠臣也只是忠于自己国家的君王,孝子自然孝自己的亲长,就连寡妻贞妇也是自贞自葆而不是相反,这说明"私"是普遍的,是人性自然地流露,"公而无私"有违人性的真实。至于"情",理学家通常将其与"欲"相连,并认为是万恶之源,故为"存理"必得"灭欲"。龚自珍认为,"情"是人与生俱来的,是人真实而自然的感情。因此,不但不应该消灭,反而应该得到尊重。"情之为物也,亦尝有意乎锄之亦;锄之不能,而反宥之;宥之不已,而反尊之"。② 在此基础上,他进一步指出了"情"与"文"的关系,"民饮食则生其情矣,情则生其文矣"。③ 饮食等日常之情是人行礼仪的物质基础,情足然后文生。这一思想是对抽象的修身养性、制情抑欲的儒家正统道德尤其是对理学先验天理的否定,具有唯物主义的积极内涵。就龚自珍所生活的时代而言,他关于"人性有私""宥情"等的道德主张在一定程度上包含了要求尊重人的个性、解放个性的进步意义。在"尊心"主张里,这一思想得到了更清晰的体现。所谓"尊心"即"自尊其心",根本的是尊重个人的主观意志,实际上就是尊重自我。中国传统道德最高规范是为"天命",《中庸》有"天命之谓性,率性之谓道,修道之谓教"。对此,朱熹解释为:"命,犹令也。性,即理也……董子所谓道之大原出于天,亦此意也。"④这也就是说天命就是天理,而天理本于天,是一切道与教应遵循的本源。人在天理面前,只能服从,并没有意志自由与选择的余地。龚自珍对这种传统天命观对人性的压制、对人自由意志的否认给予了勇敢的反驳。他说:"众人之宰,非道非极,自名曰我。"⑤旗帜鲜明地宣称每个人主宰自己的是我本身,而不是什么"道"或"极",这不啻是对天命的否定和对主体自我的弘扬。同样,在道德面前,人是一切道德规范的制定者,人的道德行为也是自我自由选择的结果,而不是对所谓天命的绝对服从。他说:"我光造日月,我力造山川,我变造羽毛肖翘,我理造文字言语,我气造天地,我天地又造人,我分别造伦纪。"⑥这样,他就把千百年来人与天命或天道之间的关系给颠倒了过来,尽管有夸大人的主观作用的嫌疑,但是它却在思想上初步实现了道德主体向自我回归,因而具有道德启蒙的重要意义。哲学家冯契对此予以了充分肯定,他指出:"近代伊始,龚自珍提出'众人之宰,非道非极,自名曰我',标志着近代自我

---

① 龚自珍:《龚自珍全集》上册,上海:中华书局,1959 年,第 92 页。
② 龚自珍:《龚自珍全集》上册,上海:中华书局,1959 年,第 232 页。
③ 龚自珍:《龚自珍全集》上册,上海:中华书局,1959 年,第 41 页。
④ 朱熹:《四书集注·中庸》,北京:中华书局,1957 年,第 7 页。
⑤ 龚自珍:《龚自珍全集》上册,上海:中华书局,1959 年,第 12 页。
⑥ 龚自珍:《龚自珍全集》上册,上海:中华书局,1959 年,第 12 页。

意识的觉醒,反映与商品经济相联系的人的独立性要求,这是近代价值观根本变革的开端。"①

当然,作为封建价值体系内部的士子,尽管出于正义对当时制度腐败和道德败坏给予了毫不容情的揭露与辛辣有力的批判,但他这样做的目的无疑仍是为了巩固封建制度的需要,所做的努力也基本上还是属于封建价值体系内部的调整,在鸦片战争前夜,他还不可能为新的道德体系的建立提供清晰的理论架构和足够的力量支持。不过,也正如上文冯契先生所说,他的道德思想开启了近代价值观根本变革的端绪,对近代的道德启蒙具有一定的激励作用。

鸦片战争的失败极大地刺激了部分先进知识分子的爱国之心。以林则徐、魏源等为代表的首批开眼看世界的地主阶级知识分子就以清醒的头脑开始明确提出系统改革内政和发展对外关系的要求。其中,魏源是他们中杰出的代表。针对当时内忧外患的现实情形,魏源首先喊出了"自修自强""富国强兵"②的口号,为了实现这一目的,他要求对内进行整顿,改革政治;对外破除闭关锁国政策,学习西方;对个体自身突出加强道德修养。就在这"一体三翼"的改革方案中,也包含着诸多引导近代道德变革的因素。

就推进近代道德变革而言,魏源改革思想中不少方面都具有明显的近代道德启蒙意义,他的经世致用思想和对外开放思想尤其突出体现了这方面的作用。他是当时名噪一时的今文学家,提倡实学,主张"通经致用"③,反对空谈,对汉学家推崇的所谓"圣学"以及宋学家刻意求之的"心性之学"这些不究实用的学问都提出了批评,认为"以匡居之虚理,验诸实事其效者十不三四",从而提出"以实事程实功,以实功程实事"④的思想,力求以"实事""实功"作为验证事之效用性的客观标准。针对当时流行的脱离社会实情、疏远实际生活虚浮的问学求道倾向,他一反儒者所谓倡言王道、耻言富强的传统,放言"富强"的重要。他责问那些只知"口心性,躬礼仪"之人,若"民虞之不求,史治之不习,国计边防之不问;一旦与人家国,上不足制国用,外不足靖疆圉,下不足苏民困,举平日胞与民物之空谈,至此无一事可效诸民物,天下亦安用此无用之王道哉"?⑤ 严厉批评了那些满口空谈"王道",不究国计民生之人忽视富强的重要性。所以,他认为"自古有不王道之富强,

① 冯契:《中国近代哲学史》上册,上海:上海人民出版社,1989年,第21页。
② 魏源:《魏源集》上册,北京:中华书局,1976年,第187页。
③ 魏源:《魏源集》上册,北京:中华书局,1976年,第206页。
④ 魏源:《魏源集》上册,北京:中华书局,1976年,第208页。
⑤ 魏源:《魏源集》上册,北京:中华书局,1976年,第37页。

无不富强之王道"①,把"富强"提高到与"王道"同等的高度,以说明其与"王道"的一致性。"王道至纤至悉,井牧、徭役、兵赋,皆性命之精微流行其间"。② 实际的王道与实事实功总是相联系的,因而也并不与富强相背。

魏源的实学主张是鸦片战争后对民族危机的反映,目的旨在推动学变,即由虚到实的转变,其根本在于求得国家富强。而他的对外开放思想则是这一主张的实际体现。鸦片战争失败后,清政府与各国列强签订了一系列不平等的条约,不但要赔偿白银、开放通商口岸,而且割地、丧失主权,这让魏源心情沉痛,而腐朽昏聩的统治者则以为条约已签,外夷已抚,从此又可以安享太平了。面对如此昏庸的政权,为了唤醒当权者的危机意识,也为了唤起广大士子的爱国热情和救国抱负,他受好友林则徐的委托编写了《海国图志》,在书中他又首次发出了"师夷长技以制夷"③的呐喊。"制夷"必须要先"知夷",了解夷敌的长处,学习并掌握夷技。在魏源看来,夷之长技主要有三:"一战舰,二火器,三养兵练兵之法。"④这主要指军事技术,除此之外,他的对外开放思想还涉及政治与经济方面。政治上他向国内介绍了西方民主政治制度,并给以赞美,有这样一段较详细的叙述:"廿七部酋分东西二路,而公举一大酋总摄之,匪椎不世及,且不四载即受代,一变古今管家之局,而人心翕然,可不谓公乎!议事听讼,选官举贤,皆自下始,众可可之,众否否之,众好好之,众恶恶之,三占从二,即在下预议之人亦先由公举,可不谓周乎!"⑤这种对民主政治的理解尽管还停留在其表层,但字里行间则明显流露出赞美之意。经济方面他拥护林则徐的主张,坚决反对鸦片走私,积极主张对外开展正常贸易,惠民以利,反对锁国。魏源对外开放思想是中国近代第一个比较系统的对外开放纲领,尽管这一纲领在他生时甚至也没有得到开明士子的积极响应,但却对其后的影响极其深远。第二次鸦片战争清政府因所受打击更加严重,教训更加深刻,故有心人重读《海国图志》,温故而知新,才逐渐领会魏源所说的"不善师外夷者,外夷制之"的道理。858年《天津条约》订立后,侍郎王茂荫向咸丰帝推荐《海国图志》,要求从中探明"御夷之法"和"抵制之术"。接着,王韬向江苏巡抚提出"用其所长,夺其所恃"的"自固自强之术"。《北京条约》订立后,曾国藩在奏折里提出了"师夷智以造炮制船"的预想。接着,冯桂芬在《校邠庐抗议》里提出"采西学"、"制洋器"的主张,称赞魏源的"'师夷长技以制夷'一语为得之"。随

① 魏源:《魏源集》上册,北京:中华书局,1976年,第36页。
② 同上。
③ 魏源:《魏源集》上册,北京:中华书局,1976年,第207页。
④ 魏源:《海国图志》上册,长沙:岳麓书社,1998年,第26页。
⑤ 魏源:《海国图志》下册,长沙:岳麓书社,1998年,第1611页。

之,洋务运动发生,左宗棠在《〈海国图志〉重刻本序》里认为,他在"同、光间"进行的造炮、制船的活动,正是体现了"魏子所谓'师夷长技以制之'的"方略"和"大端"。① 可见,中国人开始懂得开眼看世界,并自觉去探索西方新知识,追赶近代世界潮流,魏源的开放思想的确功不可没。

魏源的对外开放思想就其实际内容而言是属于"学""政"或"术""治"方面,并没有直接涉及"道"的内容。然而,为了挽救时局危情,他又极力强调"变"之重要。"三代以上,天皆不同今日之天,地皆不同今日之地,人皆不同今日之人,物皆不同今日之物"。② 天、地、人、物都在发生变化,而且"势则日变而不可复者也"。③ 提醒人们要善于根据时势变化及时做出变革,"小变则小革,大变则大革;小革则小治,大革则大治"④。他甚至提出"变古愈尽,便民愈甚"⑤的命题,不仅进一步强调了要及时"变古"的重要性,而且也指出了"便民"这一"变"的标准,以此作为衡量"变"进步与否的标尺。在魏源的思想中,"变"(或"革")的命题自然只与"术"(或"技")相关,但是,有着深厚传统文化根底的他也必知"道""器"并不相隔,并且可以沟通转化之理,正如"技可进乎道,艺可通乎神"⑥那样,在"技"的转化中也包含着"道"随之转化的必然逻辑。

与地主阶级开明知识分子要求通过体制内的渐进改革以求开新不同,农民阶级则在这个时候奋力拿起武器准备直接结束腐朽清王朝的统治,而建立一个新世界。太平天国革命历时 14 年,纵横 18 省,其时间之长、规模之大、声势之迅猛在中国历代农民革命史上都是空前的。它建立了农民革命政权,并颁布了具有农民革命特色的建国纲领,对清王朝的封建统治予以沉重打击,也极大冲击了封建主义的意识形态。在中国近代史上具有重要的深远意义。就道德建设而言,太平天国农民运动在破除封建道德权威方面确实发挥了不可忽视的作用,拆"圣像"、毁"圣书"以及"灭妖"的大肆宣传等等对封建统治阶级所遵从膜拜的圣人、圣主以及名教所采取的如此蔑视的态度和行为强烈震撼了整个封建社会。对此,曾国藩无不痛恨地说:"举中国数千年礼义人伦诗书典则,一旦扫地荡尽。此岂独我大清之变,乃开辟以来,名教之奇变。我孔子、孟子之所痛哭于九原。凡读书识字者,

---

① 刘学照:《魏源与近代中国民族觉醒》,《贵州大学学报》,1994 年第 4 期。
② 魏源:《魏源集》上册,北京:中华书局,1976 年,第 47 页。
③ 魏源:《魏源集》上册,北京:中华书局,1976 年,第 48 页。
④ 魏源:《魏源集》上册,北京:中华书局,1976 年,第 5 页。
⑤ 魏源:《魏源集》上册,北京:中华书局,1976 年,第 48 页。
⑥ 魏源:《魏源集》上册,北京:中华书局,1976 年,第 5 页。

又乌可袖手安坐，不思一为之所也?"①足见其对封建道德权威破坏之力。但农民革命对旧道德的"破"，并非表明相应的新道德的"立"。无论从洪秀全的《原道救世歌》《原道醒世训》《原道觉世训》，还是他的施政纲领《天朝田亩制度》中我们都很难说有所谓新道德的建树。其实，太平天国运动发生在西学东渐已有一定规模之时，从理论上来说，新道德的萌芽已经初步具备外在的必要条件，然而，农民阶级由于自身的局限性，并没有抓住这一历史机遇。作为旧的生产力代表，中国农民阶级与新的生产力之间是相疏离的。"农民革命可以给封建统治秩序以严重的打击，但是农民阶级不具备新的生产力，不能建立新的生产关系。消灭封建的经济制度和政治制度而代之以新的经济制度和政治制度，是他们所做不到的"。②对此，史学家翦伯赞所言更为明确："农民反对封建压迫剥削，但没有，也不可能把封建当作一个制度来反对。农民反对地主，但没有，也不可能把地主当作一个阶级来反对。农民反对皇帝，但没有，也不可能把皇权当作一个主义来反对。"③这就说明，太平天国农民革命建立的政权，只能是封建性的政权，因而，其相应的道德也只会是封建道德的复归。然而，尽管如此，清王朝的封建统治经此一击其权威性与合法性的社会根基和民众基础已经严重动摇则是显而易见，故从这方面而言，农民革命对整个封建道德（包括统治的权威性）的破击为其后新道德萌芽扫除阻力准备了必要的条件。

第二次鸦片战争后，以"自强""求富"为旗号的洋务运动在严重的内忧外患局面下正式拉开序幕，从而也使得像魏源等地主阶级开明人士的改革主张从思想走向了实践。洋务运动的领导人，如曾国藩、左宗棠、李鸿章、张之洞等，皆为地主阶级阵营中出类拔萃之辈，他们在与洋人打交道的过程中，切身领受过洋人先进的技术，并为之惊叹与歆羡。"轮船电报之速，瞬息千里；军器机事之精，工力百倍；炮弹所到，无坚不摧，水陆关隘，不足限制，又为数千年来未有之强敌"。④ 仰慕之余，对其与自身水平之间巨大的差距又难免不萌生一种强烈的王朝统治的危机意识。曾国藩在日记中这样写道："四更成眠，五更复醒。念纵横中原，无以御之，为之尤悸。"⑤正是这种王朝统治的危机感迫使他们不得不屈服于有碍"夷夏

---

① 曾国藩:《讨粤匪檄》,《曾文正公诗文集》下册,上海:商务印书馆,1937年,第168页。
② 胡绳:《从鸦片战争到五四运动》,北京:人民出版社,1981年,第95页。
③ 翦伯赞:《对若干历史问题的初步意见》,转引自沈嘉荣《太平天国政权性质问题探索》,重庆:重庆出版社,1985年,第13页。
④ 李鸿章:《筹议海防折》,沈云龙主编:《近代中国史料丛刊》续编第70辑,第692册,台北:文海出版社,第828页。
⑤ 《曾文正公手书日记》,咸丰十一年十月初三日,转引自罗炽等著:《中国德育思想史纲》,武汉:湖北教育出版社,第675页。

大防"的西方文明。洋务运动根本宗旨是"中体西用"或"变器不变道","道"为"体","器"为"用","体""用"之间是主与辅的关系。在他们看来,中国几千年的人伦道德是无须改变的,所缺的只是富强之术而已。以西学而辅中学,中国就可以去腐生机,并渐入佳境,就可以如列强那样自立自强了。因此,为了自强图存,他们都对西学予以相当重视。如,左宗棠在1866年奏请创建福建船政学堂时认为:"中国以义理为本,艺事为末;外国以艺事为重,义理为轻。彼此各事其是,两不相逾,姑置弗论可耳,谓执艺事者舍其精,讲义理者必遗其粗不可也。谓我之长不如外国,导其先可也;谓我之长不如外国,让外国擅其能不可也。此事理之较著者也……至以中国仿制轮船,或疑失体,则尤不然。"①李鸿章于1876年在致友人信中谈到西学功能时也说:"中国所尚者道为重,而西方所精者器为多……欲求御外之术,唯有力图自治,修明前圣制度,勿使有名无实;而于外人所长,亦勿设藩篱于自隘,斯乃道器兼备,不难合四海为一家。"②而薛福成对此则说得更为明白:"今诚取西人器数之学,以卫吾尧、舜、禹、汤、文、武、周、孔之道,俾西人不敢蔑视中华。吾知尧、舜、禹、汤、文、武、周、孔复生,未始不有事乎此,而其道亦必渐被乎八荒,是乃所谓用夏变夷者也。"③这充分体现了洋务人士重"器"而守"道"的特点。然而,即便是如此,这些有限的异域文明"开新"之举还是遭到了守旧势力的猛烈抨击。如针对李鸿章的洋务活动,守旧派官员王家璧就攻击说:"今之设馆教幼童以洋学者,不过欲备他日船主、通事及匠作之用,非谓体国经野之才皆在此中,此外更无人也。洋人在中国者,尚请中国文士教习经史,是能用夏变夷。李鸿章何乃欲胥中国士大夫之趋向,尽属洋学乎?"④这实际上暗示李鸿章办洋务是在"用夷变夏",其用心之险恶昭然若揭。而另一顽固派官员丁凌辰在《奉旨会议海防事宜折》中也有类似斥责:"李鸿章复请各督抚设立洋学局,并议另立洋务进取格,至谓舍变法用人断无下手之处。是古圣先贤所谓用夏变夷者,李鸿章、丁日昌直欲不用夷变夏而止!"⑤可见,当时洋务运动面临的阻力是很大的。

洋务学堂与洋务企业是洋务运动在客观上起到推动社会风气转变的二个重要方面。先就学堂而言,尽管洋务运动期间新式学堂甚少,而且多以"技艺"学堂

---

① 左宗棠:《拟购机器雇洋匠试造轮船先陈大概情形折》,沈云龙主编:《近代中国史料丛刊》续编第65辑,第642册,台北:文海出版社,第692-693页。
② 《庸庵全集·文编》卷二,转引自曹运耕:《体用之辨与近代教育思潮》,《扬州大学学报》(高教研究版),1998年第1期。
③ 薛福成:《筹洋刍议·变法》,沈阳:辽宁人民出版社,1994年,第90页。
④ 中国史学会主编:《洋务运动》一,上海:上海人民出版社,第129-130页。
⑤ 中国史学会主编:《洋务运动》一,上海:上海人民出版社,第121页。

为主,完全服从开展洋务的需要,但是这些学堂所授内容与课程已与传统儒家教育大相径庭。仅以上海广方言馆和天津水师学堂为例。在前者,下班学生学习的科目有算学、代数学、数学、几何学、重学、天文、地理、绘图以及外国语言文字等;上班学生学习的科目更细也更多。① 在后者,驾驶班课程分内场课、外场课两部分。内堂课目有国文、英文、数学、代数、几何、平弧三角、立体几何、天文、驾驶、海上测绘、丈量学、静重学、水重学等;外场课目有陆军兵操、枪炮法理、弹药及引信法理、信号、升桅操练等。管轮班内堂课目有国文、英文、数学、几何、代数、立体几何、三角、化学、物理、静重学、水重学、汽学、力学、锅炉学、桥梁学、制图学、轮机全书、煤质学、手艺工作学、鱼雷学等。② 显然,这些科目已经冲缺了儒家传统纲常名教范围,而在新式学堂中掀起了崇尚西方自然科学知识与技术之风,就性质而言,它无疑构成了对传统教育严重的挑战。再就洋务企业而言,洋务派首先筹建的是一批官办军工企业,如江南制造局和金陵制造局、福州船政局、天津机器局、湖北枪炮厂等。这些军工企业引进了西方先进的科学技术和机器生产方式,并通过办理相应教育来满足对人才的需求。军事工业的发展必然促进交通运输等其他民用工业的产生和发展。自70年代到90年代,洋务派也创办了20多个以官督商办为主要形式的近代民用企业,如轮船招商局、机器织布局、矿务局、电报局等。这些企业不仅身负"强国"重任,而且在面对西方商品、资本大量入侵,中国传统封建自然经济面临解体情况下,也有与洋人争利的一面。

洋务运动尽管在主观意图上"变器不变道",但是30余年执着"变器"的努力则在客观上起到了"器变"前提下的"道变",为后来新道德的萌生进一步准备了必要的物质基础和社会条件。"洋务主义在客观上对中国资本主义的产生和发展,的确起了重要的刺激和促进作用,对破坏封建小生产方式惊醒整个社会氛围起了巨大影响"。③ 近代军事工业与民用工业的举办,海军的建立,新式学堂的创办,以及派遣留学生等等,这些具有划时代意义的创举都源源不断地向僵硬的传统体制输入了新的经济与文化因素,从而使得中国这个古老文明之邦开始缓缓走出中世纪并向着近代化迈出了实质性的一步。

在洋务企业兴办的同时,属于民族资本主义经济性质的商办企业也开始出现。据统计,自1869年至1894年,这种企业有50多个,主办者多半是官僚、地主

---

① 高时良编:《中国近代教育史资料汇编·洋务运动时期教育》,上海:上海教育出版社,1992年,第182页。

② 高时良编:《中国近代教育史资料汇编·洋务运动时期教育》,上海:上海教育出版社,1992年,第445页。

③ 李泽厚:《中国近代思想史论》,天津:天津社会科学院出版社,2003年,第39页。

和商人。这些企业虽然规模不大、实力也还有限,但作为一种新的生产方式则代表着社会发展的进步方向。它一反中国社会素来"重农抑商""重义轻利"的传统,公然表示出重利的价值取向。民族资本的滋长也催生了自己的代言人,即以郭嵩焘、王韬、马建忠、薛福成、郑观应等为代表的早期资产阶级改良派。他们中多数都是亦官亦商,有的还是当时社会知名的政论家,与曾国藩、李鸿章等洋务派人士不同的是,他们基本上都曾直接跨出国门,考察过西方国家,亲身体会过资本主义社会所谓以民主和自由为标志的现代文明,并受过西学熏陶,故而对西方国家何以富强、中国何以贫弱都有较为清醒的认识。在他们的思想中,发奋图治、自强御侮的爱国情怀是进步知识分子所共有的,但在道德情操上,则较一般进步的士大夫更有胆识,不仅积极宣称"利"在一国富强中的重要性,而且公开为"利"正名。"唯有利而后能知义,亦唯有义而后可以获利。圣人立身行义,舍生取义,而治国平天下之经不讳言利。且日亟亟焉谋所以利之者,圣人之仁也,即圣人之义也。盖为天下中人计也,公其利于天下,溥其利于万民,即以食其利于国家,享其利于后世。故天下之工于言利者,莫圣人若也"。① 陈炽的这段话对义利关系作了比较透彻的概括,指出所谓"义"要通过"利"才能得到体现,而"利"的获得也以"义"为行动根据。圣人谋天下之利本身就是圣人之仁义的表现,仁义不与"利"相隔,故而天下善言利者莫若圣人。这样就将天下都受利作为衡量"义"的道德标准,从而很好地将义利统一了起来。早期改良派在义利观上的这种立场同其"重商"的思想是一致的,也可以说"义利统一"观是"重商"思想及其实践的伦理基础。除了因"重商"的需要而为"利"正名外,早期改良派也因教育培养人才的需要而重视"智德"。所谓"智德"即是以智为德。先儒曾以仁义礼智信为五德,而早期改良主义者则依据改革需要而尤其注重人才的自觉性与理性才能。"世以仁义礼智信为五德,吾以为德唯一而已,智是也。有智则仁非伪,义非激,礼非诈,信非愚,盖刚毅木讷近仁,仁之偏也。煦妪姑息近仁,亦仁之偏也。慷慨奋发近义,复仇蹈死近义,皆未得义之中也。礼拘于繁文缛节,周旋揖让则浅亦。信囿于硁硁自守,至死不变则小矣。而赖智焉有以补其偏而救其失。智也者,洞彻无垠物来,毕照虚灵不昧,运用如神。其识足以测宇宙之广,其见足以烛古今之变。故四者皆赖智相辅而行,苟无以济之,犹洪炉之无薪火,巨舟之无舟楫也,安能行之

---

① 陈炽:《续富国策·分建学堂说》,转引自罗炽等著:《中国德育思想史纲》,武汉:湖北教育出版社,1998 年,第 702 页。

哉!"①王韬以"智"为德之根本,从本质上说是对传统教育崇尚"仁义"虚理的有意矫正,尽管其本意是为了培养有别于传统才能标准的人才的需要,但在人才道德标准上无疑也是一种革新,是对传统以"仁"为首的道德标准观的否定。

在早期改良派思想家中,郑观应是一位杰出的代表人物,他于甲午战争前后出版的《盛世危言》是一部集中体现这个阵营倡导自强求富与维新变法思想的重要著作,其中"变法"(政治方面)与"商战"(经济方面)思想是其最突出的特色。在政治方面,他主张中国上效三代之遗风,下仿泰西之良法,设议院,体察民情,广采众议。如此,"则长治久安之道,固有可预期矣",②赞美"议院者,公议政事之院也。集众思,广众益,用人行政,一秉至公,法诚良,意诚美矣!"③他将西方议会制度作为一项政治改革主张直接提了出来,这一点是洋务派人士无法也不敢企及的,同时也较王韬、薛福成、马建忠等人更进一步,他们只是把西方议会制度当作一种政治常识来进行启蒙式的宣传。"议院为国人所设,议员即为国人所举。举自一人,贤否或有阿私;举自众人,贤否难逃公论"。④ 这也可以体现他对资本主义社会民主政治的向往之情。在经济方面,为了阻止西方资本主义的经济侵略,主张同其"决胜于商战"。他在分析外国资本主义对华侵略所采取的"兵战""商战""传教"等几种手段时,指出列强侵略实以"商战"为本,"兵战"为辅,经济侵略比军事侵略更具隐蔽性与危害性,"彼之谋我,噬膏血匪噬皮毛,攻资财不攻兵阵……故兵之并吞,祸人易觉,商之掊克,敝国无形"。⑤ 有鉴于此,他在王韬、薛福成等人"重商"思想基础上,明确提出"习兵战不如习商战"。⑥ 这一富有近代特色的强国主张,呼吁保护民族工商业,发展民族资本主义经济。"商战"思想与"重商"思想在目标上大体是一致的,但与洋务派主张的"官督商办"思想有别。《盛世危言》中"变法"与"商战"的思想主张直接挑战了封建君主专制制度以及"农本商末"传统价值观及其相应人才观,它以超越洋务一般认识的高度为近代中国社会救亡图存指明了新的方向。所以,此书一经出版,为识时务者争相购之,其影响波及上自皇帝下至臣工,并为随之而来的维新变法运动开启了新思路。

---

① 王韬:《弢园文录外编·智说》,转引自罗炽等著:《中国德育思想史纲》,武汉:湖北教育出版社,1998年,第704－705页。
② 郑观应:《易言·论议政》,转引自夏东元编著:《郑观应年谱长编》上卷,上海:上海交通大学出版社,2009年,第76页。
③ 郑观应:《盛世危言·议院上》,沈阳:辽宁人民出版社,1994年,第47页。
④ 郑观应:《盛世危言·议院上》,沈阳:辽宁人民出版社,1994年,第49页。
⑤ 郑观应:《盛世危言·商战上》,沈阳:辽宁人民出版社,1994年,第238页。
⑥ 同上。

二、清末民国初期新道德体系核心价值观的萌芽

甲午一战,泱泱大国败于"蕞尔小国"的事实使举国皆惊,它不仅宣告洋务派辛苦经营30余年的洋务运动最终破产,而且也把亡国灭种的危机一下子摆到了人们的眼前,愤懑、恐慌与沮丧等情绪充塞朝野。于是,先进的爱国人士在反思中又开始积极寻求救亡良策。康有为将当时一切社会弊病的根源归结为"笃守旧法而不知变",在他看来"法既积久,弊必丛生",处列国竞争之世,笃守旧法没有不亡之理。故而要想自救,"旧法不能不除","全变则强,小变乃亡",并公开提出,变法"莫如取鉴于日本之维新"。① 康有为的"全变"观显然是对洋务运动的反思,是在比较日本变法基础上对洋务运动以来各种旨在"变器不变道"之事的反思和总结。"全变"观点的核心当然在"变法",即"变器复变道"。只有"全变"才能找准病根,才是救病之方。从而他的这一"全变"观为甲午战争之后整个维新变法运动提供了总的政治改革纲领。

康有为的"全变"观第一次将"变道"明确提了出来。之前的洋务派以及早期改良派人物尽管在"变器"方面表现出不遗余力,但却总囿于"道""器"之分,固守"天不变道亦不变"的教条,恪守名教传统,终使几十年的洋务努力功亏一篑。受甲午战败的刺激,以康有为、梁启超、谭嗣同、严复等为代表的资产阶级维新派人士深刻总结并接受洋务运动的经验教训,认识到只"变器"的社会变革无法实现救亡的使命,非深入到制度与思想领域进行变革不可。因为道为器之道,器变了,道也必须要进行变革,若只变器不变道,新器与旧道不相协调,则无法使新器尽其利。

资产阶级维新派以"进化论"为武器,对封建专制统治及其精神支柱的封建纲常进行了尖锐批判,并对资产阶级的自由、平等、博爱等伦理道德思想进行了广泛宣传。尽管他们对其在理解上不尽一致,侧重点也有所不同,但据此批判旧道德的态度则是十分一致的。康有为所表达的"博爱"观念,谭嗣同鼓吹的"平等"思想,以及严复对"自由"的深刻阐发,"完整地构成了当时反封建的启蒙强者"②。康有为推重孔子之"仁",并特别在"不忍人之心"的"博爱"意义上来规定和解说"仁",要求广泛发扬"仁者"的"博爱之德"。谭嗣同重视平等问题,认为"朋友"是"五伦中于人生最无弊而有益"的一伦,它体现了"自由"、"平等"、"节宣惟意"和

---

① 康有为:《上清帝第六书》,中国史学会主编:《戊戌变法》二,上海:上海人民出版社,第197－199页。
② 李泽厚:《中国近代思想史论》,北京:人民出版社,1979年,第281－282页。

"不失自主之权"的精神。为破除违反"仁"道的纲常名教罗网和锁链，谭嗣同要求废除"三纲五常"，而以最能体现"仁"的要求、最为合乎自然和人的本性的"朋友"一伦来替代之。严复早期非常重视自由问题，他在批判"中体西用"的基础上，明确提出了"自由为体，民主为用"的观点，从而把自由看作是比"坚船利炮"、民主政体更为重要和根本的东西。康有为、谭嗣同和严复等人对封建伦理纲常的激烈批判，以及对"自由、平等、博爱"的崇尚，成为后来资产阶级民主革命者批判封建伦理道德、提倡新道德的基本线索。①

　　维新派尽管对封建旧道德予以尖锐批判，并热情宣扬资产阶级的新道德，但对腐朽没落的清王朝并没有放弃希望。在戊戌变法失败后，他们对通过自上而下的改革以实现王朝自救仍抱厚望。而此时以孙中山为代表的资产阶级革命派则彻底看清腐朽政权的昏聩无能，举起了推翻清朝政权的革命大旗。在1905年同盟会成立之前，孙中山、蔡元培等资产阶级革命先行者就多次以革命的实际行动尝试推翻清王朝的封建统治，准备建立一个资产阶级的民主共和国。同盟会成立之后，孙中山就以"民族、民权、民生"三大主义为革命纲领，同维新派就要不要结束清朝政权等问题展开了激烈论战。通过论战资产阶级的人道主义精神，以及与之相应的自由、平等、博爱等资产阶级伦理道德观念得到了进一步传播。孙中山认为，人道主义是"人类的福音"，"自由、平等、博爱"则是人道主义的精髓，而人道主义与三民主义又是密不可分，它们本身就包含在三民主义之中。他把自己的"民族主义"、"民权主义"、"民生主义"分别比作法国大革命的"自由、平等、博爱"，认为"法国的自由和我们的民族主义相同，因为民族主义是提倡国家自由的。平等和我们的民权主义相同，因为民权主义是提倡人民在政治之地位都是平等的，要打破君权，使人人都是平等的……博爱和我们的民生主义是相通的，因为我们的民生主义是图四万万人幸福的，为四万万人谋幸福就是博爱"。② 这样，"自由、平等、博爱"就与三民主义融合一起，成为孙中山发动群众、领导革命和争取民族解放的根本道德教育纲领。

　　辛亥革命最终结束了中国两千余年的封建帝制，建立了资产阶级民主共和国。然而，革命胜利的果实却迅速被袁世凯窃取，代表封建旧道德的纲常名教又卷土重来。为了打破封建旧道德的束缚，已出任民国教育总长的蔡元培大力提倡公民道德，把法国大革命时代所标举的"自由、平等、博爱"作为公民道德教育的纲

---

① 葛新斌、郭齐家：《西学东渐与中国近代道德教育观的演变》，《华东师范大学学报》（教育科学版），1999年第1期。
② 《孙中山全集》初集，上海：三民公司，1925年，第43页。

领,力图为"未来之新道德开一新径"①。在他看来,"自由、平等、博爱"之义,乃"道德要旨之所在"和"一切道德之根源"。②对此,他通过比较中国和法国的社会历史状况,认为中国现在的情况类似法国,没有君政教会这两大障碍。因此,"教育界之障碍既去,则所主张者,必为纯粹人道主义。法国自革命时代,既根本自由平等博爱三大义,以为道德教育之中心点,至于今日益扩张其范围"。③ 显然,他的意图是要用资产阶级的新道德来改造封建主义的旧道德,以实现真正的民主共和目标。

从顽固派对西方文明一概排斥,到洋务派对西方文明有限度的接纳而于不自觉中所唤起的某种新道德意识;从早期资产阶级改良派对西方的民主、自由所具有的一些朦胧认识和向往,到甲午战争后,资产阶级维新派开始自觉以之为武器来批判封建伦理道德,再到资产阶级革命派直接引入法国大革命时"自由、平等、博爱"的人道主义,作为道德教育的根本纲领,可以看出,资产阶级伦理道德由酝酿到萌芽的艰辛过程,它同近代中国社会的演变由器物到制度再到思想文化的进程是一致的。当然,新道德体系的构建至此并没有全部完成,只是随着资产阶级革命对封建制度的胜利而暂时实现了道德纲领的转换,全面转换则是一个长期的历史过程。因为新旧道德之间的此消彼长或由对立到融合的变化是与整个民族的文化传统密切联系的,并为近代中国社会各个历史阶段实际的任务所制约。

清末民国初期整个道德体系的转换尽管还不全面,但是,以西方伦理道德思想为基本内容的新道德体系的核心价值观已是破壳而出,它不仅反映在此时先进人物的思想上,而且也体现于此时学校道德教育的纲领、目标、内容与标准上。由封建纲常名教到资产阶级民主自由,道德体系转换初步的实现有其特定的生态及其历史条件。本质上,道德是对利益关系的反映。在阶级社会里,占统治地位的道德总是反映并体现统治阶级的利益及其要求。从19世纪70年代到20世纪初,中国民族资产阶级逐步发展壮大,成为近代中国社会一支重要的生力军登上历史舞台,并最终用革命的方式显现了自身的力量。在中国民族资产阶级成长过程中,作为新的生产力的近代机器生产方式的出现,为新的伦理道德形态的诞生提供了现实基础。而为了进一步解放和发展新的生产力,就必然要求改革旧的生产

---

① 蔡元培:《在南开学校全校欢迎会演说词》,高平叔编:《蔡元培全集》第3卷,北京:中华书局,1984年,第47页。

② 蔡元培:《对于新教育之意见》,高平叔编:《蔡元培全集》第2卷,北京:中华书局,1984年,第132页。

③ 蔡元培:《华法教育会之意趣》,高平叔编:《蔡元培全集》第2卷,北京:中华书局,1984年,第415页。

关系,以为之扫除前进中的障碍。这就必然要求改革现有的政治制度以获得相应的政治权利,并且要在思想领域展开对旧道德的批判,使反映自身阶级利益的新道德获得更大自由生长的价值空间。然而,在 19 世纪末 20 世纪初的近代中国社会里,中国民族工商业的发展则显得十分艰难,外有列强各国的欺压,内受封建势力的盘剥与抵制,发展并不顺利。这种状况使得中国的民族资产阶级尽管作为阶级力量登上了历史舞台,但在发展过程中又不得不取得对内和对外的妥协,有时甚至对其还抱有某种幻想。因此,总的来说,此时的中国民族资产阶级还没有形成能够与封建势力相抗衡的独立力量,近代中国社会的转型也因这一新生力量还不够强大而未能全面实现。就道德体系转换而言,这种状况一方面使资产阶级新道德可以暂时冲破封建旧道德的硬壳向外生长,但另一方面又无法使其彻底脱离母体而独立,徘徊与胶着始终存在。

新道德是新生产方式的利益的反映,但清末民国初期新道德体系的构建又并非完全是近代中国民族资产阶级自身的衍生物,其中,西方文化的广泛传播起到了不可忽视的作用。在近代西学东渐浪潮中,传教士和留学生对西学东传都发挥了重要作用。若以甲午战争为界线,之前,传教士是传播西学的主体,之后,这一主体则逐渐为留学生所取代。到清末民国初期时,这两类主体通过大量传播西学都对近代新道德体系的构建产生了很大影响。尽管传教士传教与列强的"兵战""商战"同属侵略的一部分,但毋庸讳言,西方的科学知识与先进技术也随同一起被传播了进来。梁启超的《西学书目表序例》对此前的西学传播情况作了总结:"至今二十余年,可读之书略三百种"[1],并对其作了分类,"译出各书,都为三类:一曰学,二曰政,三曰教。今除教类之书不录外,自余诸书分为三卷:上卷为西学诸书,其目曰算学、曰重学、曰电学、曰化学、曰声学、曰光学、曰气学、曰天学、曰地学、曰全体学、曰动植物学、曰医学、曰图学。中卷为西政诸书,其目曰史志、曰官制、曰学制、曰法律、曰农政、曰矿政、曰工政、曰商政、曰兵政、曰船政。下卷为杂类之书,其目曰游记、曰报章、曰格致、曰西人议论之书、曰无可归类之书"。[2] 可以看出,此时译书涉及的范围广泛,但侧重面是在自然科学和工艺技术[3]。从表面上看,科学技术尤其是自然科学知识无关道德,它是纯粹的知识形态,而不是价

---

[1]　梁启超:《西学书目表序例》,《饮冰室合集》文集之一,北京:中华书局,1989 年,第 122 页。

[2]　梁启超:《西学书目表序例》,《饮冰室合集》文集之一,北京:中华书局,1989 年,第 123 页。

[3]　这一时期,除译书外,传教士所创办的报刊也是传播西学的重要载体,就数量而言,从 19 世纪 40 年代到 90 年代近半个世纪里,传教士先后创办了近 170 种中外文报刊,约占同时期我国报刊的 95%;就内容而言,除宗教知识外,"天文地理格致之学"也是其必备栏目。见方汉奇:《中国近代报刊史》,太原:山西人民出版社,1981 年,第 22 页。

值形态。然而正如西方近代以来科学势力的增长总与宗教势力的衰退相伴而行那样,借西学东渐之风而来的科学知识与先进的生产技术也同样使得封建纲常名教的神圣光环逐渐暗淡。科学知识广泛传播大大拓宽了人们的知识视野,改变了人们的认知结构与思维方式,使得长期停留并满足于自给自足生活方式中的人们洞悉了外在世界和自身世界的奥秘,发现了人自身所具有的巨大潜能,这使得人们有可能理性地重新审视相互间的关系。

甲午战争后,受战败刺激,留学人员愈益增多,规模也越来越大,尤其是进入20世纪留学规模急剧扩大,世纪初的几年里,仅留日学员就达万余人之多。此后,留学生就取代传教士成为西学东渐的主体力量。与前一阶段相比,此时留学人员所传播的西学有很大不同,主要是全面引进西方社会科学与人文科学。此方面,首开其端的是严复。他虽然是研究自然科学出身,但在近代中国风云激荡的社会变迁中,深感变法图强之要不在技艺,而在国人思想观念的根本变革。于是,他矢志向国人翻译介绍西方社会科学思想,先后将赫胥黎的《天演论》(1898)、亚当·斯密的《原富》(1901—1902)、斯宾塞尔的《群学肄言》(1903)、约翰·穆勒的《群己权界论》(1903)、甄克斯的《社会通诠》(1904)、孟德斯鸠的《法意》(1904—1909)、穆勒的《穆勒名学》(1905,未完)、耶芳斯的《名学浅说》(1909)①等等翻译进来,范围涉及近代西方的哲学、经济学、社会学、政治学、法学、逻辑学等。这些思想的引入极大开阔了中国人的眼界,尤其是《天演论》所介绍的“物竞天择”的进化观,在一代知识分子中间产生了强烈的震撼。这一时期进步知识分子大多能够自觉引此为同调,认识到要成功抵御列强的入侵,就必须要进行彻底的社会变革,不仅要改变旧的社会制度,而且更要改变旧的传统观念,否则就将被人类的进化所淘汰。严复之后,广大留日学员借道日本向国人更为全面、更为系统地介绍了西方人文社会科学的知识理论,包括伦理学的知识理论。为此,他们创办了大量的报刊,成立了专门的译书机构。在将西方近代人文社会科学系统接引进来的同时,也对西方著名学者的传记及其思想理论做了大量系统的介绍。

总之,西方文化的传播,为中国传统伦理道德在近代的转型提供了大量的知识背景、思想资料和理论参照系统,尤其是人文社会科学知识理论大量的导入,则直接将西方近代以来的政治思想和丰富的伦理道德思想介绍进来,成为近代学者批判传统社会和传统道德强大的思想武器,也成为他们宣传新道德和构建新道德体系的参照标准。有学者在论及西方文化的传播在传统道德近代转型中的作用时,提出以下三点认识,笔者认为有参考的意义,也是我们在如何看待西方文化对

---

① 王栻编:《严复集》第5册,北京:中华书局,1986年,第1581页。

解构传统道德以及构建新道德的作用时应该有的基本认识。"一是本土伦理道德近代资源的缺乏,使得他们把西方近代伦理道德作为先进标准的模式,向西方学习成为传统伦理道德近代转型的必然道路;二是传统的包袱十分沉重,救亡图存的历史使命集中了学者们的主要精力,没有来得及对西方文化作认真的咀嚼和全面的消化,没有在近代社会转型的实践中进行创造性转化,就导致了在建构近代伦理道德体系时中西文化的匆忙结合,存在着以中国传统道德观念解释西方近代思想的现象。三是中国传统伦理道德在近代的转型,从根本上说,并非西方列强入侵造成的偶然现象,而是反映了中国历史和传统道德发展的必然。近代学者在批判传统纲常名教时常常援明清之际学者为同调,就说明他们在思想上有着某种传承性,即传统道德发展变化的内在逻辑。近代社会的巨变充分暴露了传统社会本身的内在矛盾和自身不可克服的致命弱点,社会的发展必然突破传统的局限,西方文化的传入只是加速了这一过程,它导致了传统社会转型的惨烈,导致了传统伦理道德转型的艰难与曲折"。①

第二节　新式学堂中德育专门化趋势

一、新式学堂中德育课程的开设

我国近代的新式学堂教育可以上溯至洋务运动时期的洋务学堂。为了"自强""求富",洋务重臣们开办了一批由外语而军事、技术的洋务学堂,办起了洋务教育。这些学堂因其学习内容、培养目标等等与传统教育迥异,被称为新式学堂与新式教育。但是,洋务新式学堂教育是零散的,并没有形成系统的学制,其分科程度还很粗略,学习内容也主要以外语、自然科学知识以及技术知识为急务,此时,作为德育专门化主要标志的德育课程还未能从教育中分化出来。戊戌变法前后,随着西方学术分科观念的进一步传入以及各种社会思潮和教育思潮的激荡,少数新式学堂开始设有修身课程作为对学生进行道德教育的专门课程。至清末"新政"时,我国近代第一个学制颁布,德育专门化从此才获得了制度保障。新式学堂中德育课程的开设是与以下几方面因素密切联系在一起的。

首先,近代学术分科观念和学科意识的形成是其前提条件。在鸦片战争后的

---

① 张怀承:《略论传统伦理道德近代转型的社会历史条件》,《湖南农业大学学报》(社会科学版),2002 年第 4 期。

半个多世纪里,先进的中国人为了民族的救亡图存而努力学习西方,他们积极翻译西书,在将西方从"西艺"到"西政"的各门学科知识都接引进来的同时,也推动并加深了人们对西方学术分类观念和学科体系的认识。当然,在此期间,新教传教士在中国所致力的知识"普适性"与"现代性"的传播,对此也发挥了不可忽视的作用。1861 年,冯桂芬在《采西学议》中首次提出反映他"以中国之伦常名教为原本,辅以诸国富强之术"为指导思想的学术分科方案,它由"舆算之学"(包括算学、重学、视学、光学、化学、舆地学等)与三类"中学"(主要包括经学,如小学、算学;史学,如策论;古学,如辞章之学、散文、骈体、文赋、各体诗等)构成。之后,王韬于 1883 年在《变法自强》一文中,按照西方学术分科的观念和"分科立学"的原则,又继之提出了"文学"(主要指经学、史学、掌故之学和辞章之学)和"艺学"(主要指舆图之学、格致之学、天算之学和律例之学)的八科分类方案;较之冯桂芬,王韬提出的学科分类方案中"西学"科目在整个方案中所占的比例有了明显的提高,开始与"中学"呈并驾齐驱的态势,这体现了人们对近代学术分科认识的深化。进入 19 世纪 90 年代,伴随着西学输入规模的日益扩大和改革传统教育呼声的日益高涨,国人对学术分科观念和近代学科体系有了进一步的认识。陈虬、郑观应也在"分科立学"原则下提出了各自的学术分科方案。甲午战败,促使国人对以洋务运动及洋务教育为主要内容的中国早期现代化改革进行检讨和反思,并在此基础上推动了人们对西方学术分科观念及近代学科体系认识的深化。而随着教育改革高潮的到来,国人对近代学术分科及学科体系的认识,已不再停留在提出方案的阶段,而开始在办学实践活动中将新的学科分类方案具体化为课程设置体系。例如,梁启超所办的时务学堂、张元济所办的通艺学堂等都开始了分科办学的实践。在先前各种方案与实践经验基础上,张百熙于 1902 年提出京师大学堂"七科分学"方案。① 至此,近代中国人的学科意识已初步形成,它标志着传统学术开始了现代化的转型,这为德育从传统教育体系中分化出来,成为一门独立的知识领域准备了必要的前提条件。

其次,德育课程的开设是思想激荡的产物。自 1862 年京师同文馆创立至1902 年《钦定学堂章程》颁布的 40 年间里,少数"先时人物"②就已较早开始传入西方政治文化思想,然而,到 20 世纪,正如梁启超所说,它们已是"半属旧籍,去时

---

① 肖朗:《中国近代大学学科体系的形成——从"四部之学"到"七科之学"的转型》,《高等教育研究》,2001 年第 6 期。

② 梁启超:《南海康先生传》,《饮冰室合集》文集之三,北京:中华书局,1989 年,第 58 页。

势颇远"了,而且也"于新思想无与焉"。① 梁启超所说的"新思想"是指《辛丑条约》的签订使民族创痛巨深所激起的思想激变。此时,先进的知识分子激赏资产阶级社会政治文化与道德思想,热衷传播西方近代的"民主"、"自由"、"平等"、"民权"等资产阶级政治理念与伦理精神。对这一时期"新学家"求知于域外的情况,梁启超曾用"学问饥荒"、"梁启超式"输入以状之,而社会对此受欢迎之程度则"盖如久处灾区之民"。② 足见当时新思想传播的火热场景。针对西方政治伦理道德思想的肆意传播,张之洞则痛心疾首道:"中国今日之剽窃西学者,辄以民权自由等字实之。变本加厉,流荡忘返。殊不知民权自由四字,乃外国政治、法律、学术中半面之词,而非政治法律之全体也。若不看其全文,而但举其一二字样,一二名词,依托附会,簧鼓天下之耳目,势不至去人伦无君子不止。"③西学被大量引入,由此导致的"中学"与"西学"并存的局面消解了"中学"原本道德至上的传统地位,客观上加剧了"中学"与"西学"间的矛盾,尤其是西方近代新型的人文社会科学的大量引入,进一步激化了"中体西用"的内在紧张。就如当时有人担心的那样:"近年各省所设学堂,虽明为中西兼习,实则有西而无中"或"各省学堂既以洋务为主义,即以中学为具文。"④当传统教育的道德本位消弭于中西"学战"之中时,这种西"实"中"虚"的教育状况,无疑会加深人们对"中学"存亡的担忧。张之洞称这种"实"西"虚"中的做法为"学校流弊",并在《筹办湖北各学堂折》中提出预防此种流弊的三大要义:"一曰幼学不可废经书;二曰不可早习洋文;三曰不可讲泰西哲学",认为"中国之衰正由儒者多空言而不究实用。中国圣贤经传无理不包,学堂之中岂可舍四千年之实理而骛数万里外之空谈哉"。⑤ 以此为"中学"张目。所言之"流弊",显然针对西方的人文社会科学,称其为"空谈","不究实用",其目的在于恢复经学"实"理的地位,防范"西学"之"空"理对"中学"之"实"理的僭越。西方价值观念跨海而来,如水银泻地般迅速造成了一场思想维新之势,它与"实"西"虚"中的学堂教育相表里,终至引发近代德育课程建设时代的到来。

再次,德育课程的开设受新式学堂教育实践的影响。戊戌变法前后,新式学

---

① 梁启超:《清代学术概论》,北京:东方出版社,1996 年,第 89 页。

② 同上。

③ 舒新城编:《中国近代教育史资料》上册,北京:人民教育出版社,1981 年,第 204 页。

④ 总理衙门:《议覆李端棻推广学校疏》,《道咸同光四朝奏议选辑》,《近代中国史料丛刊》第 34 辑第 1 册,台北:文海出版社,1983 年,第 393 页。

⑤ 张之洞,端方:《前鄂督张鄂抚端奏陈筹办湖北各学堂折》,《教育丛书》第 3 集,上海:教育世界社,1903 年。

堂大量创办,这些学堂在仿照西式分科设教基础上,也开始将具有道德教育功能的课程独立出来,开设专门的德育课。如,无锡三等公学堂、广州时敏学堂等。前者所编的《蒙学读本全书》第四编专重德育,可以说是清末新式学堂较早使用的专门修身教材之一,其内容"用论语弟子章,分纲提目,系以历史故事……并译东西前哲懿行,示良知良能,为中外古今所同具"。① 后者在大学部开设专门的修身课,②现以其使用的修身课讲义为例说明此一时期修身教育的特点。其修身课讲义精心结构,分上、下两卷,上卷释身,下卷释修身。上卷对身的解释共分 12 纲,下卷分修身之法为四种,即选质、增力、铸脑、聚魂,以养成尽善尽美之身。而人尽善尽美之身又可以分为入世身与出世身,后者包括身出和心出,前者再分为所处之世(包括乱世、升平、太平)、所处之地(包括人伦身、男子身、女子身、教育身、政治身、商贾身、工艺身、耕种身等)、所处之境(包括富、贵、康、宁、修德、寿、贫、贱、昏、扰、恶、夭折)。③ 它借鉴中国传统哲学与宗教理论,并尽可能吸纳新知,详细解释了修身之道。但由于著者不通西文,失却参照,故所说难免有违现代科学精神,而且从哲学与宗教理论出发而论修身往往也会陈义过高,不切儿童实际。尽管存在这些不足,但从道德教育的内容范围来看,已经是对传统道德范围不小的突破,作为儒家伦理核心的"人伦"已被缩小到有限的部分。而这种情况在 1903年 9 月初版的《蒙学修身教科书》(初等小学堂用)中则有更进一步的体现。全书分修己、保身、待人、处世四个部分,每个部分考虑儿童实际接受能力又细分若干条目,每一条目有若干课的内容。从形式上看,其框架结构似乎还没有明确显示出道德教育的现代转向,但就具体内容而言,情况大有不同,不论是道德条目的设计,还是具体德目的释义,都在一定程度上体现出道德价值的现代追求。四个部分各自的具体德目如下:修己部分包括立身、求学、尚志、端品、道德、性情、言论、信实、强毅、勇敢、知耻、诤谏、节俭、嗜欲、仪容、自由;保身部分包括卫生、保脑、用心、惜力;待人部分包括父母、兄弟、朋友、师生、亲戚、公众、仆役、宽仁、礼让;处世部分含有交接、合群、义务、名誉、守法、纳税、财产、政治及爱国的内容。从上述德目来看,虽然传统道德内容依然占有多数,但不少反映现代道德价值内容的条目被纳入进来,若进一步考察这些德目的具体释义,也能反映出这一情况。例如,立身之第一课释身时,作者即说"我身为人,我身当为完全之国民"。④ 显然,这与传

---

① 朱有瓛编:《中国近代学制史料》第一辑下册,上海:华东师范大学出版社,1986 年,第 759页。
② 黄炎培:《清季各省兴学史》,《人文月刊》,1930 年第 1 卷第 8 期。
③ 龙志泽编:《时敏学堂修身科讲义》,《壬寅新民丛报汇编》,横滨:新民社,第 859 页。
④ 李嘉谷编著:《蒙学修身教科书》,上海:文明书局,1903 年,第 1 页。

统关于身的解释已经明显不同。清末学制颁布之后,伦理修身教育即在新式学堂普遍开展,这既为域外理论的传播提供了现实需要与机遇,也为人们借鉴外来思想进行德育改革提供了现实基础。

最后,"日本模式"也有启发作用。甲午战争深深刺激了国人,部分先进人士在认真反思这一事实的基础上,认为中国只有向日本学习,全面导入欧美近代文化和教育,才能取得现代化的成功。康有为在总结洋务运动及洋务教育失败的惨痛教训后,就明确提出"以强敌为师"①的改革方针,积极主张日本模式。1896 年,美国传教士林乐知也在《文学兴国策》的序言中这样写道:"日本崇尚新学,其兴也勃焉;中国拘守旧学,其滞也久矣。诚使当世主持学校之人,均奉是编为圭臬,当晓然于旧学之不足,与新学之可兴矣。"在当时社会背景下,《文学兴国策》被翻译介绍进来,既向国人解释了日本成功的"秘诀",又为"日本模式说"提供了有力证据,对清末以日本为模式的改革运动起到了推波助澜的作用。② 其实,张之洞也是这一时期"日本模式说"的热心倡导者,不过,他却一直谨慎拒绝着西方的伦理价值。当然,对于他的此种作为,仅用"预约变法"上谕中的一席话:"盖不易者三纲五常,昭然如日星之照世;而可变者令甲令乙,不妨如琴瑟之改弦"③,是不足以解释清楚的。实际上,它也包含着张之洞对严峻时局下如何经世的精细判断。1901 年,还在新学制颁布之前,罗振玉就奉张之洞之命赴日考察,次年 2 月归国并递交张之洞一份考察报告。在比较日俄两国有关教育情况资料后,张之洞发现日俄两国虽皆学习和借鉴西方,但俄国因采取"法兰西民主国之教科书,学生屡次滋事",而日本因保留修身和伦理,情况则不然。④ 这一考察与研究结果使他坚信圣贤道德和传统修身仍然具有重要的治国价值与教育意义,从而也更坚定了他对日本模式的认可。《学务纲要》(1903)第一条就明确指出:"外国学堂于智育体育外,尤重德育,中外固无二理也。"并且强调:"各学堂尤重在考核学生品行","造士必以品行为先"。于读经则认为:"中小学堂宜注重读经以存圣教","外国学堂有宗教一门。中国之经书,即是中国之宗教。若学堂不读经书,则是尧舜禹汤文武周公孔子之道,所谓三纲五常者尽行皆废,中国必不能立国矣。"⑤

---

① 康有为:《日本变政考》,蒋贵麟编:《康南海先生遗著汇刊》第 10 卷,台北:宏业书局,1976年,第 1 页。

② 肖朗:《〈文学兴国策〉与近代中、日、美文化教育交流》,《浙江大学学报》(人文社会科学版),2002 年第 1 期。

③ 陈旭麓:《近代中国社会的新陈代谢》,上海:上海人民出版社,1992 年,第 232 页。

④ 苏云峰:《张之洞与湖北教育改革》,台北:中央研究院近代史研究所,1983 年,第 174 页。

⑤ 舒新城编:《中国近代教育史资料》上册,北京:人民教育出版社,1981 年,第 200 页。

二、德育课程的制度性安排

1903 年底《奏定学堂章程》颁布,对各级各类学堂的德育课程均作了具体规定:初等小学堂、高等小学堂、普通中学堂、初级师范学堂设修身、读经讲经科;高等学堂及优级师范学堂设人伦道德一科;大学堂设理学专科;初等农工商实业学堂、中等农工商实业学堂设修身科;高等农工商实业学堂设人伦道德科(其中高等商业学堂设商业道德科)。① 1907 年颁布的《奏定女子小学堂章程》和《奏定女子师范学堂章程》又规定女子小学堂、女子师范学堂设修身科,以养女德。② 至此,德育课程遂在各级各类新式学堂的课程体系上全面、正式确立了下来,并取得合法性的首要地位。1909 年后,尽管学部对小学和中学进行了若干改革,但德育的首要地位并没有因之发生改变。

《奏定学堂章程》对中小学修身和读经讲经规定得尤其详细,对其地位及重要性、内容及教学课时数都有明确规定。关于修身科及读经讲经科在中小学堂整个课程体系中的地位,《奏定学堂章程》采用了《钦定学堂章程》的办法,即"修身第一、读经第二"。关于修身科的内容范围及教学时数如下表:

表 1-1　《奏定学堂章程》关于修身科内容范围及教学时数一览表③

学段	学级	周时数	内容范围
初等小学堂	一	2	摘讲朱子《小学》,刘忠介《人谱》,各种养蒙图说,读有益风化之极短古诗歌
	二	2	同上
	三	2	同上
	四	2	同上
	五	2	同上
高等小学堂	一	2	读《四书》之要义,以朱注为主,以切于身心日用为要,读有益风化之古诗歌
	二	2	同上
	三	2	同上
	四	2	同上

---

① 舒新城编:《中国近代教育史资料》中册,北京:人民教育出版社,1981 年。
② 舒新城编:《中国近代教育史资料》下册,北京:人民教育出版社,1981 年。
③ 舒新城编:《中国近代教育史资料》中册,北京:人民教育出版社,1981 年。

学段	学级	周时数	内容范围
普通中学堂	一	1	摘讲陈宏谋《五种遗规》,读有益风化之古诗歌
	二	1	同上
	三	1	同上
	四	1	同上
	五	1	同上

关于读经讲经科的内容范围及教学时数如下表:

表 1-2 《奏定学堂章程》关于读经科内容范围及教学时数一览表①

学段	学级	内容范围	每周时数	备注
初等小学堂	一	《孝经》《论语》	12	1909 年改制后,前两年不设读经,第三年改读《孝经》及《论语》,第四年为《论语》及《礼记》节本。
	二	《论语》《大学》《中庸》	12	
	三	《孟子》	12	
	四	《孟子》及《礼记》节本	12	
	五	《礼记》节本	12	
高等小学堂	一	《诗经》	12	
	二	《诗经》《书经》	12	
	三	《书经》《易经》	12	
	四	《易经》及《仪礼》节本	12	
普通中学堂	一	《春秋左传》	9(读6讲3,下同)	
	二	《春秋左传》	9	
	三	《春秋左传》	9	
	四	《春秋左传》	9	
	五	《周礼》节训本	9	

1909 年文实分科后,中学堂文科的修身成为通习课,而读经讲经则为主课;对

---

① 舒新城编:《中国近代教育史资料》中册,北京:人民教育出版社,1981 年。

于实科,修身及读经讲经都为通习课。在教学时数上,文科与实科的修身每周都为 1 小时,而读经讲经则不同,文科每周 10 小时,实科每周减为 3 小时。在内容方面,规定文科与实科的修身应摘讲《五种遗规》以及读有益风化之古诗歌,实科的读经讲经可以读《春秋左传》节本,而文科则有所变化,前三年读《春秋左传》,第四年读《周礼》节训本,第五年则读《易经》。

为保证上述制度安排的顺利实施,学堂章程不仅对两科的内容及教学时数有明确规定,且对教法甚至进程也给予了要求。例如,对于初等小学堂的修身,就要求教学"在随时约束以和平之规矩,不令过苦,并指示古人之嘉言懿行,动其羡慕效法之念,养成儿童德性";而对于读经讲经,则"其详略深浅视学生之年岁而定",并要求"务须平正明显切于实用"。① 从其制度设计来看,修身与读经讲经是有联系也有区别的两门课程,就内容而言,两者有一定重合之处,但教学时数后者要明显多于前者,这种情况既取决于两者不同的性质要求,也取决于相关但又各异的课程目的。就课程性质而论,修身贵在实践,学堂日常教学与管理中都有大量规则,这些都可以成为修身实践的一部分,而读经则不同,其实施途径仅在于知识教学。所以,从表面上看,尽管修身的教学时间少于读经讲经,但实际训练的时间则要多得多。再就课程目的而论,修身与读经尽管都有道德教育意味,但修身在于"涵养其性情"、"坚其敦尚伦常之心";而读经讲经则在于"端儿童知识之本","学成经世之用"。概括而言,前者在于"养成儿童德性",后者则在"切于实用"。在"造士必以品行为先"的教育总体要求下,学堂突出强调修身与读经的重要性是势所必然的。

清末新式学堂中专门德育课程的开设是在"中体西用"这一总体精神指导下进行的。尽管在后期洋务派那里作为"西用"的"器"已经可以由西艺进入到西政,但作为"中体"的"道"仍是不可变革的,一旦涉及道统,他们就会显得诚惶诚恐,而且在其看来,所谓世风日下、人心不古等各种社会乱象正是道统渐失的结果。张之洞在其所著的《劝学篇》中明确指出:"五伦之要,百行之原,相传数千年,更无异议。圣人之所以为圣人,中国之所以为中国,实在于此。"②在他看来,中国之所以为中国的根本原因就是因为有了相传数千年而无异议、作为百行之原的五伦,若五伦不在,必将国之不国。故而他说:"今欲强中国、存中学,则不得不讲西学;然不先以中学固其根柢,端其识趣,则强者为乱首,弱者为人奴,其祸更烈如不通西学者亦",这是因为"夫不变者,伦纪也,非法制也;圣道也,非器械也;心术也,

---

① 舒新城编:《中国近代教育史资料》中册,北京:人民教育出版社,1981 年,第 414－415 页。
② 张之洞:《劝学篇》,李忠兴评注,郑州:中州古籍出版社,1998 年,第 70 页。

非工艺也"。① 基于这样的认识,他明确指出:"中学为内学,西学为外学,中学治身心,西学应世事。不必尽索之于经文,而必无悖于经义,如其心圣人之心,行圣人之行,以孝悌忠信为德,以尊主庇民为政,虽朝运汽机,夕驰铁路,无害为圣人之徒也。"②"中学"与"西学"的关系在这里最清楚不过了,前者为治身心,后者为应世事。不过,与顽固派及早期洋务派相比,在如何对待"中学"上,张之洞"不必尽索之于经文"的主张又具有一定的积极意义。

在"中体西用"方针指导下,《重订学堂章程》(1903)就办学宗旨有如下规定:"至于立学宗旨,无论何等学堂,均以忠孝为本,以中国经史之学为基。俾学生心术壹归于纯正,而后以西学沦其智识,练其艺能,务期他日成材,各适实用,以仰副国家造就通才、慎防流弊之意。"③《学务纲要》中对此则有更为细致的要求:"各学堂考核学生,均宜于各科学外另立品行一门,亦用积分法,与各门科学一体同记分数。其考核之法,分言语、容止、行礼、做事、交际、出游六项,随处稽查,第其等差;在讲堂由教员定之,在斋舍由监学及检查官定之。但学生既重品行,则凡选派教员学职,均需推择品行端正之员以资表率。"④1906年,学部成立后,改定教育宗旨为:"忠君""尊孔""尚公""尚武""尚实",而把"忠君"与"尊孔"放在首位。1907年后,张之洞有鉴时情"道微文敝,世变愈危",还进一步倡设存古学堂以保国粹。认为"夫明伦必以忠孝为归,正学必以圣经贤传为本,崇正学明人伦,舍此奚由?"若"籍谈自忘其祖,司城自贱其宗,正学既衰,人伦亦废。为国家计,则必有乱臣贼子之祸;为世道计,则不啻有洪水猛兽之忧"。⑤ 这些思想都是对"中学治身心"原则的一以贯之。

总之,德育课程的制度性安排本质上反映了以张之洞为代表的清廷高官对时局的审度与把握。其中明显包含维护大清王朝的政治用意,但也有向外借鉴的合理因素,同时在一定程度上也反映了经历大变局之后的统治者更为深刻的危机意识,《清帝谕立停科举以广学校》中有言,学校"在于崇品行也:查科场试士,但凭文字之短长,不问人品之贤否。是以暗中摸索,最足为世诟讥"。⑥

---

① 张之洞:《劝学篇》,李忠兴评注,郑州:中州古籍出版社,1998年,第90页。
② 张之洞:《劝学篇》,李忠兴评注,郑州:中州古籍出版社,1998年,第161页。
③ 舒新城编:《中国近代教育史资料》上册,北京:人民教育出版社,1981年,第195页。
④ 舒新城编:《中国近代教育史资料》上册,北京:人民教育出版社,1981年,第200页。
⑤ 朱有瓛编:《中国近代学制史料》第2辑下册,上海:华东师范大学出版社,1989年,第506页。
⑥ 陈学恂主编:《中国近代教育史教学参考资料》上册,北京:人民教育出版社,1986年,第578页。

三、对德育教材内容体系的初步探索

清末"新政"的显著成果是颁布了我国历史上第一个近代学制。清末学制颁布后,新式学堂中德育课程普遍开设,为此,德育教材尤其是修身教科书的内容体系及其价值标准就成为一个至关重要的问题。《学务纲要》明定要求"各学堂尤重在考核学生品行","造士必以品行为先"。在当时,这既是对新式学堂教育提出的总要求,也是德育根本目的所在。然而,教育应该培养学生什么样的品行,又如何来培养这样的品行等问题对当时正处中西折冲之局中的教育者而言是极富挑战性的。

《奏定小学堂章程》对修身一科作如下要求:"其要义在随时约束以和平之规矩,不令过苦,并指示古人之嘉言懿行,动其欣慕效法之念,养成儿童德性,使之不流于匪僻,不习于放纵,尤须趁幼年时教以平情公道,不可但存私吝,以求合于爱众亲仁、恕以及物之旨。此时具有爱同类之知识,将来成人后即为爱国家之根基。"①政策制定者希望在新式教材里继续以先贤往圣的嘉言懿行来涵养儿童的德性,承继儒家传统的"正意、诚心、修身"的道德旨趣。应该说,这一道德旨趣在当时还是主流的声音。1905 年,两江总督魏光焘奏请编辑《中国伦理教科书》时,就明确指出:"近年日本骤致强盛,实由全国人皆有忠君爱国之心。观于明治 23 年所颁之《教育敕语》,及其国人之伦理教科书,皆本中国古圣贤所述之伦常道德,以为根本,用能强国势而固民心。足见其各项科学虽多取法欧美,而德育一科,仍必资我圣教。中国近年学生,往往习于嚣张恣肆,殆于圣贤根本,先未讲求,于蒙养之年,无以育成其孝悌忠信之气质。微臣愚见,拟请将中国经书、《小学》及日本所著伦理书,互相参酌,择要编辑,定为《中国伦理教科书》。"②而 1906 年 3 月《学部奏请宣示教育宗旨折》中,对此更是表露无遗,该奏折指出:"近世目论之士袭泰西政教之皮毛者,甚欲举吾国固有彝伦而弃之,此非以图强,适以召乱耳。东西各国政体虽有不同,然未有不崇敬国主以为政治之本者。近世崛起之国,德与日本称最矣。德之教育重在保帝国之统一。日本之教育所切实保障者,万世一系之皇统而已。……日本之图强也,凡其国家安危所系之事,皆融会其意于小学读本中,先入为主,少成若性,故人人有急公义洗国耻之志,视君心之休戚为全国之荣辱,视全国之荣辱即一己之祸福,所谓军民一体者也。……自泰西学说流播中国,学者往往误认谓西人主进化而不主保守,至事事欲舍其旧而新是图。不知所谓进化

---

① 舒新城编:《中国近代教育史资料》中册,北京:人民教育出版社,1981 年,第 414 页。
② 《东方杂志》,1905 年第 3 期。

者,乃扩其所未知未能,而补其所未完未备;不主保守者,乃制度文为之代有变更,而非大经大法之概事放弃。狂谬之徒误会宗旨,乃敢轻视圣教,夷弃伦纪,真所谓大惑矣。"①

当然,实际情况要远较上述复杂。张鹤龄在其所撰伦理学讲义之绪论里就这样认为,东西政教文物,有可变者与不可变者的分别,可变者为"法",不可变者则为"理","'法'愈变而'理'愈以长存"。他表示其编撰伦理学讲义的动机即在于"考求伦纪,归宗六经,参以先贤之讲说,证以史家之事迹,即咨环球立国之道,返求圣人先得之理。理为经焉,法为纬焉"。② 刘澄瀛的《伦理讲义》则以诸儒学案为主,将自以为"西哲诸说足与吾说相发明者"相附列,认为以"仁"为道德根本,"孝"为百行之源,此乃儒道精义,也即国粹所在。他既反感于"狃习故见、沿袭于末俗之弊而不知探乎道德之源"的"笃旧之士",也不满于"欲不问是非,取吾固有之道德一切推陷扫荡之以为快"的所谓"炫乎新奇者",而表示"当此时而因革损益,求所以适时变而无失我国粹,盖亦必有不得已者"。③ 这是有限度的对道德守旧的突破,初步体现了一种力图调和中西伦理的倾向。

那些受过新思想洗礼、有着现代知识的人们,其思想则已远远走在了前面。他们理性地对待传统,同时又不忘新思想的嫁接和植入,有的甚至毕生致力于国民道德的改造,自觉担负起改革国民道德的重任。蔡元培在《中学修身教科书》第一册之例言如是说:"本书悉本我国古圣贤道德之原理,旁及东西伦理学大家之学说,斟酌取舍,以求适合于今日之社会立说,务期可行。"④张元济在《答友人问学堂事书》一文中,也曾指出:"窃谓今日设学亦宜抱定此意,必学为中国人,不学为外国人,然又非中学为体,西学为用之谓也。""吾之意在欲取泰西之种种学术,以与吾国之民质、俗尚、教宗、政体相为调剂,扫腐儒之陈说,而振新吾国民之精神耳。"⑤

由以上可见,对于"品性"这一德育宗旨,拥有不同教育价值观之人其诠释也各异,而不同的诠释又影响到各自所编的教材内容体系及其特点。这一时期,由于各中小学堂都普遍开设了德育课程,因此急需大量新式教材。虽然读经科教材根据规定可以直接选用传统经书,但修身科教材则是新事物,伦理教材也大抵如

---

① 舒新城编:《中国近代教育史资料》上册,北京:人民教育出版社,1981年,第218页。
② 转引自黄兴涛:《清末新式学堂的伦理教育与伦理教科书探论》,《清史研究》,2008年第1期。
③ 同上。
④ 蔡振编:《中学修身教科书》第1册,上海:商务印书馆,1907年,"例言"。
⑤ 《张元济答友人问学堂事书》,《张元济诗文》,北京:商务印书馆,1986年,第170页。

此。其时各大出版机构,如商务印书馆、文明书局、学部编译图书公司、中国图书公司都积极参与了新式修身教材的编撰和出版。其中,商务印书馆编辑出版的《最新修身教科书》在形式与内容上最为完善。在学堂初兴,白话教科书未出现以前,此教科书盛行十余年,行销至数百万册,对学校德育影响很大。①

清末民初,修身教科书②、经训教科书以及伦理教科书都可称作德育教材,但其主要形式则是修身教科书,伦理教科书由于受当时教育方针和政策的制约,主要是翻译引进,国人自编的很少,而经训教科书只是选用传统经书。所以,就德育教材内容体系的探索而言,其变化主要体现在修身教科书上。

伦理教科书当时主要以翻译引进为主,其内容体系相互之间有差异,主要表现在:日本教材多是从修身教育角度来安排,其内容与修身教材多有重叠,如元良勇次郎、服部宇之吉等,而欧美教材多是从伦理学角度,细述伦理派别及道德演变史,这种特点也影响了国人。以刘师培的《伦理教科书》(1905)及陆费逵的《伦理学大意讲义》(1910)为例,前者分上下两册,各三十六课,上册主要论述治身之道,下册主要论述齐家之道及社会伦理;而后者则不同,更具伦理学本身的特点。

表1-3 刘师培《伦理教科书》内容体系简表③

教科书名称	内容体系	
	上册	下册
《伦理教科书》	释伦理之义	论家族伦理之起源
	伦理之起源	论家族伦理之利弊
	中国伦理学之派别	论父子之伦(上)
	论伦理与人类之关系	论父子之伦(下)
	论己身之重要	论父子之伦当实践
	论权利义务之界限	论兄弟之伦(上)
	论人当修身之故	论兄弟之伦(下)
	论修身之难易	论兄弟之伦当实践
	论心身之关系	论夫妇之伦(上)
	论人性有体用之殊	论夫妇之伦(下)

---

① 蒋维乔:《编辑小学教科书之回忆》,《出版周刊》,1935年第156号。

② 当时修身教科书一般配有修身教授书,以供教师教学时参考使用。

③ 刘师培:《伦理学教科书》,《刘申叔先生遗书》,宁武南氏校印,1934年。

续表

教科书名称	内容体系	
《伦理教科书》	论知之作用	论夫妇之伦当实践
	论情之作用	对于宗族之伦理
	论意之作用	对于戚党之伦理
	说命	论宗族戚党伦理均当实践
	说德	论对于奴仆之伦理（上）
	说才	论对于奴仆之伦理（下）
	说道	总论齐家之道
	说省身	结论
	说立志（上）	论公私之界说
	说立志（下）	论中国社会伦理不发达之原因
	说力行	论社会伦理之起源及范围
	说良知（上）	释仁爱（上）
	说良知（下）	释仁爱（下）
	说主敬	释正义（上）
	说义	释正义（下）
	说动静	释和睦（上）
	说扩充	释和睦（下）
	说主一（上）	论义侠
	说主一（下）	论秉礼
	说刚柔	论择交
	说清和	释服从
	说学	释诚信
	说尚武	论洁身
	说治生	对于师友之伦理
	说卫身	对于乡党之伦理
	说言语容貌	结论

　　从表1-3可以看出，刘师培《伦理教科书》的主要内容实际上是修身科的知识体系，涉及治身、家族伦理及社会伦理，但没有国家伦理的内容，这种内容体系的产生既与当时实际教育需求有关，应该说也同他反清的政治诉求不无关联。

表1-4　陆费逵《伦理学大意讲义》内容体系简表①

章	内容
一	序论
二	道德的判断之对象论
三	道德之发达
四	论道之本质
五	论道之应用
六	实际道德论
七	结论

陆费逵的《伦理学大意讲义》从其内容体系及知识结构来看,已不同于刘师培的《伦理教科书》,它更接近伦理学本身,这种现象说明清末伦理修身合而为一的状态将随着学科分化以及国人学科意识增强有逐渐解体的趋势。

表1-5　清末修身教科书内容体系简表②

教科书基本信息	内容体系
《中等修身教科书》	对国第一
	对家第二
	对人第三
	对社会第四
	对庶物第五
	结论
《修身学》	对于己身本务之概论
	对于家族本务之概论
	对于社会本务之概论(又云对于人之本务)
	对于国家本务之概论
	结论

----

① 陆费逵编:《伦理学大意讲义》,上海:商务印书馆,1910年。
② 参见杨志洵:《中等修身教科书》,上海:文明书局,1906年;孙清如:《修身学》,作者自刊,1908年;陆费逵述:《修身讲义》,上海:商务印书馆,1910年。

教科书基本信息	内容体系
《修身讲义》	对己
	对家
	对社会
	对国家
	教育家之天职

　　表1-5表明,清末修身教科书最显著特征之一在于其体系结构有趋同的倾向,已初步形成按对己、对家、对社会、对国家、对庶物(宇宙万物)来排序的内容格局,尽管不同教科书在论述顺序及其具体问题方面有所差异,但这一内容格局基本不变。再以商务印书馆编译所编成的《最新小学修身教科书》为例进一步说明其内容格局与特点。这套修身教科书也采用了泰西新伦理分类法,以德目编排的方式,按对己、对人、对社会、对国家的逻辑顺序来构建道德教育体系,中学修身内容则将这一体系进一步扩至国际及人类。在具体德目安排上,除了传统德目之外,一些反映西方近代社会生活的政治伦理和经济伦理如义务、自由、平等、治产、公平等则有较多吸收,力求突破"修己治人"的传统道德框架;即使是传统德目,在释义时也极力赋予新内涵。这足以说明,这些大变革时代的道德教育家们已能初步独自开出道德新境界,自觉为未来社会的新人做出道德归置。蔡元培编辑的《中学修身教科书》中通过总结中西伦理道德还阐发了一系列重要的德育思想。于第一册之修己总论,他说:"修己之道不一,而以康强其身为第一义,身不康强,虽有美意,无自而达也。康矣强矣,而不能启其知识,练其技能,则奚择于牛马,故又不可以不求知能。知识富矣,技能精矣,而不率之以德性,则适以长恶而遂非,故又不可以不养德性。是故修己之道,体育、智育、德育三者,不可以偏废也。"①遂全面表达了德智体三者间的密切联系,将人们对德育的认识提高到一个前所未有的科学水平。

　　清末专门德育课程的设置及其首要地位的确立反映了大变局背景下激烈的价值异动。德育在形式上获得了独立身份,成了专门的知识领域,开始作为现代教育大家庭中的成员,无疑这是这场改革运动所取得的可贵的教育成果之一,也为促进中国传统德育的现代转型向前迈出了可喜的一步。不过,在最核心的问题

---

①　蔡振(蔡元培)编:《中学修身教科书》第1册,上海:商务印书馆,1907年,第4页。

上,即德育价值中政治与道德的博弈则并没有如人们想象的那样随着德育成为一个独立的知识领域而从传统教育中解脱出来,从而成为新旧教育的分界线;相反,德育的工具价值进一步高扬,而贯穿其中的传统与现代、新与旧、中与西等等的矛盾也才端绪渐开,整个德育现代性进程只是随着自身独立身份的确立刚刚拉开序幕。

第三节　从伦理修身书看德育内容及其价值观的嬗变

一、清末民初伦理修身书概述

伦理与修身作为学堂新设的道德教育科目皆肇端于清末,是作为新式学堂里专门的德育课程而开设的。此时伦理与修身从概念角度而言并非界线分明,如商务印书馆所出版的各类修身书,一般都把"Ethics"译作"修身",而把"Moral Science"则译为"伦理学",这种情况表明此时的教育者们大致认为其间的不同不过是词源上的差异罢了。而从实际内容而言,这一时期的修身与伦理也并无多少差别,故而可以放在一起论述,并称修身伦理或伦理修身。当然,从学科性质来说,修身与伦理是有差异的,蔡元培在《中国伦理学史》中对此有明确说明。他认为修身是"示人以实行道德之规范",其内容"非得主持风化者之承认,或多数人之信用,则不能骤入于修身书之中";而伦理学则不然,"以研究学理为目的",故其内容"于一时之利害,多数人之向背,皆不必顾"。① 陆费逵也认为,"夫德教与国家有密切之关系",而"伦理学研究人间当行之道,与各国德教无涉,自由自在,唯真理之是寻"。② 此说法确实道出了修身与伦理间的不同。但是,在清末民国初期,伦理学所谓的"自由自在"其实是很令人担忧的,《钦定京师大学堂章程》中规定:"欧美日本所以立国,国各不同,中国政教风俗亦自有异。所有学堂人等,自教习、总办、提调、学生诸人,有明倡异说,干犯国宪,及与名教纲常相违背者,查有实据,轻则斥退,重则究办。"③从实际情形来看,此时的伦理学与修身科一样主要也只是作为道德教育的主干课程而存在,因而从道德教育的角度而言,作为教科而用

---

① 蔡元培:《中国伦理学史》,上海:商务印书馆,1910年,第1页。
② 陆费逵编:《伦理学大意讲义》,上海:商务印书馆,1910年,第6页。
③ 朱有瓛编:《中国近代学制史料》)第二辑上册,上海:华东师范大学出版社,1987年,第753页。

的伦理学与修身书的主旨实际上差别并不大,主要差别也只是学习内容程度上的不同,即小学堂主要学习并掌握一些与儿童生活关系密切的内容浅近的德目,往高年级内容逐渐加深,理论性也随之增强。由于这种缘故,伦理修身对德育理论发展的影响也就不言而喻。到民国初期以后,情况则有了不同,此时现代伦理学科的独立身份已确立,而修身科此时亦被公民科所替代,伦理就已明显区别于修身。

伦理学传入中土虽早在"癸卯学制"实施之前,但伦理教育及其专门学科化则是肇端于《奏定学堂章程》的颁布。之前的《钦定学堂章程》就已经对各大小学堂的伦理教育做出了明文规定,指出:"中国圣经垂训,以伦常道德为先,外国学堂于智育体育之外,尤重德育,中外立教本有相同之理。今无论京外大小学堂,于伦理修身一门视他学科更宜注意,为培养人才之始基。"①尽管它并未实行,但这一设想与要求却在随后颁布实行的《奏定学堂章程》中得到了全面贯彻。从小学堂到高等学堂,从普通教育、师范教育到实业教育的各级学堂,伦理修身教育全面铺开,它们一起共同担负起道德教育的使命。其实际情况大致为:小学堂以修身为主,中学堂、初级师范学堂、中等实业学堂主以修身,兼授伦理,各高等学堂包括优级师范学堂和高等实业学堂设有人伦道德或伦理。但不论何种学堂,修身伦理都是放在第一课程的位置,位于各学科之首。另外,在中小学堂里,还规定有读经课,除知识学习外,也是道德教育的重要方面。新式学堂里伦理修身教育如此大规模展开并得到高度重视,自然会带来一系列德育理论与实际问题。其中最核心的问题便是要进行什么样的道德教育、以什么为标准以及怎样进行道德教育等。

为了便于把握情况与说明问题,本文对这一时期出版的主要伦理修身书以时间先后为序稍作整理如下:②

(一)清末民国初期主要伦理学译著(包括编译)一览

《伦理教科书》井上哲次郎 高山林次郎著 樊炳清译 江楚编译官书局 1901 年

《道德进化论》户水宽人 广智书局 1902 年

《伦理学》元良勇次郎著 王国维译 科学丛书本 1902 年

《伦理书》日本文部省 樊炳清译 科学丛书本 1902 年

《新世界伦理学》乙竹岩造著 赵必振译 新民译印书局 1902—1904 年

---

① 朱有瓛主编:《中国近代学制史料》第 2 辑上册,上海:华东师范大学出版社,1987 年,第 753 页。

② 资料来源:中美百万册数据库(CADAL),《教育世界》合订本,并参考黄兴涛:《清末新式学堂的伦理教育与伦理教科书探论》(《清史研究》,2008 年第 1 期)。

《义务论》海文著 广智书局同人译 广智书局 1903 年

《斯迈尔斯自助论》中村正直译 中村大来重译《教育世界》第 46—50 号

《伦理学》(后改《中等教育伦理学》①)元良勇次郎著 麦鼎华译 广智书局 1903 年

《西洋伦理学史要》②(英)西额惟克著 王国维译 科学丛书本 1903 年

《伦理教科范本》秋山四郎著 董瑞椿译 文明书局 1903—1905 年

《道德法律进化之理》加藤弘之著 金康寿等译 广智书局 1903 年

《东西洋伦理学史》木村鹰太郎著 范迪吉译 会文学社 1903 年

《伦理学》中谷延治郎著 王章述 四川学报本 1905 年

《伦理学概论》③(英)模柯海特著《教育世界》第 101—116 号 1905

《威尔曼氏之教化学》《教育世界》第 96、97、99、100、101 号

《伦理学》(师范教科丛书)法贵庆次郎讲授 胡庸诰记录 湖北官书局 1905 年

《伦理学教科书》中岛德藏著 金太仁作译 东亚公司 1907 年

《伦理学》刑之寰译 河北译书局 1907 年

《是非要义》谢卫楼著 管国全笔述 通州华北协和书院 1907 年

《伦理学教科书》④服部宇之吉著 商务印书馆 1908 年

《国民道德谈》福泽谕吉著 朱宗英译 中国图书公司 1908 年

《伦理学讲义》四川速成师范编译 1909 年

《伦理学原理》(德)泡尔生著 蔡元培译 上海商务印书馆 1909 年

《青年德育鉴》越富勒著 屠坤华译 华泰印制公司 1911 年

《新道德论》浮田和民著 周宏业等译 上海商务印书馆 1919 年

　　以上为这一时期主要的伦理学译著,而此时国人自己编著的伦理书也开始出现,同时为配合新学制的要求,更有大量修身书籍问世,包括教科书与教授法,情况较前者纷杂。以下按时间先后对这一时期国人自己编著的伦理学书籍做一整理,而修身书则以此时几个较大出版社,如文明书局、商务印书馆、中国图书公司、学部图书局以及中华书局等出版的为主,兼重早期出版的相关书籍。

---

① 此书在出版之前《新民丛报》对其有过介绍,见此报第 9 号的"东籍月旦"和第 22 号的"绍介新著"。

② 《教育世界》曾于第 59、60、61 号上也连载过此书。

③ 《教育世界》从第 101 号起至 109 号,第 111 号至第 116 号止连载了此书,原作者名为英国模阿海特,但未注明译者。

④ 此书为商务印书馆编译所译。

(二)清末民国初期主要由国人自己编著(述)的伦理修身书一览①

《高等学校修身教科书》(高等小学用)教育改良会 商务印书馆 1902 年

《蒙学读本全书》(第 4 编为修身教科书)无锡三等公学堂俞复等 文明书局 1902 年

《时敏学堂修身科讲义》②龙志泽 上海有正书局 1902 年

《新订蒙学课本》(其中的初编为修身课本)南洋公学朱树人 南洋公学 1902 年

《修身》高凤谦 人演社 1902 年

《京师大学堂伦理学讲义》张鹤龄 京师大学堂 商务印书馆

《修身伦理教育杂说讲义》张鹤龄 京师大学堂

《初级蒙学修身教科书》庄俞 文明书局 1903 年

《蒙学修身教科书》李嘉谷 文明书局 1903 年

《小学修身教科书》刘剑白 文明书局 1903 年

《初等伦理教科书》吴尚 上海商学会 文明书局 1903/1905 年

《最新蒙学伦理书》李郁 达文编译书社 1904 年

《初等小学修身教科书》高凤谦等 商务印书馆 1904 年

《最新修身教科书》(初等小学用)商务印书馆编译所 商务印书馆 1905—1906 年

《伦理教科书》刘师培 国粹学报馆 1905 年

《中等伦理学》(上、下册)姚永朴 文明书局 1906 年

《官话女子修身教科书》(初等女学堂用)邵廉存 上海群学社 1906/1911 年

《中等修身教科书》杨志洵 文明书局 1906 年

《简易修身课本》杨天骥 商务印书馆 1906 年

《小学修身书》蒋智由 东京同文印刷社 1906 年

《初等小学修身新教科书》方浏生 乐群图书编译局 1906 年

《最新女子初等小学修身教科书》何祺 上海会文学社 1906 年

《初等师范学校教科书伦理学》商务印书馆编译所 商务印书馆 1906 年

《中学修身教科书》蒋智由 东京同文印刷社 1906 年

① 资料来源:中美百万册数据库(CADAL),《壬寅新民丛报汇编》,并参考黄兴涛:《清末新式学堂的伦理教育与伦理教科书探论》(《清史研究》,2008 年第 1 期),郑航:《中国近代德育课程史》(北京:人民教育出版社,2004 年)。
② 《新民丛报》第 18 号(1902 年 10 月 16 日)对此有介绍。

《初等小学修身范本》顾倬 文明书局 1907 年

《高等小学修身教科书》高凤谦等 商务印书馆 1907 年

《初等小学简明修身教科书》戴克敦等 商务印书馆 1907 年

《中学修身教科书》蔡振(蔡元培) 商务印书馆 1907—1908 年

《初等小学修身课本》张继良 刘永昌 中国图书公司 1907—1910 年

《初等小学修身书》陆费逵 文明书局 1907 年

《师范适用伦理学初步》均益图书公司 均益图书公司 1907 年

《伦理讲义》刘登瀛 直隶警务官报局 1908 年

《伦理学大意讲义》①陆费逵 商务印书馆 1908 年

《初等小学女子修身教科书》(后改为《女子修身教科书》)沈颐 戴克敦 商务印书馆 1908/1911 年

《高等小学女子修身教科书》沈颐 商务印书馆 1908 年

《新体高等小学修身书》国民教育社 文明书局 1910 年

《修身讲义》陆费逵 商务印书馆 1910 年

《简明修身教科书》陆费逵 商务印书馆 1910 年

《(世界的个人主义)伦理学》张纯一 上海广学会 1911 年

《新制中华修身教科书》(初级小学用)戴克敦 沈颐 中华书局 1912—1915 年

《共和国教科书新修身》(初级小学用)沈颐 戴克敦 商务印书馆 1912—1925 年

《中华中学修身教科书》缪文功 中华书局 1912—1922 年

《修身要义》樊炳清 张元济 高凤谦 商务印书馆 1913—1921 年

《新编中华修身教科书》(初级小学用)沈颐 范源廉 董文 中华书局 1913—1915 年

《新制中华修身教科书》(高小用)戴克敦 沈颐 陆费逵 中华书局 1913—1916 年

《共和国教科书新修身》(高小用)包公毅 沈颐 商务印书馆 1913—1916 年

《师范修身教科书》(上、下册)王仁夔 上海中国图书公司 1913 年

《修身教科书》(师范讲习适用)周日济 中华书局 1913 年

《伦理学大要》(师范讲习适用)周日济 中华书局 1913 年

《新制修身教本》(中学校用)李步青 中华书局 1914—1915 年

《实用修身伦理学讲义》(师范讲习用)李步青 中华书局

---

① 此书初版时间为庚戌年(1910)二月,民国五年(1916)六月第五版。

《共和国教科书修身要义》(上、下卷 中学校用)樊炳清 上海商务印书馆 1913 年

《伦理学精义》谢蒙 上海中华书局 1914 年

《中华女子修身教科书》(高级小学用)李步青 中华书局 1914—1915 年

《新式修身教科书》(国民学校用)方钧 中华书局 1916—1923 年

《新式修身教科书》(高级小学用)方浏生 中华书局 1916—1924 年

《新体修身讲义》(师范讲习科用)贾丰臻 上海商务印书馆 1918 年

上述伦理修身书弥足珍贵,有些虽不能够直接捧阅,也暂列其中,以助观览概貌。总体来说,这些书籍的基本特点可归纳为:其一,它们中绝大多数都是作为道德教育的教科书来使用的;其二,多数书籍主要用于中小学,这两方面的特点正反映了清末民国初期主持风化者对国民道德教育的高度重视;其三,伦理修身教育的内容及标准等方面发生了明显变化,从而直接影响了人们对学校德育的认识。

二、道德教育内容范围的变化

新式学堂里以伦理修身课的开设为主要标志的德育普遍展开后,人们首先面临的问题就是要进行什么样的德育,而对这一问题的思考显然因人们对学堂所肩负使命的不同理解而有所不同。巩固王朝基业、挽救民族危亡、启蒙民众智慧、化民成俗等一系列紧迫使命使得这一时期的学堂承载着人们太多的殷望和理想。反映在这一时期的学堂德育上,就是伦理修身教育的内容既新旧杂糅,又开始明显突破传统,道德教育范围显著扩大。中国传统伦理道德从纲领上说主要是儒道"三纲"并"五常",其本质是人与人之间的道德关系,即人们常说的私德,所包括的具体德目体系十分庞大,涉及人际道德的方方面面。鸦片战争后的社会巨变尤其是清末民国初期社会激变使得儒家传统伦理道德渐失其社会根基,成为先觉者改造社会时必欲首先改造的对象。考察这一时期的伦理修身教育,一个明显的事实就是它有了一个确定不移的西化外表,即道德教育的范围推己及人并傍及社会、国家与世界万有。当然,变换的外表之下内部也同样存在着激烈的价值异动。道德范围的变化反映着人们对道德及其教育的认识加深。

清末民国初期伦理修身教育的内容范围迅速发生变化是与外来影响密不可分的,其中,日本近代道德教育的影响尤为重要。从上述所列译著可以看出,日本不少知名伦理学者的著作都在这一时期传入进来,这对改变当时教育界伦理知识

的现状应当说发挥了有益的影响。现以文学博士元良勇次郎所著《中等教育伦理学》①和文学博士服部宇之吉所著《伦理学教科书》为例加以分析。前者由麦鼎华译出,1903 年 5 月上海广智书局出版,在出版之前,梁启超就曾于《新民丛报》第 9 号和第 22 号简要绍介过其内容结构与特色,并就东西伦理之不同及研究伦理之意义作了强调与说明。在他看来,中国自诩为礼仪之邦,宜若伦理之学无所求于外,其实不然,中国之所谓伦理者,其范围甚狭,未足以尽此学之蕴也。他以日本文部省近今所发训令中关于中学所教伦理道德之要领为例加以说明,列其要目为:一对于自己之伦理;二对于家族之伦理;三对于社会之伦理;四对于国家之伦理;五对于人类之伦理;六对于万有之伦理。若以之与我国传统伦理道德相比,其广狭全偏确如他所言,"相去奚翅霄壤耶",而元良勇次郎此书从内容结构而言正体现了两者之悬殊。此书分为前后两篇,前篇论道德实践,分对自己之观念即自我伦理、家族伦理、社会伦理与国家伦理;下篇论思想伦理,是其理论部分。在梁氏看来,日本伦理学著作不可不谓汗牛充栋,然堪称"简而要切实而致用者,未有此书若也"。② 可见,他对元良勇次郎这本被其誉为"得意之作"的重视程度了。梁启超一再推介此书,其原因当然如上所说,但同时也反映了他以此书为国人开一伦理新径的期待,故而他强调:"今者中国旧有之道德,既不足以范围天下之人心,将有决而去之之势。苟无新道德以辅佐之,则将并旧此之善美者亦不能自存,而横流之祸不忍言矣。故今日有志救世者,正不可不研究此学,斟酌中外,发明出一完全之伦理学以为国民倡也。"③中文译本由蔡元培作序,在序言中,蔡元培首先将我国自周以来的儒家伦理约而言之,称其"顾大率详于个人于个人交涉之私德,而国家伦理阙焉"。④ 法家尽管高扬国家主义,但又蔑视个人之权利,且其学说之传承无条理、无系统,不适于学堂教科之用。相形之下,他赞赏西方伦理学则自培根以后,日月进步,已成为一独立之学科,学说竞优。而对元良勇次郎在书中对待西洋伦理学说之态度及所持之观点则深为赞同,认为其深符教育之旨,并且希望"我国言教育者亟取而应用之,无徒以四书五经种种参考书,扰我学子之思想也"。⑤ 为此,他也招致了张之洞的嫉恨,以致随后一段时间不得不以蔡振之名著书立说。梁与蔡的推介无疑使得此书在国内迅速走俏,5 月出版后,即于同年 9 月

---

① 　此书原名为《中等教育伦理讲话》,1900 年出版;据查,元良勇次郎还于 1893 年出版《伦理学》一书。

② 　《壬寅新民丛报汇编》,横滨:新民社,1903 年,第 864 页。

③ 　《壬寅新民丛报汇编》,横滨:新民社,1903 年,第 948 页。

④ 　元良勇次郎:《中等教育伦理学》,麦鼎华译,上海:广智书局,1903 年,"序言"。

⑤ 　同上。

又再版,仅仅 3 年时间,即到 1906 年已出第 5 版,可见其影响之广泛。从一定意义上说,梁与蔡对于此书输入国内之期许是一致的,皆希冀其能于传统道德发挥很好的借鉴作用。服部宇之吉的《伦理学教科书》初版于 1908 年,到 1911 年也已经是第 4 版了。服部是一位深研中国哲学、对中国近代教育有过重要贡献并产生了实际影响的日本著名教育家。他于 1902 年至 1909 年任京师大学堂师范馆正教习,教授心理学、伦理学等课程,后任民国教育总长的范源濂时任其助教及翻译,在华期间同教育界及政界诸多名人有交往。所以,此书尽管在 1908 年出版,可实际影响则肯定在此之前已经存在。此书分序论与本论两部分,实际上也是由道德理论与道德实践两方面构成,与前书稍有不同的是,它主要在于阐发传统道德的现代价值,以诚、仁、义、勇等传统道德精华为纲目来解释现代道德中的各种关系,按顺序涉及了对自己、对家庭、对社会、对国家、对职业等关系中应有的道德认识。

通过对清末民国初期各大主要出版机构出版的伦理修身书作一鸟瞰,日本伦理修身教育的这种影响就不难发现。这些出版机构所出版的由国人自己编著的伦理修身书其内容范围大体一致,初步呈现出了比较稳定的内容体系,即基本都能围绕对己、对家、对社会、对国家,或再加上对世界万有或职业等方面来组织。如商务印书馆出版的那套最有影响的《最新修身教科书》,蔡元培的《中学修身教科书》,以及民国初期中华书局出版的《新制中华修身教科书》与《新编中华修身教科书》,商务印书馆出版的《共和国教科书新修身》等等其贯注的内容体系基本都是如此。当然,日本影响并非唯一的因素,稍早或同时期的欧美道德教育也传入了国内。蒋拙诚在其 1919 年所著《道德教育论》中曾对 20 世纪初欧美各国中小学道德教育及其趋势作了较为详尽的介绍,从中我们可以看出欧美学校道德教育与日本所传入伦理修身教育体系的某种关联。① 为便于比较,现将此书介绍的有关欧美学校道德教育内容列表如下:②

---

① 梁启超在《东籍月旦》中曾有言:"东之有学,无一不从西来也",似可说明日本修身科内容体系与欧美修身之间的某种关系,不过,日本的道德教育也自有其深厚的儒家伦理传统。参见梁启超:《饮冰室合集》文集之四,北京:中华书局,1989 年,第 82 页。

② 有关 19 世纪末 20 世纪初欧美中小学校道德教育的情况及其特点,《教育世界》也做过介绍,如《欧美之道德教育》,参见第 154、157、160 号,其介绍的内容与蒋氏所介绍的相仿。

表1-6 蒋拙诚介绍的欧美小学校道德教育内容简况表①

学校类别	年级	内容		
伦敦道德教育会编著小学校修身	第一学年	清洁、行仪、亲爱、谢恩、公明、信实、勇气		
	第二学年	清洁、行仪、正直、正义、信实、勇气、克己、作业		
	第三学年	行仪、人道、服从、正义、信实、秩序、耐久		
	第四学年	行仪、人道、面目、正义、信实、谨慎、勇气、治事		
	第五学年	习惯、行仪、爱国心、正义、信实、热心、治事、节俭		
	第六学年	行仪、勇气、爱国心、和平及战争、正义、所有、节俭、信实、		
	第七学年	爱国心、和平及战争、正义、所有、节俭、协同、意志、自重、理想		
法国小学校修身	初等科 7—9岁	每日诵读格言例话,唤起羡慕之心		
		教室内各项训练,如观察、改正不正确观念等		
	中等科 9—11岁	第一项	家庭之儿童当行之务	
			学校之儿童当行之务	
			国内,包括对社会的公共心及对国家盛衰的认识	
		第二项	自己当行之务	
			对于他人当行之务	
			对于神当行之务	
	高等科 11—13岁	家族		
		社会		
		本国		
纽约伦理教化学校小学部修身	第一学年	儿童主要当行之务		
	第二学年	儿童特别之过失		
	第三学年	家族之关系		
	第四学年	社会的及个人的关系		
	第五学年	品行教育		
	第六学年	爱国教育(材料为美国历史上爱国侠事)		
	第七学年	个人当行之义务教育(材料为希腊史上名人故事)		
	第八学年	罗马史教育		

---

① 蒋拙诚:《道德教育论》,上海:商务印书馆,1919年,第68-84页。

　　由表 1 - 6 可以看出,欧美中小学校修身教科书的内容体系直接按年级顺序来编排,尽管较国内的而言似乎并不具有十分明晰的体系结构,但贯穿其中的修身路线——对己、对家、对社会、对国家,还是明显存在的,足见国内修身教科书受到欧美及日本同类教科书的影响。

三、道德价值观的变化

　　道德教育内容同其价值观是不可分割地联系在一起的,不同道德价值观下往往会有性质与内容相异的道德教育。清末民国初期,伦理修身观的变化是很迅速的,千年传统似乎终难敌世纪风雨之摇撼而有顷刻瓦解之概,透过这一时期的伦理修身教育,这种观感清晰可见。

　　从《奏定学堂章程》到 1906 年颁布的教育宗旨,其间的基本教育精神正如《学部奏请宣示教育宗旨折》中所说的那样:"中国政教之所固有,而亟宜发明以拒异说"。然而,同一宗旨又不讳言"尚公""尚武""尚实"三项为"中国民质之所最缺,而亟宜箴砭以图振起者"。① 如此一来,所谓"拒异说"就只能是一种欲拒还迎的做法,尽管本质上仍然是"中体西用"精神的贯彻,但对"尚公"与"尚实"精神的提倡则弥补了前次章程的不足,从而使得社会伦理可以堂而皇之地登堂入室,进入新式学堂。不仅如此,与社会伦理相关的国家道德也越来越引起人们的关注。像权利、义务、自由、平等、进取、实利、合群、自治等新的道德关系日益成为普遍的道德话题,也成为人们重新诠释传统道德的有益媒介,而且道德进化的观念开始有所论及。民国建立后,蔡元培执掌的教育部所出台的新教育方针则更是加强了尚公、尚实与道德教育之间的联系,使得道德价值观的现代性为之大大加强。在《对于新教育之意见》一文中,他确立了"富国强兵"与"自由""平等""博爱"这种体用一致的教育方略,公民道德成为这一方略的核心。尽管袁世凯的复辟闹剧短时间内确实给予了道德教育一定的影响,但时代进步潮流已经不复阻挡,随着袁氏政权崩溃,公民道德便作为时代道德的代表成为民族先行者建设现代国家所关注的中心。伦理道德主题的时代转换必然要求对各种伦理关系作出调整,包括个人之间、个人与家庭、与社会、与国家、与其他群体以及各种群体之间等等在内的各种关系都需要重新或部分地予以解释。当然,主题的转换即是道德价值观的转换,不过,这种转换既是一个渐进的过程,也是一个充满矛盾和复杂性的过程。

　　《奏定学堂章程》颁布之初,除少数个别学堂外,一般学堂的伦理修身课程暂无通行教材可用,这难免不影响到道德教育内容的选定及其价值观的表达。在民

---

① 　舒新城编:《中国近代教育史资料》上册,北京:人民教育出版社,1981 年,第 217 页。

国建立之前,学堂伦理修身教育就其主要部分来说还不敢公然违背章程所定的意识形态标准,只是于其中尽量容纳一些具有现代价值的内容,以求达到既能符合清廷对德育的规定,又能反映时代进步的要求,尽量于新旧或中西之间作调和的努力。这种情况广泛存在于清末,反映出当时学堂伦理修身教育主要的特点之一。如杨志洵的《中等修身教科书》于序文中明确宣称"所刺取之文,融古今中外而一之",但在"对国第一"篇中则赫然列有"尊君"条目,然而对其解释则又是在一国主权名义下进行,把君主与国家主权相提并论,于是尊君即为爱国,并对此提出"统一"、"威严"、"行政不失机宜"、"拭除阶级"等几方面的理由。① 如此论说所表现的调和姿态当然有些生硬,也难免牵强附会,但相较于传统固陋的"忠君"教育来说,它又不啻是一种进步。再以夫妇一伦来看,他对男尊女卑的传统予以批评,认为夫妇"相敬如宾,君子所取,婚姻自由,法理所许"。② 对夫妇关系的理解基本持民主平等的立场。在这方面,蔡元培的《中学修身教科书》也是一个显例,他在此书之例言中写道:"本书奠本我国古圣贤道德之原理,旁及东西伦理学大家之说,斟酌取舍,以求适合于今日之社会。立说务期可行,行文务期明亮。区区苦心,尚期鉴之。"③书中对儒家伦理思想既有所继承,又有所改正。全书分上下两篇,上篇论修身实践,按修己、家族、社会、国家、职业等来组织;下篇讲理论,涉及良心论、理想论、本务论、德论等主要内容。其国家篇中已不见"君主",而代之以法律、兵役、教育、租税、爱国等现代国家内涵的基本内容。然而当论及父母与子女关系时,则仍崇尚"孝为百行之本"的古训,"盖人道莫大于孝,亦莫先于孝",然而此孝又非父命不可违之愚孝,即"乱命不可从",否则"非特自罹于罪,且因而陷亲于不义,不孝之大者也"。④ 而下篇所论诸理论实际上是以中国传统道德理论中最富特色之良心概念为准绳贯穿始终,但对其内涵、结构、作用等的解释则主要按照近代西方伦理学知识方法来进行,如关于良心及其作用,他说:"良心者,命人以当为善而不当为恶"。"准理想而定行为之善恶者"。⑤ 这样,当把传统道德置于现代伦理知识及其方法框架之下时,所谓道德的中西或新旧冲突也就得到了某种缓解,从而一种新的道德就有可能生长起来。

　　总的来看,清末学堂里的伦理修身教育在广采先贤嘉言懿行的同时,确实融进了不少具有现代价值的道德观念,这些具有现代性的道德观念在民国初期有了

---

① 杨志洵:《中等修身教科书》,上海:文明书局,1906 年,第 4 – 5 页。
② 杨志洵:《中等修身教科书》,上海:文明书局,1906 年,第 16 页。
③ 蔡元培编著:《中学修身教科书》上编,上海:商务印书馆,1919 年,"例言"。
④ 蔡元培编著:《中学修身教科书》上编,上海:商务印书馆,1919 年,第 41 – 43 页。
⑤ 蔡元培编著:《中学修身教科书》下编,上海:商务印书馆,1919 年,第 2 页。

进一步发挥并被广泛运用于对各种道德关系的重新解释中,尤其在个人与社会及国家道德中得到了很明显的体现。相比较而言,对己身之伦理则仍旧贯注着较浓的传统意识,这一方面是由于民族传统道德惯性使然,另一方面也反映了过度时代人们对个体道德的某种归置。比较一下民国初期几本广为使用的修身教科书在修己或修德要旨方面的异同,上述问题便可更加明了。蔡元培在《中学修身教科书》中列出个体修德之要旨包括德性、信义、恭俭、卑屈、谦逊、礼仪等项;①樊炳清的《修身要义》讲述了忠、义、仁、勇、礼等德目;②而周日济的《修身教科书》则分析了立诚、主敬、知耻、改过、辨志、勇决、勤勉、守俭、忍耐、廉洁、自重、常识、尽职等内容。③ 可以看出,其所言德目尽管有同有异,但由这些德目所构筑的道德氛围确实都透露着民族悠久历史传统的韵味,然而这些德目又未尝不可以推而广之作为人而为人的普遍道德,即所谓"中正"或"公理"之德,只是解释它们的社会基础有所不同而已。比如,樊炳清在释"忠"时就已经抛弃了传统"忠君"一义,而将其内涵扩充为"人惟忠于所事,故无人我之别"那样带有普适性的道德含义。

以上所反映的道德价值观是清末民国初期伦理修身教育的主流,当然也有部分教科书尤其是部分女子修身教科书,仍在进行一些如"忠君"、"安分"、"从一"、"节烈"等的陈腐说教,如邵廉存所编《官话女子修身教科书》中即有不少此类内容。值得一提的是,当时也有教科书敢于挑战作为传统象征的所谓正统伦理,这方面刘师培所著《伦理教科书》可为代表。在清末,对民族传统伦理之长短得失集中进行理性反思的,此作不可谓不力。全篇分前后两册,前册论对己之伦理,后册论家族与社会之伦理,而立论宗旨正如他在前册序例及后册弁言中指出的那样,在于"矫偏"、"补略",以使归于"中正"与"完全"。他首先对后儒予以严责,认为"契敷五教是为五伦之始",而"陋儒不察,误以伦理为天所设且谓生民之初即有伦理,无亦昧于进化之理欤?""惟其以伦理为天所生,故由五伦之说易为三纲之说,以君为臣纲、父为子纲、夫为妻纲为天定,而中国之伦理遂为束缚人民之具矣"。④在当时能把这样的批评照直写进伦理教科书确实需要非凡的见识与勇气。中国

---

① 蔡元培编著:《中学修身教科书》上编,上海:商务印书馆,1919 年,第 27 - 31 页。

② 樊炳清编纂:《共和国教科书修身要义》(上下卷,中学校用),上海:商务印书馆,第 24 - 32 页。全书共分上下两卷,甲乙丙三篇,甲篇讲述实践道德,乙篇讲述伦理学大意,丙篇为本国道德之特色。其中上卷主要论述待人处世之道、对国家之责务、对社会之责务,1913 年 7 月出版,至 1919 年时已是第 22 版;下卷主要论述对家族之责务、对自己之责务、伦理学大意及本国道德之特色,1913 年 12 月出版,至 1921 年时为第 11 版。

③ 周日济编:《修身教科书》,上海:中华书局,第 17 - 30 页。此书 1913 年初版,至 1922 年时已是第 18 版。

④ 刘师培:《伦理教科书》第 1 册,《刘申叔先生遗著》,宁武南氏校印,1934 年,第 2 页。

自三代以后即援五伦以制礼,各家本各有所偏重,然自汉始独尊儒家,故儒家伦理便一尊于天下,"儒家之言伦理也,始于修身,终于亲亲、仁民、爱物……惟儒家偏重家族伦理,以社会国家之伦理皆由家族而推"。① 关于儒家伦理首重家族伦理的特点,他谓其"失之于繁",而同时其于社会伦理则又"失之于简"。只重家族伦理而轻忽社会伦理,在他看来弊端主要有两个方面:一曰所行伦理仅以家族为范围;一曰家族制度最不平等。② 伦理仅行于家族,导致中国人民自古以来仅有私德而无公德,以己身为家族之身,一若舍孝悌而外别无道德,舍家族而外别无义务。又以社会国家之伦理皆由家族伦理而推,人人能尽其家族伦理即为完全无缺之人,而一群之公益不暇兼营。不平等的家族伦理也仅是弱者对于强者所尽之义务罢了。对此,他又提出了两种改良的方法:一是伦理不以家族为范围,一是家族伦理当互相均平。③ 而对于如何建设社会伦理,使其最终走出家族中心,他在援引古今中外之经验后认为"今矫其弊,必先自民各有党始,然民各有党又必自事各有会始,事各有会,庶对于社会之伦理可以实行矣"。④ 刘师培对社会伦理如此关注,其目的当然在于提醒世人公德之重要,通过深刻分析传统伦理之不足而向世人揭示现代伦理之趋势,这种做法自然要比单方面大声疾呼或怒斥鞭挞来得深刻,所谓知其然更知其所以然也。然而,对于社会伦理之核心的公德是否就可以因"党""会"而生以及究何因之而生等问题,思考就得进一步摆脱道德历史本身的局限,而达到道德之外,同时也需要对欧美社会伦理何以发达作根源性的考察,而非仅仅简单比附。⑤

① 刘师培:《伦理教科书》第1册,《刘申叔先生遗著》,宁武南氏校印,1934年,第3页。
② 刘师培:《伦理教科书》第2册,《刘申叔先生遗著》,宁武南氏校印,1934年,第2页。
③ 同上。
④ 刘师培:《伦理教科书》第2册,《刘申叔先生遗著》,宁武南氏校印,1934年,第50页。
⑤ 关于刘师培这方面思想更为详细的分析见本文第二章第二节。

第二章

清末围绕私德与公德的理论探讨

公与私是人类社会生活中一对基本的社会关系范畴。清末时期,公德与私德问题为时人所热烈关注,它与过渡时代背景下的启蒙、救亡、富强等时代主题相关联,成为部分先进人士救国事业的重要组成部分。然而,源自西方文化的公德与私德,其精神与东方传统道德究竟存在着怎样的关系? 素负救国之志的人们对此又有怎样的认知? 学校德育将因之发生怎样的改变? 凡此种种均为本章所要探讨的主要问题。

第一节 公德与私德问题的缘起

一、国民性改造与公德意识的唤醒

从根本上来说,清末对公德与私德问题的探讨缘起于国民性改造的需要,其核心是如何将封建臣民改造成为近代国民。甲午战败宣告洋务运动破产后,以严复、康有为、梁启超等为首的一批具有进步视野和爱国热情的知识分子在深刻总结过去经验教训基础上,认为只"变器"不足以救中国,只有"变器"复"变道"才是救亡之根本。维新人士提出的"变道"主要包括政治与教育二途,对此,不同者认识上各有侧重。严复是那个时代不多的对西方政治文化教育等有着深刻认识与亲身体会的爱国进步人士,他对当时社会条件下输入西方政治制度是否可行有着自己的见解。目睹士人之懵懂、权贵之自大、朝廷之腐败、人民之愚劣,再经甲午战败之一击,1895 年 2 月 4—5 日他那篇郁积于胸的《论世变之亟》一文终于在《直报》上呼之而出,文中极言富强之重要,将西国富强之命脉系于二端,一为于学术则黜伪而崇真(即科学),一为于刑政则屈私而为公(即民主)。他认为这些与中国理道初无二致,之所以其在彼行之可常通,而在我则愈行愈不可行,一言以蔽之,谓自由不自由耳。① 当然,将自由解释为西方民主科学之总根源固然有认识上的不足,然而,他明确指出西方富强之本在于科学民主这一思想对其时及此后中国思想界予以了极大影响,而且不自由也确实为封建专制制度下伦理道德之一病根。这是从根本上或全体上来说。而从个人角度而言,他在这篇文章中则直截了当批评了为人臣之私,指出"人臣之罪,莫大于苟利而自私",并引用孔子"苟患失之,无所不至"之言,警告士大夫怙私之祸可至于亡国灭种,四分五裂。同年3月4—9日,发表在《直报》上的另一篇文章《原强》则在上述思想基础上,进一步使他的富强主张系统化。他运用进化论学说详细分析并论证了中西之间富强差异的根本原因以及致富强之术,系统提出了"鼓民力,开民智,兴民德"这种以国民性改造为核心的自强方案。在《原强》(修订稿)中,他不无沉重地指出,我国新民德之事"尤为三者之最难"。究其根本原因,他认为古今学校教育只不过"择凡民之俊秀者而教之。至于穷檐之子,编户之氓,则自襁褓以至成人,未尝闻有孰教之者也",②且历朝统治者又每每"以奴虏待吾民",这与"西之教平等,故以公治众而贵自由"是多么不同。故为今之计,欲进吾民之德,"则非有道焉,使各私中国不可也"。所谓"各私中国"即养成人民的爱国心。人民不能无私,私为人性所本有,而治天下者则可以合私以为公。在这里,严复所提出的公与私已经是近代西方伦理的概念,是他吸收西方伦理道德文化的结果,与中国传统的公私观不可同语。至于如何集私为公,严复设想的办法则是"设议院于京师,而令天下郡县各公举其守宰",以为"是道也,欲民之忠爱必由此,欲教化之兴必由此,欲地利之尽必由此,欲道路之辟,商务之兴必由此,欲民各束身自好,而争濯磨于善必由此。呜呼!圣人复起,不易吾言矣!"③急切言词之中确实体现出了他炙热的爱国热情。然而,当他把培养人民爱国心这一任务托付于议会政治时,则又不能不说这只是他个人一厢情愿的理想表达,不仅反映了这一时期他对西方议会民主的迷恋,而且也与他本来的认识,即同"民力已苶,民智已卑,民德已薄"的现实社会相矛盾。同时,以政治发展替代道德建设也说明他对近代西方政治与道德之间的关系尚存模糊认识。严复的"三民"方案提出之后,得到了维新人士普遍认同,并由梁启超等人接续和大力倡导,在清末推动并掀起了一场旨在开启民智、淳化民德的"新民"教育工程,其目标就是塑造新的国民形象。

戊戌变法失败,尤其是《辛丑条约》的签订使得清王朝名副其实地成为列强共

---

① 王栻编:《严复集》第1册,北京:中华书局,1986年,第2页。
② 王栻编:《严复集》第1册,北京:中华书局,1986年,第30页。
③ 王栻编:《严复集》第1册,北京:中华书局,1986年,第32页。

管之地,亡国之祸已经真实地摆在了人们眼前。此时,为了救国,为了挽救民族危亡,大多爱国知识分子都急切发出了自己的声音。在"新民"事业上,他们有感于泰西各国对中国人的蔑视,认为其无爱国性质,故对近代国民的呼唤首先是唤醒国人的爱国心。他们认真分析了国人的民性,从奴隶与国民相对的角度,提出要使得国富民安,就必须革除国人的奴性,塑造近代国民。《论中国参用民权之利益》《论政变为中国不亡之关系》《爱国论》《国民十大元气论》《呵旁观者文》《论中国救亡当自增内力》《论中国今日为人群发达之期》《独立说》《说奴隶》《论支那人国家思想之弱点》等等,这些文章犹如一把把利剑,既直指国人内心深处,又让人豁然开朗。"国无独立,则谓之奴隶之国;人无独立,则谓之奴隶之人。未见有奴隶之国而可国于大地之上者,奴隶之人而可入于世界之中者"。"国家之存亡兴衰,一视乎国民独立之精神。其精神可用也,则国无弱小,必有兴者……反是则亡……是故觇(音颤)国在民,使吾国人皆发奋其独立之精神,洋溢其不羁之志气"。① "有国民之国,有奴隶之国。国民之国,其气盛,其志坚,其力强。故虽弹丸之土地,寡数之人口,翘然自立于大国之间而莫敢犯……若夫奴隶之国,其气柔,其志脆,其力弱。虽广土众民……反庇他人之余威,籍他人之保护"。"天下无国亡而民不为奴隶者,天下亦未有民不为奴隶而国能亡者"。② "天下最可厌可憎可鄙之人,莫过于旁观者",因为旁观者面对生灵涂炭犹若隔岸观火。"人生于天地之间,各有责任。知责任者大丈夫之始也,行责任者大丈夫之终也。自放弃其责任,则是自放弃其所以为人之具也。是故人也者,对于一家而有一家之责任,对于一国而有一国之责任,对于世界而有世界之责任……旁观云者放弃责任之谓也"。③ 这些犀利言词其意都在号召国人要摆脱奴性,成为有责任、有独立自主精神之近代国民。梁启超指出:"君以奴隶视我,而我以奴隶自居,犹可言也;今君以子弟视我,而我仍以奴隶自居,不可言也。泰西人曰支那人无爱国之性质,我四万万同胞之民,其重念此言哉,其一雪此言哉。"④他对东西国民性进行了一番比较:"彼东西之国何以浡然日兴,我支那何以薾(尔)然日危。彼其国民以国为己之国,以国事为己事,以国权为己权,以国耻为己耻,以国荣为己荣;我之国民以国为君相之国,其事其权,其荣其耻,皆视为度外之事。"⑤然而,他正告说:"我支那人非

---

① 冯自强:《独立说》,《清议报全编》卷一,横滨:新民社,1901 年,第 120 – 121 页。
② 麦孟华:《说奴隶》,《清议报全编》卷二,横滨:新民社,1901 年,第 6 页。
③ 梁启超:《呵旁观者文》,《饮冰室合集》文集之五,北京:中华书局,1989 年,第 69 页。
④ 梁启超:《爱国论》,《饮冰室合集》文集之三,北京:中华书局,1989 年,第 73 页。
⑤ 梁启超:《爱国论》,《饮冰室合集》文集之三,北京:中华书局,1989 年,第 69 页。

无爱国之性质也,其不知爱国者,由不自知其为国也。"①那么,"爱国心乌乎起?"他借用孟子言曰:"吾弟则爱之,秦人之弟则不爱也。惟国亦然。吾国则爱之,他人之国则不爱也。是故人苟以国为他人之国,则爱之之心必减,虽欲强饰而不能也;人苟以国为吾国,则爱之之心必生,虽欲强制而亦不能也。愈隔膜则其爱愈减,愈亲切则其爱愈增,此实天下之公例也……故欲观其国民之有爱国心与否,必当于其民之自居子弟欤自居奴隶欤验之。"②这实际上是对历朝统治者专制的控诉,不过,它同时也是挽救国民性的一种对策。

然而,对国人奴性的揭露批判毕竟还只能"治表",而对奴性根源进行细致入微的剖析和鞭挞才真正有利于国人摆脱奴性之羁绊。在国人为何无爱国心的原因上,普遍的看法归于政治与学术两个方面。"历代独夫民贼不欲民之有参议政治之权,离国家为二,别上下之尊卑,禁言朝政,禁谈国事,以涂其耳目,以怠其心思,以使之易治,而民之受此压塞者,亦自伤卑贱,无裨于时,往往谓我辈之家,朝廷且不能保护,途人之国,我辈亦何必干预,既忘国为公共之称,复严庶人不议之禁……自有此原因,而国之其存其亡,其盛其衰,其强其弱,其治其乱,皆颠倒出没于一二独夫民贼之手,而万姓无人敢过问者,盖视国为私家囊中物矣"。③ 同篇文章中还分析了国人不知自主之权的政治与学术根源,指出历代专制政体为收天下之权为己有而压制摧折民意,使其只知奉命惟谨,而"以民权为大逆无道之事",此是政治上灭自主之权。而在学术上,则"深中陋儒之毒,桎梏于纲常名教之虚文",此学术上灭自主之权。而这两个方面若归其一处,就是国人无民权。"且夫民无权则不知国为民所共有,而与上相睽;民有权则民知以国为国,而与上相亲","若夫处今日之国势,则民权之行尤有宜亟者,盖以君权与外人相敌,力单则易为所挟,以民权与外人相持,力厚则易于措辞……夫天下之权势,出于一则弱,出于亿兆人则强,此理之断断然者。且夫群各行省之人而使谋事则气聚,否则散,使士商氓庶皆得虑国之危难则民智。否则愚,然则反散为聚,反愚为智,非用民权不可,夫岂有妨害哉!"④国人不知自身之权利,则爱国何有?

通过对国人奴性的批判及其原因分析,本质上就是要唤醒并引导国人一种公德意识,它集中体现为以强烈情感为基础的爱国心,换言之,它希望国人知自身为

---

① 梁启超:《爱国论》,《饮冰室合集》文集之三,北京:中华书局,1989 年,第 66 页。

② 梁启超:《爱国论》,《饮冰室合集》文集之三,北京:中华书局,1989 年,第 70 页。

③ 欧榘甲:《论政变为中国不亡之关系》,中国史学会主编:《戊戌变法》三,上海:上海人民出版社,1953 年,第 158 页。

④ 汪康年:《论中国参用民权之利益》,中国史学会主编:《戊戌变法》三,上海:上海人民出版社,1953 年,第 148 页。

国民而不是奴隶,知国家为公产,而不是君王之私产,并为创造一个独立的新国家而共同努力。然而,这种呐喊充其量也只是明理的步骤,而非真正国民性改造之根本。鉴于此,他们除了呼喊,也同样下大气力输入泰西各种政治伦理道德思想以为启迪。以梁启超为例。戊戌变法失败后他亡命日本,在这里他逐渐取代他的老师康有为成为维新派的主要领导人物。通过日本这扇窗口,梁启超很便捷地对西洋文明有了较为全面地认识与了解,因而对中西学术及道德文化之间的差异也就有了更为深刻的思考与体认。比起多数呐喊者,不能不说他的可贵之处正在于他的呐喊没有在批评或失望中停留,而是勇于承担起再造国民的重任。在他看来,输入西洋学术思想以转变人们的观念才是当务之急,因而他避难日本后首选的大事便是在注重学习西方的同时更注重学说与思想的输入。其间,西方的政治和伦理道德思想是他关注的核心。他深深相信:"凡一国之强弱兴废,全系乎国民之智识与能力,而智识能力之进退增减,全系乎国民之思想,思想之高下通塞,全系乎国民之所习惯与所信仰。然则欲国家之独立,不可不谋增进国民之识力,欲增进国民之识力,不可不谋转变国民之思想,而欲转变国民之思想,不可不与其所习惯所信仰者,为之除其旧而布其新,此天下之公言也。"[1]为此,他向国人大量介绍西方近代以来的先进思想成果。据笔者略为统计经他系统介绍的近代西方著名学者中,就包括了笛卡尔、孟德斯鸠、卢梭、斯宾诺莎、洛克、霍布斯、康德、黑格尔、穆勒、边沁、圣西门、伯伦知理等。当这些人逐渐为国人所熟悉的时候,他们的政治伦理道德思想也就一同进入了国人视线。这就是他为了实现所谓"天下公言",即达到国人思想除旧布新的目的,而在学术致用上所付出的良苦用心。

经过对国民性批判与改造的不懈努力,其影响不仅及于一般教育者,而且在清末教育宗旨中也得到了某种体现,其中写道:

所谓尚公者何也?列强竞起,人第见其船坚炮利,财富兵雄,以为悉由英雄豪杰主持之,故国以强盛。而不知英雄豪杰,间世一出,不可常恃也,所恃以立国者,乃全国之民之心力如潮如海如雷霆而不可遏,相亲相恤相扶助而不可解耳;其所以能致此者,皆在上者教育为之也。其学堂所诱迪皆尚信义,重亲睦,如修身、伦理、历史、地理等科,无不启合校生徒之感情,以养其协同一致之性质。故爱国合义之理,早植基于蒙养之初,是即孔子之教弟子孝悌谨信而进之以泛爱亲仁也。惟我国学风日变,古意浸失,修身齐家之事,尚多阙焉不讲。至于聚民而成国,聚人而成众,所以尽忠义亲爱之实者,则更不暇问。群情隔阂,各为其私。通国之中,不但此省人与彼省人意存畛域,即一州一县,乃至一乡一里一家一族之中,亦

---

① 《清议报全编》第1集之第1卷通论(上),横滨:新民社,第32页。

各分畛域。今欲举支离涣散者而凝结之,尽自私自利者而涤除之,则必于各种教科之中,于公德之旨、团体之效,条分缕析,辑为成书,总以尚公为一定不移之标准,务使人人皆能视人犹己,爱国如家;盖道德教育莫切于此矣。①

上述文字之主旨在于提倡公德,扬公而抑私,结合当时特定的历史背景这一点确有可取之处。它从西方"船坚炮利"的背后看到了民心齐一的作用,并且把这种作用归功于教育,尤其是道德教育。于是,在反省自身不足基础上,积极以他人成功经验为借鉴,而欲图国人"尚公"之德。

二、公德、私德概念及其思想的导入与传播

从概念的角度而言,公德与私德首先同梁启超的译介有关。在他所介绍的诸多近代西方著名学者中,如边沁、斯宾塞等不仅是政治学、社会学大家,同时也是伦理学大家。在介绍其伦理学说时,他较早涉及了这一概念。例如,他在介绍边沁的伦理学说时,就认为其以增长人的幸福者为善,而以减少幸福者为恶的道德标准是放之四海而皆准,俟诸百世而不惑,无论个人还是政府的行谊皆当以之为准绳。所谓道德就是专门产出乐利、预防苦害为目的,"其乐利关于一群之总员者谓之公德,关于群内各员之本身者谓之私德",②将边沁伦理学说中之核心概念共同利益(公益)与个人利益(私利)明确转述为公德与私德,使之更符合中国社会自身发展的需要与道德文化的特点。同样,他在介绍斯宾塞传略时,也扼要介绍了其伦理学原理,并依其道德之旨意对私德与公德思想做了叙述,指出私德之体为"凡个人立身必要之条件,关于形体的、知识的、道德的、宗教的,各考其原理若何而使内部之欲望与外部之需要常保平衡",而把斯宾塞关于正义的思想则直接表述为公德。③ 在《新民说》中,他对公德与私德首次作了较为明确的解释,谓"人人独善其身者谓之私德,人人相善其群者谓之公德"。④ 其中,"独善其身"是指具体的个人以及个人与个人之间,"相善其群"则是指个人与群体之间,范围有大小之不同。在将西方新伦理与中国旧伦理两相比较后,他认为"我国民所最缺者,公德其一端也"。⑤ 在他看来,按诸西方关于家族、社会、国家伦理的分类,我国传统所谓朋友一伦难以尽社会之伦理,而君臣一伦则更难负国家伦理之实质,因而所

① 舒新城编:《中国近代教育史资料》上册,北京:人民教育出版社,1981 年,第 219 – 220 页。
② 梁启超:《乐利主义泰斗边沁之学说》,《饮冰室合集》文集之十三,北京:中华书局,1989年,第 31 页。
③ 《癸卯新民丛报汇编》,横滨:新民社,第 444 页。
④ 梁启超:《新民说》,《饮冰室合集》专集之四,北京:中华书局,1989 年,第 12 页。
⑤ 同上。

谓君臣、父子、兄弟、夫妇、朋友五伦实际上皆可为私德,尽管其条目完备,几无发蕴余地,然而,实不得为完全之人格。

关于公德与私德的概念当然并非由梁启超所始创,日本启蒙思想家、教育家福泽谕吉在其所著《文明论概略》(1875)中就已经对道德作了如此区分。在讲到道德与智慧的区别时,他进一步把智慧区分为私智与公智,或者叫机灵的小智与聪明的大智,实际上也就是现代心理学所说的特殊能力与一般智力的区别;而又把道德区分为私德与公德,前者指凡属于内心活动的方面,如笃实、纯洁、谦逊、严肃等,后者则指与外界接触而表现于社交行为的方面,如廉洁、公平、正直、勇敢等。① 福泽并且认为,他做这样的区分是有依据的,尽管自古以来,虽然没有人把它们明确地提出来讨论,但是从学者的言论或一般人日常谈话中,仔细琢磨其意义,便能发现这种区别确实是存在着的。福泽所言之意,是认为他只是按前人的意思明确将道德区分为公德与私德。事实也正如他所说,在中外学术史上,尽管前人没有明确使用这一特定概念,但类似这一概念的用语以及相似意义的表达法是早已存在的,并且其内容非常丰富,如西方关于正义、智慧、勇敢等自古希腊起就是被倡导的公共美德,节制则是崇高的私德,至于中国传统文化中的私德那更是如梁启超所言发挥"几无余蕴",极其完备。当然,福泽做这种区分的意图并非仅仅满足于学术研究的需要,而是正如此书名所揭示的那样,他是在极力构建一种新的日本文明论,其根本目的是服务于日本"文明开化"之需要,是为变革提供新的理论根据。而要达到这一点,也就是如他自己所说,要在整个社会中把人民的私德私智发展为公德公智,进而实现日本的繁盛和富强。他是日本最早走出国门的先进人物,目睹了西方列强之所以强大背后的制度文明与科学技术基础,因而对长期以来日本社会所称颂和推崇的私德文明产生了不满,便立志要加以改造。在他的倡导下,日本明治维新至 19 世纪 80 年代一场"西化"大潮便汹涌而起。无疑,福泽对日本近代化的影响是巨大而深远的,而且不仅如此,由他所设计的日本近代化模式也同样启发了此时正处于类似福泽当年境遇的一批中国维新思想家们。梁启超来日之时,正值日本整个社会民心已基本趋于统一,国势蒸蒸日上,教育思想也很发达,出现了各种教育思潮,尤其社会教育思潮开始勃兴。而对俄战争的胜利,又进一步强化了日本国民的国家意识,这一切使得公德思想颇受社会大众推崇,而注重个人修养也为社会所重视。一些教育组织和知名教育家、思想家皆对此多为关注。如此情况下,在日期间的梁启超受此影响自是当然之事。

_____

① 福泽谕吉:《文明论概略》,北京:商务印书馆,1991 年,第 73 页。

这一时期,日本学者关于公德与私德讨论的论著经翻译传入进来,很快便成为国内教育人士所热心关注的话题。《教育世界》第 31 号登载汪有龄所译日本奈良济美小学校长森泽孝行所著的《公德养成条例》,以及第 73 号罗振玉所著《公德私德辨惑》;日本育成会所编的《欧美公德美谈》则连载于《新民丛报》第 30、31、32号;《法政学报》于 1903 年 4 月即癸卯年第一期刊发了马君武所著《论公德》一文;日本知名教育学者藤井健治郎所著《何为公德论》连载于《湖北学报》第 2 集第18、19 册;而《直隶教育杂志》于 1906 年 12 月即第 2 年第 20 期也刊载了日本著名哲学家井上哲次郎的《普通教育之德育》;而另一著名政论家、历史学家浮田和民的《公德私德之辨》经张庆苹翻译也被《新译界》收录,登在第 3 号上,时为 1907 年1 月 14 日,等等。由此可以看出,公德私德问题在清末的确已引起广大教育人士的重视,这与当时整个社会状况以及思想界、教育界等的发展大势是相一致的。以罗振玉发表在《教育世界》第七十三号上的《公德私德辨惑》一文为例,分析此文当可窥见其时国内教育界意见之一斑。

道德者,古今中外之所同无二致者也。乃近来号称新学者,哗然号于众曰:中国有私德,无公德。此当以欧美人之所长,以补我之所短。而一二号为老成练达者,则又曰:公德私德,关于国体。一若公德但可行于欧美,于中国国体非宜。且似公德二字,为西儒始发明者。呜呼,均误之甚者也。案今欧美人之语道德,诚秩然有序,其伦理之次第,由一身而推之家族,由家族而推之邦国,由邦国而推之天下。其道德之关于一身及一家者,所谓私德也,由家而推之邦国天下者,则所谓公德也。然此说非欧美人所特有也,征之我古先遗说,实后先一揆。孔子之言恕也,曰:己所不欲,勿施于人。恕也者,推己及物者也。孟子所谓推其所为,即孔子之所谓恕。而推己及物之秩序,孟子言之尤明晰,如老吾老以及人之老,幼吾幼以及人之幼,及亲亲而仁民,仁民而爱物,皆是。其秩序与欧美教育家所言,无不吻合。而彼之以公德为西儒所特有,及谓公德宜于欧美诸国,而不宜于中国,是果何征与。①

这段话中,罗振玉对公德由西儒所发明,我国自古无公德的说法提出了怀疑并予以反驳,他对欧美道德教育的优点是认可的,但同时也以我国古圣贤之言证明我国自古也有公德之说。至于公德是否只能行于欧美,而不适用于我国,对这一说法,他则无可奈何,只有“果何征与”的慨叹,无法予以解释。接着,他对公德与私德的相互关系试图给以厘清,并就如何改造也提出了自己的主张:

“又私德之与公德,相倚伏如循环不可歧而二,私德譬基础,公德譬栋宇,私德

---

① 《教育丛书》第 4 集上册,上海:教育世界社,1904 年。

譬根株,公德譬枝叶,公德为私德所推衍,非可离私德而独立者也。彼簋簋(音府鬼)不饬之士,乃藉口于公德,而谓私德非所急,是何异塞源而欲流之畅,拔薪而冀烛之燃,其说岂可通哉。窃谓今日欲拯社会之腐败,以养成民德为第一义,而养成民德,自修私德始。必人人修其私德,然后公德自然发达。一人廉洁,则数家无盗贼之忧。一家卫生,则乡里无传染之患。推之万事,莫不皆然。引而申之,触类而长之,而所谓公德公益者,莫不自私德萌苗焉。彼昧于考究者,乃因国民公德不修之故,遂视私德为可后于公德,且一若国民之私德为己脩者,此回惑之甚者也。谨衍公德私德之正义之秩序,以告我国之教育家政治家,庶有取乎。"①

　　就公德与私德的一般关系而言,罗氏的说法也代表了当时大多数人的看法,也就是说,私德与公德"不可歧而二"、私德为公德之基础等等这些在当时也是一种比较普遍的认识,无待罗氏多论。然就公德与私德关系中各自重要性而言,罗氏所谓"谨衍公德私德之正义之秩序,以告我国之教育家政治家"的说法,正好印证了当时一些人"私德非所急"的思想认识与行动特点。的确,这种特点也为不少修身书所具有。但罗氏对此不见分析就开出了自己的处方,他深信,这样的"正义之秩序"正是养成民德以拯救社会腐败的必由之路,舍此,则"回惑之甚者也"。实际上,罗氏在这里所表现出来的真正的困惑是他对公德是否能够适用于中国的关心。他利用人人皆知的"中国有私德"的逻辑前提,然后以孔孟的仁恕之道为证,再小心翼翼地饬以凛然的"正义之秩序",结果就自然知晓了。这样的逻辑推论表面上看正可以用来自我解惑,然而所解之惑实则与社会现实缺乏交集,质言之,只是原有道德受到冲击后一种自我保护的必然反应而已,惑其实依然存在。

　　每当社会处于大变革之时,人们都会有不同的反应,有人拘于旧识,也有人媚于新知,拘于旧识的,习以体裁用,而媚于新知的,又喜以新黜旧。然而,道德的破与立并非是在拘与媚之间,而是恰恰要摆脱这一切,需要冷静与理性。在清末的政治舞台上,中国的资产阶级已经响亮发出了自己的声音,顽固守旧势力尽管依然强大,但毕竟正似落花流水。此时的社会舞台上,资产阶级的改良派和革命派都是佼佼者。他们中的许多优秀人士也都关心教育,尤其道德教育。透过其代表人物的道德思想,我们可以回望那个时代人们心中的道德理想、困惑以及道德教育思想发展的某些时代状况。

---

① 《教育丛书》第4集上册,上海:教育世界社,1904年。

第二节　公德与私德的理论分析

一、资产阶级改良派的公德与私德观——以梁启超为考察中心

在清末政治舞台上,就中国社会命运和国家前途殚心竭虑进行设计的既有资产阶级改良派,也有资产阶级革命派。由于政治目标的差异,故而在道德问题上改良派同革命派的立场也有不同。下面首先以梁启超为代表来分析改良派的道德观及其道德教育观。

梁氏对德育问题的热心至少可以追溯到他在湖南时务学堂的活动,在学堂规定的十条学约中,约有一半属于道德修养,当然此时他所谓的道德修养基本上仍是个人修身范畴,而这与之前乃师康有为教导的影响分不开。梁氏超越出私德而开始仔细考虑公德问题,可以见端于1901年他在《清议报》第82及84期上发表的《十种德性相反相成义》,尽管此文还没有明确提到公德、私德的说法,但从文章相关内容的表述来看,意义几乎相近,而且时隔不久,在1902年新春伊始创办的《新民丛报》第3号上即发表他那有名的公德说。至发表《十种德性相反相成义》时,他来日本已是两年有余,这期间他广泛阅读了大量西方书籍,自觉脑质顿时为之改易。的确,这两年多来,他虽身在异国,却一刻也不曾忘记思考他的救国良方。审视此篇文章,有几点很可以看出他后来在道德教育问题上的基本立场,有些内容及其观点也直接进入稍后的《新民说》。长期以来,研究梁启超思想的文字不可谓不多,而专门研究梁氏伦理道德思想的文字也不少,但学界对梁氏在此文中所表达的道德思想和流露的某些心绪一直没有引起重视。而导致这种情况的原因可能是多方面的。对于专门研究梁氏伦理道德思想或德育思想的人而言,《新民说》和《德育鉴》则更能全面体现他的道德主张;学界传扬的关于梁"流质易变"的说法也有影响,似乎此篇文字不足以代表他在伦理道德方面成熟的观点。事实上,真实情况要复杂得多。此篇文字的重要性并不仅仅在于梁氏提出了哪些重要的人的德性,而是他为何要提出这些,以及这同他今后的思想有何联系。

梁氏在这篇文章中提出了在他自己看来是形质相反而精神相成的五对计十种德性,即独立与合群、自由与制裁、自信与虚心、利己与爱他、破坏与成立。这十种德性的提出,用梁自己的话来说,是他在日本读书思索所得,并认为凡人所当具有而缺一不可者。当然,这只是一种遣词而已,实在的意思不限于此。但他所说此乃"读书思索所得",并不虚言。他认为野蛮时代道德简单,而文明时代则道德繁杂各呈其用。然而,好的义理虽然很多,但若倡之者不得其法,也会遂成绝大之流弊,故而于公理之流行反生阻力。他说:"故我辈讨论公理,毕当平其心,公其量,不可徇俗以自画,不可惊世以自喜。徇俗以自画是谓奴性,惊世以自喜是谓客气。"①从这里可以看出,梁氏所说的思考大概是他对亡命日本后国内所发生的所有重大事件的道德思考,说明道德问题已经正式作为梁氏救国内容之一而开始进入他的视线,并且还给自己规定了传播(道德)公理所应该遵循的基本要求,即克服"奴性"与抛弃"客气",以防倡之不得法而反碍公理之流行。他的这种反思必然是有所指的。面对国民智识不开以及道德上麻木不仁的状况,再经戊戌之变与庚子之变的刺激,在传播西洋学术思想方面他能有此反思,说明其原本焦躁的心态至此变得沉稳深邃了起来。至于这十种德性是否确乎为人所当具有且缺一不可,其实那并不重要,实际上它们主要是针对中国国民现状而言,是国民此方面德性与救时要求之间偌大的现实落差,以及对与之相应德性的呼唤才真正促使他选择了这些。若按照他后来所提的公德与私德框架,这十种德性也都基本上可以包含于其中。我们发现,梁在这里所概括的有关国民德性之弱点不仅开了他关于国民道德认识之滥觞,而且也一直同他德育理论的发展如影随形,关于这一点下文的论述即可佐证。他把独立之德视为文明人与野蛮人之分界,并且将具有独立德性之国民置于独立之国家之上,指出"今日欲言独立,当先言个人之独立,乃能言全体之独立,先言道德上之独立,乃能言形式上之独立",即独立是合群的前提。所谓合群,是指"合多数之独而成群也"。② 然而,集合缺乏此种德性之个体而为群,即使勉强成一组织,由于没有合群之德,也仍是一盘散沙,正如他所言:"盖国民未有合群之德,欲集无数之不能群者强命为群,有其形质无其精神也。"③所以,养成群德是最当讲求之事。对独立与合群关系的认识,不能不说梁氏是比较彻底的,这反映了他对近代以来西方以个人主义为基础的社会发展原理的理解。当然,如此切肤之体会也是他在经历一系列重大事变之后,通过对比中西社会不同发展状况而得出的结论。故在十种德性之中,他将此作为第一位予以强调。

自由与制裁、自信与虚心、利己与爱他这三种相反相成之德性也同样为他所重视。自由作为一种道德理念其本质是人内心自由或精神自由,其伦理边界是人

---

① 张枬,王忍之编:《辛亥革命前十年间时论选集》第 1 卷上册,北京:三联书店,1960 年,第 8 页。

② 张枬,王忍之编:《辛亥革命前十年间时论选集》第 1 卷上册,北京:三联书店,1960 年,第 9 页。

③ 张枬,王忍之编:《辛亥革命前十年间时论选集》第 1 卷上册,北京:三联书店,1960 年,第 10 页。

人可得自由,但又不侵他人之自由。因此,真正的自由是内心善的表达。梁氏在日本是有机会阅读西方思想家这方面著作的,对西方基于个人主义品质的自由观深有感触,不然他就不会道出真正自由是"精神自由"的深语来。在《卢梭学案》中,他指出:"且自由权又道德之本也。人若无此权,则善恶皆非己出,是人而非人也。如霍氏(霍布斯)等之说,殆反于道德之原矣。"①说明他承认政治上的契约论必须以道德上的自由和责任为基础,反对霍布斯以政治权利决定道德的观点,认为卢梭的主张是"铁案不移"。梁氏对我国社会长期以来因专制统治而导致国民无独立之品、无自由之性的现实至为愤慨。不过,在抨击官吏使得国人只有"自由之俗"而无"自由之德"时,他还是把这个"德"字偏重于制裁上,提倡有制裁的自由。与倡导独立性不同,梁氏对以同样方式倡导自由颇为谨慎,认为"自治之德不备,而徒漫言自由,是将欲急之反以缓之,将欲利之反以害之也"。② 这体现了一个改良主义者内心深处交织的矛盾。同样,类似的矛盾心态也体现在利己与爱他上。一方面,他高举西方利己主义大旗,驳斥视利己为自私的短视之见,肯定私利的合理性,真心为此辩护。中国古义以私为恶,他便怒而斥之,曰:"恶,是何言!天下之道德法律,未有不自利己而立者也。"③并引用西方谚语"天助自助者"④来进一步说明,人之大患莫甚于不自助而望人之助我,不自利而欲人之利我。据此,中国不自强而望列国之为我保全,民不自治而望君相之为我兴革等现象皆是缺乏利己之德的表现。显然,梁氏在这里又一次通过转换理论对象以表达其内心的爱恨,他似乎也没有察觉到这种由小我到大我的转换有什么不妥。他赞同历史上杨朱之学与西方利己论吻合,是真利己,故而他急急宣布:"今日不独发明墨翟之学足以救中国,即发明杨朱之学亦足以救中国。"⑤那么,墨翟之学又怎能与杨朱之学联袂甚至共枕呢? 这自然有些荒诞不经。当然,旧学功底艰深扎实的梁启超不可能有此常识纰漏。他的意思是根据近世哲学家的说法,人类皆有两种爱己心即本来之爱己心与变相之爱己心,而后者也就是爱他心。这原本没有什么问题,西方哲学之所以分自爱为爱己与变相爱己也就是为了解决利己和利他间的矛盾而设。但梁氏仅据"变相利己心"就急忙得出这样的结论,认为"故善能利己者,必先

---

① 梁启超:《卢梭学案》,《饮冰室合集》文集之六,北京:中华书局,1989 年,第 101 页。
② 张枬,王忍之编:《辛亥革命前十年间时论选集》第 1 卷上册,北京:三联书店,1960 年,第 12 页。
③ 张枬,王忍之编:《辛亥革命前十年间时论选集》第 1 卷上册,北京:三联书店,1960 年,第 13 页。
④ [英]斯迈尔斯:《自助论》,中村正直译,上海:商务印书馆,1910 年,第 1 页。
⑤ 张枬,王忍之编:《辛亥革命前十年间时论选集》第 1 卷上册,北京:三联书店,1960 年,第 14 页。

利其群,而后己之利亦从而进焉","故真能爱己者,不得不推此心以爱家、爱国,不得不推此心以爱家人、爱国人,于是乎爱他之义生焉",既然利他之目的也是为了利己,那么"但使举利己之实,自然成为爱他之行;充爱他之量,自然能收利己之效",如此,利己与利他就是一而非二了。倒转本来利己心与变相利己心之位置,并且把变相利己心置于本来利己心之上,梁氏用自己的理解重新诠释了一遍西方哲学的利己理论。把本来是处于近景的利己放到远景之中,予人以渴望,而同时则又将利他推到前台,以唤人耕作,这样的置换可以让我们从一个小的侧面,窥见传统文化究竟是怎样地影响了一个改良主义者的认知和心态。独立、自由、利己等等这些近代西方具有鲜明个人主体特色的道德品质,在梁氏的认识、情感与意志空间里皆自然而然地幻化成为"群"的役工,为实现国家富强和民族生存服务。

最后一对相反相成的德性是破坏与成立。就其要表达的真实思想来看,与其说是在真强调一种道德,不如说是强政治以道德,这与后来作为革命者的章太炎所说"无道德者之不能革命",对革命者道德品质的强调不可同日而语。实际上,这只是梁氏再一次以另一种方式强调了维新的重要性而已。"与其听彼自然之破坏而终不可救,无宁加以人为之破坏而尚可有为"。① 所谓自然之破坏,即以病致死之喻;而人为之破坏,即以药攻病之喻。当然,与其自然死亡,就不如以药救之。何况现在不破坏,他日破坏也终不可免,而且会愈演而愈烈。如果说用比喻的方式来说理还似嫌晦涩的话,那么以下一席话则直接表露了其用意,即"吾辈所以汲汲然倡人为之破坏者,惧夫委心任运听其自腐自败,而将终无成立之望者,故不得不用破坏之手段以成立之,凡所以破坏者为成立也"。② 这就已经再清楚不过了,他所说的破坏虽被誉为"今日第一要件"、"今日第一美德",然究其义仍是他心中那孜孜以求的"成立"之梦,当然,他也说过这梦不会是"以新毒代旧毒",而且领导实现这维新希望的仍"是在吾党!"

梁氏的这篇文字在他的道德思想中有比较重要的位置,可以说为其日后道德思想发展奠定了一个基调,那就是重视个人更注重群体。从上述他对德性所作的设计中,可以看出他心目中的国民形象既有异于传统也有别于西方,是兼具西方文明意识和东方传统美德之人。独立、自由、自信、自利是梁所认识到的泰西国民新形象,它与依赖、散漫、萎缩、畏葸的本土国民形象形成了巨大反差,而泰西国民的这种新形象与国家富强之间的紧密关系通过对日本的切身观察与体会得到了

---

① 张枬,王忍之编:《辛亥革命前十年间时论选集》第 1 卷上册,北京:三联书店,1960 年,第 15 页。

② 同上。

确证与加强,反过来又进一步强化了他对本土国民新形象的向往。国由民构成,而他所向往的新国民还有别于泰西,至少是兼具中华传统美德之人,即不是西方文明所张扬的那种个人主义之人,具体说就是,"知有合群之独立,则独立而不轧;知有制裁之自由,则自由而不乱暴;知有虚心之自信,则自信而不骄盈;知有爱他之利己,则利己而不偏私;知有成立之破坏,则破坏而不危险",①若人人皆能以此道治身,则国家可救。

此文发表之后,仅时隔半年,他就开始更为系统地进行"新民"的设计。《新民说》是梁氏学习西方思想最为集中的反映,也是一次学习成果的总结。在这里,西方自卢梭至伯伦知理的政治理念,自边沁、穆勒的功利主义道德至康德的道德自由主义以及斯宾塞的社会进化论等都被他聚集一堂而用于"新民"的设计。其中,道德是"新民"的根本。在《新民说》中,梁就公德及私德与国家富强关系作了充分论述,他在这方面的思想开了清末系统探讨公私德与国家富强关系的先河,很值得作一研究。这种研究不仅是理解并揭示梁氏本人伦理道德思想的需要,而且也是我们体会那个时代改良主义知识分子在从事救国大业时所表现出来的道德上的志气、困惑、沉思与求索的需要。关于《新民说》,目前相关研究成果已经不少,其中也不乏专门从道德角度来进行的研究,而无论是研究其伦理思想,还是研究其德育思想,也都必然会涉及此著作。但从已有研究成果来看,对梁氏在此著中所体现的道德思想尚须作进一步深入的探讨。比如,一个最为突出的问题就是如何解释梁在此著中所表现的思想逆转现象,即由公德到私德的转变。这种转变是一种回归吗?还是一种经世的需要抑或是一种革命后的重建?下文试以梁氏在文本中所体现的公德与私德思想为依据,对他思想上的这一转变予以分析。

国由积民而成,救国当先救民。救民可以革命决之,也可以教育决之,梁自然属于后者。忧患于国家的内外交困,他直呼"新民为今日中国第一急务"。他对自己所希望的"新民"交代得很清楚,即"新民云者,非欲吾民尽弃其旧以从人也。新之义有二:一曰淬历其所本有而新之;二曰采补其所本无而新之,二者缺一,时乃无功"。② 淬历与采补的结合即是他所认为的调和的态度,换言之,他所说的新民"必非如心醉西风者流,蔑弃吾数千年之道德学术风俗,以求吾于他人;亦非如墨守故纸者流,谓仅抱此数千年之道德学术风俗,遂足以立于大地也"。③ 以此为

---

①　张枬,王忍之编:《辛亥革命前十年间时论选集》第1卷上册,北京:三联书店,1960年,第16页。

②　梁启超:《新民说》,《饮冰室合集》专集之四,北京:中华书局,1989年,第5页。

③　梁启超:《新民说》,《饮冰室合集》专集之四,北京:中华书局,1989年,第7页。

鉴,并以益格鲁撒克逊人为参照,他就国民所当自新之事条分缕析之。

1902 年 3 月 10 号,梁氏在《新民丛报》第 3 号发表了《论公德》(第 5 节)一文,此后国内关于公德的讨论包括引进的理论就逐渐多了起来。公德为"新民"第一义,这是因为在他看来,人群之所以为群、国家之所以为国皆赖此德才能成立。那么,究竟什么是公德? 又究竟什么是私德? 私德与传统道德的关系怎样? 公德与私德有何种关系? 国民应该具备什么样的公德? 对这些问题,他在此文里基本都做了回答。关于梁公德思想的基本内容前文也有涉及,这里就其中的某些主要方面结合文本再作些探讨。此文主要包括以下几个方面的内容:

一是借鉴福泽谕吉关于道德的分类,①解释了公德、私德的含义。"道德之本体一而已,但其发表于外,则公私之名立焉。人人独善其身者谓之私德,人人相善其群者谓之公德","二者皆人生所不可缺之具也,无私德则不能立……无公德则不能团"。② 不仅明确说明了公德及私德含义,而且也指出了其与整个人生道德的关系。不过,值得注意的是,梁氏在这里并没有说明公德与私德相互间的关系。

二是关于私德与传统道德的关系。他认为我国道德之发达不可谓不早,然偏于私德而公德殆阙如,遂逐一列举我古圣贤所言之道德为私德发达之证。在他看来,从皋陶谟之九德,洪范之三德,论语所谓温良恭俭让、克己复礼、忠信笃敬、刚毅木讷、知命知言,大学所谓知止慎独、戒欺求慊,中庸所谓好学力行、知耻、戒慎恐惧、致曲,孟子所谓存心养性、反身强恕等等之类,皆为私德,"私德具十之九,而公德不及其一焉"。同时,他也通过对比我国传统五伦与泰西伦理,更为之佐证。私德发达只是有利于养成私人(指一个人不与他人交涉之时)之资格,但仅有私人资格还不足以称为完全人格。他把中国传统伦理称作旧伦理,相对来说,泰西则为新伦理。旧伦理分君臣、父子、兄弟、夫妇、朋友五伦,而新伦理则分家族伦理、社会伦理、国家伦理。前者所重为一私人对于一私人之事,而后者所重则为一私人对于一团体之事。他用所谓新伦理来对旧伦理进行分析,认为旧伦理中惟家族伦理尚为完整,而社会伦理及国家伦理所缺尤多。旧伦理中关于社会伦理只有朋友,关于国家伦理也只有君臣,而朋友一伦不足以尽社会伦理,同样君臣一伦也不足以尽国家伦理。因此,家族伦理尽管稍为完整,而社会伦理、国家伦理甚不完备,造成这种现象的原因,在他看来,正是旧伦理重私德而轻公德的结果。

---

① 梁启超关于公德与私德的概念明显借鉴福泽谕吉的分类成果,这一点也基本上为目前研究梁氏伦理道德思想的学者所公认。在《新民说》之《论公德》一文中,当解释何谓公德及私德时,开始部分的一句话即为福泽谕吉的原话,只是接下来的解释则有些不同,具体可参照福泽谕吉著《文明论概略》。

② 梁启超:《新民说》,《饮冰室合集》专集第 1 册,北京:中华书局,1989 年,第 12 页。

　　三是分析了我国民公德不足的原因。他批评传统道德宗旨下的修身往往养成一种独善其身或束身寡过主义,这种道德主义对待公利公益之事动辄以"不在其位不谋其政"相标榜,遂谬种流传,愈益使国民不复知公益为何物。他慨然说:"今吾中国所以日即衰落者,岂有他哉,束身寡过之善士太多,享权利而不尽义务,人人视其所负于群者如无有焉。人虽多,曾不能为群之利,而反胃群之累,夫安得不日蹙也。"①他引用一则寓言故事,生动形象地说明了这个问题。有一官吏死后,阎王要拿他治罪,这官吏大喊冤枉,说:"我何罪之有啊,我做官时从不贪污,很是廉洁。"阎王说,要是像你这样廉洁,我于大堂之上立一木偶,无须吃喝,岂不更省事么。除了廉洁,你什么事情都不做,这正是你的罪过!于是炮烙之。他用这则寓言故事来批评那些持束身寡过主义者,对公利公益不闻不问,即使私德高尚,也是对社会、对国家犯了罪,应按公德来审判。

　　四是关于公德的目的。此问题也涉及梁氏的道德起源论及道德进化观。"道德之立,所以利群也。故因其群文野之差等,而其所适宜之道德亦往往不同,而要之以能固其群善其群进其群者为归"。② 这表达了梁氏两个重要的道德观,即道德是因利群需要而产生,以及道德随社会变化而变化的观点。前种观点同他在这里的立论相一致,或者也无妨说是为了立论的需要。而后者在梁氏的思想中是一颇为复杂的问题,一定程度上反映了他对社会进化论的接受与改造。首先,他认为道德依群之文野不同而有适宜之道德。这除了说明道德是因群的需要而产生这一意义之外,还包括了道德的变与不变。就其不变而言,文野不同之群,自有其适宜之道,在这个意义来说,古今道德一也,即道德的精神都是为了一群之利益而生,有益于群即是善,无益于群即为恶,梁氏并且认为,此理放诸四海而准,俟诸百世而不惑。如此,野蛮之人以妇女公有为道德或以奴隶非人为道德,皆不可以指责其为失德,因为这是当时的需要而有利于群。但文野毕竟不同,道德也因之而异,那么,文明人的道德较之野蛮人的道德何如? 在这个关键性的问题上,梁的看法是,"至其道德之外形,则随其群之进步以为比例差,群之文野不同,则其所以为利益者不同,而其所以为道德者亦自不同。德业者,非一成而不变者也"。③ 实际上,关于道德的变与不变至此已经很明了,即变的方面是指道德的外形,它随群的进步而不同,而道德之利群这一点则是不变的,它并不因群的进步而不同。为防止因出言骇俗而招致误解,他更以德之条理与德之本原来加以区分,说道德并非

---

① 梁启超:《新民说》,《饮冰室合集》专集之四,北京:中华书局,1989 年,第 13 页。
② 梁启超:《新民说》,《饮冰室合集》专集之四,北京:中华书局,1989 年,第 14 页。
③ 梁启超:《新民说》,《饮冰室合集》专集之四,北京:中华书局,1989 年,第 15 页。

一成不变者仅是指条理而言,而并非其本原,至于道德的本原固亘万古而无变,本原是什么呢? 曰利群而已。那么,道德的本原是否就是万古不变呢? 至少,在这里梁的回答是肯定。在就道德的变与不变问题作了条理与本原划分后,依据道德条理可变的原理,得出道德非数千年前之古人所能立一定格式以范围天下万世的观点,自然是顺理成章的了。既然道德非由古人来定,不必以古人自画,那么生于文明之世也必定有适宜文明之世的道德了,换言之,应该发明一种新道德,以求所以固吾群善吾群进吾群之道。这种新道德为何? 知有公德,而新道德出焉,因此,公德是新道德与"新民"的前提。尽管他没有明确给新道德以定义,但我们已经知道他所说的新道德是指什么了。

今世士夫谈维新者,诸事皆敢言新,唯不敢言新道德。此由学界之奴性未去,爱群爱国爱真理之心未诚也。盖以为道德者,日月经天,江河行地,自无始以来不增不减,先圣昔贤尽揭其奥以诏后人,安有所谓新焉旧焉者? 殊不知道德之为物,由于天然者半,由于人事者亦半,有发达,有进步,一循天演之大例。前哲不生于今日,安能制定悉合今日之道德,使孔孟复起,其不能不有所损益也亦明矣。今日正当过渡时代,青黄不接,前哲深微之义或湮没而未彰,而流俗相传,简单之道德势不足以范围今后之人心,且将有厌其陈腐而一切吐弃之者。吐弃陈腐尤可言也,若并道德而吐弃,则横流之祸曷其有极。今此祸已见端矣,老师宿儒或忧之劬劬(音渠)焉,欲持宋元之余论以遏其流。岂知优胜劣败固无可逃,捧抔土以塞孟津,沃杯水以救薪火,虽竭吾才,岂有当焉。苟不及今急急斟酌古今中外,发明一种新道德者而提倡之,吾恐今后智育愈盛则德育愈衰。泰西物质文明尽输入中国,而四万万人且相率而为禽兽也! 呜呼! 道德革命之论,吾知必为举国之所诟病。顾吾特恨吾才之不逮耳,若夫与一世之流俗人挑战决斗,吾所不惧,吾所不辞! 世有以热诚之心爱群爱国爱真理者乎? 吾愿为之执鞭以研究此问题也。①

这一席话确实让我们真切体会了梁氏作为学者所具有的那种珍贵的个人德操,感人的魄力及人格魅力。他那强烈的时代使命感,以及他真诚的爱国之情也包括他为学的学术良心,谁又能否认这些不正是一种高尚的公德呢。虽然如此,从他这一席话里,我们要引出他关于公德认识方面若干值得探讨的问题。

其一是关于私德的地位、作用以及与传统道德的关系问题。梁在公德篇里对传统道德的论述基本是把传统道德定位在私德上,这一点只要仔细阅读过此篇是不难理解的。为了强调他所说公德的重要,不惜言私德"不足以范围今后之人心",并将传统伦理作为旧伦理来对待,而把泰西伦理称为新伦理。从新旧比较的

---

① 梁启超:《新民说》,《饮冰室合集》专集之四,北京:中华书局,1989 年,第 15 页。

角度而言,说中国国民缺乏公德当然就是有据可依了。但旧伦理除了容易造成束身寡过主义以阻碍公德,应受到批判外,它毕竟还是要同公德一起构成人完整道德不可分割的部分,这一点梁氏在一开始也已说明。这样一来就有一个问题需要回答,即如何正确对待私德? 如果说那些不敢言新道德之士夫皆是奴性未除、爱群爱国爱真理之心未诚,是否是构成对私德的全盘否定呢? 实际上,从梁的表述里,我们也发现他对私德的态度此时是藕断丝连式的,所谓"前哲深微之义"即是如此。更进一步,梁对待私德的这样一种方式也为我们理解他的道德思想或者德育思想的发展提供了有益的启示。一方面,他如此的强调国民公德,确实反映出了经过这几年在海外的阅读学习和思考,其思想已经发生了巨大变化;另一方面,这种变化也促使他对传统道德按现实需要进行更多反省。学习和反省只是必要条件,思考最重要,而他所思考的结果则是"公德者,诸国之源也"。① 可见,这同传统旧伦理是何等的天壤之别。那么,泰西伦理之所以为新伦理,是否只有公德而无私德呢? 这个问题实在也很重要。梁氏在此仅仅把泰西伦理分为家族伦理、社会伦理与国家伦理,而隐去了个人伦理不说,即闭口不谈所谓新伦理中的私德一事,而后得出结论认为,新伦理"所重则为一私人对于一团体之事",与旧伦理形成鲜明对照。联想到他在此前《十种德性相反相成义》一文中的表现,应该说其思想具有一致性,做法也是可以理解的,但这并不等于说于学理上也可以通行。

其二是道德进化的问题。梁氏在上面那段话中,已表明了他在道德进化问题上所持的立场,即"道德之为物,由于天然者半,由于人事者亦半,有发达,有进步,一循天演之大例",以及"优胜劣败固无可逃",这表明了他对斯宾塞社会进化论的接受。但他关于道德进化的思想也与时人有别,更与同时代革命者的道德进化观不同。他分道德进化为二途,一为本原,一为条理,前者亘古而不变,变的只是后者,换言之,进化的只是道德之条理。然而,本原与条理又各为何物呢? 要理解何为条理倒也不难,但何为德之本原的确需要交代清楚。梁氏只是简单作了交代,说本原即是利群而已。当然,认为利群之为德,自然是不错的说法,然认为它即是德之本原,则的确要有学理上的分析与证明。此问题之重要还不仅如此,可以设想,若道德进化只是表现在德之条理上,那么,我们自然可以有这样一些疑问,即野蛮人之利群的道德精神与文明人之利群的道德精神是否有别? 如果有,它仅是条理上的吗? 社会所孜孜以求也是梁所渴望的公德,与传统道德相较,是否也仅仅是条理上的不同呢? 如果说道德本原不变,那么传统的旧伦理为何又培养不出国民的公德,而容易流于束身寡过主义? 类似的问题并非子虚乌有,而是从梁氏

---

① 梁启超:《新民说》,《饮冰室合集》专集之四,北京:中华书局,1989 年,第 15 页。

的思想中演绎可得。自然,他在此篇里并没有作答,也可以说还未引起注意。然而,正是这些问题的存在使得他的思想不断在现实刺激下发生变化。

既然公德的目的已明,那么国民应该具有什么样的公德呢?《论公德》篇只是个新民总纲,其后梁氏一共安排了除《论私德》篇(第18节)之外共14项内容,分别对他所主张的公德进行论说,这些内容按顺序具体为:论国家思想、论进取冒险、论权利思想、论自由、论自治、论进步、论自尊、论合群、论生利分利、论毅力、论义务思想、论尚武、论民气、论政治能力。① 在这些文章中,梁氏结合中国的历史与现实,充分吸收近代西方丰富的思想养料,并借鉴、比照泰西各国古今盛衰之理,分别对我国民在政治、经济、道德、文化、心理等方面所表现出来的品质与特征逐一分析,既辨析原因,指出不足,又深切呼唤,殷殷期待,于情于理都无不动人心扉。然而,正是这样一个以倡公德而图国是之人,仅仅一年半之后,却又在自己主办的报纸上唱起了私德的颂歌。究竟是什么原因促使他作如此转变? 长期以来,研究者一直对此怀有极大兴趣。也许梁自己在《论私德》篇首的交代对理解这个问题有所启示。他这样说:"乃近年以来,举国嚣嚣靡靡,所谓利国进群之事业,一二未睹,而末流所趋,反贻顽钝者以口实,而曰新理想之贼人子而毒天下。噫,余又可以无言乎? 作论私德。"②从这里来看,梁氏对私德态度之转变主要还是基于他对社会现实道德状况的反思。一年多来,他汲汲乎提倡公德,可到头来收效甚微,非但如此,却还"反贻顽钝者以口实,而曰新理想之贼人子而毒天下",这样的结果实在既非他所料,也非他所愿。

五年以来,海外之新思想随列强侵略之势力以入中国,始为一二人倡之,继为千百人和之。彼其倡之者,固非必尽灭旧学也,以旧学之简单而不适应于时势也,而思所以补助之,且广陈众义,促思想自由之发达,以求学者之自择。而不意此久经腐败之社会,遂非文明学说所遽能移植。于是自由之说入,不以之增幸福,而以

① 《新民说》对于梁启超思想研究是一重要文献,现将各节发表的时间及期号按其章节顺序整理如下,以方便对其研究。第1、2、3节发表于第1号,时间为1902年2月8日;第4节为第2号,1902年2月22日;第5节为3号,1902年3月10日;第6节为第4号,1902年3月24日;第7节为5号,1902年4月8号;第8节为第6号,1902年4月22日;第9节为第7、8、9号,1902年5月8日、5月22日、6月6日;第10节(未见);第11节为第10、11号,1902年6月20日、7月5日;第12节为第12、14号,1902年7月19日、8月18日;第13节为第16号,1902年9月16日;第14节为第19、20号,1902年10月31日、11月14日;第15节为第24号,1903年1月13日;第16节为第26号,1903年2月26日;第17节为第28、29号,1903年3月27日、4月11日;第18节为第38、39(合)、40、41(合);46、47、48(合)号,1903年10月4日、11月2日、1904年2月14日;第19节为第72号,1906年1月9日;第20节为第49、62号,1904年6月28日、1905年2月4日。

② 梁启超:《新民说》,《饮冰室合集》专集之四,北京:中华书局,1989年,第118页。

之破秩序。平等之说入,不以之荷义务,而以之蔑制裁。竞争之说入,不以之敌外界,而以之散内团。权利之说入,不以之图公益,而以之文私见。破坏之说入,不以之箴膏肓,而以之灭国粹。①

他的隐衷至此已表明清楚,无须多说了。新思想输入的结果非但没有半点有助于实现他所希望的,而那些他不希望有的结果反倒因之处处呈现。再进一步探究,比如他的政治立场、学术素养、游历见闻以及国内政治形势的变化等等,不可否认对其思想转变肯定也有某种影响。然而,他救国的理想与现实状况之间的落差则是转变的根本原因。在《论私德》篇中,他主要论及了如下几方面问题。

在《论公德》篇中,为了突出公德的价值及目的,他对私德与公德的关系并没有作细致的分析。此篇里,他首先解答了这个问题。公德与私德究竟是什么关系呢? 其为相属之词而非对待之词。相属即相关而不是对立,他用斯宾塞社会学中的个人与全体之义来对照说明。笔者不敢妄加揣测,梁是否有歪曲斯宾塞社会学真意,但他所引严译中关于"拓都之性情形制么匿为之"之论则确为斯宾塞社会学精义之一。他由此出发举一反三,很细致地演绎了这样一条"真理",目的在于以此证明"是故欲铸国民,必以培养个人之私德为第一义"。② 对公德与私德这种相属而非相对的关系,梁氏进一步将其明晰化,认为"公云私云,不过假立之一名词,以为体验践履之法门。就泛义言之,则德一而已,无所谓公私;就析义言之,则容有私德醇美,而公德尚多未完者,断无私德浊下,而公德可以袭取者"。从公德与私德之间如此的关系,他进一步认为:"公德者私德之推也。知私德而不知公德,所缺者只在一推,蔑私德而谬托公德,则并所以推之具而不存也。故养成私德,而德育之事思过半焉矣。"③其说法无论我们是否接受,在这里,他显然是认为公德不可以代替私德,而私德则可以外推为公德。

那么,私德为何一推就为公德呢? 是否公德不好仅因为私德的缘故吗? 至少对后一个问题,梁氏持肯定看法。现在问题是,公德是否即为私德之外推。其实,梁氏尽管对公德与私德关系作了说明,但这些文字如果用来解释两者间的关系似乎仍然难负其责。仔细推究发现,梁所引用的斯宾塞观点不但无益,而且还有适得其反之嫌。换言之,由全体的性质决定于个体这样一个社会学前提,是无法得出私德外推即为公德这样的结论的,前提与结论之间没有必然关系。相反,个体的公共意识则是任何醇美私德所无法推出的,一群由缺乏公共观念的个人所组成

① 梁启超:《新民说》,《饮冰室合集》专集之四,北京:中华书局,1989 年,第 127 – 128 页。
② 梁启超:《新民说》,《饮冰室合集》专集之四,北京:中华书局,1989 年,第 119 页。
③ 同上。

的群体,不仅群体的利益无法实现,而且即使是按斯宾塞的观点,也使得群体服务于个体的目的无法达成。实际上,就全体与个体的关系来看,个体的私德固然不可少,而其公德则更重要。如果一定要说,私德可以外推而为公德,那么,这绝不仅仅是因为"德一而已"这一前提,然后发于外即为公德,敛于内即为私德,而是正相反,即只有达到"德一而已"这一修德结果,然后外推才可以实现。因此,修德的过程最为重要。梁氏在《论公德》篇中曾正确指出了传统私德的缺陷在于易养成一种洁身自好或束身寡过主义,它使人缺乏公共观念,明哲保身有余,图谋公益不足。因此,从这一点来看,他一开始所确定的"淬历"与"采补"的新民方针无疑是很正确的。至于他在实施新民方针过程中所采补的是否皆合适,现在看来他是矛盾的,至少是很无奈。如今,他单把希望寄托于"淬历"上,正是他内心此种无奈的反映。然而,他似乎忽视了重要一点,即此时他所做的是否会重蹈一直为他所批评的束身寡过主义呢? 公德输入所由败的深层原因,在此篇中梁氏开始有所察觉,而"淬历"的任务,此篇也已开始有所涉及。

对公德失望之后的梁氏并没有因此肯定既有的私德,相反,在他看来,国民的私德已经堕落。公德不存,私德又已堕落,可见梁眼里的社会堪比满目疮痍为甚。那么,传统势力强大的私德为何堕落至此呢? 他一共分析了五个方面的原因,痛快淋漓地阐述了自己的看法。

其一,由于专制政体之陶铸。吾民族数千年生息于专制空气下,人民不得不以诈伪求进取,以卑屈求自全。而长期以来,社会上富于这二种性质之人往往占据优胜之地位,如此代代遗传,而为一种公共性,种子相熏,日盛一日,虽有豪杰,几难自拔。终至习气繁衍,德性日漓。

其二,由于近代霸者之摧锄。专制以来,各代帝王明君难求,而为了巩固霸业,维护私权,往往不惜阻塞民智,摧折民气,或刻薄寡恩,奖励权术,或浮薄侈靡,阴取强夺,提倡恶风,或为外族所躏,善为机巧。总之,受霸者之摧锄,民德丧失殆尽。

其三,由于屡次战败之挫沮。内乱之国,民必生恶性。桀黠之民易生侥幸性、残忍性、倾轧性;而柔良之民则易生狡伪性、凉薄性、苟且性。至于战败而为被征服者,则其国民固有之性可以骤变忽落。如燕赵古时多慷慨悲歌之士,今则过其市,顺民旗飘飘者。中国国民长期仰息于专制之下,久以诈伪卑屈为全身进取之不二法门,况积数千年内乱之惯局,又日伐于人而未尝一伐人。内乱与战败频仍,种种恶性累积,弥漫于全社会。

其四,由于生计憔悴之逼迫。管子曰:"仓廪实而知礼节,衣食足而知荣辱。"一社会虽有少数奇异之士非专制魔力所能左右,然其能事不可以律众人。多数人民必仰事俯蓄,有余裕方重名誉,有余力才能就学,高尚理想,虑及身外。不然者,朝不保夕,虽有仁质,岂能自冻馁以念众生?虽有远虑,又岂能舍现在以谋将来?

最后,由于学术匡救之无力。乾嘉以降,学者竞相夸尚汉学,排斥宋学不遗余力。而汉学者则立于人间社会之外,而与二千年前地下僵尸为伍。虽著述累百卷,而决无一伤时之语,虽辩论千万言,而皆非出本心。只为藏身之所,阿世之名。于是名节闲检,荡然无所复顾。

从以上所分析的来看,不能不说梁氏常称自己为"应时人物"是有些自谦了。他所分析的范围广泛,包括政治、经济、军事、文化、教育等多个方面。的确,这些不同因素都会以各自的方式影响着人们道德的学习和形成,它们甚至也是交互影响的,从而使得人们行为道德化的过程极具复杂性。尽管他也对专制之祸予以了无情鞭挞与揭露,但鞭挞专制之祸害不等于诅咒专制本身,专制之遗毒可以如疮疤一层层揭开,以至鲜血淋漓,但那也只能增加人们的一丝同情,而对专制本身不会有影响。

既然私德与公德不可分割,国民私德又如此堕落,那么救治私德就是当务之急。私德当如何来救治呢?梁氏首先所关注的对象是革命破坏论者,认为惟建设需要道德,而破坏不需要道德的说法是错误的。若要言破坏,"非有大不忍人之心者,不可以言破坏,非有高尚纯洁之性者,不可以言破坏"。① 因此,他指出不是人人都可以言破坏的,只有如曾文正那样的人才可以。他也相信,假如曾文正生于今日而犹当壮年,那么中国必由其手而获救。所以,他告诫同党之人,不欲澄清天下则已,苟有此志,则曾文正集必一日三复。他这是在强调破坏者的资格。在对资格作了限制以后,他更为担心的是破坏对既有道德所造成的可能恶果。若一切皆言破坏,无疑旧道德也将随之而去。在经过一段时间的反思以后,他的确对旧道德有了新认识,或者对新道德也有不同于以往的看法了。

吾畴昔以为中国之旧道德,恐不足以范围今后之人心,而渴望发明一新道德以补助之。由今以思,此真理想之言,而决非今日可以见诸实际者也。夫言群治者,必曰德曰智曰力,然智与力之成就甚易,唯德最难。今欲以一新道德易国民,必非徒以区区泰西之学说所能为力也。即尽读苏格拉底、柏拉图、康德、黑智儿之书,谓其有"新道德学"也则可,谓其有"新道德"也则不可。何也? 道德者行也,而非言也。②

此是体现他对新道德与旧道德认识转变的重要文字。它说明了梁在国民道

① 梁启超:《新民说》,《饮冰室合集》专集之四,北京:中华书局,1989 年,第 132 – 133 页。
② 梁启超:《新民说》,《饮冰室合集》专集之四,北京:中华书局,1989 年,第 131 页。

德问题上思想开始走出崇慕西风的简单化倾向,开始探求一国道德自身之原质即内在的特性。一社会的道德自然同此社会的性质密切相关,社会性质不同,风俗、道德自然有异。同提倡公德时期相比,如今他对泰西道德有了更深刻的认识。就原质来分析,他已经认识到泰西道德同宗教制裁、法律制裁及社会(名誉)制裁密切相关,而这些在中国就没有。因此,以之而新我国民道德,岂不是"磨砖为镜,炊沙求饭"?应该说,这一认识是很可贵的,也修正了先前他对道德本质问题认识的片面性。既然泰西道德为泰西社会所养,于我不适,那么现今维系吾社会于一线的也就只能是吾祖宗遗传固有之旧道德了。从这个角度而言,他认为"一切破坏"之论若兴,势必将取旧道德亦并摧弃之,而旧道德则为国家存亡之所系。故而他提醒论者对此必深长思之。何故梁如今对旧道德如此萦萦于怀呢?这除了经他观察与思考所认识到的"一道德为一社会所养"之理外,其实,还有更深一层意思在其中。

道德与伦理异,道德可以包伦理,伦理不可以尽道德。伦理者或因于时势而稍变其解释,道德则放诸四海而皆准,俟诸百世而不惑者也。如要君之为有罪,多妻之非不德,此伦理之不宜于今者也。若夫忠之德、爱之德,则通古今中西而为一者也。诸如此类,不可枚举。故谓中国言伦理有缺点则可,谓中国言道德有缺点则不可。①

在这里,梁氏将道德同伦理区分开来,认为二者的关系是:道德可以涵盖伦理之义,而伦理则不可以尽道德之蕴,前者是放诸四海而皆准,俟诸百世而不惑的普遍而永恒的法则,不会因时势及国度的不同而发生改变;而后者则不同,这正如他自己所认为的那样,伦理会因社会性质的不同而各有所受,它不是普遍的,永恒的。从这一点出发,他进而认为,若言中国的伦理有缺点是容许的,倘若言中国的道德也有什么缺点则不可。不用说,梁的用意我们是清楚的,这不外乎又是一次道德维权运动,就像他前次宣传泰西道德那样,只不过这次被维权的对象不同。这里,我们不必去细细追问梁的说法中那些所谓的细枝末节问题,相反,我们应该从他的提议中得到深刻启示。梁关于道德与伦理的区分不应该仅仅被作为一种情感表达,或被单纯看作是对传统道德的回护。梁之所以区分道德与伦理其本意是想表明,道德的内在精神即美德或德性同它的外在表现即行为或规范是不同的,前者普遍永恒,而后者则可以同中有异,只是他的这一认识恰恰以对传统道德护卫的方式表现出来罢了。

既然道德与伦理有异,道德修养或教育的目的自然要放在前者。梁氏在此篇

---

① 梁启超:《新民说》,《饮冰室合集》专集之四,北京:中华书局,1989 年,第 132 页。

里，根据这种精神对现实道德教育提出了批评，并同时予以初步的设想。

窃尝观近今新学界中，其断断然提絜德育论者，未始无人，然效卒不睹者，无他焉，彼所谓德育，盖始终不离乎智育之范围也。夫其獭祭偏于汗牛充栋之宋元明儒学案，耳食飫（音同欲）乎入主出奴之英法德之伦理学史。博则博矣，而于德何与也……若曰德育而在是也，则所谓闻人谈食，终不能饱，所谓贫子说金，无有是处……今日中国之现象，其月晕础润之机既动矣，若是乎，则智育将为德育之蠹，而名德育而实智育者，益且为德育之障也。以智育蠹德育，而天下将病智育，以"智育的德育"障德育，而天下将并病德育。此宁细故耶？有志救世者，于德育之界说，不可不深长思矣。①

所谓"智育的德育"即是以知识为本位的道德教育，或称作知性德育。从理论源头上说，我们自然会联想到苏格拉底"美德即知识"的论题，梁是否会受其启发不便简单推断，但梁在此所批评的知性德育实际上应该主要是科学发展及西学传播所影响的结果。学者曾用"欧风美雨"一词来形容当时西方文明浸入所带来的冲击作用，传统文化在这种冲击面前步步撤退，尤其西方各种科学知识大量的传播深刻改变了人们的思维方式及价值观念，这使得部分传统士人的道德焦虑日盛一日。学堂章程从维护传统道德文化的需要出发，明确规定以先贤的嘉言懿行为学堂修身之标准。这样，就出现如梁氏所说的那样，一方面是汗牛充栋之宋元明儒学案充斥于修身书本，另一方面又极力引进英法德之伦理学史，而西方伦理学家的道德思想也频频出现在德育教科书中。这种状况就其内在紧张来看，反映的应该是两种道德文化接触时士人内心的恐惧与彷徨，但它却以知识宣教的方式而存在，这才导致梁所说的名德育而实智育或者"智育的德育"等现象。当然，所谓"智育的德育"也并不完全等同于纯粹知识灌输，这甚至也不是梁氏要说的意思。

知性德育的危害究竟何在，梁在此仅指出它会导致天下人"病德育"，而没有详细论述。但从其所贯穿的主旨来看，他所最为担心的就是，如果人们轻视德育，那将使得人安心立命之大原无所存，这个大原就是人的德性了，即是不同于伦理的道德。然而，这个作为德性的道德大原究竟又是什么呢？他在此篇中曾提出以"正本"、"慎独"、"谨小"为上下内外一体的德育设想，既务必要从人心中拔除功利之毒，使人全心全意地爱国，又要从本原上树立教育目标，注意行为修炼。尽管这是一个美好的设想，但是，它毕竟还只是一个正在孕育中的胎儿，其全形至稍后《德育鉴》付梓时才得窥见。

从《十种德性相反相成义》到《新民说》中的《论公德》及《论私德》，我们看到

---

① 梁启超：《新民说》，《饮冰室合集》专集之四，北京：中华书局，1989年，第137页。

了一个在道德问题上不断求索的梁启超。同升平时代的道德思想家们不同,梁氏的道德思考深受更多更猛烈的焦灼情感的煎熬,那是一个风雨飘摇时代所给予他的道德重任。《十种德性相反相成义》一文可以看作是其公德思想的萌发,在那里他对德性本身的理解由于暂时退出了传统羁绊而开始显露出现代性。《论公德》应该是这种现代性的继续和全面展开,体现了其道德思想与现代文明的对接,并在对接过程中,明确将利群界定为道德之本原。与之相对应,他以泰西近现代文明为参照,精心设计并详细分析了理想国民所应具有的各种道德条理。然而,历史发展不以人的意志为转移。他孜孜以求的疗病药方,无意中却倾及大厦,无奈作《论私德》。私德一文出,梁的本意并非是转而菲薄公德,而是他感到一方面于实际言权利平等自由确为时过早,因为中国的民性还不适于此;①另一方面,他也认为那些以权利、自由、平等等思想为手段倡言破坏,提倡所谓新道德之人自身首先应该有道德,即有如曾文正那样醇美的品性,然后才可以言救国。至此,道德本原与条理的区分变而为道德与伦理的区分,强调性质不同的社会其所要求的伦理也会不同,不必求而同之。相反,传统道德中所具有的人之所以能够安身立命的道德大原是普遍而永恒的德性。因而,他对道德培养的思路就由外在公德植入转而关注巩固内在私德根基,相信私德外推即为公德。《德育鉴》即是这种思想认识的全面表达。

《德育鉴》可以说是一本全面展示探寻道德本原的著作。在例言中,梁氏首先交代了此著与前二文即《论公德》与《论私德》的关系,明确表明本书即演绎前文宗旨而从事编述。在《论私德》篇中,他区分了道德与伦理,认为道德不可变,可变的只是伦理。对此,他在这里进一步予以了强调。对于依据进化论而来的道德进化观,此时也有了不同于以往的认识。比如对加藤弘之的道德进化学说即有异议,认为加藤氏借口道德而言进化,实际上所说的并不是道德,而只是伦理,只是道德的条件而不是道德的根本,至于道德之根本则无古无今无中无外而无不同。基本上,像上述这样的思想多半还是《论私德》主旨的继承和再次强调。不过,对公德与私德及其关系,他在这里作了进一步明确的表述:

　　公德私德,为近世言德育者分类之名词。虽然,此分类亦自节目事变方面观察之,曰:某种属于公之范围,某种属于私之范围耳。若语其本原,则私德亏缺者,安能袭取公德之媺(音同美)名?而仅修饰私德而弁髦公德者,则其所谓德已非

①　梁启超《新大陆游记》中载有《中国人之缺点》一文,文中概括了中国人的四大缺点。参见张枬、王忍之编:《辛亥革命前十年间时论选集》,第1卷下册,北京:三联书店,1960年,第788－791页。

德,何以故？以德之定义与公之定义常有密切不能相离之关系。故今所抄录,但求诸公私德所同出之本。①

从这里,我们可以进一步肯定,梁所说的公德与私德的确来自近世教育家对道德的分类,至于这位教育家究竟是谁,尽管他并没有指明,实际上,从文中的有关言辞,可以肯定是福泽谕吉了,这一点只要阅读过福泽氏《文明论概略》第六章便知,福泽氏正是如梁所说的那样以所谓节目事变来说明何谓公德与私德。除此之外,梁在这里还表达了另外两个意思。而这两个方面也是相互联系的,前者是用,后者是本,表现了体用一致的关系。

其一是表达对公德的敬重。指出不仅私德败坏者不能盗用公德的美名,就是有私德而无公德者也不可谓之有德。他还用陆象山的话来进一步表明自己如此的心迹,即"东海西海有圣人出焉,此心同也,此理同也"。固然,这样的说法有总结经验的一面,主要是防止读者误解其意,以为书中只讲中国传统道德而所谓公德即无足轻重了;从另一方面看,也是他内心注重公德的真实表达。《德育鉴》以摘录先儒道德学说并加按语评说的方式而成,共有六个部分,顺序为辨术、立志、知本、存养、省克及应用。而无论在哪个部分里,我们都可以看到爱国合群身影活跃于其中。如在"辨术第一"篇中,他援引昔贤关于义利的学说而发挥之,认为:"先哲所谓义者,诚之代名词耳;所谓利者,伪之代名词耳。吾辈今日之最急者,宜莫如爱国,故所贵乎有爱国之士者,惟其真爱国而已,苟伪爱国者盈国中,试问国家前途果何幸也。"②这就将义利同真假爱国联系在一起,复以义利判爱国心。在"立志第二"篇中,他引孔子"好仁者,无以尚之"而推及爱国,认为"真爱国者,必无以尚之。此志向一定,无论外境界若何变异,而不足相易矣"。③ 同样,在"知本第三"篇里,当论及王阳明致良知中致之功时,他更是借理喻事,批评那些麻木不仁者道:"今世之坐视国难,败坏公德者,其良知未尝不知爱国合群之可贵,知其可贵而犹尔尔者,则亦不肯从事于致之之功而已。有良知而不肯从事于致知之功,是欺其良知也,质而言之,则伪而已矣。人而至于伪,乃小人而无忌惮也。"④像这样,借剖析先儒至理而又无安其心,古今一璧,将体道之情与爱国合群之心恰当结合起来,既喻时人,又教育后生。

其二是表明此著的宗旨为"求诸公私德所同出之本",而探寻这个"本"无疑

---

① 梁启超:《德育鉴》,《饮冰室合集》专集第2册,北京:中华书局,1989年,"例言"。
② 梁启超:《德育鉴》,《饮冰室合集》专集第2册,北京:中华书局,1989年,第3页。
③ 梁启超:《德育鉴》,《饮冰室合集》专集第2册,北京:中华书局,1989年,第20页。
④ 梁启超:《德育鉴》,《饮冰室合集》专集第2册,北京:中华书局,1989年,第38页。

是此作的根本目的。那么,这个"本"究竟是什么呢? 其实,这在例言里已经有了交代。他假王阳明之口说道:"良知之于节目事变,犹规矩尺度之于方圆长短也。节目事变之不可预定,犹方圆长短之不可胜穷也。故规矩诚立,则不可欺以方圆,而天下之方圆不可胜用矣;尺度诚陈,则不可欺以长短,而天下之长短不可胜用矣。良知诚致,则不可欺以节目事变,而天下之节目事变不可胜应矣。"①不难看出,他所说的"诸公私德所同出之本"即是王阳明所说的致良知。在"知本第三"篇中,他盛赞王学,"唯王学为今日学界独一无二之良药",②并认为"子王子提出致良知为唯一之头脑,是千古学脉、超凡入圣不二法门","只要不欺良知一语,便终身受用不尽,何等简易直接!"③而与此相对照,他对朱子将格物致知用于"为道日损"一途颇有微词,批评道:"朱子之大失,则误以智育之方法为德育之方法,而不知两者之界说,适成反比例,而丝毫不容混也",并借朱熹晚年与友人书信中的为学之言而总结道:"支离之必无功","学道不可以不知本章章明甚矣。"④

梁启超对待公德与私德的认识是一个不断变化发展的过程,并同他政治思想的变化过程基本一致。就其本质而言,它体现了一个改良主义者试图以自己的意志来引导社会道德的良好动机。他植入公德目的是为了救国,强调私德目的也是为了救国,而对德之本原的追问本质上应该是对一切道德形上性质的探索,可它同样仍不离救国,可以说救国是他整个道德思想的核心。但是,在不断探寻如何实现这一核心的背后,他的道德思想确实又一次次翻山越岭,从外至内,从现象到本原,最终在本原处找到了安顿,也从而在某种程度上有效释放了长期以来郁积于胸的道德焦虑,即那种"不为圣贤便为禽兽"的完全道德主义。不过,这样的说法并不是要将梁氏置于一个纯粹的道德学家的位置。实际上,梁氏从来也不是如此,他一生主要的兴趣还在于政治。但作为资产阶级改良派的代表,他关于公德与私德的理论无有过之,本身既有较好的系统性又具强烈的现实性,而且其道德探索之路也给后来者颇多思考与启示。

二、资产阶级革命派的公德与私德观——以刘师培为考察中心

与改良派不同,资产阶级革命派以民族革命为旗帜,矢志要推翻清朝腐朽专制政权。为了取得反清斗争的胜利,在思想领域,他们首先把革命的锋芒指向这

---

① 梁启超:《德育鉴》,《饮冰室合集》专集第 2 册,北京:中华书局,1989 年,"例言"。
② 梁启超:《德育鉴》,《饮冰室合集》专集第 2 册,北京:中华书局,1989 年,第 24 页。
③ 梁启超:《德育鉴》,《饮冰室合集》专集第 2 册,北京:中华书局,1989 年,第 24 – 25 页。
④ 梁启超:《德育鉴》,《饮冰室合集》专集第 2 册,北京:中华书局,1989 年,第 24 页。

一专制政权的精神支柱,即儒家纲常名教。通过破除纲常的禁锢,清理传统道德中不合时势的成分,为资产阶级的新道德鸣锣开道。这些富有革命激情的人士对传统名教的批判是不遗余力的,他们援引西方新伦理的精神,直接指斥中国之所以无国民、国民之所以无国家的深刻根源在于专制制度,而使得专制制度得以不灭者又正在于有名教纲常的保护,因而拆除名教之藩篱无疑就是革命斗争最迫切的需要。当然,革命派这一思想的发展其间有个过程。在改良与革命两派思想未形成真正交锋以前,作为资产阶级的整体,两者的思想其实存在着许多共通之处。此时,革命派尽管有对传统道德提出过批评,但还未能成为一种共识,而且其内部思想倾向也多种多样,有的为捍卫汉民族的正统地位及其精神甚至还要歌颂纲常名教。总体而言,在思想正式交锋以前的革命派在对待传统道德的态度上应该说还不很明晰,多半还处在一种笼统的批判之中。而在论战以后,革命派对待传统纲常的态度则明确表现了这个派别自身的性质,誓以催而廓清之而后快。

吾痛吾中国之礼仪三百威仪三千也,胥一国之人以沦陷于卑屈,而卒无一人少知其非,且自夸谓有礼之邦,真可谓大惑不解者矣。礼者非人固有之物也,此野蛮时代圣人作之以权一时,后而大奸巨恶,欲夺天下之公权而私为己有,而又恐人之不我从也,于是借圣人制礼之名而推波助澜,妄立种种网络,以范天下之人。背逆之事,孰逾于此![①]

这段话的意思显然是把礼作为导致中国三千年来文弱的总根子,宣称它规定了人之上下贵贱,使人失去自由平等之资格,最终率四万万人消没于其中。这样就把礼与“自由平等”的价值观尖锐对立了起来。既然礼有碍于人的“自由平等”的实现,那么废礼也就是理所当然之事,而以西方权利思想代替礼法之教就是最理想的选择。这看起来多少有些激动人心。那么,礼究竟又怎样与“自由平等”的价值观不相容呢?礼与“自由平等”的价值观之间的不同体现的就是野蛮与文明的差别吗?礼的精神又是什么呢?这些问题是礼作为中国固有道德文化代表在当时社会背景下面临的关键问题,而资产阶级革命派的代表人物对这些问题本来可以有更多适当的见解,但往往因政治革命之急需而未及多加思索。

改良派与革命派的思想论战对于统一革命阵营的思想与意志发挥了关键性作用。尽管论战的直接锋芒不在于旧道德,但要使清王朝成为众矢之的,并最终以共和国取而代之,那么打碎旧道德就是一个无法规避的问题,因为道德是维护社会秩序最为重要的工具,旧道德破坏与旧社会颠覆总是同命运的。在这个意义

---

① 张枬,王忍之编:《辛亥革命前十年间时论选集》第 1 卷上册,北京:三联书店,1960 年,第479 页。

上,这次论战也是一次道德的解放。但这种解放又不仅仅限于论战本身对道德所起的思想解放作用,实际上借助于论战,宣扬道德解放自身也成为一时的潮流,从而从一个侧面很好配合了革命派的论战。在道德解放潮流中,一副副沉重的旧道德铠甲被解开,过去被紧紧裹于其中的种种道德之幻象顿时敞开在人们眼前。"女子家庭革命"说、"家庭革命"说、"祖宗革命"说、"三纲革命"说等等,对旧道德的革命一时风起云涌,震彻寰宇。

"女子家庭革命"说直接将矛头指向专制社会制度下身受重重压制的女子悲惨之命运,"革命何物乎,权利之代价,奴隶之变相,不得已而一用之爆药也。故今日非处专制压制下不必言革命,非处再重专制压制下,更不必言女子家庭革命",①并对女子在家庭遭遇的种种专权予以痛斥,它将一家之长、闺房相伴之夫直呼为"第二君主",号召女性同胞们勇敢站起来,为摆脱种种家庭特权的压迫而首先进行家庭革命。

"家庭革命"说则把斗争的矛头指向了家族主义,认为家族主义是摧折自由文明之花之第一重魔。中国二千年来,家族制度过于发达,条理太繁密,"以故使民家之外无事业,家之外无思虑,家之外无交际,家之外无社会,家之外无日月,家之外无天地",像这种条理繁密的家族主义只会使得"家有令子而国无公民"。②

以上皆为家庭革命之说,前者的目的是为女子争权利,提倡女子独立,而后者则主要是为国家争国民,为国民争自由。权利与自由都是专制制度下普通人民的奢侈品。学者借政治革命之机会,转移革命精神于家庭,希望从专制制度的底层首先获得权利与自由的解放并进而遍布整个国家与社会。对于中国这样家国同构的社会而言,这种革命设想并非没有现实根据。家庭革命以政治革命为名,而行的则是道德革命之实,因为父权、夫权即使是"第二君权",在家庭中由于血缘关系的存在,其主要也是以道德权威的方式发挥作用,与"第一君权"的政治性质差距较大。家庭是个人与社会及国家的枢纽,家庭道德革命必将会对整个社会的道德产生巨大的影响,它是实现整个道德即由一身一家之私德到社会国家之公德转变的发酵剂。对此,家庭革命论者是看得清楚的。

在"祖宗革命"说及"三纲革命"说中,上述思想得到了进一步阐扬。这两种革命说就其重点来看也在于家庭革命或圣贤革命,不过范围稍广。"祖宗革命"论

---

① 张枬,王忍之编:《辛亥革命前十年间时论选集》第 1 卷下册,北京:三联书店,1960 年,第926 页。

② 张枬,王忍之编:《辛亥革命前十年间时论选集》第 1 卷下册,北京:三联书店,1960 年,第834 页。

者认为崇拜祖宗是一种迷信,有背科学、有伤公理,不合文明进化之新世纪。因此,在革命以伸公理、建设一个正当社会之时,此迷信必除,号召凡有道之革命党必主张祖宗革命,否则,非自愚即自私,并且斥责祖宗崇拜者与奴隶及做官者等,因为奴隶与官不肯革命,非至愚即自私。而迷信祖宗也同样。"盖父母之教子弟崇信祖宗,即如君长使百姓崇奉宗教,令其愚弱,乃易制服。故崇祖宗非他,即世世相传之狡计,以缚束其子孙,压制其子孙者也"。① 总之是利用祖宗,内以为羁制之具,外以为沽名之资。

"三纲革命"说认为,"所谓三纲,出于狡者之创造,以伪道德之迷信保君父等之强权"。② 出言激烈,直指传统道德是一种强权,为伪道德,无异于宗教迷信。故而破三纲必代之以平等,由君为臣纲而为人人平等,由父为子纲而为父子平等,由夫为妻纲而为夫妻平等。论者尤为重视家庭伦理,在其看来,"既有家庭,则易公而为私,爱己而忌人。曰我之子故我爱之,于是慈之说出,推此以求,则人之子遂不爱。曰我之父故我爱之,于是孝之说出,推此以求之,则人之父母遂不爱"。③ 之所以人只爱我父母,我之子,是因其与我近。然而彼近不若我之与我近,故孝慈都是一种自私的需要,孝者父之私利,而慈者子之私利。"慈孝者私之别称也,若世人不私,则无所用其慈孝,即世人慈孝(博爱)世人也","博爱平等,公之至也。慈孝与博爱,及公与私皆成反比例"。④ 这是把家当作私之源,而且认为家庭中的慈孝之德是一切私念的总根,故而推倒慈孝之己私即可达到博爱之为公。

这后两种论说较前两种明显是把对传统道德的反思向前推进了一步。批判的起点较高,此其一;有比较明确的公私德思想逻辑,此其二;有比较具体的设想,如实行祖宗革命的方法中,就有借书报演说以阐发、拒绝含有祖宗迷信性质之礼仪、平坟墓火神牌以为警世之钟、死后嘱子孙勿以往昔待祖宗之法相待等,此其三。这些都可以说在破除现实道德禁锢方面是勇敢之举。然而,破则易矣,破之后如何立? 纵观以上革命派从家庭革命到三纲革命,表现的确是破有余而立不足。家庭中的父权与夫权是革命者要破的主要对象,认为它压制着人的自由,制造了不平等的家庭关系,并提出应以平等关系改造之,但在如何改造上革命者们

---

① 张枬,王忍之编:《辛亥革命前十年间时论选集》第 2 卷下册,北京:三联书店,1963 年,第 980 页。
② 张枬,王忍之编:《辛亥革命前十年间时论选集》第 2 卷下册,北京:三联书店,1963 年,第 1016 页。
③ 张枬,王忍之编:《辛亥革命前十年间时论选集》第 2 卷下册,北京:三联书店,1963 年,第 1018 页。
④ 张枬,王忍之编:《辛亥革命前十年间时论选集》第 2 卷下册,北京:三联书店,1963 年,第 1019 页。

则没有提出明确的办法,更没有进行学理上的分析。他们也因父权与夫权的存在从而把家庭与社会对立起来,甚至认为父子之间的慈孝也都是出于一己之私利,而不利于社会之博爱。从逻辑上讲,理想公道社会的实现靠的要么是家庭灭、纲纪无,要么是家庭平等从而人人平等。从前者,家族伦理就是社会伦理的敌人,故而家庭私德也就是社会公德的敌人,公德与私德是对立的关系。从后者,社会伦理是家族伦理的自然达成,改造了家族伦理也就是改造了社会伦理,故而社会公德也就是家庭私德的自然达成,换言之,一家平等即可一国平等进而一社会平等。

革命者所倡导的家庭革命主旨当然在于革命本身,但从道德解放的角度,其目的也在于通过革命在全社会树立起一种比较理想的社会伦理,即西方"自由"、"平等"、"博爱"道德纲领指引下的美好社会,这是一种由家而国的道德革命逻辑,在伦理意义上正符合传统儒家所谓国家及社会伦理由家族伦理之外推的思想逻辑。中国传统社会中家族伦理的确很是发达,然而,这种发达的家族伦理一定意义上也正是中国社会伦理不发达的重要原因之一,道德革命者无疑也是看到了这一点。那么,从家庭道德革命是否可以求得美好社会?

在这一问题的研究上,有个人物不可忽视,那就是时为革命阵营中重要一员的刘师培。1905 年他出版了《伦理教科书》,在这里,他对时人关心的公德私德问题进行了较为详细的探讨,不仅就家族伦理问题,而且更就中国社会伦理之不足问题进行研究,以下结合他的思想试作更进一步的分析。

刘师培是学界公认的国学大师,尽管 1907 年底至 1916 年底这 10 年的人生经历多少有碍他一生的形象,但毕竟其功过是非历史自有评说,在此不必多言。在清末革命派阵营中,结合当时革命斗争需要对自身传统伦理道德的缺失进行深度反思并以此为基础对现实社会伦理进行系统建构者,刘师培的确可以为代表。针对当时革命阵营中有关家庭革命的主张,身为革命派一分子的刘师培并没有遥相呼应,而是对大家热心的家族伦理问题进行了颇为细致的学理探究,并对借口革命宣扬毁灭家庭这样言过其实的论调予以驳斥。认为"若以家族伦理为可废,则伦理之道由近而及远、由亲而及疏,于一族不能和睦,又安望其能合群,于亲属不能施恩,又安望其能博爱?"至于一些人之所以提出要废除家族伦理,恐怕"非欲自纵其身,绝家庭之禁束,即欲自堕其身,以脱室家之累耳,犹托先国后家之名,夫亦自欺之甚矣"。① 这一番批评的后半部分是否为事实另当别论,但其中所说道理正反映出私德不修的问题。而前一部分则是一个以现实为根据的学理问题,论者肯定了家族伦理与社会伦理之间是有必然联系的,实际上也就是说没有私德就不

---

① 刘师培:《伦理教科书》第 2 卷,《刘申叔先生遗书》,宁武南氏校印,1934 年,第 3 页。

会有公德，私德为公德不可或缺。而革命论者朝也"家庭革命"，暮也"家庭革命"，不知那"自由"、"平等"、"博爱"之公德是否会一步登天？伦理之道由近及远、由亲及疏，这不仅是个体道德发展的公式，而且也是人们伦理生活的共同图式，无论西方东方莫不如此。

那么，中国传统的家族伦理究竟存在什么问题呢？针对革命论者抨击较多的家族制度不平等问题，刘氏也认为此确系中国家族伦理之一弊。具体而言，中国传统家族伦理产生的之一根源是由于宗法制，故家庭内部父子、夫妇、兄弟之间就有着尊卑贵贱之分。子弟屈服于父兄犹之臣民服从于君主，父之责子、夫之责妻，虽不当于理也谓之直，若为子者、为妻者以理争之，虽当于理亦谓之曲。真可谓舍理就势，以势为理，仅是弱者对强者所尽之义务。除此之外，刘氏认为中国家族伦理还存在另一弊端，就是所行伦理仅以家族为范围。其具体表现是，中国人民自古代以来仅有私德无公德，以己身为家族之身，一若舍孝悌而外别无道德，舍家族而外别无义务。又以社会国家之伦理皆由家族伦理而推，人人能尽其家族伦理即为完全无缺之人，而一群之公益不暇兼营。就中国家族伦理的此种弊端，刘氏分析后认为，此乃中国社会组织结构所使然。

中国社会与西洋不同，西洋以人为本位，而中国以家为本位，故西洋以个人为么匿，社会为拓都，拓都么匿之间别无阶级。而中国则不然，个人社会之间介以家族。故西洋家族伦理始于夫妇一伦，中国家族伦理莫重于父子一伦，其伦理尤以孝德为重，故儒家以孝为百行之首，此虽人民之美德，然爱力所及仅以家族为范围……伦理之狭义矣。而且家族伦理愈发达，则名分日严，名分既严，则压制日甚，此三纲之说所由起也……特中国既行三纲之说，故中国人民日受制于空理之中而不能自脱，使非改良家族伦理，则平等之制难期实行，而国民公共之观念亦永无进步之期矣。不唯此也，中国社会国家之伦理所以至今未发达者，则由家族思想为之阏隔也。①

也就是说，中国社会以家为本位的组织特点使得中国家族伦理明显不同于西方，并导致了中国人民公德不足这一结果，对此，刘氏针对性地提出了两点改良意见：一是伦理不以家族为范围，即国家与家族相较，以国家为重，家族为轻，以及不以私恩废公义；二是家族伦理当互相均平，即父子兄弟夫妇之间均当互尽其伦理，以矫不平而使之平。前者实际上是主张以社会伦理及国家伦理来改造家族伦理，扩大家族至国家及社会。在清末的修身教育中，这一点已经得到公认，并被付诸实施。但刘氏在其著作中并没有就人民对国家的道德发表个人见解，只是尤为关

---

① 刘师培：《伦理教科书》第 2 卷，《刘申叔先生遗书》，宁武南氏校印，1934 年，第 3 页。

注社会伦理的问题。就后者来看，尽管刘氏说中国家族制度最不平等，因此要矫不平使之平，但他所说的"平"只是伦理上应当"互相均平"或"当互尽其伦理"。均平与平等其伦理学意义有明显不同，这一点只要全面了解刘氏的家族伦理思想倾向就不难理解。家族制度的不平等阻碍国民公共观念进步为革命者所深恶痛绝，因此呼唤平等之声不绝于耳。但分析刘氏的家族伦理思想，我们发现，在父子、兄弟、夫妇伦理关系上，他只把平等用于夫妇，扩而言之即男女平等。他根据大量的史料记载，发现"重男轻女自昔已然"，①而"前儒言父子伦理亦多主平等，何尝有父虽不慈子不可不孝之说哉"，②况且"兄弟只有长幼之分非有尊卑之分也，故兄弟贵于互相亲"。③ 在作了如此一番考证后，刘认为慈与孝应为父子互尽之伦，而尤其对子之孝道推崇有加，就孝的内涵作了多层面多侧面的阐发。而对兄弟之伦则强调悌道中的亲爱。这种现象似乎同他"家族制度最不平等"一说有些异样，他并没有就人们广泛关注的家庭父权专制问题提出明确意见，相反还对慈孝之道大加推崇。其实，这与刘氏一贯的公德私德思想并不相矛盾，本质上应是其伦理思想的一部分，即"伦理之道由近而及远、由亲而及疏，于一族不能和睦，又安望其能合群，于亲属不能施恩，又安望其能博爱？"

家族伦理之弊是导致我国民公德不足的重要原因，但并不是唯一原因。刘氏对中国社会伦理为何不发达作了更进一步的分析，并提出了改进的办法。这比起那些破而不立，或奔走呼喊，希冀振臂一呼，即应者云集者，不啻是多了一份思考与冷静。刘氏大概不会同意中国传统道德只有私德而无公德的说法，有一段话可以反映他在这方面的观点：

惟孔子言杀身成仁，仁从二人，所谓牺牲一己之生命而为社会图公益耳。盖以己身对社会，则社会为重，己身为轻，社会之事皆己身之事也。张横渠西铭曰：乾吾父，坤吾母，予兹藐焉，乃混然中处。吴康齐亦曰：男儿须挺然生世间，是己身为世界之身，非家族所克私有之身也。故罗念菴有言：吾人当将此身放在天地间公共地步，公共之地即西人所谓社会国家也。因此理不明，而后己身所对仅以家族为范围，于家族有利者则经营，唯恐其后；凡事于家庭有害者，则退避不敢复撄，而一群公益不暇兼营，此则中国伦理之一大失也。④

显然，说中国传统道德中无公德，在刘氏看来至多是一种模糊不清的说法。

---

① 刘师培：《伦理教科书》第 2 卷，《刘申叔先生遗书》，宁武南氏校印，1934 年，第 10 页。

② 刘师培：《伦理教科书》第 2 卷，《刘申叔先生遗书》，宁武南氏校印，1934 年，第 4 页。

③ 刘师培：《伦理教科书》第 2 卷，《刘申叔先生遗书》，宁武南氏校印，1934 年，第 7 页。

④ 刘师培：《伦理教科书》第 1 卷，《刘申叔先生遗书》，宁武南氏校印，1934 年，第 5 页。

昔贤并非教人只爱其身与其家,一群之公益也当在修身之内。而中国伦理中之所以不暇公益,是"此理不明"之故。此理即指公德之理。那么,是什么原因使得此理不明呢? 因宗法制而产生的家族制度不平等是其原因之一,上文已作铺叙。于此之外,刘氏更作多方阐释。

在剖析家族制度不平等时,少闻刘氏有专制一说。其实,家族制度不平等的表象易为人们感知,并且有切肤之感受,而其背后之深刻根源往往反而易受忽视。再说家庭是人生活的主要场所,是血缘关系与亲情富集之地,情的法则实际上远大于法的效用,这大概是刘氏不愿附和所谓家庭革命的主要原因吧。中国家族制度有着深刻的历史根源,又同政治联系密切,若仅从家族制度本身入手,实际上很难划清传统伦理中各种道德界限。故而刘转而分析专制制度与道德心理本身。

特近世以来,中国人民公德不修,社会伦理知之者稀,其故何哉? 则因中国无真公私,不明公私之界说。其所以无真公私者,则又由于专制政体之进化。[①]

将人民公德不修之事最终归因于专制政体。在此,有一点请首先注意,就是刘氏认为我国人民公德不修特是近世以来之事,言外之意,此前并非如此。请看人之生时,尽管各人皆有自营自私之念,但兴利除害之事必非一人之力所能胜任,须众人相赖相倚,然后自己方能自存,这就需要公德,而公德乃由公共观念而生。野蛮之人还没有公共观念,只知道利己而不知利物也是为了利己。及至人群进化,方知利物也正是为了利己,于是牺牲一己之私益以图公益之保存,是则公与私正互相表里,利他心即为利己心之变相,公与私何尝相背呢。他列举了往圣大量言论以证明之。从孔子言欲立欲达、墨子言兼爱交利及视人犹己、曾子言人非人不济,到汉儒言相人偶为仁、宋儒言民胞物与等等,认为这些皆可为社会伦理之精言。当然,刘氏所言也只是一方之理,我们也完全可以依他所言反道而问,就像我们感到现在社会因公德缺失而要大声疾呼一样,先贤之所以强调社会伦理之重要,难免其时真实情形不与现今为同。不过,古代人民有无公德或有无相关思想观念不是这里的本题。对刘氏而言,他作"特近世以来,中国人民公德不修"之论,是有其现实深意的。不观乎他言"专制政体",更言"专制政体之进化"吗? 单有专制政体只是死的制度,而专制政体之进化则不同,正是由于进化,它才可以达到由来已久,才使其作用愈行愈远,终至积重难返,才会招致公德不修至近世以来为特甚的事实。

中国几千年的专制政体制度同中国社会伦理或人民公德思想之间确有着"剪不断理还乱"的关系。刘氏从专制与公私观之关系入手来剖析这一问题。在他看

---

① 刘师培:《伦理教科书》第 2 卷,《刘申叔先生遗书》,宁武南氏校印,1934 年,第 24 页。

来,我国人民有关公的思想中,言公总惯于以其与王公之公或官字同义,三代之前,以公为朝廷之君主所专有,即见其端倪。降之后世,情况愈益变化。

(君)据本非己有之物以为公,而于民所自营之业目为私。于民则禁其为私,于己则许其为私。盖至此而中国无真公私矣。乃其励臣民也,则又托公而忘私之名,以使之忠于一姓。及其图公事谋公益,则又加以束缚,使之不获自由。此人民所由先私后公也。以专制之祸涣人民之群,此固国民轻公德之第一原因也。①

此一席话实际上是概括反映了专制政体的核心利益观与公私德之间的复杂关系。所谓专制政体的核心利益观是指以君主或朝廷为公的利益观,相对而言,民的利益即为私。就公益而言,无论在伦理上、政治上还是教育上抑或人民实际生活中,图公益就是为君王或朝廷。故刘氏慨然曰,以中国所谓公德者,皆指对于一家一姓者而言,非指对于国民国体者而言也。所以,他将专制之祸看作是致使国民轻视公德之第一原因。

中国社会伦理不发达还不仅仅由于公私之界不明,而且也同人的心理状况有关。于是,刘氏对此问题的分析就由制度层面深入到了心理层面。他从两个方面作了考察,即人的机心以及文人学士所宣扬的人生价值观。就前者而言,中国人由于自我保存能力不足,故人与人相处时难免不会有猜疑之心,而竞争之志不够又不免会有嫉妒之念,"中国之民既乏周身之防,而猜疑之心未泯;既乏竞争之志,而嫉妒之念日生,而要之皆机心所从出也"。② 人的自我保存能力及竞争之志不足是否是人产生机心的必要条件固不足论,在论者也许是基于现实忧患而抒发,固无不可,不必讥诮其为"侠士意识"。然而,无论何故,人的机心确实是存在的,猜疑、嫉妒只是人机心之一种,论者只是认为它特别有碍于公德心之发达罢了。何以至此?"盖西人之机心用之于物,而华民之机心用之于人",③这往往长倾轧之风,起纷争之习,遂一己之私而忘天下国家之公,故公德莫由盛。机心用于人或用于物,其作用竟至如此不同,难怪论者也以此为公德之祸了。

中国古代社会,学士文人是社会精英阶层,他们的思想言论往往可以左右整个社会的习俗风尚,其整体价值观同社会教化之间关系密切。在此,刘氏尤其论及了两类具有不同人生价值观的文人学士的思想:一为遗民佚民所倡之厌世思想,一则达士狂士所倡之乐天思想。在刘氏看来,厌世者往往以高隐自足,此为独善而非兼善;而乐天者则往往以乐利为宗,此是利己而非利物,故而这两类主张

---

① 刘师培:《伦理教科书》第2卷,《刘申叔先生遗书》,宁武南氏校印,1934年,第24-25页。
② 同上,第25页。
③ 同上。

"一则萦怀于自利,一则无志于济时,而要之皆私念之所致也"。① 因此,其不利于社会伦理之发达也显见,而与公德之说也大相背驰。

在刘氏所分析的中国社会伦理之所以不发达的各种原因中,无论是家族制度,还是专制政体、思想意识等,我们都可以发现其中存在着这样一个最为核心的问题,那就是人己关系问题。人己关系的根本是利己与利物或利他及利群间的关系,是判断公德与私德至为重要的伦理维度。一般说来,私德利己,公德利物,判断某种行为的道德性质,就看这种行为本身的性质。然而,利己与利物又并非是决然对立的,在一定条件下可以相互转化。若把两者绝对对立起来,非此即彼,对道德的发展必百害而无一利。极端利己纵然是一种极其自私的行为,在修身方面或可表现为独善其身,但那只是私德良否;而极端利物则是一种违反人性的行为,在道德方面,往往是一人在上而万人在下,反使公德意识不畅。其实,在中国传统伦理思想中,与后一种现象相关的思想意识恰恰是大量存在的,如传统的义利观,这一点也为刘氏所关注到。传统的义利观是中国古代哲学与伦理学的核心命题之一。当然,在此不是要去讨论传统义利观是什么,而是我们发现它与中国社会伦理发达程度之间存在着一些关联。同时,从刘氏的角度看,它也可以作为解释中国社会伦理何以不发达深层的思想文化原因。

中国古昔之思想咸分权利与义务为二途。孔子之言曰:君子喻于义,小人喻于利。以义为公,以利为私,由是倡交利学派者皆贱视利字而不言,夫日为他人尽义务而不复取权利,以为酬此,中人以上之所难,可谓迂阔之说矣。而倡自修学派者,唯以自营自私为大戒,一若舍修身以外无权利之可求,亦无义务之可尽,夫只身孤立与世奚裨? 则独善其身适所以驱人才于无用之地耳。②

这就集中表达了受儒家传统义利观影响下的中国社会公私观的特点,概括而言,就是以义利判公私。由于公与私是属于价值判断范畴,而以义与利绳之,往往价值导向上就会发生倾斜,从而伦理实践中义就成为制约利的精神力量,甚至也难免不为主宰利的暴君。以义利判公私,又以公私判善恶,常见于宋儒所谓"天理人欲不能两立"之说,"义与利,公私之间耳","仁之道,要之只一公字"③等等,都是这种思想的反映。此种价值标准最易带来两种极端之结果,即使人或独善其身,或贱视自身权利。前者是隐士,后者是圣人,但无论为隐士为圣人,皆非常人。

盖交利学派近于墨,墨子摩顶放踵利天下,乃尽义务而不享权利者也。自修

① 刘师培:《伦理教科书》第2卷,《刘申叔先生遗书》,宁武南氏校印,1934年,第26页。
② 刘师培:《伦理教科书》第1卷,《刘申叔先生遗书》,宁武南氏校印,1934年,第6页。
③ 刘师培:《伦理教科书》第2卷,《刘申叔先生遗书》,宁武南氏校印,1934年,第25页。

学派近于杨,杨子言:利之所贵,存我为贵;力之所贱,侵物为贱。又言,损一毫利天下不与也。乃不侵他人之权利,亦不为他人尽义务者也。此皆不明人己相关之义。夫人己相关,必权利义务互相均平,即西儒所谓大利所存必有两益也。①

在道德意义上,义利、公私及人己本来是统一于人自身的。墨子"摩顶放踵而利天下"的确是一种至高的公德境界,但对一般人而言又毕竟是一种迂阔,墨学自汉以后便成为绝学的历史事实也不经意地证明了这一点。而杨子的"贵我"也未尝不可以看作是纷乱时代的明哲保身,虽力不侵物,但"贵我"似乎也与公益无关。这两种表现之不足没有为后来思想界权重人物所汲取,并作为构建中国伦理合理性的之一维度,相反,义利的天平则被进一步偏置,从而使得公私之界歪曲甚至是颠倒。从上述刘对中国社会伦理之不足的探讨中,我们很容易得到这种印象。

在对中国社会伦理之不足问题做了上述多方探讨后,刘氏最后并没有忘记提出他对此的改良设想。那么,中国的社会伦理究竟应该怎样来改造呢？在这个问题上,他对自己在以前多次谈到的人己关系问题作了一点修正。人己关系是同公私关系紧密联系在一起的,人己关系不明极易使得公私之界不清,所以,不少人也包括刘本人在思考如何进行公德建设问题上,往往把注意力投向理顺人己关系,试图沟通人己,也就是说希望把沟通人己作为拯救中国社会公德的理想之途。本来,人若皆能视人犹己,社会自然不乏公德,更何况视人如己的思想也为我国诸多先贤往圣所倡导。诚然,从传统思想资源中寻求解决之道合情合理,同时也是发挥并实现其现代价值的一种方式。但是,当刘氏在最后讲到如何具体改造这一点时,则对以前的观点进行了修正,认为此法还不适宜于中国之现世。这主要是因为,中国人在数载以前之所以不知社会伦理为何物,乃是因为中国无完全社会之故,所以,改造的方法并非是要急于沟通人我,而是先要成立一个完全之社会。像孔子所言,大同世界人不独亲其亲,子其子,货不必藏于己,力恶其不出于己身的说法,或者像佛家所言,物无彼此,有彼此者为执性等说法,就其本义来说此不可谓不深远。然而,就中国国民的目前情况来看,这些似乎并不适合。他说:

"然按之中国之民,执性最深,人我相通之理匪今日所能行。故欲人民有公德仍自成立完全社会始,欲成立完全社会,贵于有党,党也者,万物之公性情也。"②

这样,他就把社会公德或社会伦理改造的希望寄托于"党"这个问题上。"党也者,万物之公性情也",这说明万物皆有"党性",即物体普遍具有的因相吸而聚、合的特性。"欲成立完全之社会,贵于有党",这就不仅说明完全之社会的存在是

---

① 刘师培:《伦理教科书》第 1 卷,《刘申叔先生遗书》,宁武南氏校印,1934 年,第 6 页。

② 刘师培:《伦理教科书》第 2 卷,《刘申叔先生遗书》,宁武南氏校印,1934 年,第 49 页。

由于此种"党性",同时也表明党是标志完全之社会的一种社会组织。那么,党又究竟是一种什么样的社会组织呢?在刘氏而言,一方面它来自中国传统文化,另一方面是对西方社会的观察,故而他的这一设想是基于对历史及现实观察与思考的结果。刘氏在这里所说的党应该与古代作为行政区划的乡党中的党有别,尽管他也重视乡党,但那主要是从治天下的角度来看。如他认为,"古帝王之治天下也,首贵合群,而合群之道必由近而及远,则对于乡党之伦理,不得不急于讲求"。① 党作为改造社会伦理的方法是一种与古代行政区划相对的具有独立政治议事性质的社会组织,贴近历史上的民社或朋党。正是因为此种组织具有较强的政治议事及自治功能,而且也是最贴近下层士人或知识分子的基层政治团体,所以,在刘氏看来,积极发挥此种组织的社会功能是构建一个有德社会必不可少的条件。同时,他通过对西方社会的观察,也认为"泰西各国无事不有会,无人不植党。盖一木易折,合群木以折之,虽乌合亦难施其技。民之有党,可以相助相保,亦犹是也。盖各国均以党而兴……则欲兴中国,亦不得讳言朋党"。② 通过古今中外的比较观照,刘氏于是发现民之有党对于社会伦理的发展是多么的重要,故他断言:"今矫其弊,必先自民各有党始。然民各有党又必自事各有会始,事各有会,庶对于社会之伦理可以实行矣。既有社会,则人人均委身社会之中。"③至此,他便完成了自己一整套有关中国社会伦理的分析与建构工作。

以上就刘师培有关中国社会伦理思想即社会公德思想所作的梳理当然还不是其全部,只是从资产阶级革命派道德革命立场的重心加以述及,即如何实现从改造传统家族伦理向近代社会伦理的转变。从当时资产阶级革命家最直接的思想启蒙任务来说,破除传统家族伦理的局限,实现家庭人伦关系平等化、民主化改造,从而为建立近代新型社会伦理夯实社会基础是其重要组成部分。而刘师培在此方面所做的工作则是其中的一部分,也很好地体现了他作为资产阶级革命理论宣传家所具有的革命素养,无疑对推动当时资产阶级革命运动起到了一定的导向

---

① 刘师培:《伦理教科书》第 2 卷,《刘申叔先生遗书》,宁武南氏校印,1934 年,第 48 页。
② 刘师培:《伦理教科书》第 2 卷,《刘申叔先生遗书》,宁武南氏校印,1934 年,第 50 页。
③ 同上。

作用。相对于章太炎"无道德者之不能革命",①"道德堕废者,革命不成之原"②的思想来,刘氏更为注重近代社会公德的构建,当然他也对传统私德的近代转变予以了高度关注。从道德理论发展角度来看,由刘氏所进行的关于近代中国社会公德的探索对促进我国近代社会道德整体转型有着不可忽视的理论意义。然而,刘氏的道德理论也存在需要进一步完善的地方,概而言之,其一是对道德进化与功利道德思想未能体现出全面认识。就前者而言,刘氏表现的往往是主动靠近,尽管他也相信人类某些道德,如慈孝、亲爱等具有永恒价值,但他对道德进化是衷心欢迎的。如他说:"道之大原出于天,此殆不然。夫人之初生本无一定奉行之准则,彼以为善,此以为恶,因人民境遇之各殊而各成风俗。"③这样的认识显然是由于受到进化论思想影响,并以此眼光来考察道德形质问题得出的结论。可以说,他的理论始终注视着"质德",而于无意中则忽视了"形德"。就后者而言,刘氏则更多是不自觉地运用。在刘氏此书付梓的年代,功利道德是革命功利的必然解释,也是必然达成,作为革命理论宣传家,他当然无可回避。但功利道德同道德进化论一样,往往欣赏与追求所谓"合适"的道德,即实际上好的结果。从功利道德可以构建起道德科学或道德知识的大厦,但不能说它也可以建构起人的德性大厦,功利与德性之间不存在必然的联系,这就像"民主也可能是一种暴政"一样,道理相同。其二,尽管刘氏对传统儒家关于家族伦理外推即为国家社会伦理的说法不予采信,而是照他自己所想,认为"民贵有党"才是社会公德的关键,但他借古今智慧而来的这种设想于中国社会现实而言无疑是缘木求鱼。古代所谓朋党,乃是君子之事,此固无须多说,就是近世西方国家社会中所谓党与会也还多是政治的直接产物,以社会公德托付于政治改善,在西方国家还未见其能,更况在中国。严复在《原强》(修订稿)中曾如此道:"故深识之士谓西洋教化不异唐花,语虽微偏,

---

① 张枬,王忍之编:《辛亥革命前十年间时论选集》第 2 卷上册,北京:三联书店,1963 年,第513 页。章太炎的《革命之道德》一文发表于 1906 年《民报》第八期。文章举美国总统华盛顿曾跳入急流救溺水儿童一事为例,以证道德之重要。原文是:"华盛顿以分外之事而为之死,今人以自分之事而不肯为之死。吾于是知优于私德者亦必优于公德,薄于私德者亦必薄于公德,而无道德者之不能革命,较然明矣。"又反面观之,他以戊戌之变及庚子之变为证,认为其所以失败乃其党人之不道德所致。接着,他又大致勾勒了当前社会十六种职业者的道德状况及其特点。在此之后,他强调了革命者必需的四种道德品质即知耻、重厚、耿介及必信。观章氏的意思,公德自然是其道德思想的一方面,但是,从中可以看出他更重视个人私德。后来常有人摘引其"无道德者不能革命"一语作为章氏道德革命论的注解,多半不明其中"道德"一词确切的涵义,故在此标出之。

② 张枬,王忍之编:《辛亥革命前十年间时论选集》第 2 卷上册,北京:三联书店,1963 年,第517 页。

③ 刘师培:《伦理教科书》第 1 卷,《刘申叔先生遗书》,宁武南氏校印,1934 年,第 18 页。

不为无见"，这是他当时对西方资本主义国家富强背后的社会道德状况的一般认识，并且认为这一问题"非西洋言理财讲群学者之所不知也……而卒苦于无其术"。① 而十年之后，这一认识在《论教育与国家之关系》中体现得则更为确定和明晰化，"故西国今日……独至于道，至于德育，凡所以为教化风俗者，其进于古者几何，虽彼中夸诞之夫，不敢以是自许也"。② 虽然，十年之后的严复同十年之前相比在对待西方文明态度上有所变化，但他冷静看世界的睿智确实值得敬佩。学他人而又长不掩短，方才达到知其然又知其所以然。仅就政治本身而言，刘氏的会党计划自然是其革命理想的一部分，但也未尝不可以是改良的结果，若专制之本不除，恐怕就连这少数人的民主（即上层社会的民主）也要流于空想而与现实无裨。

当然，刘师培的学术思想也是不断发生变化的，以上所述是他在清末时作为革命派人士的思想，而当他脱离这个阵营后，那就另当别论。在清末资产阶级革命派营垒里，猛烈批判旧道德并倡导以"自由"、"平等"等为核心内容的所谓新道德的人很多，刘师培可能只是其中之一。然而，在如何对待传统道德以及处理中西伦理道德关系方面，刘师培的认识、态度及做法为当时这个营垒中很多人所不及，甚至在道德理论建设方面也超出了此时的孙中山。

梁启超与刘师培分别作为改良派与革命派的代表，在道德重建方面都做了一番探索，并提出了各自的见解。总体而言，他们有一共同点，即把对道德的改善最终托付于政治，梁氏寄希望于实现君主立宪，而刘氏则倾向会党计划。本来，在其思想中道德变革的初衷是为政治变革、社会变革扫除障碍，而最终道德变革的实现却以政治变革为条件，这其中的道理确实耐人寻味。不过，由于各自的阅历、社会关系等的不同，两者又有各自的特点。最为明显之处，梁氏的道德思想突出表现在他的国家伦理上，其"新民"计划中所提出的各种公私德主张是为建立一个现代国家而服务；相反，刘氏则不谈国家伦理，而对社会伦理专事探究。从教育背景而言，由于他们都深受儒学之教，对传统儒家道德的长短得失有切身体悟，所以在私德问题上，他们既不一味迷旧，也不盲目图新，而是力图扬弃。然而，在公德问题上，两者立论则有所不同。在经历公车上书、戊戌变法、亡命日本、新大陆之游等一系列重大事件后，到清廷废除科举时，梁氏已是举国知晓的风云人物，是改良派的领袖，其政治思想尤其是其国家观与民族观发生了重大变化。而刘氏因对科举考试失利不满，也于1903年投身革命派阵营，先后与章太炎、蔡元培、陈独秀、

① 王栻编：《严复集》第1册，北京：中华书局，1986年，第24-25页。
② 王栻编：《严复集》第1册，北京：中华书局，1986年，第167页。

孙中山、陶成章等人结识,此后几年里,他便以激进革命者的身份积极从事推翻清朝政权的民族救亡运动。对于革命派来说,中国早已亡国,汉族在二百年前既已失去政权,故无国家可言,此点孙中山在《民报》一周年纪念会上再次予以申明,而刘氏在参加革命后即改名刘光汉并先后参加了蔡元培组织的军国民教育会、光复会、同盟会等革命组织也清楚说明了这一点,此后在《民报》上刘氏又发表《辨满人非中国之臣民》其意义也大体如此。

综上所述,在清末公德、私德同所谓新道德、旧道德之间有着十分复杂的关系。在梁启超较早系统地将公私德学说介绍给国人的时候,连其本人在内,往往将新道德等同于公德,而旧道德或传统道德则成为私德的代名词。在这一点上,不惟道德有新旧,更嫌新旧不达意,而言道德之真伪。"自欧化以来,始有创道德革命之说者,遂生旧道德新道德之别。余谓新道德不若称为真道德,旧道德不若称为伪道德。盖新旧不过判一时之好尚,而真伪足以定百世之是非也"。① 在这种观点看来,真伪较之新旧更符合道德原意。那么,什么是真道德呢? 所谓真道德即天然之道德,根于心理,"自由"、"平等"、"博爱"是也。又什么是伪道德? 即人为之道德,原于习惯,纲常名教是也。这样一来,道德新旧之分,一变而为真伪之分,再变而为"自由"、"平等"、"博爱"与纲常名教的尖锐对立,从而使新道德换上真道德的外衣服从于革命斗争的需要。总的来说,革命派与改良派尽管对现存政权持有不同主张,对国家前途也有相异的设想,但在救国这一点上则是相同的。不同之处决定了其对待新旧道德各异的态度,相同之处则决定了从各自的需要出发来建构自己的道德理论。革命派的道德论在注重个人道德修养的同时更为注重群体道德的整体改造或社会道德的构建,像刘师培那样能够以一个革命者的身份与眼光冷静参与社会观察,细致梳理与剖析民族自身道德的历史和现实,并以教科书的形式传达自己对社会道德的系统构想,确实为数不多。相比较而言,改良主义者总迷恋于道德调和的魅力,习惯于寻找一种折中的方剂。相对于革命人士那种慷慨激昂的道德悲歌,他们则把眼光更多地投向于小的策略问题,即一个个实际的道德问题。例如,在一篇题为《平等说与中国旧伦理之冲突》的文章中,论者在分析平等这一伦理时,认为出发点齐一之理至当而无易,但它与中国旧伦理则大有不相容者,那么,改革的办法首先就是应当破除君主世及制度,并且引进新伦理以补旧伦理之不足。但论者又认为,新伦理之引进不是以新替旧,而是新旧之调和。如何调和呢? 方法就是:"非谓徒牵合两家之学说也。要之我有自主

---

① 张枬,王忍之编:《辛亥革命前十年间时论选集》第 3 卷,北京:三联书店,1977 年,第 847 页。

之学说,则调和之事可成;若无自主之学说,而欲执调停两家之劳,固未有能告成功者也。"①由此而思,作为改良派重镇的梁启超对于新旧道德调和之法又何尝不是竭力而求?由"采补"到"淬厉"的道德求索历程基本上就是这种道德改良路线的反映。然而,道德调和的努力所能取得的实际成效毕竟连他自己也很难满意,是否是因为没有"自主之学说",抑或还是别的什么原因呢?《德育鉴》出版之后,梁氏的德育思想不再纠缠于道德本身,而是转而思考道德实现所需要的条件。约从 1906 年起,他尤为关注法律建设的问题,这是他长期熏染于东西洋文明而必然具有的思想转变,前面也曾指出过,他认为泰西道德与中国不同,前者与法律制裁很有关系,而中国则没有。更为重要的是,基于对中国社会民情的认识,以及对自己多年来艰辛努力的体会,他开始明确主张开明专制论。从其思想进路而言,这是社会改造路线由道德设计到政治设计转变,是把道德纳入到政治框架下,并借助这样一种政治政体而实现的设想。

第三节　公德、私德理论与学校德育实践

一、关于公德及其与私德关系的认识

公德与私德理论兴起之后,作为意识形态集中反映的修身教科书对此自然不会视而不见,而且由于其特殊的身份与地位,它所表达的见解理应得到关注。以下选取清末最后十年间不同时期出版的适用不同对象的几种修身教材,就其中若干问题作一具体分析。

在维新派所办的早期报刊中,就可以见到关于公德与私德的说法。例如,一种观点就认为:"对国对群皆公德也,对家对己皆私德也",②主张以道德内容范围之广狭来划分公德与私德。就其关系来说,论者认为,国民作为一国之分子,即要任其义务,也可享有其权利,故爱国为人之第一伦,而社会与国家相比,国家为大群,社会为小群,尽管其中的权利和义务与国家相等,但合群只能为人之第二伦,而治家、对己为最后。论者不仅明确把公德置于私德之上,而且在处理同属公德范围的社会与国家关系上,国家伦理也被置于社会伦理之前。当然,将国家伦理

---

① 张枬、王忍之编:《辛亥革命前十年间时论选集》第 2 卷上册,北京:三联书店,1963 年,第 27 页。

② 《清议报全编》第 26 卷附录"群报撷华",1901 年,第 48 页。

包括在公德之内,并且作为公德的首要伦理,从近代西方伦理来看,这种做法及其趋势并不普遍,而是特定时代背景下爱国忧时士子所具有的救国之情的反映。如前所述,清末伦理修身的内容范围在借鉴欧美和日本伦理修身基础上已经形成了按对己、对家、对社会、对国家以及对世界或万有来排序这样一种知识格局,但有些教科书则不然,而是把国家一伦放在首位,以突出强调国家意识和国民爱国的重要性。这一时期,学者们对国民的权利、义务、责任、爱国心等方面都极力予以宣扬,然而对它们各自的内涵、意义及功能范围的认识则比较模糊,在教育救国或道德救国旗帜下,往往不加分别地一概统之以公德。实际上,从社会影响角度而言,这种重公轻私的思想倾向不仅难以矫正传统上"国人无公德"的道德公识,而且也模糊了公德的界限,从而导致道德作用无限高扬。

随着西学尤其是西方人文社会科学知识大量的引进与传播,近代西方政治、经济、法律、伦理、教育等方面的理论知识也越来越多地为国人所了解,这时人们对西方伦理道德思想的认识开始有所加深。修身书中所体现的公德与私德思想部分地反映出了这方面的情况。

表2-1　清末修身教科书中关于公德、私德释义简况表

修身教科书基本信息	公德	私德
李嘉谷《蒙学修身教科书》文明书局 1903	人人共受之德	一人所受之德
杨志洵《中等修身教科书》文明书局 1906	消极公益、积极公益	
蔡元培《中学修身教科书》商务印书馆 1907	公义、博爱、公益	
孙清如《修身学》作者自刊 1908	行为不害于人且有益于人	个人行为合乎规则
陆费逵《修身讲义》商务印书馆 1910	己之行事有益于人或无妨害于人	己之行事合乎道义

表2-1直观体现了这样几个方面的内容:一是把公德定位于一种特定性质的对他人或社会的行为,以与对自己的行为相区别;二是把公德区分为积极与消极两个方面,积极方面是指自觉主动为他人或社会增益的行为,而消极方面则指不妨害他人或社会的行为。如此区分倒让我们很容易想起孔子一贯的主张,即"己欲立而立人,己欲达而达人"以及"己所不欲勿施于人"的忠恕思想。不过,在

这里则是以一种更为确定的方式来体现时代道德的要求了。

　　以上所举的几种教科书中,李嘉谷的《蒙学修身教科书》为初等小学堂学生用书,由于所受对象尚幼,故关于公德、私德及其关系之解释也较浅显,只是尽可能通过联系实际对公德有所强调。例如,认为"凡为地方兴利除弊,非为一己而起者,此即公德也",又进一步指出:"发念之始,必思有利于人,此即为公德之始基。若发念之始,常思有损于人,此即言公德之大敌。故仁者宁亏己以利人。"①以简洁的语言向小学生说明何为公德以及勉人当以利人为念的重要性。当然,在没有明确行为主体情况下,认为凡是兴利除弊之行为皆为公德的说法难免是有疑问的。至于说到公德之始基为发念之始即要思有益于他人,对此小学生自是难以理解,倘若再要教小学生做到这一点,那就更不切实际,有违儿童道德发展的阶段性特征,但像这样近乎无意识的高标准的道德要求在当时的小学教育中却是很普遍的。如从商务印书馆出版的那套《最新修身教科书》(小学堂用)来看,这种情况也很明显,尽管所有德目皆以故事的方式来呈现,然而所选故事内容全为历史题材,且多半为有名历史人物的故事,这样的道德教育就难免不会脱离儿童真实的现实生活和儿童本身的实际,尤其在公德条目的释义上,这种情况似乎更为严重。如第六册中"忠义"、"辨义利",第七册中"博爱"、"责任"、"义勇"、"爱国"等等所叙述的全是历史上的嘉言懿行。当然,这样说并非刻意要用现在的教育思维去苛求先人,恰恰相反,只想为我们今人指出那个时代的一代知识分子所普遍具有的认知水平和教育价值观——殷殷爱国情,拳拳报国心。在以下分析中,类似的情形我们还可以见到。

　　蔡元培的《中学修身教科书》②以及杨志洵的《中等修身教科书》皆为当时集中西道德文化于一体的诸多优秀修身教科书之代表作。杨志洵字景苏,又字劲素,早年毕业于经济特科,曾留学日本,是我国近代知名翻译学者,据胡适《四十自述》记载,时为胡适同父异母二哥的好朋友,胡适 1910 年北上参加留美考试时得

---

　　① 李嘉谷编著:《蒙学修身教科书》,上海:文明书局,1903 年,第 7 页。

　　② 蔡元培的《中学修身教科书》是清末民国初期得到普遍使用的中学修身教材,原为 5 册,署名蔡振,商务印书馆出版,时间为 1907—1908 年。蔡元培留德期间,将原教材 5 册合为一册,署名蔡元培,书名、出版社与此前同,并对内容作了些许调整,主要是:将原来的第 5 册作为此书的下篇,内容不变,将原来的第 1 至第 4 册作为此书的上篇,而把第 4 册中的"国家"与"职业"分别独立为此书上篇的第 4 章和第 5 章,第 1、2、3 册分别为此书上篇的第 1、2、3 章,并把原第 2 册中的第 7 章"交友",第 8 章"从师"调整到第 1 章,作为本章的第 9 节和第 10 节,此书 1912 年初版,至 1921 年 9 月已出第 16 版,蔡元培取此版作若干修改。本文取自 1919 年版。

其指点,读《十三经注疏》,开始习汉儒经学。① 他们都是有着扎实旧学功底,又是融通西学之人,其见识往往超出常辈。正如胡适当年坚信白话必代替死文字成为文学发展方向而矢志从事文学革命那样,他们也坚信一个社会中人的公德水平是这个社会之所以兴旺发达的不竭动力,因而倾力宣扬之。从蔡和杨所著的修身教科书里,我们很是敬佩他们这样的见识与精神。两者都很重视国民的国家思想和社会公德的意识与行为,尤其对国民的爱国思想和公益行为强调有加。相比较而言,蔡氏的分析持论稳当,而杨氏的分析则稍显犀利。与蔡氏不同,杨氏把"对国"作为修身的首伦,强调了法律和国民守法对于现代国家的重要性,以此与时代要求相呼应,这表现出他渴望建设现代国家的强烈情怀。例如,在叙述权利问题时,他说:"我中国重道德而轻法律,故法律不完备之处,皆恃有道德以为之补助也。权利义务不见于法律,故当于道德书上求之。"②这就实际指出了我国长期以来以道德僭越法律所导致的公权缺位、私权过甚的社会现实。封建道德之总纲的"三纲"不正是如此吗? 名为道德,而实际上君权、父权、夫权又无一不皆为私权。所以,在爱国篇中,他这样总结道:"故我国祖宗教,乃宗法治制之遗物,以家为国之单位,与军国治制以个人为国之单位者相冲突,不适于今日之天演者也。"③显然,杨的用意是主张在中国要把建立现代国家作为现代社会之确立的前提与基础,也就是说只有从根本上改变宗法专制制度,一个现代的社会才有可能产生,故他把对国作为修身第一。所以,当说到社会时,他特别指出他所说的社会并不是儒者之教所言的广义之社会,即"天,吾父也;地,吾母也;民吾同胞,物吾与也;颠连而无告者,吾兄弟也",而是指政治家所主之社会,即狭义之社会——同一人种、同一宗教、同一言语风习、同一政治,自然联结,足以为国之单位,固国之基础,保此范围,足以竞争生存。然而,这样的社会怎样去实现呢? 他认为"世界非黄金世界,将择其适于天演者,舍国民之思想而何取乎?"④而所谓国民之思想当然是指与现代国家有关的法律、主权、权利、义务、自治、爱国等思想。到此为止,我们可以清楚看出杨的思想中关于国家—国民思想—社会之间的内在联系了。国民思想的转变自然在于教育,故教育在建设新国家、新社会中负有重要使命,而这正是当时资产阶级改良者所共有的心声和情感表达。在社会篇中,杨最重公益这样的公德行为。他在此篇开首即痛斥那些贪利、贪名、贪权,只计一人之私而不知社会之蒙

---

① 胡适:《四十自述》,北京:中国华侨出版社,1994 年,第 94 页。
② 杨志洵:《中等修身教科书》,上海:文明书局,1906 年,第 7 页。
③ 杨志洵:《中等修身教科书》,上海:文明书局,1906 年,第 13 页。
④ 杨志洵:《中等修身教科书》,上海:文明书局,1906 年,第 31 页。

其大害者为社会之大贼。并分公益为消极公益与积极公益,前者指不以贪鄙之行为妨害社会之进步,后者指各自量其才力,尽其所长,以增社会之进步。尽管他并没有明确指出公德与私德间的关系,但从全书的结构安排来看,说明他对"私德为公德之始基"这一当时多数人的看法似乎是有异议的。

与杨志洵有所不同,蔡元培是把修身明确一分为二,上篇注重修身实践,下篇注重修身理论。修身以实践为要,故而上篇论述周详;下篇修身理论对东西伦理学大家的学说斟酌取舍,以求贴近社会实际。关于修身实践,他是以一般进德之理路来展开他的思想,即从修己、家族、社会、国家、职业来说明修身实践之进阶。当然,这样的一种思路也同样说明,他认可并且深信私德是公德之成的必要基础,而且有据可依的是,蔡本人的私德是颇为高尚的,无论在个人婚姻上,还是在职业操守上对自己的要求一向谨严。之所以对个人道德极为注重是同他对人与社会之关系问题的认识密切联系在一起的,在他看来,人有待于社会甚多,无论体魄还是精神,其强大无一不受社会所赐,所以,人对于社会务必要进德修己,除了私德完美,公德也务须高尚。在公德一事上,他的见解确乎平实公允,足可以起到"言者谆谆,闻者足戒"之效果。"夫人食社会之赐如此,则人之所以报效于社会者当如何乎? 曰:广公益,开世务,建立功业,不顾一己之利害,而图社会之幸福,则可谓能尽其社会一员之本务者矣"。① 从他所言,本务就是指为社会行公益之事。在此基础上,他又进一步把人对于社会之本务简洁明了地概括为两个方面,即"公义"与"公德"。所谓公义者,"不侵他人权利之谓也",这与西方正义同,人与人互不相侵,则公义立,它包括人的生命权、财产权和名誉权。关于财产权和名誉权之重要,时人多有论及,应该说这样的意识与要求既是智识开化的结果,也反映了对以道德为根本的新文明的呼唤。难能可贵的是,蔡元培在这里还积极吸取西方法理与哲学之精神强调保护而不侵害人的生命权的重要,认为生命为一切权利义务之基础,并述及了法律、征战等与生命道德实践有关的多个方面。的确,我们可以想象,在仍旧黑夜沉沉的大地,这种对人生命道德的关注显得是多么的寥落与孤寂!

虽然人不侵害他人权利已具有了消极之道德,然而还未能尽对社会之义务。因此,蔡元培强调,在消极道德之外,更有积极道德,那就是博爱。博爱作为一种公德是人生最可贵之道德,为蔡元培一向重视。他甚至说:"人之所以能为人者以此。苟其知有一身而不知有公家,知有一家而不知有社会,熟视其同胞之疾苦颠

---

① 蔡元培编纂:《中学修身教科书》上编,上海:商务印书馆,1919 年,第 62 页。

连,而无动于衷,不一为之援手,则与禽兽奚择焉?"①可见,他既把博爱作为人最可贵之道德,也认为它是人之为人的根本。博爱固为人间之善道,这样说来,博爱是否就可以尽公德了呢?他认为还不可以,这是因为"博爱之为美德,诚彰彰矣。然非扩而充之,以开世务,兴公益,则吾人对于社会之本务,犹不能无遗憾"。②这说明博爱作为公德本身是有层次之别的,只有把博爱扩充为公益,社会公德才有真正的保障。那么,又何谓公益呢?"所谓公益者,非必以目前之功利为准也"。③这实际上是给出了关于何谓公益的一个标准,那就是公益并不以眼前的利益为准的。具体说来,就是博爱之道并非是简单行善事,图一时之快,而当思善行之远效,图人类永久之福利。显然,本质上这是一种功利主义的标准,然其侧重点已不囿于近利而在谋远功。"惟夫建立功业,有裨于社会,则身没而功业不与之俱尽,始不为虚生人世","不惟此也,即社会至显之事,亦不宜安近功而忘远虑,常宜规模远大,以遗饷后人,否则社会之进步,不可得而期也。是故有为之士,所规划者,其事固或非一手一足之烈,而其利亦能历久而不渝,此则人生最大之博爱也"。④这些话集中到一点,就是博爱之为公德,不可存一时一己之私念,那些借公益以沽名者,尽管表面上与实行公益无异,而实际上似益而实损,终有悖于公德。至此,在蔡元培看来,所谓公德实际上有不同的层次,既有消极的公义,也有积极的博爱与公益,而真正的公益则是最大的博爱,它于社会不囿于一时之利益,而图长远之福利,社会进步借此方才切实可行。

总之,杨志洵与蔡元培的思想各有特点,杨氏极力伸张现代国家的主权意识,把一个现代主权国家的建立看作是头等重要的事情。从修身角度而言,如果仅从表面上看,这似乎是超越了道德教育范围,然而,在当时看来正是这一点成为包括道德思想在内的整个社会思想的核心。我们今人看那个年代时贤的救国主张,不外乎有这样三种:一是"中体西用"之路;二是立宪改良之路;三是革命重建之路,其中,立宪与革命主旨都在谋取一个与西方列强相抗衡的现代国家。在这个时候,道德及其教育显然首先要解决好为哪种立场服务的问题,换句话说,道德教育的立论前提是国家和国民的性质与状态,若只有泛泛无着的道德,便很难有稳当妥帖的道德教育,因为历史已行进在危机四伏的特殊关头。所以,杨氏的思想不能不说是有深刻见地的。而蔡氏到他出版这本修身教科书的时候,已经是一个稳

---

① 蔡元培编纂:《中学修身教科书》上编,上海:商务印书馆,1919 年,第 64 页。
② 蔡元培编纂:《中学修身教科书》上编,上海:商务印书馆,1919 年,81－82 页。
③ 蔡元培编纂:《中学修身教科书》上编,上海:商务印书馆,1919 年,第 82 页。
④ 蔡元培编纂:《中学修身教科书》上编,上海:商务印书馆,1919 年,第 82－83 页。

健派人士,其早期所具有的种族革命的思想和情绪已经起了不小变化,在修身教科书里对此我们已是难觅踪迹,冷静代替了偏激,学者与教育家的深思熟虑也代替了革命者的火热激情,不变的只是那颗渐臻沉稳的救国之心。公德与私德都是他所迫切需要的,所着力强调的,由于受到西方新文明的洗礼,他对公德叙述尤多,期之更殷。而当他把一个私德良好,公德健全的社会呈现于教科书,放在学生眼前时,历史前进的车轮也正好驶近他的脚下。

　　较之上述两种修身教科书,孙清如的《女子师范讲义第一种修身学》以及陆费逵《修身讲义》则聚焦于公德与私德关系作了阐述。孙氏吸取英国思想家边沁关于公德与私德划分的思想①,认为二者"要之,一而已","特有推行广狭之分耳,就个人言之,其行为合乎规则,是为私德,然既有是私德,其行为必不害于人,而且有益于人,是谓公德",②公私德之分在她看来是德的广狭之分,所谓行为"合乎规则"也就是"不害于人"之意,这是"德之于己",它属于个人的私德,而在其之上更有"有益于人"之公德,即"德之于众"。当然,就德而言,"己"与"众"的差别并非广狭之别可尽言,为何?"一而已"。孙还在分量维度上界说了公德与私德,认为"就分量言,则公德为广",并进一步明确其相互关系为"广者必由狭者以起点,私德者,公德之起点也"。③ 既然,私德是公德之起点,那么,无私德显然就不可能有公德。这正如当时很多人认为的那样,日本之强盛是由于其国民人人皆有私德,然后合私德而成公德,遂有同心协力,人人有爱国之心。这种论调也使得时人很是相信公德仅是私德推行的结果,孙氏所谓"要之,皆本私德以推行为公德耳",就是这种论调的一种认同。同样,陆费逵也持此种见解,他说:"德有公德私德之分,己之行事,合乎道义,是为私德;己之行事,有益于人,或无妨害于人,是为公德。私德者,对己之事也;公德者,对社会之事也。私德不修,公德亦莫由立。"④于是,论者便将叙述重心首先放在对私德的考究与推论上。考察这一时期的修身书,可以发现绝大多数都是同样做法,虽然有不少作者在书中并没有直言公私德的关系,但从内容结构体系来看,私德部分总在公德部分之前的事实表明,人们普遍默认"公德为私德之推"的观点。

二、修身教科书对国家道德和社会道德的设计

　　清末公德一词已常腾于国人之口,但人们对它的理解是否一致和确切还有待

① 参见前述梁启超的有关介绍以及本章第四节的有关内容。
② 孙清如编:《女子师范讲义第一种 修身学》,作者自刊,1908年,第76页。
③ 同上。
④ 陆费逵编纂:《修身讲义》,上海:商务印书馆,1910年,第17页。

作进一步细致的考察。上述修身教科书中关于公德及其同私德关系的认识，概括起来主要在于两个方面：其一，私德之于个人，公德之于群体，二者对象有异；其二，公德与私德并非截然两图，实为德之两面。这与梁启超关于"独善其身"谓之私德，"相善其群"谓之公德，二者皆人生不可或缺之具的说法没有什么本质不同。然而，当我们用这种认识进一步深入考察修身教科书中就有关具体内容所作的设计时，情况又会怎样呢？现以下述修身教科书为例说明之。

表 2 - 2　清末修身教科书中关于对国家及社会之道德设计简况表

修身教科书基本信息	对国家	对社会
蒋智由 同文印刷社 1906	爱国、国民之义务（服兵役、纳税）	成为有益之人、公益、尽职
杨志洵 文明书局 1906	守法、尊君、义务、权利、自治、爱国	公益、礼仪、信实、慈善、名誉、娱乐、博爱、经济、私产、公产
蔡元培 商务印书馆 1907	法律、租税、兵役、教育、爱国、国际及人类	生命、财产、名誉、博爱公益、礼让及威仪
孙清如 作者自刊 1908	服从法律、担负责任（纳税义务当兵义务）、国民教育	他人之生命、名誉、财产、恩怨、患难疾病、丧葬婚嫁；社会公德、公益
陆费逵 商务印书馆 1910	爱国、遵法律、服兵役、纳租税、义务教育、公权、国际	朋友邻里、他人之人格生命财产名誉、公众、团体

首先考察修身教科书中有关对国家之道德的情况。若按梁启超的意思，这一部分也可看作是修身书对我国传统国家道德即君臣一伦的改造。国民对国家究竟应该持有什么样的道德，以及每个人对社会又该负有何义务等这些问题对清末大多数知识分子而言基本上还是很陌生的问题，因为旧时读书人在道德修养方面确如梁氏所言，主要进行的是狭义的修身，也即私德修养，他们如果不接触西方人文社会科学知识，那么对国民、国家、社会、国际等这些具有近代含义的概念还无从确切认知。显然，这对于主持清末学堂的道德教育者来说既是一大困难，也是一项必须完成的使命，因此，当时以修身伦理为特征的德育的主要任务不仅仅是要进行道德知识的更新与递嬗，更重要的是要紧跟社会发展的趋势完成社会变

革所需要的道德观念转型,以便通过灌输及培养起来的新道德在实现国家富强中发挥其应有的作用。从表3-2中所列修身教科书对国家及对社会之道德的内容中可以清楚看出道德设计者们的教育意图。对国家的道德包括国民与国家之间以及国家与国家之间的道德关系。就国际道德关系而言,蔡氏与陆氏书中皆有所及,所论国际道德已初步涉及国家之间应相互尊重这一国际公德以及战时道德如不可虐待俘虏或伤员等。蔡氏这样认为:"以道德言之,一国犹一人也,惟大小不同耳。国有主权,犹人之有心性。其有法律,犹人之有意志也。其维安宁,求福利,保有财产名誉,亦犹人权之不可侵焉。"①所言确为至理,反映了以其为代表的爱国进步人士渴求国家无论强弱大小一律平等的崇高愿望,以及世界人道主义的道德情感。当然,正当优胜劣汰,适者生存号角嘹遍世界之时,这种美好愿望无论如何都只能是一种美好愿望而已,一时是不可能实现的。

而反映在国民与国家之间的道德关系上,可以将修身教科书的内容归为权利与义务两方面,以此二者入国家伦理,实际上也较为贴近近现代西方伦理学的核心问题,反映了当时论者一种比较开阔的知识视野,以及自觉运用西方先进理论成果来思考自身所处的实际环境,并力图改造现实的勇气和抱负,这些都是极其可贵的。国民在守法、义务、教育等方面的实际行为表现究竟如何,的确能够真实反映出一国的活力空间或民族凝聚力高低,同一国的强弱盛衰有着最为密切的关系。但这方面的教育由于当时国人还普遍缺乏必要的政治学与法律学常识,故首要问题就是要讲清楚何谓国家以及怎样区分国家与政府、国家与社会等方面的关系,以便帮助人们树立起清楚的国家意识。

就国民的权利与义务而言,既有法律上的,也有道德上的,从其性质来看,二者本不相同,但就二者在现实社会生活中的作用来看,其相互之间又有着密切的关系。明确法律上的权利与义务是现代国民身份的基本内涵,也是构成现代国民道德的基本前提之一。修身教科书在这方面的做法基本上是二者兼顾,既注意到了法律常识的普及,更侧重现代道德知识的普及,之所以如此,根本的原因则是由清末社会及其教育实际状况所决定的。

从道德教育角度来看,现代国民的塑造首要的应是所谓国民公共精神的培养,在这一点上,修身教科书把国民对国家的义务或责任放在首位,可以说既是受到了日本教育界的影响,也是当时整个世界民族主义大潮影响下的必然结果。所涉及的国民义务主要包括守法、租税、兵役、教育等,不用说,这些也是国民爱国的当然内涵。法律是立国之根本,因而守法就是国民对于国家第一义务。所谓守法

---

① 蔡元培编纂:《中学修身教科书》上编,上海:商务印书馆,1919年,第100页。

就是服从法律，养成敬重法律之心。守法的行为本身首先是个法律问题，因为违反法律的任何行为都要受到法律制裁，而不可能适用于道德制裁。然而，正如杨志洵所已经认识到的那样，"夫法律者，以公正无私之权力，控制一人之私欲，保卫公众利益"。① 这也就是说，由于法律本质上已经内含了公正无私的性质，因而人们守法的意识或心理就不仅仅属于法律修养，且也同道德修养有关。孙清如就这一点说得很明白，即"服从法律在社会之意力，而社会之意力根于各个人之心理。就心理之内容剖之，实含有恭敬是非羞恶诸元素"。② 这就把法律的精神与道德之间的实质关系揭示得很明了。由于守法在维护一国社会秩序中的特殊地位与作用，故修身书作者基本上都将其置于对国家之道德的首位予以重视。对于现代国民而言，除了守法这一基本义务外，还有普遍的纳税、兵役、受教育的义务，这些都是国民对国家应尽的基本义务。当然，同守法一样，它们首先是一种法律义务，是国民资格的当然构成。然而，法律只是一种制度约束，是强制性的"必为"，而只有道德才能真正做到变"应为"、"当为"而"愿为"。质而言之，国民自觉地纳税、服兵役、接受教育的意识与行为反映的不完全是其接受法律规约的精神，而且也是其公共意识或国家道德思想的反映。为了达到这一点，学堂修身教育的任务就不仅要让受教育者明了一个现代国民对其国家所负有的法律义务，而且还要使其知晓完成这些义务所依据的道德缘由，即实现由客观规制到主观自觉的转变。诚然，法律形于外，德性敛于内，如此国民的爱国之心与护国之行才会使得一个有序的社会成为可能。修身教科书在关于国民为何要履行纳税、服兵役、受教育等国民义务方面，其道德旨意非常明确。例如，关于服兵役，陆费逵指出："国家之祸福即国民之祸福，兵役者，所以保国家之福利，而救其危祸者也。国民之服兵役，实所以尽国民之义务，当依法律所定，切实服从"，但接着又认为"规避征兵或临阵脱逃，非惟为国家之罪人，实极卑怯陋劣之事，天下之最可耻者也。况兹竞争之世，各国并立，一日不可忽兵备哉"。③ 不仅说明服兵役是国民应尽的法律义务，而且也强调了服兵役所应有的道德要求。同样，关于纳税、受教育等应尽的国民义务，修身教科书也都从国家与国民的相互关系出发，详细分析其中所含的根本理由，借以启发一种爱国的道德情操。

修身教科书中关于国民对现代国家应尽的各种义务是国民行为的基本根据，这从理论上说当是毋庸置疑的。然而，当我们用这些来考察清末学堂的修身教育

① 杨志洵：《中等修身教科书》，上海：文明书局，1906 年，第 3 页。
② 孙清如编：《女子师范讲义第一种 修身学》，作者自刊，1908 年，第 189 页。
③ 陆费逵编纂：《修身讲义》，上海：商务印书馆，1910 年，第 57 页。

时,应当立于清末社会所处的特殊历史背景中,否则既有可能错误地运用了理论,更有可能因疏忽这一背景而缺乏对修身教育本身所具有的内在困境的深度分析,从而导致一味地指责或赞成。首先就守法来说,国民守法的前提自然是要清楚说明应遵守什么样的法律。显然,就这里的论者而言,虽然我们不便判断他们是否是在号召国民要继续遵守大清帝国的法律,还是在用泰西近代国家的法律标准说话,他们确无清晰所指,因而我们也就很难排除他们不会有这种用意。诸如"法律虽不允当仍须遵守"、"法弊尚胜于无法"或"法有不善,人民可陈请政府修正之"等等不仅清楚写进了修身教科书,而且也是其比较普遍的认知。我们知道,就法律与国家及国民的关系来说,法律的道德性的根本并不在于国民是否守法,而在于法律本身的精神如何,因为从根本上说是其精神构成了其道德性。关于法律本身的道德性问题,已为近代西方的先驱者们意识到并进行了努力探索,然而在清末,由于为客观社会状况所制约,这类问题还未引起国内学者足够的重视。故而在"法律虽不允当仍须遵守"或者"法弊尚胜于无法"等认识仍旧充斥学者脑际的时候,法的精神无疑会屈从于东方传统道德的中庸修养,这一点是容易理解的。因此,类似"遵法律须敬官吏"或"国民当敬元首"等等这样的说法就比较常见。由于通常认为官吏代表国家执行法律,而国民又当以爱国为重,所以得出国民守法就应当尊敬官吏便成为顺理成章的事情了。总之,清末修身教科书在对待国家法律问题上,并没有认真考虑法律自身的性质,而重在以国民单方面的守法要求代替对法律本身应有的道德性诉求,因而在修身范围内,这种思想及其方法无论在理论上还是在实践上应当说都是相当粗糙的,片面的,甚至是落后的。从理论上而言,由于它忽视了对法律精神的科学追求,从而在客观上不仅不利于推动国民近代法律意识的生成,而且在实践上也对维护既存社会秩序带来一定影响。法律本身的道德性是法律精神的核心内容,它充分体现在"人民主权"这一概念之中。清末学人在既不言明遵守何种法律,以及需要哪种法律的情况下,就将守法作为国民的义务,定为国民公德之一,实际上是有违当时公德旨意的。当然,这些不足有其更深刻的内在原因。就主观方面言之,传统知识分子的臣民意识、思维惯性与阶级根性尚未随着西学的荡涤而得到彻底改造;就客观方面言之,教科书自身的性质、学部严格的教科书审查措施、政治思想领域中改良与革命的论争以及现实中此起彼伏的革命运动使得政局出现扑朔迷离的变化等等都会影响着作者的国家观及其国家思想的表达。更为重要的是,清末立宪的政治改良犹如一团迷雾使得不少知识分子对其抱有幻想。由于这一系列主客观因素的存在就使得清末修身教科书中有关国家、国民、法律等的形象始终模糊不清,往往脱离社会实际而流于抽象或一般,甚至有违近代民主主义的精神实质。

其次,不少修身教科书在论及国民应尽的义务时,却很少提到国民应享有的权利(公权)。我们知道,无论在法律上还是在道德上,有义务就必有相应的权利。尽管法律上的义务与权利间的相互关系在今天已经是普通的常识,但对正处于革命前夜的清末社会来说,那种只讲义务而不讲权利的修身教育实际上仍没有从根本上走出"中世纪",即使这种义务是现代国家的国民义务。换句话说,现代国民的道德仅仅靠培养国民的义务之心是很难完成的,甚至也很难说像这种只有义务而没有权利的修身教育会使得义务的行使能够取得多大成效。另一方面,在清末有关修身伦理的著作中,我们也较少发现有就权利与义务本身作些许理论探讨的内容。当然,这种情况的产生同时人对修身的性质定位(修身注重实践)以及修身教育所施对象(主要是中小学堂的学生)有密切关系。仍以杨志洵的《中等修身教科书》以及蔡元培的《中学修身教科书》为例,鉴于后者目前学界有关研究多有涉及,这里主要介绍前者在此方面的特点。杨氏在其《中等修身教科书》中就义务、权利本身作了专门探讨。首先从理论上将义务分为三类,即行为义务与不行为义务;精神的义务、肉体的义务及物品的义务;服从义务与忠诚义务。然后按照欧洲各国法规将其分为兵役与纳税两类。① 后一种分类比较清楚,是各国法律中所规定的国民基本义务,不必多言,但前种分类标准则比较模糊,不易把握。不过,从作者在与法律相对的维度上来划分义务的企图看,这里当是从伦理本身而言,如行为义务及不行为义务,服从义务与忠诚义务的划分都有伦理的意味。按作者的意思,"行为者,积极之事,吾所当为;不行为者,消极之事,吾所不喜为",②将行为义务与不行为义务界定为当为与不喜为(不当为),这明显是属于伦理的解说,可惜,这样界定之后作者并没有继探讨下去。而所谓服从义务与忠诚义务,作者也是一笔带过,只强调臣民对国家之服从因了国家主权之需要而为绝对的,而忠诚则是人民"于不利于国者避之,利于国者增进之"而已。"臣民"与"人民"杂用一处,言服从时仍脱不了臣民意识,这种现象正好说明过渡时代知识分子思想深处的某些旧质并不能因人民一词的使用而可以短时间内彻底根除。而且不论是言服从还是忠诚,都还只是强调了国家一方面,始终是把国家的需要、国家利益放在个人需要、个人利益之上,只言个人的义务。在清末特定的政治背景下,作为修身教科书如果只是要求人民因为国家主权需要而绝对服从和忠诚,那么它所带来的实际影响就有可能在客观上起到维护现存政权的作用,这一点也许作者本人未曾料到。接着在作权利分析时,由于杨氏考虑到我国历朝只有相袭之刑律,以及习

---

①　杨志洵:《中等修身教科书》,上海:文明书局,1906 年,第 5 页。
②　杨志洵:《中等修身教科书》,上海:文明书局,1906 年,第 6 页。

惯而成的定例,还没有人对此加以认真甄选,不宜拿来使用,故只好采用西方国家的法理而为权利之证。按西方法理的分类,权利有公权与私权之分,前者为国民对于国家之权利,包括参政权、言论自由权等,后者为个人对于个人之权利,包括各种物权与各种人权,这些作者都作了比较详细的解释。从杨氏对权利内容的介绍和论述来看,他的意图无疑是好的,在人民对自身权利还懵懂无知,社会也正处于步出"中世纪"的时候,这样的工作必不可少,也是有积极意义的,至少它在普及与推广法律知识及权利意识、提高国民的政治觉悟方面会起到有利的影响。再远一点来说,只有当国民明白自身拥有不可剥夺的各种公权与私权时,才有可能认同并爱护自己的国家,也才会以同样维护自身权利的方式去尊重他人的合法权利,这样国民的爱国之心与社会公德意识及水平才会得到提高。所以,杨氏在这里尽管只是从西方法理角度细说国民的权利,还未能深入到法律精神的领域,但相比那些只是抽象谈守法重要性的言论来说已是向前进了一大步,较之那些只说义务而不谈权利的言论更当令人刮目相看。

最后,还需指出一点,清末修身教科书中所述及的国民对国家的道德,其最终目的当不仅在培养国民道德本身,更重要的是想借修身这一途径来宣传所谓如何解决"国家之问题"的有关思想。所谓"国家之问题"无疑是其时学者就社会治乱问题而提出,也是中西社会发展现实相互比照的结果,其愿望就是想获得一个如西方列强那样升平而安乐的国度。清末众多学者往往将我国千百年来社会之所以治日少而乱日多的困境归因于长期以来所形成的专制政治制度,认为由此导致的"人民与国家渺不相属"的状况才是真正原因。"何以解决之? 曰:立宪是也"。① 在他们看来,封建专制情况下治理之责与治乱之责都系于一人,人民不与闻问,而立宪则正是为了改变这种现状,分责与人民,使人人知国犹家、国家与自身有密切关联。立宪与专制本是性质不同的政体制度,专制制度下的人民无权,而立宪制度下的人民则反是,人民拥有宪法规定的各项权利,同时履行相应的义务。从这一视野出发,将国家纳入"公"的范畴作为公德教育之一端体现了一种时代的要求和思想上的进步,并且从道德教育的角度来寻找对"国家之问题"的全面认同也体现了教育伦理的关怀,故而在这里政治诉求就具有了伦理价值的意义。

清末修身教科书中关于对社会之道德的论述是当时公德讨论中的另一主要内容。社会是国家的基础,与国家所不同的是,它没有强制力的法律保障,社会规范的遵守靠的是人们的自觉意识,因而更加依赖人的道德素养。我国传统五伦中,有朋友一伦,但实际上它是属于私德范畴,言朋友有信,其意主要在于一私人

---

① 孙清如编:《女子师范讲义第一种 修身学》,作者自刊,1908 年,第 181 页。

与一私人相交时要讲究信义,诚实无欺。梁启超把朋友一伦勉强归为社会伦理,多半是他在进行中西伦理比较时的无奈之举。其实,在清末关于朋友这一伦究竟属于私德范畴还是属于公德范畴,修身教科书中也有不同看法。大体而言,将其纳入公德范畴来说明的占多数,即以"对他人"之名目而统属之。当然,这一时期修身教科书关于对社会之道德的范围不限于朋友之间的伦理关系,而是把实际内容归为两大类:一是对他人之伦理,一是对社会之伦理,前者的主要内容是有关人的生命、财产、名誉等的内容,后者主要是讲公德及公益的重要性及意义。因后者在本章第一节里已述及,这里只对前者做一分析。

关于生命、财产及名誉的论述,这一时期的修身教科书皆从权利角度切入。我们知道,人的生命权、财产权及名誉权等皆属于私权中的人权范畴,而清末的修身教育则对此予以了积极关注。就论述的详细程度而言,蔡元培的《中学修身教科书》则相对具体。他不仅就人的生命而且也对人的财产、名誉等方面的道德问题作了比较详细的分析。在他看来,"财产权之规定,虽恃乎法律,而要非人人各守权限,不妄侵他人之所有,则亦无自而确立,此所以又有道德之制裁也"。① 换言之,不侵犯他人之财产不仅是法律上的要求,而且更是对人道德上的一种需要,须自觉为之。为此,他从道德的角度比较详细地分析了如何对待他人的财产,以及关于借贷、寄托、市易等方面的问题。而在关于名誉的道德问题上,他着重考察了社会生活中普遍存在的"诽谤"与"谗诬"两大道德之罪。就人的生命、财产、名誉等的相互关系来说,蔡氏已经明确把财产作为仅仅次于生命的人权来强调,这使得他的道德思想具有较多现实色彩,比起那些仍以"烈士殉名,重于生命"的学者来说,体现了对社会道德更为逼真的现实体悟。不过,蔡氏上述关于生命、财产、名誉等的认识是相对于一个文明社会而言,而对于一个连主权都无法自保的国家,又何谈人民的财产? 国家又何谈保护人民的财产?

如果将清末修身教科书中有关对国家之道德与对社会之道德的内容作一比较的话,我们就会发现一个比较有趣的现象,即当论及国家时主要强调的是国民的义务而对国民的权利多有回避,而当论及社会时则对人的私权强调有加。这种现象从表面上来看,确实反映了修身教科书对公德的"完美"设计,它既强调了国民爱国的义务之心,又强调了社会生活中对人权利的尊重和公益意识。的确,这些都是时代道德启蒙所必不可少的,尤其在人民还只知一身或一家的时代,多少会给人们顾念家国危亡以直接的鞭策或警醒。但问题不在于此,而是这种现象本身隐含着修身教育所无法摆脱的内在困境。一是在对待固有伦理问题上缺乏对

---

① 　蔡元培编纂:《中学修身教科书》上编,上海:商务印书馆,1919 年,第 71 页。

传统道德的深度反思,甚至在"修身必本古圣贤之嘉言懿行"的思维框架下,接纳远远多于批判;二是在国家与社会相互关系方面教条化,割裂了对国家之道德与对社会之道德的关系。这两方面的问题不是孤立的,而是不可分割地联系在一起,成为清末修身教育难以超越的壁垒。先就教条化理解而言,判断国家与社会之关系不仅仅是看其有无强制力之法律,更有其内在联系。从道德教育角度来看,修身教科书在对社会之道德与对国家之道德的论述上正是缺乏这种内在关联,换句话说,它并没有考虑到二者之间应作如何转换,只是各说其理罢了。试问,公益行为与爱国行为之间、对私权的道德庇护甚或法律庇护与国民的责任观之间,是否实现了前者就必然导致后者的实现? 回答当然是否定的,因为无论对国家还是对社会,任何只有责任或公益的行为都只可能是道德主体单一义务的被动行使,还缺乏主体自身的主动观照。而要使这种责任或义务上升为自主自觉,成为个体必须完成的责任,那么,它对团体所拥有的权利(即公权)则是关键,是权利催生了责任意识,而不是义务本身。显然,清末修身教育由于回避了这个问题,恰恰成了当时一个最大的公德问题。至于何以如此,原因是复杂的,而修身教科书作为官方的德育教科书则是一个最显而易见的原因。由于这一点,修身教育往往缺乏彻底批判传统道德的勇气,因而在时代变革面前表现出明显的软弱性和不彻底性。

第三章

民国初期公民道德教育理论的展开

辛亥革命结束了清王朝的统治,也使中国社会进入一个新的历史时期。从 1912 年至南京国民政府建立为止是中国近代公民教育兴起之时,它与清末在教育目标上本质的不同是体现为国民身份的转换,即实现由封建臣民到现代公民的转变。公民(英文 citizen,原义市民或国民,汉语译作公民)是国民的一种新身份,就其功能来说,他是实现公民社会的需要。在民国初期教育学界,公民与国民的区别基本是明确的,但由于国内还没有明确的法律上的依据,所以学者之间对公民的理解也有所差异。一种看法是认为:"有公民权的国民,才是公民。公民权就是为官吏及选举和被选的权利",①通俗地说,所谓公民权就是有选举官吏或被选为官吏的资格。将公民权定格为选举权是当时美国人普遍的理解与做法,杜威也曾对当时美国国内的这种做法提出过批评,认为不应该将公民仅仅理解为有选举资格,公民教育并非仅仅是培养投选票的人。可见,上述对公民的解释明显是受到了美国的影响。据有的学者研究,最早对公民这个概念作出正式界定是在 1939年 9 月 19 日国民政府公布的《县各级组织纲要》中,其界说为:中华民国人民无论男女在县区域内居住六个月以上或有住所达一年以上,满 20 岁者,为县公民,有依法行使选举、罢免、创制、复决之权;但同时又规定有以下情形者,不得有公民资格:其一是褫夺公权者;其二是亏欠公款者;其三是曾因藏私处罚有案者;其四是禁治产者;其五是吸食鸦片或其代用品者。② 以上是指狭义的公民,而教育意义上的公民显然不可能是狭义的。由于辛亥革命开启了资产阶级民主共和的新理想,所以公民也就理所当然成了教育新的追求目标,而公民道德教育则是此时公民教育的主题之一,从而也构成了民国初期道德教育理论的主题。公民道德教育的提倡源于公民的理想与现实公民教育的需要,但它成为一种思想理论则有着复杂多样的思想与社会背景。本章试图对民国初期公民道德教育兴起的背景、主要

---

① 陶汇曾编:《现代初中教科书公民》第 1 册,上海:商务印书馆,1925 年,第 13 页。
② 龚启昌:《公民教育学》,南京:正中书局,1948 年,第 2 页。

理论形态及其教育实践进行具体论述。

第一节 民国初期公民道德教育的缘起

一、民国初期公民道德教育兴起的社会与思想背景

公民道德教育之所以在民国初期兴起,是同其特定的时代状况、特别是其社会及其思想状况有关。

首先,清末以来的国民性改造思潮及公德私德教育思想的发展提升了人们对国民形象的预期。清末修身教科书所体现的公德思想在一定意义上可以看作是国民性改造思潮影响下所取得的实际成果,像梁启超在《新民说》中通过合理借鉴西方资产阶级有关民主政治的内容,如国家思想、权利与义务思想、政治能力等,并将西方资产阶级新兴的个体道德包括公德、自由、自治、合群、生利等吸收进来,而提出的关于民与国关系的新设想,渐渐地在修身书中大多都有不同程度的体现,尤其是修身书中关于对国家、对社会道德的设计更是直接体现了国民性改造思潮的初衷。此外,公德意识影响下的私德也发生了部分变化,由传统教育所强调的尊卑贵贱、慎独克己等道德转向了更多关注平等、自由、进取、有为之德。这样对传统道德从私德到公德的改造,就使得近代国民或人民而不是封建臣民逐渐成为教育目标所培养的对象。事实上,清末修身教育中公德意义之下的国民或人民可以认为是民国初期教育人才培养目标——公民的原形。辛亥革命后,为了适应新形势的需要,各大出版机构都在修身教科书上下了很大功夫,尤其是中华书局和商务印书馆都以通过罗致人才而组织出版了多套有影响的修身教材,如商务印书馆出版的《共和国修身教科书》及《新体修身教科书》,中华书局出版的《中华修身教科书》《新编修身教科书》《新制修身教科书》《新式修身教科书》等,这些面向广大中小学校的修身教材基本上都在原来基础上根据形势变化的需要对内容作了一定的调整。如果仔细分析民国初期的修身教材,就会发现其内容体系总体来说已较清末有进一步发展,无论公德还是私德的处理,基本上都是围绕着培养现代国民而进行设计,并且对何谓"国民"也明确写进了修身教科书。"国家之存立,由于国民。斯国民之对于国家,必同负有重任,故凡为国民者,顾名思义,曰:我为中华民国国民,中华民国即我国民之国家也"。[①] 在此定义中,国民不再仅仅

①　缪文功编:《中华中学修身教科书》第3册,上海:中华书局,1912年,第33页。

是早先所认为的生活"在同一主权之下的人民",而是强调了国民对于国家所共负的责任,显然这是为了适应民国初期政体转变对教育的要求所做的安排。当然,这也是清末以来国民性改造思潮中所倡导的民族国家思想的延续。以下选择两种有代表性的修身教科书,通过简单比较对个人、对家庭与对国家、对社会的道德要求,以说明前后两个时期国民形象现代性的差异,尽管国民还不同于公民,但是通过把握这种差异也有助于人们直观理解民国初期"公民"的缘起。因此,有的学者将民国初期(军)国民教育的兴起视为公民教育思潮发生的前奏,[1]这不无道理。

表 3 – 1　清末与民国初期小学修身教科书德目比较简表

书名/出版社	对个人、对家庭	对国家、对社会
《最新修身教科书》第6、7册 商务印书馆 1906 年	敬祖、孝悌、互敬、贞操、笃厚、宽恕、刚直、摄生、戒浮躁、力行、慎密、自信、戒迷信、自重、果敢、辨义利、治产	忠勇、爱国、信义、责任、报国、义侠、博爱、忠义、礼让、廉耻、守法
《新制中华修身教科书》第69册 中华书局 1913 年	孝行、友爱、惜时、整洁、戒迷信、勤劳、习惯、节用、自省、殖产、诚实、摄生、度量、立志、正直、谦逊、择友、礼仪、践约	自由、平等、独立、博爱、公益、秩序、公德、爱国、报国、义务、信用、抚恤、好国民、自治、尽职、勇气、权利、义务、仁慈、崇尚进步

表 3 – 1 直观反映了清末与民国初期两个时期修身教育对国民道德要求上的若干差异,前者总体而言带有较浓厚的传统色彩,但随着清末社会政治思想文化的变化,到民国初期时,修身教科书的内容已有较大改变,尤其在对国家、对社会的道德方面,后者较前者更清晰体现了对国民现代素养与意识的要求。

其次,社会现实的强烈刺激进一步激发了人们的觉悟。辛亥革命虽然成功推翻了清王朝的统治,但却并未能实现革命预期。革命胜利的果实被袁世凯窃取之后,中国历史又在重演着帝制的闹剧。为此,革命者不得不通过发动"二次革命""护法运动""护国运动"等这些革命喋血行为,来一次次对共和理想予以坚决回护。站在民国初期资产阶级民主共和角度来看待封建军阀们的皇帝梦,用胡适的说法最为贴切,那叫作"二十年前的旧古董,在二十世纪大舞台上做戏"[2],正因为

---

① 龚启昌编著:《公民教育学》,南京:正中书局,1948 年,第 41 页。
② 胡适:《胡适文存》1 集卷 4,上海:亚东图书馆,1921 年,第 2 页。

这"戏"与台景对比太过于扎眼,故而所引起的思想反击也就非常激烈。以陈独秀等为代表的思想解放运动的旗手们都不约而同地将传统旧道德视为革命失败的总根源而加以无情鞭挞。"只有伦理的觉悟,为吾人最后觉悟之最后觉悟"①。"盖伦理问题不解决,则政治学术,皆枝叶问题。纵一时舍旧谋新,而根本思想,未尝变更,不旋踵而仍复旧观者,此自然必然之事也"②。这是陈独秀面对现实所作的深刻反思。同时站在这一立场的还有吴虞、高一涵、鲁迅等人,甚至连国学大师章太炎也厉色驳斥康有为的孔教论。反传统总是与新的理想紧密联系在一起的。陈独秀在《新青年》创刊号上发表《敬告青年》一文,向世人宣告了他心目中的理想青年的形象,号召青年人不要做"旧青年",而要做"新青年",所谓"新青年"就是告别旧观念而树立新观念的人。"奴隶的""保守的""退隐的""锁国的""虚文的""想象的"等这些均属旧观念;相反,新观念是"自主的""进步的""世界的""实利的""科学的"。之后不久,他又发表《新青年》③一文,具体回答了什么是"新青年"。李大钊也在同期上发表了《青春》这篇檄文,号召国民奋勇直前,创造一个青春的国家、青春的民族。高一涵的长文《共和国家与青年之自觉》④,也同样把建立共和国家的使命寄托于青年,从而提出依据青年天性发展其自由独立人格的新道德观。从以上可以发现,民国初期的思想解放运动中关于国民性改造的主张与清末时期有如下几点不同:一是国民改造对象上"新民"与"新青年"的差异,二是国民改造手段上"宣传"与"教育"的差异。尽管他们各自都将国民性改造的重心置于"民德",但从青年的教育入手较之一般的国民唤醒更具改造意义与价值,而且无形中它也同西方教育思潮的青春朝气相暗合。20 世纪初,西方"新教育运动"蓬勃开展,公民教育在一些国家迅速兴起,教育理论研究领域中社会教育思潮仍然长袖善舞,政治民主运动与民主教育的势力在战后急速发荣滋长等等,这些几乎都具有同一个特点:反传统。如果将中国几乎在相同时期开展的思想解放运动放在这个背景下,那将预示着这场运动对未来不可估量的影响。在新文化运动思想解放的历史场景下,对旧道德的批判构成了当时所谓"价值重估"的重要一环,它同这一运动中其他思想解放主题,如中西文化、现代哲学、宗教批判、民主政治、科学思想等一起焕发出了新思想和新制度得以扎根所需要的自由空气。

---

① 　陈独秀:《吾人最后之觉悟》,《青年杂志》第 1 卷第 6 号。
② 　陈独秀:《宪法与孔教》,《新青年》第 2 卷第 3 号。
③ 　参见《新青年》第 2 卷第 1 号。
④ 　参见《青年杂志》第 1 卷第 1 号。

再者,不断勃兴的世界公民教育思潮为民国初期公民道德教育理论的兴起提供了直接的理论借鉴。19 世纪末 20 世纪初,日、俄以及英、德、法、美等西方主要国家都先后兴起了公民教育思潮,学校教育往往以国家主义为宗旨而发挥公民教育之精神。日本与德国的公民教育常与国民教育、道德教育并提,明确要求国民教育应培养国民的爱国精神,注重纪律、崇尚体育;而英法美等国的公民教育尽管各有特色,但共同点都很注重保护公民政治上的权利及人权。民国肇始,西方公民教育思想便在人们的喜悦声中为一些有识之士所关注并被及时介绍进来,如商务印书馆在 1912 年 4 月就出版了由华南圭译述的《法国公民教育》,该书对法国公民教育的情况作了十分详细的介绍。之后一些教育刊物有关这方面文章的发表就逐渐多了起来,如《教育杂志》最早于第 5 卷第 10 号上就发表了署名为天民(即朱元善)的文章《公民教育问题》,文章主要对德国几位公民教育专家(包括凯兴斯泰纳、西林格、佛斯特)的公民教育主张作了评析。《中华教育界》也发表有这方面的文章。到 1925 年前后,便形成了研究的高潮。关于更为具体的情况可见下文的研究。公民教育思想的介绍及讨论为民国初期公民道德教育问题直接提供了经验启示和理论借鉴。

最后,杜威来华讲学所传播的民主教育思想也有深刻启迪作用。杜威在华两年有余,踪迹遍布大江南北。他的演讲给国人留下了丰富的教育文字,《杜威五大讲演》(北京)、《杜威三大演讲》(南京),以及当时及其后翻译引进的关于他的各种教育著作等,都足以证明了他对中国教育界思想的影响。杜威的教育思想是关于如何培养民主社会公民的一整套的教育理论,他本人及其教育学说之所以能够受到中国的欢迎,除了他的弟子们的盛情宣传和积极应用之外,主要还是由于当时中国社会内在发展的冲动所致。而学生自治运动就是最好的证明。在五四新文化运动中扩大了势力的学生们,日益要求取得学校管理中的权利,而部分教育工作者也因得益于新思想的洗礼而有意通过自治来加强对学生的管理。当时一种普遍的看法是认为,共和社会与专制社会不同,专制社会需要有被治习惯的国民,而共和社会则反是,公民的自治习惯与能力是主要的。而共和国的公民所需要的知识与品行,正可以通过学生在学校里的自治方式而得到训练和提高。这样学生自治问题就借助民主思潮的推动在"五四"特定背景上被提了出来。各省教育会,各中等、高等学校皆围绕学生自治问题纷纷议决办法,如制定并出台学生自治纲要、学校自治办法等;甚至在一些全国性的教育会议上,也每每有学生自治问题的提案,如第六届全国教育会联合会大会议决案中即包含"民治教育设施标准案"。该案认为,战后教育思潮,大都趋重民治。吾国教育家近亦竭力提倡,向此轨道进行。鉴于学校教育实际的民治水平距离真正民治尚远,故该案依据民治精神分别就学校教育行政、教职员、学生等方面提出各自改进意见。于学生方面,共提出了六条建议,分别是:注重自动自学;练习公民自治;发展实际生活之知能;练习服务社会;注重体育;研究学术扩充创造本能。[①] 学生自治问题的提出,由于同整个教育思潮的趋势相一致,因而在一定程度上也促进了国内教育界对公民和公民道德教育问题的探究。

二、西方公民道德教育思想的导入与传播

在西方,公民一词最早源自古希腊的斯巴达和雅典,是指拥有一定财产和地位的自由民的特定身份。中世纪的欧洲,教育大权握于教会之手,教育目标是培养"上帝之城"中虔诚的信徒。虽然教会在政治上与国家政权是对立的,但在某种意义上,把教民作为公民的一种也未尝不可,因为宗教教育毕竟是以宗教团体精神为根本宗旨的教育。不过,中世纪之前的公民都还只是一种有特殊身份的人,与现代意义上的公民相距甚远。而现代意义上的公民则是资产阶级民主政治的产物,是近代西方资本主义政治经济文化发展的必然结果。一般认为,1789年法国大革命是近代公民思想的源头,它以国民革命的方式摧毁了传统的社会等级制度,抹平了社会各阶级间的界限,从而予社会成员以新的身份定位,那就是"公民"。大革命后颁发的《人权和公民的权利宣言》第一次提出了平等意义上的"公民权利"的主张,1791年颁布的宪法则第一次以法律的形式肯定了公民的权利。至此,公民身份便以法律赋予的平等权利而得到了确立,法国也因此成为世界上率先进行公民教育的国家之一。然而,法国大革命也加剧了她同欧洲各国之间的矛盾与紧张,促进了民族国家思想的盛行,尤其是德国,它直接导致了国家主义教育思想的出炉。由此看来,近代西方公民思想的产生一方面是资本主义自身发展对教育的要求,另一方面则是由于各国发展不平衡所激起的民族国家主义的要求。美国教育家杜威有一段话对进一步理解这一点提供了很好的注脚。

据欧洲以往历史所昭示,国立教育的运动与政治方面国家主义的运动合为一件事。这个事实对于后来的运动有极大的关系。这种趋势尤甚的是德国,教育受德国思想的特别影响,成为养成公民的作用,而公民养成的作用与民族国家理想之实现相一致。于是把"国"替代人类,使大同主义让给了国家主义。教育之目的变为造就公民,而不是造就"人"。这种历史的趋势是拿破仑的征服所遗下的结果,以在德国为尤甚。当时德国联邦,觉得国家对于教育之有系统的注意,是恢复

---

① 邰爽秋等编:《历届教育会议议决案汇编》(教育参考资料选辑第五种),上海:上海教育编译馆,1935年。

和维持其政治的完整与主权的最好手段。后来的事实证明此种信仰的正确。当时德国的联邦,在表面上都是很弱的,都是分裂的,但是他们在普鲁士政治家领导之下,利用这个现状,作为一种刺激,兴奋改革,发展根基巩固的公共教育制度。①

杜威在这里所说的德国公民教育之起因正是法国大革命之后拿破仑征战所激起的结果,从而德国的公民教育思想又成为现代西方公民教育的发源地之一。其中,作为哲学家与教育家的费希特(F. C. Fichte)、施莱尔马赫(F. D. E Schleier-macher)等都是公民教育的积极倡导者。尤其是费希特承裴斯泰洛奇教育思想之余绪,在《敬告德意志国民书》(1807)中更是把通过教育激发和增强国民的国家精神以及团结力提高到德意志民族生死存亡之高度,以极大热情与爱国之心激励着民心,从而对德国19世纪的教育产生了深刻影响。继其后,则有公民教育理论体系系统建立者凯兴斯泰纳(G. Kerschensteiner),他的《德国青年之公民教育》(1905)及《公民教育之概念》(1911)两书于公民教育理论有系统论述,是20世纪初提倡公民教育最力之人。

进入20世纪,正如杜威所说,受德国教育思想的影响,公民教育遂为各国所重视,尤其在第一次世界大战后,公民教育思想成为最强劲的世界性教育思潮。之所以如此,其中最显见的原因,学者雷通群曾将其归纳为两个主要方面,即从思想来源和社会来源方面进行了论述。② 从思想方面而言,欧洲的教育在文艺复兴之前,基本上都是以国家或社会的要求为人的培养目标;文艺复兴之后,人自身的主体意识得到增强,自我价值在国家以及社会生活中也开始得到尊重。而18世纪的思想启蒙运动则更是把尊重个性的思想提到史无前例的高度,这一潮流直到19世纪仍历久而不衰。但是,19世纪下半叶起,随着历史科学和社会科学的兴起,这种极端张扬个性的个人主义思想便遭到打击。德国的优秀思想家们,如裴斯泰洛奇,费希特,施莱尔马赫等甚至在19世纪之初就已经开始试图对此进行纠偏。至下半叶,德国教育家纳托普(P. Natorp)秉承康德批判哲学的立场建立了社会的教育学,极力主张个人与社会不可分的关系,认为人一旦离开社会,便即刻惰为动物。至美国教育家杜威出,社会的教育学说则更是借其盛名而广为传播。总之,从思想方面来看,公民教育的兴起可以看作是对以往大行其道的个人主义思想的一种反动。社会的教育学说作为一种主张为公民教育的兴起提供了重要的思想动力和依据,但它还不是唯一的因素。从实践层面而言,还有其社会来源,即

---

① 袁公为:《公民教育概论》,贵阳:文通书局,1941年,第40-41页。也可参见杜威的《民主主义与教育》,王承绪译,北京:人民教育出版社,2001年,第104页。
② 雷通群:《新兴的世界教育思潮》,上海:商务印书馆,1935年,第143-148页。

民主国家广泛的建立及其国家思想的发达。自法国大革命后,民主主义大发展,国家意识也大为增进。19 世纪以来,欧美国家多有立宪运动,颁布宪法、召开国会、实施普遍选举、扩大地方自治等等,这些都是近代国家民主化的表现。而在以往旧式的专制国家里,管理国家的大权全操于有产阶级和知识阶级之手,普通国民只有唯统治阶级意志是从,无权过问国家行政,因而对国家的利益与命运也就没必要关心,无须负责。然而,在立宪国家,国民全体有参政权,会直接或间接影响到国家意志,因而一国利益总与一己息息相关,不能不积极为国家服务。在这种情况下,若不厉行公民教育,则无以启发国民真挚的爱国精神,如此,立宪基础就会有极大危险。所以,公民教育兴起与发展的动因,一方面是社会的教育思想的普及,另一方面则是国家思想的发达。

但是,随着社会科学的发展,学者们对公民的理解呈现出了多样化的趋势,对公民的政治、法律、文化、社会、道德等多方面内涵的探讨,加剧了公民教育的复杂性和难度。不同角度所理解的公民,其侧重点往往不一样。从政治角度来说,公民是现代民主政治的关键因素,包括公民政治参与意识及水平、民主权利的行使程度及水平、民主管理与监督的意识及水平等等,这些都是保证民主政治健康发展的至要因素。法律意义上的公民侧重公民权利的界定,以及与权力相适应的义务规定,以区别过去义务本位下的国民。文化视角所持有的理解是把公民看作某一文化共同体的成员,是此种文化精神历史沉淀的载体,表现于公民个体即为具有共同文化精神的人格。社会概念下的公民主要反映其社会公共精神的内涵,同政治概念意义下的公民对举,说明公民在社会共同体中行使与维护自己及他人权利和义务的意识水平、行为水平。而道德意义上的公民除了表示个性完善与对美德的追求外,更侧重包括国家责任、民族精神、群体协作等在内的国民公德。从本质上看,不同视域里的公民理解都是时代变化发展需要的反映,是对其整体内涵中的某个方面或某几个方面有所侧重罢了,相互之间不存在不可调和的矛盾。然而,现代民主政体下的公民同专制政体下的臣民或国民毕竟不同,不仅身份,而且功能使命也相异。公民多样性的身份是客观的,是由体制赋予的,但多种身份的并存并不表明其各自所承担的社会功能也可以等量齐观,事实上,它们相互之间并不均衡,这取决于各国民主制度发展水平及其现实状况。例如,法国大革命后实施的公民教育主要是保障公民政治权利的实现,在"自由"、"平等"、"博爱"三箴言的最高目标下,国家的政治、法律、军事与公民的权利知识成为公民教育的主要内容,①其目的就是要提高国民的政治参与热情和自觉权利意识。而"一战"以

---

①　华南圭译述:《法国公民教育》,上海:商务印书馆,1912 年。

后,随着德国具有军事侵略性质的公民教育遭到批判与唾弃,由美国主导的自由民主政治与国际和平主义在威尔逊总统的倡导下大行其道,受到各国欢迎。战后的美国成为世界民主政治的典范,以普遍民主夸耀于世,其民主制度下所实行的公民教育很注重所谓公民资格的养成。教育家斯纳藤(D. Snedden)就认为,教育上应当认定公民教育的特殊区域。倘若因公民资格一词意义不定,可以不用,如果使用,亦用狭义的解释,即"公民教育内不包括读书、习字、简单的算术、绘画、外国语、手工等。身体的及职业的教育首要的功课都不包括在内。所谓文化教育亦不包括在内,因为文化教育的主要目的,是设立那对于增进个人生命的耐久的有智识的、审美的性质的要素","公民教育特殊的目的在于政治的大团体的分子关系,如服从国家或市政府的法律"。① 由此大概可以看出,公民教育在法国、德国及美国各自的侧重点了,即法国重视公民个人的权利,德国注重公民的国家精神,而美国则重视公民的社会服务。不过,尽管它们侧重点各有不同,但对于民国初期的教育界来说,都极具有益的指导作用。

从上述现代西方公民教育思想产生与发展来看,往往是公民教育思想中包含着公民道德教育思想,二者之间有着不可分割的紧密联系,公民道德教育是公民教育的必要组成部分,或者是公民教育功能实现的一个重要方面。这一点不仅在古代意义上的公民教育中是如此,而且在现代以来的公民教育中也不例外。近代科学大发展以来,教育的知识化程度越来越高,在教育予民以知、启民以智的同时,民德的改善与提高往往与之发生落差。而伴随科学发展所带来的人文精神失落,与近现代民族国家所要求的共同精神很不一致。所以,19世纪以来,西方不少教育家与思想家,在国民教育问题上往往都把道德教育即民德作为教育的中心点,这尤其体现在后发资本主义国家如德国、日本等国家的教育思想及理论中。

民国初期共和既成,予人以信心和期待;但共和不仅仅是博取一个名号,更重要的是要有共和之实。面对民国初期的社会现实状况,一些有识之士认为,若共和真正期之可行,则非全国人民具有公民资格不可。而公民资格的养成,又非朝夕可就,非提倡公民道德、注重公民教育不可。于是,正当英法德美等国大倡公民教育之时,这些具有强烈忧患意识之士也积极将西方公民教育思想介绍到国内。以下从著作与期刊两个方面对这一时期所导入的西方公民教育思想,以及因其传播所引起的公民教育研究成果尝试作一梳理,以便对此获得较为整体的认识。

---

① ［美］斯纳藤:《公民教育》,陶履恭译,上海:商务印书馆,1922年,第41页。

表 3-2　民国初期学者编著、翻译、译述的有关公民教育著作一览表①

著作名称	著者/译者	出版社/年代
《法国公民教育》	华南圭	商务印书馆 1912
《凯善西台奈氏教育说》	樊炳清 朱元善	商务印书馆 1916
《公民教育论》	朱元善	商务印书馆"教育丛书"3 集 9 编
《公民教育》	D. Snedden 著 陶履恭译	商务印书馆 1922
《现代教育思潮》第 6 编	樊炳清	商务印书馆 1915
《最近教育思潮》第 2 章	经亨颐	浙江省教育会 1917
《教育思潮大观》第 9 章	中岛半次郎著 郑次川译	商务印书馆 1922
《最近欧美教育思潮》附录	范錡	开明书店 1925

表 3-3　民国初期主要教育刊物发表的部分有关公民教育文章一览表②

刊物名称	文章名称	卷/期
《教育杂志》	《公民教育问题》	第 5 卷第 10 号
	《凯善西台奈之教育说》	第 5 卷第 10、11、12 号
	《公民教育论》	第 8 卷第 5、6 号
	《德国之公民教育》	第 8 卷第 7、8 号
	《公民的训练法》	第 10 卷第 4 号
	《美国公民教授之现状》	第 13 卷第 8 号
	《小学校之公民教育》	第 16 卷第 4 号
	《小学公民科的新教学》	第 16 卷第 4 号
	《公民的训练》	第 16 卷第 9 号

---

① 依据中美百万册数据库(CADAL)提供的信息整理而成。

② 根据吴美瑶等编:《教育杂志索引》(1909—1948),台北:心理出版社股份有限公司,2006年;邱爽秋等编:《教育论文索引》(1912—1929),广州:广州国立中山大学教育研究所,1929 年。同时参阅上海图书馆编:《中国近代期刊篇目汇录》第 2 卷下、第 3 卷上,上海:上海人民出版社,19821983 年。

刊物名称	文章名称	卷/期
《中华教育界》	《论民国小学宜设国民科》	第 1 卷第 1 期
	《公民教育论》	第 4 卷第 1 期
	《人格教育说》	第 5 卷第 7 期
	《公民教育论》	第 5 卷第 9、10 期
	《公民教育之目的》	第 6 卷第 6 期
	《国家主义与公民教育》	第 15 卷第 1 期
	《公民教育问题》	第 15 卷第 6 期
	《各科中的公民教育问题》	第 16 卷第 6 期
	《公民教育之基本义》	第 16 卷第 6 期
	《公民教育的意义与问题》	第 16 卷第 6 期
	《大学公民教育实施问题》	第 16 卷第 6 期
《国家与教育》	《改造中之国民教育》	第 9 期
	《什么是公民什么是公民教育》	第 13 期
	《国民教育与公民教育》	第 15 期
	《中国此时公民教育运动所应注意的》	第 14 期
	《全国公民教育运动周怎样进行》	第 14 期
《新教育评论》	《公民教育之一说》	第 1 卷第 13 期
	《一星期的公民教育运动》	第 1 卷第 20 期
《新教育》	《公民教育之宗旨与目标》	第 4 卷第 3 期
《教育与职业》	《学校工厂中之公民教育》	第 73 期
《学灯》	《公民教育之先决问题》	1921 年 5 月 3 日
	《社会组织与公民教育》	1921 年 5 月 7 日
	《中华民国与公民教育》	1921 年 10 月 10 日
	《公民教育谈》	1921 年 11 月 19 日
	《达公民教育目标的方法》	1922 年 9 月 22 日

　　以上所列论著遗漏之处肯定存在,但综合起来看,不难发现民国初期围绕公民教育问题所进行的研究对公民教育的理论基础与实施进行了比较全面的探讨。《教育杂志》于第 5 卷第 10 号发表的署名为天民的文章《公民教育问题》,重点介绍与评析了德国几位著名教育家有关公民教育思想的特点,同卷第 10、11、12 号

连载的署名为志厚的文章,则系统介绍了德国著名教育家凯善西台奈(凯兴斯泰纳)的公民教育学说。这两篇文章都重在揭示德国公民教育的道德特征。此后,该杂志在1916年到1926年间,还刊发了公民教育方面不少有影响的重要译文,如《公民教育论》(天民)、《德国之公民教育》(天民)、《公民的训练法》(太玄)、《美国公民教授之现状》、《公民的训练》(彭基相译)等等。其中,《公民教育论》也是依据凯兴斯泰纳的公民教育学说,主要论述了公民教育中若干重要问题,包括公民教育的困难、范围、目的等,不久译者将其修改后作为论著出版。《德国的公民教育》及《美国公民教授之现状》较为系统分析了两国公民教育的特点及教育中存在的问题与分歧。《公民的训练》一文是译者根据美国学者斯托尔(G. D. Strayer)和恩格尔哈特(N. L. Englhault)合著之《课堂指导》(The Classroom Teacher)一书第6章译出,顺序探讨了道德行动的基础;非道德的与道德的行为;道德发展的阶段;智识的能力与道德;环境的影响;身体的惩罚;真正道德的行动必有选择;物质的情形与行为;学生自治;学校的例规;自制力之发展;讨论的重要;儿童为良好之公民;好公民与工作;儿童为社会的工作者等问题,核心在于说明如何使儿童成为具有未来社会良好公民应具备的道德素养与能力。商务印书馆还以教育丛书的形式专门出版了《凯善西台奈氏教育说》,是对已经介绍的有关凯氏公民教育思想所进行的总结。此外,当时由国人著、编、译的各种关于教育思潮的著作中也少不了公民教育思想的介绍。法国因其杰出的大革命成就,其道德教育思想自清末时即已传入,①此时它则更因时顺势在国内得以受人青睐,《法国公民教育》一书就较为系统地向国人介绍了法国公民教育情况、公民教育内容、公民教育设施及其变革等,还特别对共和三箴言的"自由"、"平等"、"博爱"及人权思想作了介绍。美国公民教育思想除《美国公民教授之现状》外,杜威教育思想也是其中重要代表之一,而另一位教育家斯纳藤所著《公民教育》也于1922年与国人相见,该书对公民教育的目的、意义、理论基础、研究方法、学科教学等各个方面都有细致论述。

在传播西方公民教育思想方面,国内还有不少有影响的教育杂志也积极参与其中。《中华教育界》几乎在同时期也刊载了不少这方面的文章。民国伊始,该刊就发表了庄泽定《论民国小学宜设国民科》一文,文章富有远见地将国民教育与民国的前途和命运联系在一起,公民教育的有关内容在此初见端倪。第4卷第1期

---

① 《教育世界》于第154、157号载有"欧美之道德教育",该文系统介绍了德、法、英、美四国学校中各种直接与间接道德教育的情况,并对政教分离后法国中小学最为流行的德育教材"道德并国民教育之第一年"(据此文考察至1904年止已是第84版)专门做了分析,它是法国中小学当时通用的公民道德科教材。

刊登姚大中的《公民教育论》一文,该文涉及公民教育中一些重要问题,如公民教育的目的、意义、方法;公民的知识与公民的性格;社会之公民教育;学校之公民教育、应施公民教育之学校;公民教育与教师教育、家庭教育及女子教育等,对公民教育的若干关键问题皆有论述。接着在第 5 卷第 9、10 期,发表了顾树森的《公民教育论》,第 6 卷第 6 期刊有署名巽(音训)我的文章《公民教育之目的》。而在第 15 卷、第 16 卷则集中刊发了国家主义公民教育的文章。此外,《新教育》《新教育评论》《国家与教育》《学灯》《小学教育月刊》《教育与职业》等也于同时期刊发了有关公民教育的译文或论文。

民国初期的十几年间有关公民教育思想的导入、传播与研究,就其总体特点而言,10 年代与 20 年代有所不同。就前段时间来说,德国的公民教育思想尤其是凯兴斯泰纳的有关思想是当时中国教育舞台上最活跃的角色,之所以如此,其原因主要有如下几个方面:

其一,此时以凯兴斯泰纳公民教育理论为主导的德国公民教育,其主旨适合民国初期共和建国的现实需要。凯氏认为公民教育同政治党派的教育、公民知识教育、经济技术教育、法制教育、社会教育有别,尽管彼此之间也有联系,但它们在本质上是不同的。公民教育有其自身的目的,"真正公民以实现国家最高目的之故,必须努力进行,自忘其身。世界之内,种种职业更仆难数,人人当竭其天赋能力,各自奋勉以图功,或为学者,或为劳动家,或为艺术家,业各不同,而其根本目的无或差异。此即公民教育之本质"。① 这种以国家为本位的公民教育观很是适合民国初期建国大业的教育需求。

其二,德国的公民教育思想有很浓厚的道德关怀,这又与以道德为本位的中国教育传统相契合,同时也与清末以来的道德救国思潮相暗合。凯氏的公民教育理论尽管其主旨是国家本位的教育,但就具体教育内容来看,的确又有着明显的道德诉求。凯氏以为,国家应该成为一个富有道义的团体,使世界上的国家均成为人道的国家。所以,他认为国家对于自身之保存及国民之幸福,应予努力求之。现时是法治国,国民的权利及自由显然扩大,国家应随此时势之需要,而实施国民普及教育。其目的主要是:第一,使国民懂得有关国家的任务;第二,使各人尽可能熟练其职业,以增进其效能,而在国家组织中谋一相当之地位。若要达到此种目的,尤其是对于低级的劳动阶级的子弟(从 14 岁起至 20 岁止),应切实推行此种教育。凯氏认为教育的目的,即在造就具有上述两种条件的公民。此种公民也是有道义国家中的有用分子,不过欲完成此种公民的培养,还必须以劳作为其必

---

① 天民:《公民教育问题》,《教育杂志》第 5 卷第 10 号。

要的手段。首先要养成学生对于作业有快乐的心理,借以促进其初步的道德,如忠实、勤勉、忍耐、自制、专心等品质的发展。其次,促进其对于一切利害关系,尤其是于国家利害有关的复杂事实,有相当的认识。他认为一切技术或科学训练的实施,如果不以学生的"共同劳作"以及由其产生的道德为基础,并且教育最高目的的实现也不以"共同劳作"为手段,那么教育就不足以养成良好的公民。公民教育应以"共同活动"所根据的以快乐为作业的"劳作",并且它也应是全部教学的中心,借此可以培养学生有价值的社会道德。至于学生自治的活动,应该使得学生愿意服从自己所选择的指导者,并且为了增进学友之间的精神与道德,也应该使得学生能够为团体而牺牲自己。这样就可以培养其"深思"、"沉着"等德性,以激发起与道德勇气相结合的对责任的热忱,此种对责任的热忱,足以支配人的一切行动。公民教育的实施如能切实按此推行,则理论上的教授即狭义公民知识的教授,始能在行动上发生效果。① 正因为凯氏的公民教育思想贯注着较浓厚的道德关怀,因而有学者即如此概括说:"凯氏意见(公民教育),可以一言括其要领,即谓公民教育不尚理论,而重实践是也。何谓? 实践则使之(学生)从事协同的业务,俾自学校之实际生活中,体会公民道德之精神,且躬自练习之是也。"②如此看来,凯兴斯泰纳的公民教育理论实则以公民道德训练为核心。

当然,德国公民教育思想中重视道德教育的倾向在近代以来是一贯的。大约从裴斯泰洛奇开始,这种倾向即已萌发。与卢梭严守个人主义,过分看重人的自然性不同,裴氏认为,人虽起于自然状态,但终于道德状态,自然人只有同社会保持交往,并实现道德化后,才有价值。教育尽管不能否认人自然性的作用,但更为重要的还是要使人同客观世界相结合,以实现其对客观世界的价值,换言之,教育应该成为改造世界的手段。他的教育小说《林哈德与葛笃德》就其教育主题来说正在于此。书中要表达的思想主旨即是主张教育要成为社会改良的手段,不仅家庭教育,而且社会关系与道德秩序都要依据教育来改进。他也提醒当政者应该注意社会风气恶化对下层人民所造成的危险,以此鞭策其关注国民教育与社会改良。费希特这方面的思想前面已经略有论及,而与之同时代的另一教育学家佛斯特(F. W. Forster)甚至将公民教育直接定义为伦理的、宗教的人格之养成。③ 显而易见,这是道德本位主义的公民教育观。佛斯特在公民教育上持道德本位主义以反对知识本位主义,认为仅从知识一方面来进行教育,无论其多么广博,也无裨于

① 袁公为:《公民教育概论》,贵阳:文通书局,1941 年,第 45 - 47 页。
② 樊炳清,朱元善:《凯善西台奈氏教育说》,上海:商务印书馆,1916 年,第 34 - 35 页。
③ 袁公为:《公民教育概论》,贵阳:文通书局,1941 年,第 7 页。

公民教育之实际,"真正公民教化实道德教化最后之结果。正确之公民性质,以人类之品性为中坚,始能成立。国民全体之健全,以个人之内心是否十分纯洁为断"。① 这就从较之凯钦斯泰纳思想更具道德意味的立场论述了公民教育的目的与意义。

进入 19 世纪 20 年代后,公民教育研究因整个世界形势的变化发生了转向。此时第一次世界大战已经结束,人们在反思战争起因时,普遍认为是由于德国推行了国家主义性质的公民教育的结果。所以,"一战"之后,美国主导的国际和平主义很快取代德国的民族国家主义而流行全球,此时国内信仰自由的知识分子也借机推波助澜,凯兴斯泰纳的理论竟一时在自由民主人士面前失语。蔡元培的《黑暗与光明的消长》《劳工神圣》等天安门前的 8 次演讲正是那个时候激动心情的写照。同样,杜威被盛邀来华讲学也发生在同一背景之下。胡适只是到了 30 年代末左右才对此有所明确反思,认为当时是轻信了威尔逊大总统的"十四条和平宣言"。然而,正当美国式的民主教育思潮狂飙突进之时,国家主义也于稍后粉墨登场,在 20 年代的中国教育史上留下了值得令人反思的记忆。国家主义的公民教育究竟是何种性质的教育,至今研究依然不够。本章第二节拟结合其重要代表人物余家菊的思想对此做初步的考察。

第二节　公民道德教育的理论探索

一、人格主义道德教育理论——以蔡元培为考察中心

在民国初期共和理想与现实问题等多种因素刺激下,教育要培养何种公民遂成为备受教育者关注的热点问题。朱元善在述及凯兴斯泰纳的公民教育本质观时,以杜威的观点与其相印证,认为杜威关于"以正当知识为正当行为之保证人者实为赘论也",此说法同凯氏所谓公民知识不足以尽公民之本质的看法相符合,他因此得出结论认为:"公民教育(初等程度尤然)与其谓为纯粹公民知识之教授,毋宁谓为公民之道德的教育为适当也。"②蔡元培在民国伊始也表达了如下观念:"所谓强兵富国之主义也。顾兵可强也,然或溢而为私斗,为侵略,则奈何? 国可富也,然或不免知欺愚,强欺弱,而演贫富悬绝,资本家与劳动家血战之惨剧,则奈

---

① 天民:《公民教育问题》,《教育杂志》第 5 卷第 10 号。
② 朱元善:《公民教育论》,上海:商务印书馆,1916 年,第 19－20 页。

何？曰教之以公民道德。"①这些认识都毫不例外地把公民的道德置于无上地位。然而,究竟何为公民道德以及公民需要什么样的道德等这些问题,不同人的看法又并不完全一致。

人格主义教育理论认为教育目的在于作育人格,它以道德品格为核心,只是在古代对于人格的意义还未深究,如儒家的"圣贤人格"虽堪为世范,为世代教育所宗,然而细究其中便会发现其不仅道德高远,而且内容也有偏枯之嫌,圣贤作之且不易,更无望普通之人。近代以来,西洋科学与技术大发展,物质文明一日千里,不仅从根本上改变了人们既有的生存样式,而且也颠覆了传统价值本身,使道德的谱系得到了前所未有的变动。于是,一方面出于维护人类本身价值理想的需要,以坚守人兽之别;另一方面又从充实道德需要出发,以提高人自身的社会适应性,人格教育问题就被突显了出来。

近代科学大发展在推动社会进步同时也给人类自身带来了一系列严重问题。作为最高思想的哲学,无论唯物的还是唯心的,都从中获得了丰富的灵感。约到19世纪下半叶,作为对自然主义的唯物论、机械论以及极端唯心论的反动,以德国哲学家文德尔班(W. Windelband)、倭铿(R. Ch. Eucken)等为代表的新理想主义哲学在欧洲兴起。人格教育思潮即以此为基础盛行于欧洲,尤以德国为发达。在教育上,人格主义者力主排斥科学主知主义,强调人的精神生活对自然生活的引导。由于对人格理解的侧重点不同,因而具体的教育主张也就各有差异。有主道德的,如以倭铿哲学为基础的布德(G. Budde)的人格教育;有主艺术的,如以谢林(F. W. J. Schelling)哲学为基础的林德(E. Linde)的人格教育;也有主宗教的,如佛斯特(F. W. Forster);还有持综合主张的包尔孙(F. Paulsen,也译作泡尔生,包尔生)等等。民国初期,人格教育思想也为国内进步教育人士所熟知。我国著名教育家经亨颐认为,人格教育是公民教育中的理想派,它是一种哲学的见解,以新理想主义为中坚。在对各种人格教育观作了仔细分析与归纳后,他认为人格教育不外精神生活之作用,遂将人格教育观的要点概括为:

(1)人虽为自然之产物,而不仅受自然法之支配,当认人于自然法以外,有精神自由之作用及人格之威严。

(2)人格所形成之一定的品性,为人格之威严所由立。教育及教授当以形成此品性为目的。

(3)人之精神不但自知力而成,尚有较深之感情意志为其根底,而内省直觉之

---

① 蔡元培:《对于新教育之意见》,高平叔编:《蔡元培全集》第2卷,北京:中华书局,1984年,第131页。

力,自发活动之萌芽及新生活新价值之创造力,亦含于其中。

(4)教育即伸张此创造力之事业,务尊重儿童之个性及人格,以儿童为教育之中心。

(5)教育不当养成知有余而行不足之人,宜使练其情意,造就有信念有理想有强固实行意志之人。

(6)反从前自然主义之人生观世界观,趋于理想的倾向,重克己献身之德,伸张教育者自由之精神,发达其人格,形成其品性,务使对于自然法而外,更具天功化育之精神。

(7)以造成人格尊重之高尚社会为目的,不徒为国家社会之利益,灭杀个性及天才。与其仅求适合于国家社会,以个人为国家社会之牺牲,毋宁养成能使国家社会多方发达之人。

(8)现代物质文明虽发达,而精神文明不及。人恒为生计欲望所驱,堕落而为机械便宜之生活,成神经过敏之现象。故宜主张人格之权利及威严,以全其精神之自立。

(9)以从来教育之活动囿于科学的规定,有过重方法之情形,宜力矫其弊。别于教师儿童固有之内部关系上,求教育之生命,而视教育为一高尚之艺术。

(10)教授当以锻炼人格为目的,于练知以外,更须兼练其情意。故抽象的教授不如直观教授,宜设自由选择科,以期刺激其情意之活动,发达其个性。

(11)教材不可偏重科学,须并重艺术,为感情之修养。又宜改良宗教道德教授,以期适合于意志之锻炼。

(12)教育事业之中心,不当在教授而在训练,且训练当以儿童为中心,务刺激其良心,使之自律的服从,勿仅以教者之权威,为他律的束缚。

(13)欲使教授训练密切于人格的关系,宜减少一学级学生之定数。

(14)要求家庭学校国家协同努力,改进社会制度,使精神生活人格尊重易于实现。

(15)当讲求养成教师之道,俾得收人格感化之效。①

从以上可以看出,新理想主义者的教育目标在于形成人格,并进而形成尊重人格的高尚社会,所言人格是知情意一体,并以情意为核心的具有自律能力与精神自由的个体。应该说,站在新理想主义的立场来看待人格,其本质与公民道德人格并没有什么不同,不过其目的主要是公民个体的精神训练或道德修养。

在民国初期持有人格主义道德教育观的知识分子群体里,蔡元培的思想无疑

---

① 经亨颐:《最近教育思潮》,浙江省教育会,1917年,第18—20页。

很值得关注。他是一位名重当时的教育家,不仅有着深厚的儒学功底,一生崇奉圣贤人格,克己以敬,躬行以实,而且对源自法国大革命的自由人权也笃信不已,并将二者的内在精神结合起来,作为他自己人格价值的追求目标及其教育事业的基本指导。傅斯年曾这样评价说:"蔡先生实在代表两种伟大的文化,一是中国传统圣贤之修养,一是法兰西革命中标揭自由、平等、博爱之理想。此两种伟大文化,具其一已难,兼备尤不可觏。先生殁后,此两种伟大文化在中国之寄象已亡矣。至于复古之论、欧化之谈,皆皮毛渣滓,不足论也。"①民国初成,蔡氏在发表对于新教育的意见时,就明确以"自由""平等""博爱"作为民国公民道德教育的根本要求。他在解释何为公民道德时,认为:

何为公民道德?曰法兰西人革命也,所标揭者,曰自由、平等、亲爱。道德之要旨,尽于是矣。孔子曰:匹夫不可夺志。孟子曰:大丈夫者,富贵不能淫,贫贱不能移,威武不能屈。自由之谓也。古者盖谓之义。孔子曰:己所不欲,勿施于人。子贡曰:我不欲人之加诸我也,吾亦欲毋加诸人。《礼记·大学》曰:所恶于前,毋以先后;所恶于后,毋以从前;所恶于右,毋以交于左;所恶于左,毋以交于右。平等之谓也。古者盖谓之恕。自由者,就主观而言之也。然我欲自由,则亦当尊人之自由,故通于客观。平等者,就客观而言之也。然我以平等遇人,则亦不容人之以不平等遇我,故通于主观。二者相对而实相成,要皆由消极一方面言之。苟不进之以积极之道德,则夫吾同胞中固有因生禀之不齐,境遇之所迫,企自由而不遂,求与人平等而不能者。将一切恝(音同夹)置之,而所谓自由若平等之量,仍不能无缺陷。孟子曰:鳏寡孤独,天下之穷民而无告者也。张子曰:凡天下疲癃残疾茕(音同穷)独鳏寡,皆吾兄弟之颠连而无告者也。禹谓天下有溺者,由己溺之。稷谓天下有饥者,由己饥之。伊尹思天下之人,匹夫匹妇有不与被尧舜之泽者,若己推而纳之沟中,孔子曰:己欲立而立人,己欲达而达人。亲爱之谓也。古者盖谓之仁。三者诚一切道德之根源,而公民道德教育之所有事者也。②

在稍后于参议院宣布政见的演说中,他又将普通教育的教育方针陈述为:"务顺应时势,养成共和国民健全之人格。"③自然,他所说的健全人格当是以他所强调的"自由""平等""博爱"等公民道德为根本精神,然而,这一精神在他看来也同样体现在儒家"义""恕""仁"等圣贤人格中。故而可以认为,蔡氏的道德人格理论,若溯其源头,应包含儒家的修己精神。

① 中国蔡元培研究会编:《蔡元培纪念集》,杭州:浙江教育出版社,1998年,第190页。
② 高平叔编:《蔡元培全集》第2卷,北京:中华书局,1984年,第131-132页。
③ 高平叔编:《蔡元培全集》第2卷,北京:中华书局,1984年,第164页。

蔡元培非常重视一个人的道德修养,他说:"人之生也,不能无所为,而为其所当为者,是谓道德。"①这简洁明了地指出了什么是道德,什么是有道德的人,同时也说明了道德是人生中不可规避之事。不过,道德修养有先后之分,"所谓先务者,修己之道是已"。② 人的一生中,道德的要求无所不在,但能否行道关键还在于修己。要不然,"知之而不行,犹不知也;知其当行矣,而未有所以行此之素养,犹不能行也。怀邪心者,无以行正义;贪私利者,无以图公益。未有自欺而能忠于人,自侮而能敬于人者。故道德之教,虽统各方面以为言,而其本则在乎修己"。③修身是儒家道德文化中最富底蕴的修养传统,具有很强的普适意义,修道要以修己为本正反映了蔡氏对民族传统道德修养理论的合理继承。人如何修己,自古就有不同的主张。蔡认为:"修己之道不一,而以康强其身为第一义。"④因为在他看来,身体不康强,虽然有美意,也无自而达,"一切道德,殆皆非羸弱之人所能实行者"。⑤ 他并引用英国教育家洛克《教育漫话》中的话说,"康强之精神,必寓于康强之身体"。因此,身体康强与否,直接影响到每个人能否很好尽道德的义务。他批评一些人对此所持的不正确观念,即"我身之不康强,我自受之,于人无与焉"。⑥ 认为这大谬不然。其实,每个人自身的存在皆不容以自私,因为没有人能够遗世而独立,各人都负有自身应尽的义务,故每个人对于家庭、社会和国家皆有善自摄卫之责。他特别指出身体康强对于成材的重要。"苟非狂易,未有学焉而不能知,习焉而不能熟者。其能否成立,视体魄如何耳。也尝有抱非常之才,且亦富于春秋,徒以体魄孱弱,力不逮志,奄然与凡庸伍者,甚至或盛年废学,或中道夭逝,尤可悲焉"。⑦ 身体康强是行德尽义的必要基础,目的在于通过强健身体以坚强意志,改变当时国人薄志弱行的状况。把康强放到修己的首位,一方面由于蔡氏忧虑国民现状,另一方面也是他积极吸收西方近代以来优秀教育理论的结果,同时更是他对近代以来深受鸦片毒害的国人体质与精神状况拯救的对策。这与严复曾经针对国家"民力已荼"的现实状况,提出的"鼓民力"思想也相一致。

只是身体强壮,仪容伟岸,自然不一定就能成就贤者,或成为一个好国民。人而无知识,则不能有为,因此还必须修学。"道德之名尚矣,要其归,则不外避恶而

---

① 高平叔编:《蔡元培全集》第 2 卷,北京:中华书局,1984 年,第 171 页。
② 同上。
③ 同上。
④ 高平叔编:《蔡元培全集》第 2 卷,北京:中华书局,1984 年,第 172 页。
⑤ 同上。
⑥ 同上。
⑦ 同上。

行善。苟无知识以辨善恶,则何以知恶之不当为,而善之当行乎?知善之当行而行之,知恶之不当为而不为,是之谓真道德。世之不忠不孝、无礼无义、纵情而亡身者,其人非必皆恶逆悖戾,多由于知识不足,而不能辨别善恶故耳"。① 并且认为,"寻常道德,有寻常知识之人,即能行之。其高尚者,非知识高尚之人,不能行也。是以自昔立身行道,为百世师者,必在旷世超俗之人,如孔子是也"。② 可见,在他看来,知识与道德关系至密。他并从知识与人事、知识与国家富强等关系方面热情抒发了对知识的赞美。"且知识所以高尚吾人之品格也……彼知识不足者,目能睹日月,而不能见理义之光;有物质界之感触,而无精神界之欣合,有近忧而无远虑"。③ 知识对人是如此,对国家也同然。"自人文进化,而国家之贫富强弱,与其国民学问之深浅为比例……是故文明国恃以竞争者,非武力而智力也"。④ 因此,他号召国民在风气日新之时代不可不勇猛精进,旁求知识,成为国家有用之才。社会现代性的演进,不断为知识与道德之间固有张力的弥合创造着条件。蔡元培的这种认识正是基于对现代性这一特性的敏锐感知,因为其所处的时代正值中西文化折冲之时,巨大的发展差距使他看清了西方近代以来知识进步的伟力,这促使他把自觉修学新知的努力作为国民个体乃至社会道德进步的重要标志。

当然,知识不是人道德的全部,甚至也不是衡量人德性的主要标尺。自古以来,人对自身本质的规定或德性或理性,以示与动物不同。蔡也认为,"人之所以异于禽兽者,以其有德性耳"。⑤ 然而,人的德性从何而来呢?他说:"凡实行本务者,其始多出于勉强,勉而既久,则习与性成。安而行之,自能欣合于本务,是之谓德。"⑥这就是说,人的德性并不是先天就有的,而是积极实行个人本分义务、久而久之使行为合于义务,即习于性成的结果。这在一定程度上较为正确地解释了德性的本质。他进而从两个方面来说明修德的范围,即消极之道德与积极之道德。所谓消极之道德就是不侵犯他人权利,包括生命、财产、名誉等,指公义;而所谓积极之道德,则是增进社会之福利,他尤重博爱,认为这是"人生至高之道德,而与正义有正负之别者也。行正义者,能使人免于为恶,而导人以善,则非博爱者不

---

① 高平叔编:《蔡元培全集》第 2 卷,北京:中华书局,1984 年,第 183 页。
② 同上。
③ 同上。
④ 高平叔编:《蔡元培全集》第 2 卷,北京:中华书局,1984 年,第 184 页。
⑤ 高平叔编:《蔡元培全集》第 2 卷,北京:中华书局,1984 年,第 186 页。
⑥ 高平叔编:《蔡元培全集》第 2 卷,北京:中华书局,1984 年,第 252 页。

能"。① 并借用孔子的话语,说它们分别就是"己所不欲,勿施于人","己欲立而立人,己欲达而达人"。"言所施必以立达为界,言所勿施则以己所不欲概括之,诚终身行之而无弊者也",②认为消极之道德无论何人不可不守,这一点在人权未昌之时代要求很高。但若仅仅满足于此,也就是仅能够摒弃一切邪念,做到外不愧人,内不自疚,"其为君子,固无可疑,然尚囿于独善之范围,而未可以为完人也"。③在民族独立与国家富强面前,人仅具消极之德已远远不够,还远未足以尽修德之量。因此,于消极之德外,又不可无积极之德。在他看来,消极之德充量在于涵养人的品性,而只有积极之德才能发展人的人格,后者才是修德真正的目的。只是对于人格发展而言,二者又不可偏废。

从健体到修学再到修德,实际上蔡元培是本着传统修己精神,从体智德的角度,重新勾画了一幅道德人格的简图。如果可以把"自由""平等""博爱"作为其人格的内在精神或宗旨,那么,在此他则是提出了实现这种人格所需要的条件。它们之间不是彼此分离,而是不可分割地联系在一起,他总结说:"康矣强矣,而不能启其知识,练其技能,则奚择于牛马;故又不可以不求知能。知识富矣,技能精矣,而不率之以德性,则适以长恶而遂非,故又不可以不养德性。是故修己之道,体育、知育、德育三者,不可以偏废也。"④

这样,蔡元培的道德人格理论就以"自由""平等""博爱"为经,用以沟通今古,新人格之精神,而以体智德各育为纬,用以打通生活,丰人格之塑造。故而蔡氏对民国初期公民道德的探讨,就集中并落实到公民道德人格之养成这一点上。道德虽然并不是什么抽象物,但当它异于人存在时,就可能如鲁迅先生所说,变"仁义"为"吃人"。因此,只有附丽于人格,它才能得以完形。所以,我们看到,蔡氏对人格所阐发的一系列论述,基本上都贯注着这两条道德路线。

民初共和国建立,但政治上黑暗与腐败依旧,教育上则士子科举积习难除,这让蔡元培敏锐意识到国民的人格教育问题对新生共和国的重要性。"至民国成立……则欲副爱国之名称,其精神不再提倡革命,而在养成完全之人格。盖国民而无完全人格,欲国家之隆盛,非但不可得,且有衰亡之虑焉。造成完全人格,使国家隆盛而不衰亡,真所谓爱国矣"。⑤ 这里所说的完全之人格即是具有以上所说的精神与内容的人格,是蔡氏公民道德教育的目的和归宿。他把国民完全人格之

① 高平叔编:《蔡元培全集》第2卷,北京:中华书局,1984年,第216-217页。
② 高平叔编:《蔡元培全集》第2卷,北京:中华书局,1984年,第425页。
③ 高平叔编:《蔡元培全集》第2卷,北京:中华书局,1984年,第255页。
④ 高平叔编:《蔡元培全集》第2卷,北京:中华书局,1984年,第172页。
⑤ 高平叔编:《蔡元培全集》第3卷,北京:中华书局,1984年,第7-8页。

养成与国家盛衰紧密联系在一起,并作为国民爱国的根本体现。可见,养成国民完全之人格当是新教育神圣职责之所在,而这样的人格教育不仅于普通教育重要,于高等教育则更是如此。

我们知道,蔡元培也是一个深信大学教育之人,正如他自己所说,"我的兴趣,偏于高等教育"。① 民国伊始,他回国出掌教育部,即认为要对前清教育奢、纵等各种弊端进行改革,入手办法唯从中学以上的官、公、私立学校开始,②对高等教育的改革颇为用力,之后更是甘愿冒着声誉受损的风险接手北大。在他看来,"大学教育不好,就没有办中等教育的人才,中等教育不好,就没有办初等教育的人才"。③ 故而他往往是从大学教育的进步来推想全体教育状况,并且将大学教育的好坏作为救国的根本要图。而大学教育的好坏又不仅仅在于知识的传授,更在于通过道德教育来培养学生的道德品格和人格,如他所言:"我们决不把北大仅仅看成是这样一个场所——对学生进行有效的训练,训练他们日后成为工作称职的人……这所大学还负有培育及维护一种高标准的个人品德的责任,而这种品德对于做一个好学生以及今后做一个好国民来说,是不可缺少的。"④这就明确表明,大学的目的除了研究学问之外,培养人格同为其重要的目的之一。他曾断言:"大学目的有二:一为研究学问;二为培养人格。"⑤接着,他又进一步认为,"学者当有研究学问之兴趣,尤当养成学问家之人格",⑥同样,大学的教育也要做到"不但传授学术,更有养成人格的义务"。⑦ 由此可见,他对大学教育中人格教育问题是多么重视。

按蔡元培的理解,所谓共和国当以道德为要素,其民恒能牺私利以举公益,并以自治为天职,多致力于实业若学理,而厌薄官僚。然而,"证之我国,乃若不然","自私自利之风,既未有改于曩昔;而全国中稍有知识者,乃群以投身政界为荣……甚至有校外讲义、贿卖证书等例,直与科举时之枪替关节相等"。⑧ 对此,他感到很愤然。学生以毕业投身政界为荣是当时教育界"做官热"现实的反映,蔡元培严肃批评他们为"双料官僚",说这些人不但只是"买得新招牌",学得一些钻营新法,而且出而任事一如旧官僚。他这样来描述其时的官僚社会:议员的投票,看

① 高平叔编:《蔡元培全集》第7卷,北京:中华书局,1989年,第197页。
② 高平叔编:《蔡元培全集》第2卷,北京:中华书局,1984年,第156页。
③ 高平叔编:《蔡元培全集》第5卷,北京:中华书局,1988年,第91页。
④ 高平叔编:《蔡元培全集》第5卷,北京:中华书局,1988年,第11–12页。
⑤ 高平叔编:《蔡元培全集》第6卷,北京:中华书局,1988年,第192页。
⑥ 高平叔编:《蔡元培全集》第3卷,北京:中华书局,1984年,第191页。
⑦ 高平叔编:《蔡元培全集》第5卷,北京:中华书局,1988年,第90页。
⑧ 高平叔编:《蔡元培全集》第2卷,北京:中华书局,1984年,第328页。

津贴有无;阁员的位置,禀军阀意旨;法律是舞文的工具;选举是金钱的决赛;不计是非,止计利害;不要人格,止要权利。① 这种毫无道德与人格尊严的污浊社会空气严重影响了大学,他所在的北京大学改革之前被指斥腐败,屡遭世人非议,就是一例。学生读书目的既以如此,在校学习便乏进取可言,至于人格更从何谈起!学生喜结政界教员,以为毕业之奥援,而对其学问有无漠不关心,相反,对学有专长的教员则反至抵触。这种现象在当时并非限于北京大学,在整个高等教育界有一定普遍性,这让蔡元培感到非常痛心。在风俗日偷、败德毁行之事触目皆是的情况下,他认为要拯救国家必有卓绝之士以身作则,才可力矫颓俗,而"大学学生,地位甚高,肩此重任,责无旁贷"。② 为此,他决计着手整顿北大以为全国之效尤。在就任北京大学校长第一次演说时,针对当时北大实际情况,他就对学生明确提出三点要求:其一要抱定宗旨,勿以大学为升官发财之捷径,只有"植其基""勤其学",今后步入社会方不至于误人误己;其二要砥砺德行,谨严品行,做到"不惟思所以感己,更必有以励人",于此才庶几于道德无亏;其三要敬爱师友。由此看出,蔡元培之所以如此重视大学的人格教育,是因为他赋予了大学和大学生这个角色更多的道德自觉性与道德责任心,这完全符合其自上而下教育改造的一贯路径。而他所谓学问家之人格实际上就是一种高尚的道德人格,它完全以道德责任为核心。这种人格精神一方面是直接根基于民族优秀的传统道德文化,如孔子的"仁爱"与君子人格、孟子的"浩然之气"与大丈夫人格、墨子的"兼爱"与生勤死薄的素朴人格、范仲淹"先天下之忧而忧后天下之乐而乐"的崇高道德品行等等,另一方面也同样接受了西方先进思想道德文化的影响,体现了中西融合的特色。

就道德内容而言,蔡元培尤为强调人格中的自由和责任,可以说他心目中的国民或公民人格是自由与责任并重的人格,或者直接说成是既自由又富有责任的公民。他所说的自由是主观的自由,即意志自由。注重意志是主意派道德哲学的特点,同主知、主情派相对。人类历史上,道德的知行矛盾,自古以来中西皆然。蔡氏的自由道德观,受其留学德国时的影响,不无近代以来德国道德哲学的影子,但显然,影响蔡氏这一道德观的因素是多方面的。他说的自由既然是主观的,因而也就区别于法律上的自由。不过,在他那里道德上的自由是与平等一体的,既主观同于客观,主客双方互为一体。对于自由,蔡极为珍视,这不仅是时代环境使然,也是道德意志本真的要求。因而,他珍视自由不仅对自己,也对于他人直至整个教育。五四运动中,他那份"不肯再任北大校长的宣言"就是一个极好的明证。

---

① 高平叔编:《蔡元培全集》第 4 卷,北京:中华书局,1984 年,第 312 页。

② 高平叔编:《蔡元培全集》第 3 卷,北京:中华书局,1984 年,第 6 页。

"我绝对不能再作不自由的大学校长：思想自由是世界大学的通例……提倡点新的学理……就算'洪水猛兽'一样了……想借着强权来干涉。于是教育部来干涉了，国务院来干涉了，甚而什么参议院也来干涉了，世界有这种不自由的大学么？还要我去充这种大学的校长么？"①这不仅是愤怒，也是对教育缺失自由的控诉了。

近代以来，思想自由成为欧美大学的基本原则，也是大学之所以为大的根本条件。蔡元培先后五次出国留学与考察教育，对欧美大学这一思想自由原则与精神深为歆羡与推崇。而反观国内，大学向来受种种旧思想的束缚，很不自由。一切新思想、新思潮皆被当作"洪水猛兽"，并借各种强权势力以阻止或打击。"旧日道德，隐然有一种魔力，法规所定，无论当否，无丝毫违抗改变余地"，"此种思想之钳制，积数千年，至今日学校犹存此风"。② 而正是这种思想钳制压制了人的个性与主体性，造成了个性与群性失去了应有的统一与和谐，也从而使得社会上一部分人甘心不自由，受人束缚。这样，"一种人不许别人自由"，"又有一种人甘心不自由"，③社会岂能有平等博爱！所以，若要改造社会，大学就要能提供一种良好的教育借以造就良好的个人。因为在他看来，"凡一种社会，必先有良好的小部分，然后能集成良好的大团体。所以要有良好的社会，必先有良好的个人，要有良好的个人，就要先有良好的教育"。④ 他希望大学学生确实能够负起这"良好小部分"的责任，从教育着手来改造社会。一方面自己爱自由，另一方面也能助别人爱自由。诚如此，则能开出道德之新境。

在重视自由的同时，蔡又对道德责任予以高度关注。尽管责任总是与权利相对，然权利是有利于自己的方面，义务为尽己之力以利于社会方面。蔡元培讲责任时实偏于义务。他认为"权利由义务而生，并非对待关系"，⑤于人而言，权利仅是"人身之燃料也"。⑥ 换句话说，权利只是为了保证义务的实现，并非尽义务是为了权利。对于杨朱不肯拔一毛而利天下的为我论，以及尼采以利他主义为奴隶之道德的极端个人主义，他认为这些都是偏重权利之说。相反，墨子之道在于节用而兼爱，孟子也曰：生与义不可兼得，舍生而取义，他指出这些是偏重义务之说。在此基础上，他强调权利与义务相较，自然以义务为先、为重，并从人的意识的程

---

① 高平叔编：《蔡元培全集》第3卷，北京：中华书局，1984年，第298页。
② 高平叔编：《蔡元培全集》第3卷，北京：中华书局，1984年，第47页。
③ 高平叔编：《蔡元培全集》第3卷，北京：中华书局，1984年，第395页。
④ 高平叔编：《蔡元培全集》第4卷，北京：中华书局，1984年，第12页。
⑤ 高平叔编：《蔡元培全集》第2卷，北京：中华书局，1984年，第263页。
⑥ 高平叔编：《蔡元培全集》第3卷，北京：中华书局，1984年，第364页。

度、范围的广狭以及时效的久暂三个方面对此加以证明。① 据此,他还把社会上的人分为三类:第一,尽力多而报酬少的,这是最好的人;第二,尽力与受报酬相当的,这是中等好人;第三,尽力少或未尝尽力而受报酬多的,这是最下等。他希望大学生们不要做第三类人,否则,"那就和假冒王麻子招牌去图高价一样",②毁掉了自己的信用。相反,希望他们"以后处世,即使毫无权利,则义务亦在所应尽。以义务为先,毋以权利为重"。③ 毫无疑问,蔡元培对义务与权利关系的理解,除了受中华传统伦理道德的影响外,也受到了康德道德哲学思想的影响。他曾于1907 年去德国留学,在莱比锡大学的第三年认真攻读过康德哲学,留德期间也翻译过包尔孙的《伦理学原理》,④自然对以康德为代表的近代西方义务伦理精神有所了解。然而,他的义务论伦理观较之康德少了不少形式色彩,而与包尔孙的正鹄论更相近。包尔孙在评价康德的见解时,有言:"盖康德之意,以为人类者,必于其意志中悉屏性癖冲动之属,而粹然余义务之感情,乃始可以评定其价值。然使人类仅以义务之故而行善,则枯寂无味,殆若傀儡。此其说之不衷于理,所不待言。"⑤这实际上是在批评康德过于看重了人的义务意识。他则把自己的伦理学见解认作"正鹄论家之势力宗"。⑥ 所谓"正鹄论"之见解与康德的"形式论"相对,"在求行为及意向之性质,视其影响于小己及社会之本质若生活者如何,而以为善恶之区别。其于人类之本质及生活,有保存之发达之之倾向者,谓之善;其或有障碍之破坏之之倾向者,谓之恶",而所谓"势力论"之见解则与"快乐论"相对,"以为人之意志,并非以快乐为鹄,而实鹄于客观之生活内容。夫生活不外乎实行,而人之正鹄,遂不外乎生活动作之具体者"。⑦ 这样一来,快乐论与动机论经过他的改造而成为一种更有说服力的见解,本质上是二者间的调和,即行为意向与行为影响、行为动机与行为效果的结合。看得出,蔡的思想的确与之接近。

当然,好的理论离不开有效的方法,而好的方法本身也是理论的一部分。为此,蔡元培也很重视道德教育方法的研究。科学与美术在蔡元培看来"同为新教

---

① 高平叔编:《蔡元培全集》第 3 卷,北京:中华书局,1984 年,第 363 – 364 页。

② 高平叔编:《蔡元培全集》第 3 卷,北京:中华书局,1984 年,第 460 – 461 页。

③ 高平叔编:《蔡元培全集》第 3 卷,北京:中华书局,1984 年,第 39 页。

④ 当时教育部审定批语为:此书本德国泡企生原著,译者乃由日本蟹江义丸氏译本而重译者也。全书立论,无党无偏,读之令人得正当的判断,且译笔明畅,说理精审,亦属此书特色。可作中学师范参考书。

⑤ [德]包尔孙:《伦理学原理》,蔡元培重译,上海:商务印书馆,1909 年,第 126 页。

⑥ [德]包尔孙:《伦理学原理》,蔡元培重译,上海:商务印书馆,1909 年,第 27 页。

⑦ [德]包尔孙:《伦理学原理》,蔡元培重译,上海:商务印书馆,1909 年,第 26 – 27 页。

育之要纲",①而且"世之重道德者,无不有赖乎美术及科学,如车之有二轮,鸟之有二翼也"。② 由此可见其德育方法之特色。蔡元培并不提倡直接的道德灌输,因为在他看来,道德人格的养成并不是靠熟记几句圣贤格言就可了事,而重在实行,故而认为大学德育要有科学的修养观。

科学研究是大学的一项重要职能,蔡元培对此无疑很重视。一方面,他认为值此"科学万能"时代,凡是学术发达的国家就没有不富强的,所以他希望大学生要有研究学术的真精神,通过深研学理以发达科学来振兴国家;但另一方面,他又及时观察到科学发达给人类所造成的人道主义灾难,因而又十分注意将提倡学术研究与道德修养紧密结合起来,如他所言"若无德,则虽体魄智力发达,适足助其为恶,无益也"。③ 这就是说,学术研究不可以离开道德修养,只有一个人的道德修养才是其学术研究的灵魂。反之,道德修养也可以借学术研究来进行。他告诫大学生们:"吾人居今日而言修养,则尤不能如往古道家之蛰隐深山,不闻世事。"④社会发生了变化,致力修养之方也不可不与社会共进退,而不必效法古人或专限某种特定形式。当今世界科学发达,不仅发明新理日繁,就是旧理亦可借其方法重新得到解释或检验。所以,修养一事,学生于平时各门科学课程学习中皆可时时注意,"即在平时课业中亦可利用其修养"。诚然,课程毕竟是大学学生在校期间接受教育的主要渠道。蔡元培的这一道德修养主张是十分有意义的,它不仅直接倡导了学校间接德育方式,寓德于学,而且更重要的是它所可能带来的结果正如蔡元培,也是我们今天一直希望看到的那样:"俾修养之功,随时随地均能用力,久久纯熟,则遇事自不致措置失宜矣。"⑤

美育是蔡元培教育思想中富有特色的方面,但它每每同道德教育结合在一起。美育不仅是他用来反对在学校进行宗教教育的思想利器,同时也是进行道德教育的重要途径,对大学生来说则是进行品德修养的重要手段。他认为像爱家、爱族、爱乡、爱国、爱世界以至人类等"此种道德观念,与其用信条来迫促他,还不如用美感来陶冶他"。⑥ 之所以如此,是由于他承康德学说认为美的对象具有普遍与超脱二重特性。前者可以破人我之见,后者可以除利害之念,二者一起则为

---

① 高平叔编:《蔡元培全集》第3卷,北京:中华书局,1984年,第156页。
② 高平叔编:《蔡元培全集》第3卷,北京:中华书局,1984年,第121－122页。
③ 高平叔编:《蔡元培全集》第3卷,北京:中华书局,1984年,第8页。
④ 高平叔编:《蔡元培全集》第3卷,北京:中华书局,1984年,第290页。
⑤ 高平叔编:《蔡元培全集》第3卷,北京:中华书局,1984年,第292页。
⑥ 高平叔编:《蔡元培全集》第7卷,北京:中华书局,1989年,第82页。

"专己性之良药也"，①从而能使人高尚纯洁。他很注意提倡运用美术为大学生创造高尚的消遣方式其原因正是在此，美术的效用"一方面有超脱利害的性质，一方面有发展个性的自由"。② 他在北京大学任校长期间不仅成立了进德会，以砥砺学生德行，而且还助成体育会、文学会、音乐会、画法研究会、书法研究会，以之涵养学生性情，培养其品德与性格。以美促德的德育方法是蔡元培在继承古今中外优秀教育思想遗产基础上的创新，它直接超越了道德灌输，使美育本身成为一种富有道德的方式。如果说在风雨如晦的那个年代，它犹如金石之声湮没于荒野，令人惋惜；那么在今天，它所蕴藏的巨大德育魅力则正有待我们的重视与发掘。

蔡元培的道德教育理论是特定时代条件下为建设共和理想所做的道德企划与努力，它既不同于当时醉西的所谓"西化派"，也有异于其时迷古的所谓"守旧派"，可以说是中西古今道德的融合。近代以来，西学东渐之伟力使得古老的中国教育缓缓走出了中世纪。一批仁人志士欲改天换地，经纶伟策中往往都含有融合中西道德之方丹，康有为、严复、梁启超、孙中山等等皆莫不如是。相较而言，蔡元培则更是因缘际遇，教育可以直接成为他造就共和理想的现实路径。以教育开太平，国民的道德人格素养自然是关键。

顺便指出的是，本文在分析蔡氏的公民道德教育理论时，虽然是以大学为主，但这确实是最能体现其公民道德教育理想的。而就真正把握蔡氏的道德教育思想主旨而言，还有一个问题得提出来，需要在此作些补充，即如何看待他道德教育思想中的传统因素。

蔡元培先后两次出任全国教育首脑，但都为时不长，而执掌北大实际也不过"五年有半"，可是却做了几件看似很违旧理的事，这让他博得一个"激进"之名。其一是倡资产阶级"自由""平等""博爱"主义并删除前清教育宗旨中的"尊孔"；其二是规定中小学一律停止读经，大学废除经学科；其三是掌北大期间提倡"思想自由，兼容并包"主义；其四是在他掌大学院期间颁布"废止春秋祀孔典礼"令。实际上，这些做法都毫不例外地出于他对孔子学说"真精神"的理解和把握，与蔑古媚外无关。蔡元培关于中国传统伦理道德的认识可见于他系统整理的《中国伦理学史》。在他的德育思想和德育实践中，他尤其对孔子之学术与后世所谓儒教、孔教之间的区别格外注意。因为在他看来，孔子学说的真精神同近现代西方优秀的思想道德文化是相通的。就在执掌北大前夕，他应邀前往信教自由会作了多次演说，这可以看作是他关于孔子学术与孔教问题最明确的态度和最集中的意见，驳

---

① 高平叔编：《蔡元培全集》第 2 卷，北京：中华书局，1984 年，第 380 页。
② 高平叔编：《蔡元培全集》第 4 卷，北京：中华书局，1984 年，第 43 页。

斥了孔子学说之为孔教的不当,从而维护了信教自由的道德精神。就林纾对当时北大学者所谓"覆孔孟,铲伦常"言论的责备,他立即发文予以辩解,称《新青年》杂志中,偶有对于孔子学说之批评,然亦对于孔教会等托孔子学说以攻击新学说者而发,初非直接与孔子为敌也"。至于"铲伦常"更是为妄说,五伦、五常为学校修身伦理常教育之,"宁有铲之之理欤?"① 再一次就真假孔子学说与道德自由之间的关系予以澄清。而对于傅增湘就《新潮》杂志"因批评而涉意气"以及"张新说而悖旧谊"的担心和提醒,他则表示认可,称傅意为"明言谠论",并表示"即以此旨喻于在事诸生,嘱其于词气持论之间,加以简约"。"勉励诸生,为学问之竞进,不为逾越轨物之行也"。② 由此,也可以看出他对先秦儒家伦理道德的基本态度。而在这一点上,他与作为新文化运动旗手的陈独秀、吴虞、钱玄同等又有着明显不同。据此,又有论者认为蔡元培以上"卫孔"举动皆是他资产阶级软弱性和不彻底反封建性的表现。实际上,这正表明他极力反对将孔子之道德学说与封建统治阶级的道德等而同之、混为一谈的做法。对此,蔡曾有多文对由于封建统治阶级的道德钳制所造成思想极不自由的国内教育现状予以严肃批评,并对诸多想"借尸还魂"的怪谈妄论直接予以驳斥。晚年,他发表的《孔子之精神生活》一文,可以看作他对于孔子道德学说所作的概括,他说:"孔子所处的环境与二千年后的今日,很有差别;我们不能说孔子的语言到今日还是句句有价值,也不敢说孔子的行为到今日还是样样可以做模范。但是抽象地提出他精神生活的概略,以智、仁、勇为范围,无宗教的迷信而有音乐的陶养,这是完全可以为师法的。"③ 一方面,以智仁勇为普遍价值,另一方面,又提醒人们不可将孔子学说绝对化,用这种态度来对待孔子可以说是比较理性的了。

　　蔡元培的道德教育理论在民国初期颇有影响,一方面它固然是得益于倡导者的身份与地位的影响,另一方面也同这一理论本身的特性有关。他的道德教育以现代公民的人格塑造为主旨,其理论的魅力在于所指道德人格有着丰富而崇高的内涵。它既传承着中华悠久的"君子"人格之风,也包含了法国大革命后西方文明所追逐的"自由""平等""博爱"精神,既有启蒙以来对独立智能个性的要求,也有现代化条件下奉献社会的伦理关怀,这种注重人格意识与精神的教育在民国初期社会背景下无疑是有很大进步意义的,它同清末以来整个知识界思想革命的趋势也是相一致的。

---

① 高平叔编:《蔡元培全集》第 3 卷,北京:中华书局,1984 年,第 268 – 269 页。
② 高平叔编:《蔡元培全集》第 3 卷,北京:中华书局,1984 年,第 285 页。
③ 高平叔编:《蔡元培全集》第 7 卷,北京:中华书局,1989 年,第 107 – 108 页。

二、国家主义道德教育理论——以余家菊为考察中心

提及国家主义(nationalism,也译作民族主义),有的学者认为古代的教育大抵都可以称为依于国家主义的,尤其东洋诸国的教育,古来全属于国家主义;①而作为一种教育思潮,国家主义则兴起于19世纪初的德国,由费希特开其端。之后国家主义在欧美各国大行其道,其积极作用尤其体现在19世纪欧美诸国民族国家的独立运动上。德国于1870年实现统一之后,国家主义政策逐渐走上对外扩张之路,原先具有革命及民主性质的国家主义就蜕变为侵略的军国主义。所以,"一战"之后遂为国际和平主义所取代。20世纪20年代初,国家主义也开始登上中国的政治舞台,至20年代中期达到鼎盛,南京国民政府建立后,其活动受到限制。主要代表人物有曾琦、李璜、余家菊、陈启天、左舜生等人。民国初期国家主义的发生,主要基于国际帝国主义对中国全方位侵略加深,当时国内日益复杂的政治形势,以及受西方民族国家独立运动的启发等方面的原因,目标是使中国从内困外侮的状态中走出来,实现对外独立、对内统一,建立一个全民政治的国家。国家主义者对何谓国家主义基本都有明确的解释,并将国家主义同当时各种主义学说相比较,以说明中国采用国家主义的适当性。

国家主义作为一种政治力量虽然于20世纪20年代才正式登上政治舞台,但国家主义的教育思想则在清末即已萌生。梁启超于《新民丛报》(第1、2号)发表的《论教育当定宗旨》一文,即感于日本国家主义教育之成效,而急欲倡之于国内。"一国之有公教育也,所以养成一种特色之国民,使之结为团体,以自立竞存于优胜劣败之场也……故有志于教育之业者,先不可不认清教育二字之界说,知其为制造国民之具,次不可不具经世之炯眼,抱如伤之热肠,洞察五洲各国之趋势,熟考我国民族之特性,然后以全力鼓铸之"。② 他把教育作为制造国民之具,使国家存于优胜劣败之场,这是旗帜鲜明地提倡国家主义的教育精神。之后不久,清末专门教育行政机构的设置,新学制及教育宗旨的颁布等,不能不说与这一思想密切相关。民国初期,国家主义者所提出的国家主义的教育主张则较此前更为明确、细致,对教育的目的、意义、地位、作用、原则、内容、途径、方法等都作了相应论述。例如,就其意义与作用而言,陈启天认为,近代教育与国家主义的关系至为密切,无国家主义即不能完全产生近代教育。教育是国家的任务,也是国家的工具,国家以教育为实现国家目的的工具,发扬国性或共同的文化,培养国民,以为立国

---

① ［日］中岛半次郎:《教育思潮大观》,郑次川译,上海:商务印书馆,1922年,第210页。

② 梁启超:《论教育当定宗旨》,《饮冰室合集》文集之十,北京:中华书局,1989年,第53页。

的根本。所谓义务教育、公民教育均由此而生。① 余家菊则更简洁明了,把国家主义的教育概括为:"即实行国家主义之教育也",②他在此前出版的《国家主义教育学》对此有过系统论述。李璜在论证为何要有国家主义的教育时,提出了在他看来也是别人无法反驳的两点理由,即国家主义的教育,一是对外为抵抗文化的侵略政策,提起国民对外独立的精神;二是对内为唤起全中国国民的团结与活动,以为今日之中国人建设一个道德上的新信仰。③

　　国家主义论者对公民道德及其教育问题都很关注。陈启天就当时小学国民教育中道德教育不足现象提出了批评,认为那种把小学生当作可以"从心所欲不逾矩"的圣人来看待的做法,名为发展学生个性,实际上于养成学生共同的国家观念并无益处。因此,他要求小学的国文教材及社会科里的历史和地理所使用的材料,必须要有助于学生国家思想和国民资格的养成,尤其是历史文化及国耻材料要尽量编入,以激励学生的爱国思想、气节及责任心。④ 李璜也就国民道德及其教育问题发表专门看法,他侧重以下两个方面:一是国民意识与国民信念培养,认为国民教育应该唤起学生的心情和智慧一起发展,不仅让学生知道国民的责任是什么,还应该使其愿意去尽国民的天职;国民意识可以通过知识教学来提高,但国民信念则不可,它是一种爱国情感。二是教师要有国民精神,若要唤起学生的爱国情感,教师是关键;从事国民教育的教师,无论是一般课程的教师,还是专门的德育教师,首先自己要有爱国之情,然后才能感动学生,使学生生出同情。⑤ 就爱国教育而言,这一点无疑是正确的,就像苏格拉底被称为是全希腊公民圣或国民道德教师那样,只有自己胸中满含一腔爱国热情,才可以催发国民昂藏之气和爱国之行。可以看出,以上国家主义派教育学者基本上是从普遍的民族国家立场来阐述其道德教育主张。然而,像陈启天、李璜等,尽管对国家主义的道德教育有过不少论述,但总的来看其思想的理论性还不高,系统性方面也不够完备。在这个阵营里,对国家主义的道德教育有系统阐述的当推余家菊。

　　余家菊(1898—1976),子景陶,又字子渊,湖北黄陂人,是国家主义教育学派

① 陈启天:《国家主义与教育》,少年中国学会编:《国家主义论文集》,上海:中华书局,1925年,第153-155页。
② 余家菊:《国家主义的教育之意义》,上海醒狮周报社编:《国家主义讲演集》第1集,上海:醒狮周报社,1926年,第58页。
③ 李璜:《再谈国家主义的教育》,少年中国学会编:《国家主义论文集》,上海:中华书局,1925年,第139页。
④ 陈启天:《国家主义与国民教育的改造》,少年中国学会编:《国家主义论文集》,上海:中华书局,1925年,第175-176页。
⑤ 余家菊,李璜:《国家主义的教育》,上海:中华书局,1923年,第52-53页。

重要代表人物。① 1919 年 7 月,他加入"少年中国学会",次年 2 月考入北京高等师范学校教育研究科,"得交当世贤豪",并有机会广泛涉猎英美教育名著,也开始翻译西方哲学著作。在北高师未及毕业,即于 1922 年 1 月以教育部公费生名义赴英国留学,先入伦敦大学政治科学学院研究政治哲学,半年后转攻心理学研究生,后又入爱丁堡大学专攻哲学。1924 年夏归国后,任教于武昌高师,任教育哲学系系主任。1925 年春入中华书局做馆外编辑,同年夏担任《醒狮周报》教育副刊主编,并加入中国青年党,还与李璜、陈天启等人发起组织了"国家教育协会"。余家菊赴英留学之时,国内思想界正处于一个特殊时期,他在《回忆录》中有如下一段记载:"予出国时国家危兀,国事动荡,国人方沉迷公理战胜之说,而醉心于世界和平……于国际则国际主义兴盛,则无政府思潮隐然充沛,赛先生与德先生固为时人所崇拜,而新村运动……亦为青年所景仰。甚且废除军备之主张,亦复时见于报端,以故当时志士之胸襟清新活泼而肤泛空洞,思想自由之机运已启而见解大率断近,议论殊为庞杂。"②这种状况使得年青的余家菊虽有报国之志,但不知心往何方,"予出国门实仅有一灵活向上之心意,而内容上则可谓并无一物"。③如此看来,留学生涯及其国外亲历见闻是其国家主义教育主张的真正发源地。他在回忆初到英伦,对异域人情、精神、风俗的感受时有这样的记述:"予对民族性独立之思想已萌动于此时,一经学说之感染乃迸发而不可遏。"④

余家菊所谓"灵活向上之心意"即人生观曾受过德国新理想主义者倭铿的影响。倭氏的《人生之意义与价值》一书,他曾于 1920 年就读北高师教育研究科时阅读过,并将其翻译过来。在"译者的短语"里,余家菊这样写道:"当此国人推开窗糊大行深呼吸的时候,对于这些名家的思想,应该一一介绍,好让国人去为比较的研究,去行自由的取舍,再莫落入一家的窠臼,再莫摄于偶像的权威","年来国人对于人生起了根本的怀疑,稍有思想的人,莫不想求一个合于真理的人生观",

---

① 由于历史原因,余家菊的教育思想至今才渐渐为国内教育学界所关注,而对其道德教育思想的探讨更是不多。在党争激烈的那个年代,他作为国家主义教育理论的主要代表和中国青年党成员的显见事实,使得现今人们对他还难免不会有先入之见。在这一点上,著名历史学家章开沅的评价值得我们关注。"余家菊先生在近代中国社会为着民族的独立和奋起所从事的社会活动,他对中国传统文化的研究和贡献,如此等等姑且不论,仅就他的教育成就和教育思想来看,就是一个很丰富的矿藏,而且这个矿藏的开掘,对今后的教育改革和发展都具有很大的积极借鉴意义"。参见章开沅,余子侠主编:《余家菊与近代中国》,武汉:华中师范大学出版社,2007 年,第 2 页。
② 余家菊:《余家菊(景陶)先生回忆录》,台北:慧炬出版社,1994 年,第 220 页。
③ 同上。
④ 余家菊:《余家菊(景陶)先生回忆录》,台北:慧炬出版社,1994 年,第 221 页。

以及"我很不愿把这书推尊得像'圣经'一般;我所信的,只是以为这书可以做研究各派学说的参考资料,亦可以指出时代精神的缺点——破碎的,矛盾的人生"。①总括这些话,反映出青年余家菊对当时所处时代精神状况的认识,对自身人生意义与价值所感到的内心困惑与苦闷,以及想通过探索渴望求得解答的心情,同时也说明倭铿的思想对他内心深处所造成的某种触动。倭氏在本书开头即提出"人生有无意义与价值"这一问题,然后对古今各种不同思想派别的主张,如宗教的、理想主义的、自然主义的、理智主义的、社会本位主义的、个人本位主义的等,加以回顾、考察与批驳,进而提出了自己的解答。倭铿认为:"关于这个问题的解答,以前各派说全无一点确实。"②他的看法是,"要获得这种解答,只能从人生自身的本原去追求。启示的光辉,不能来自外界,只能得自生活自身的经验与觉悟",即"精神生活的独立"。③ 在倭铿看来,这是一种新的实在体,即人的精神生命。所谓精神生命也就是生命的精神的内质,它"不能发生于人类的主观,亦不能发生于与主观相对待的世界,亦不能发生于这两种因素的何种互动"。④ 这也就是说,精神生命是统整的,是超越了一切形式而机械的主观决定论、客观决定论以及任何简单的主客观相互作用论,而实现的主客一体的"总体生命"。人只有在总体生命里,才能体现我的存在即主观对客观的主动把握,也才能体会并实现生命的意义与价值,并且"使精神生命成为自己的,才能觉得有一种内在的领土,虽说广大无涯,仍不失为我的真自我"。⑤ 倭铿对精神生活独立性的解释对余家菊有着重要影响,他说:"倭铿的哲学有一个特点:就是历史的。他探讨人生之意义与价值,先从历史上……——加以批判诘难,再才确立他的独立的见解而高唱其非破碎的,非矛盾的,非凡庸的,统整的、独立的人生。"⑥字里行间所流露出的显然是对倭氏人生哲学的肯定与赞赏,不仅如此,其哲学方法注重历史批判的特点事实上也深深影响了余家菊以后的学术研究。

　　倭铿生命哲学中那种从自然生命与社会生命里超越而出的精神生命,并不是抽象的空洞物,它是具有独立实在性的。精神生命的独立实在,不只是尽己内修而已,更是个己范围的超越,不是一身之内的小我,而是指向主观可以主动把握客观的主客一体的总体生命。在国乱频仍、国运穷蹙、列强环伺之时,对于一个有志

① ［德］倭铿:《人生之意义与价值》,余家菊译,上海:中华书局,1920 年,"译者的短语"。
② ［德］倭铿:《人生之意义与价值》,余家菊译,上海:中华书局,1920 年,第 1 页。
③ ［德］倭铿:《人生之意义与价值》,余家菊译,上海:中华书局,1920 年,第 139 页。
④ ［德］倭铿:《人生之意义与价值》,余家菊译,上海:中华书局,1920 年,第 140 页。
⑤ ［德］倭铿:《人生之意义与价值》,余家菊译,上海:中华书局,1920 年,第 142 - 148 页。
⑥ ［德］倭铿:《人生之意义与价值》,余家菊译,上海:中华书局,1920 年,"译者的短语"。

青年来说,这意味着只有把自己的生命同自身民族、国家和社会相结合时,才能实现人生真正的意义和价值。出国留学的经历提升了倭氏思想的影响,也是余家菊人生重要的转折,在那里他亲眼见证了西方民族国家之强大,遂深受其刺激,这也使他对美国教育家孟禄(Paul Monroe)在中国演讲时所说的一番话深有感悟。

　　我记得从前(指 1921 年 10 月 14 日孟禄在开封的演讲——笔者注)孟禄博士在开封讲演时,曾说到近代教育所注意的事,除了我们所常谈的平民主义、科学、工业三件以外,他还说出一件,这一件就是民族性。我恍惚记得他又说过,民族性是可以用文化造成的,而造成这种文化,就是教育的责任……在近代史上之第一种大潮流就是民族主义,如意大利之建国,如德意志之兴起,乃至后来之大日耳曼主义,大斯拉夫主义等,都是这种潮流之所表现。教育在这种潮流之下,自然要转入旋涡而从事于鼓铸民族的精神信念等。考民族主义之勃兴,要算始于德国,凡是读过德人斐希底(即费希特——笔者注)之传记的,当无不知道斐氏在德国教育上所遗留的民族印象是何等有力。然而用教育以鼓舞民族精神的,不只斐氏一人,即 19 世纪各国大教育家无一不从事于此的。到现在民族之独立自决,已成欧美人士之坚固信条,莫得而摧毁。有能本此信条而唱为国际政策者,则世人莫不争先歌颂之,如美前总统威尔逊是。可惜国人懵然不察,对于孟禄所提的四件事,于别的三件都肯讲究,而独于民族问题毫不经心。说此问题不足经心么,则此大教育家固斤斤以此见告而盼望吾人于此点有相当之成功。我想了又想,我们素来其所以轻视这个问题,乃因我们本不知道这是一个问题;我们于孟禄所言其所以不发生反想,乃因我们实际上不曾了解他之所言。①

　　这一番话清晰地表达了余家菊为何热心向国内传播民族主义的动机。他从 19 世纪欧美国家崛起经验中看到了民族性所具有的惊人伟力,因而相信民族主义也同样可以救中国。民族主义是民族性的天然表达,对于何为民族性,余家菊引用了心理学家麦独孤(William McDougall)的解释,认为:"民族性是一种集团心性(A collective mind),是一民族中各个人间互相影响时所产生之通有的思想感情意志,大不同于孤立的个人之思想,亦不是孤立的许多个人之心的活动之总和。他是由数千百年中之自然的活动和社会的活动所产生的,对于各个人具有压迫的和敦促的势力。"②由这一点再结合上述的思想,我们已经可以清楚看出,余家菊所谓国家主义本质上就是民族主义,它同军国主义式的国家主义以及政治理解上的国家主义应该有别。

---

①　余家菊,李璜:《国家主义的教育》,上海:中华书局,1923 年,第 1－2 页。

②　余家菊,李璜:《国家主义的教育》,上海:中华书局,1923 年,第 10 页。

　　余家菊约从 1922 年开始思考国家主义的有关问题,次年他和另一位国家主义派重要代表李璜一起,将各自撰写的有关论文结集出版,名为《国家主义的教育》,初步阐述了关于国家主义教育的主张。他在此书序言里说:"书中所用名词,如民族教育、国民教育等,彼此时有出入,但其所表现的主要精神则完全一致。主要的精神为何? 就是国家主义之教育而已。"①可见,一开始他的国家主义思想就以民族主义为起点。1924 年,在《国家主义下之教育行政》一文中,论述较此前则明显系统化了。此文指出国家主义教育之真髓或要旨包括"教育应由国家办理或监督""教育应保卫国权""教育应奠定国基""教育应发扬国风""教育应鼓铸国魂""教育应融洽民情"等六个方面,并就如何实施和实现国家主义教育提出了包括"收回教育权""教育机会均等""学术独立""重新厘定教育宗旨"等在内的十大主张。② 这表明他的国家主义教育理论体系初步形成。1925 年,在其专著《国家主义教育学》中,则更为系统地阐述了这一思想,并对国家主义教育予以明确界定。国家主义教育究为何? 简言之,即以国家主义为依归之教育也。其含义可随时伸缩。就中国目前言之,则莫急于:"一是培养自尊精神以确立国格;二是发展国华以阐扬国光;三是陶铸国魂以确定国基;四是拥护国权以维国脉矣。盖自尊精神为国民昂藏之气所由出,失此则濒于奴隶之境矣;国华为数千历史所鼓铸而成,理宜引申而发扬之;国魂为全体国民情意之所由融洽,步趋之所由协谐;国权为民命之所由保,行动之所凭借矣。"③至此,他的国家主义教育思想已趋成熟。这些带有"国"的名词,如"国格""国华""国魂""国权"等,一方面自然是其爱国之情的反映,他对传统文化的整理和热爱正是基于此种感情,从 1929 年到 1946年,他先后撰述出版了《中国教育史要》《孔子教育学说》《孟子教育学说》《荀子教育学说》《陆象山教育学说》《论语通解》《大学通解》《理学漫谈》《中国伦理思想》等著作;另一方面也说明了其思想意识里的"国家"本质上并非仅仅是一个冰冷的政治符号,或纯粹的权力组织,而主要是一种基于文化传统或民族血脉的"祖国精神"或"母国意识"。这同其他国家主义者尤其曾琦在旨趣上有不同之处。

　　以较多文字来诠释余家菊国家主义教育思想的特点,正是为了便于进一步说明其国家主义公民道德教育思想的内涵。纵观当时的国家主义派,也只有站在民族主义(主要指文化民族主义)的立场上才可以较多地看到他们对教育及道德教育的思考。其实,从长远来看,任何政治民族主义或者军国主义都不可能真正启

---

①　余家菊,李璜:《国家主义的教育》,上海:中华书局,1923 年,"序"。

②　余家菊:《国家主义下之教育行政》,《中华教育界》,1925 年第 15 卷第 1 期。

③　余家菊:《国家主义教育学》,上海:中华书局,1925 年,第 2425 页。

用道德立场。

正是从民族主义的立场出发,余家菊对当时国内的学校德育状况很不满意,曾说:"我尝怪一般讲训育的人,日日劝学生牺牲一己以服务社会,而于社会之为何许物,社会之鹄的安在,又茫然不知有所启示,一句抽象的话如何能激起学生之奋发。"接着又说:"倘若变其形式,而告以我们为民族的光荣计,为民族的生存计,不可不如此,那么,其效力将有不期然而然的","养成民族目的这一点,在学校内为训育之良法"。① 这就是说,民族性或民族精神的培养应该成为学校德育塑造国民精神的关键所在。他不仅如此说,更是如此做,自1925年至1930年前后,亲自在南京东南大学、北平国立师范大学教授训育课。并且在此期间还积极著书立说,翻译引进外国道德教育理论。

民族性的教育是余家菊道德教育思想的核心与主旨。他希望通过教育能够使"民族性"成为每个个体行为的道德尺度,一种精神。循此要求,他对当时教育科学化思潮深表忧虑,谓"我国教育界过重技术的问题……至于讨论目的或价值之书,则凤毛麟角,殊不多见"。② 教育的技术问题一时成为教育者关注的焦点,而道德及教育价值问题反而为人们所忽视。针对这种现象,余家菊及时呼吁教育界要重视学校道德教育的重要性。从1925年起,他的多部专著(包括译著)皆涉及道德教育方面的研究,主要有《国家主义教育学》(1925)、《训育之理论与实际》(1925)、《教育原论》(1933)、《伦理学浅说》(1930)、《训育论》(1931)、《教育社会哲学》(1933)、《道德学》(1935)、《中国伦理思想》(1946)等。以下围绕这些著作,对其道德教育理论的主要方面作一扼要论述。

(一)关于道德教育的地位与作用

德育之重要自古即有论述,我国《大学》一书开宗明义便曰:"大学之道,在明明德,在亲民,在止于至善。"降至近代,德国教育家赫尔巴特也把道德教育作为教育全部的目的。可以说,对于德育在个体发展和社会发展中重要作用的认识,中外教育家莫不同然。余家菊认为"训育之成败,即教育之成败。若无训育,亦即无所谓教育。"③具体而言,他主要从以下几方面来加以论述:

首先,德育关乎国民人格的养成,故不可不引以为重。"训育成败,系于人格关系者多,系于法制方案者少"。④ 所以,训育一事"在教育研究中属于最为重要

---

① 余家菊:《国家主义教育学》,上海:中华书局,1925年,第2425页。

② [美]芬赖(Finney):《教育社会哲学》,余家菊译,上海:中华书局,1933年,"述者序"。

③ 余家菊译述:《训育论》,上海:中华书局,1931年,"序"。在余家菊看来,训育以培养道德为目标,故训育一名德育,参见其《训育论》,第1页。

④ 余家菊译述:《训育论》,上海:中华书局,1931年,"序"。

的地位"。他不赞成讲训育者仅仅把训育课当作知识来讲授,也不能拿训育当法制来束缚学生,认为它的目标在于培养学生的人格。因此,他号召应该对训育认真加以研究。训育不仅作用与地位重要,而且也极端艰难,不易进行。从事训育之人不仅要十分明瞭德育目标,还要于人生道德之大经大法具有深切的了解,否则就有可能"以盲导盲,同堕陷阱",对儿童人格的培养造成极大损害。从方法上来说,也必须于儿童心理、教育原则能为巧妙地运用,才能够"始足以遂其所欲而达其所求"。

其次,知能与道德必须合一。教育必须启发知识,培育才能,这是确定不移之理。不过,通常认为,知能与道德无关,德育只是教育的一部分而已。针对此种流行观点,余家菊深感不妥,他指出知识与才能对个人发展和国家建设尽管非常重要,但不能离开道德。"殊不知吾人何贵乎有知能,非知能自身之可贵,乃有知能而用之于正当之途,始足为贵也。不然者,有知能而无道德,如虎傅翼,适所以增加其害人之力,吾人曷为不惮烦难而兴办如是之教育哉。只知培养其智能,而不知教导其运用智能于正当之途,乃今日教育所以无补于国家之总原因也"。① 所谓"用于正当之途"即为国家服务,只有知德合一,知能方有价值,否则,知识再多,才能再强,也只是增加"害人之力"而已,于国家无益。

最后,德育即是教育的总目的。教育、道德、人生三者之间的关系,在余家菊看来可以是同一的。对于道德及其教育,余家菊认为,道德不仅仅是个善恶问题,它的意义实与人生相等,也是教育的总目的。他说:"若道德之意义,可解释生活之纯洁化,真诚化,高尚化,充实化,愉快化者,则人生活动确无一刻可以离去道德,而道德二字亦即可以视为教育活动之总目的。"②如此的教育就是一种道德的教育,此种人生也就是道德的人生。他又说:"无论何种教育,皆应以培养志趣为目的。依如此之意义言之,一切教育固无不可谓为德育者。因道德乃所以型成人生之理想且控制人生之行动,而使行动恰足适现在理想者也。"③这样,教育、道德、人生就在理想的高度上达到了完全统一。

(二)关于理想与训育的关系

20世纪20年代,学潮盛行。作为一名教育者,余家菊怀着强烈的爱国心与社会责任感,从引导和爱护青年出发,对此积极开展研究。从训育的角度,他首先肯定了青年人有理想的重要性,认为学生本其青年时代的热烈精神,思想趋于高远,

---

① 余家菊译述:《训育论》,上海:中华书局,1931年,第2页。
② 同上。
③ 同上。

是极自然的事,青年人有理想是他们本身的特点决定的,教育者对此不能采取压制,也不可漠然置之,而是要及时给以正确的指导。"青年时代的热情,只要指导得当,可以养成青年的进取心、责任心,并可锻炼求学或做事的方法与技能。如果失了这个机会,以后利害观念、畏难心思都发达了,高瞻远瞩、舍我其谁的气概也就随之消灭,那时再责以担任巨艰,可就不可能了。所以纵使青年们言大而夸,不知世事艰难,教育者却不可加以摧残,致令他的热情不能适当的发育与转变"。①所以,教育者要重视青年理想的作用,它为培养有担当精神的国民所必须,应该对其加以引导并鼓励其发展。其次,他告诫青年,又不能拿"幻妄"当理想,而且理想也不等于"理想主义"。青年人身心发育还未完全,实际经验还不丰富,思想关于目的的很发达,而关于手段的则很寥寥。因此,青年人往往更忠于自己的内心,忠于自己的感觉,易流于"殉情主义";为爱国而爱国,也容易产生不切实际的幻妄,明知不可而为之;幻妄的理想主义则多半是自欺欺人或用来自娱的工具,这些都"有碍于道德的进取"。"真正的理想是还未完成然而是比较的可以完成的标的,不是过分地夸大、不量德、不度力的言行。真理想是鼓励我们实行的"。② 最后,他建议训育工作者,训育问题不在理想是否有其功用,因为"完成法则(Law of Completeness)是生物界极有势力的法则",人有理想是因其有自我实现的需要,所以关键是在教育青年如何建立理想,建立何种理想。要做到这一点,首先是训育者自己要有一定的训育理想,"教育必须能表现一种精神,才算得是有训育的教育,才算得是有人生理想的教育"。③ 青年学生的理想问题的确是当时学校教育包括训育必须面对的一个重大问题,余氏当时认为,"思想界有二种相反的潮流,一现于学生界,一现于教育界。现于学生界的,是理想主义;现于教育界的,是习惯主义"。④ 教师与学生、教育界与学生界本应打成一片,二者相辅而行,可是,在当时世事纷扰情况下,这样的关系确实很难得。余家菊担心的是,如果二者分道扬镳,不但会使教育蒙受大损失,而且也十分危险。

(三)德育目的与方针问题

德育目的是对德育结果的预期,而德育方针则意味着以何种标准来实施德

---

① 余家菊:《理想与训育》,教育杂志社编:《训育之理论与实际》,上海:商务印书馆,1925年,第1页。

② 余家菊:《理想与训育》,教育杂志社编:《训育之理论与实际》,上海:商务印书馆,1925年,第3页。

③ 余家菊:《理想与训育》,教育杂志社编:《训育之理论与实际》,上海:商务印书馆,1925年,第34页。

④ 余家菊:《理想与训育》,教育杂志社编:《训育之理论与实际》,上海:商务印书馆,1925年,第1页。

育,从而达到德育目的。德育之目的为何？"通常皆谓道德教育,乃所以培养人格"。① 对于这种说法,余家菊并不一般反对,他所反对的是那种抽象、空洞、孤立、静止、缺乏个性的人格。他在批评民国八年(1919)教育调查会所拟之教育宗旨时,就认为它"笼统空泛,不着边际,中国用之可,英国、法国、德国用之亦无不可。盖全无国家性者也。"为此,他认为教育宗旨最少须含有三事:"国民之独立性""国民之责任性""国民之和谐性"。② 为了使学校训育工作有章可循,以实现既定的德育目标,他及时总结了学校训育工作中存在的各种不足或矛盾,认为这些矛盾主要表现在:一是或重情感或重理性;二是或重自律或重他律;三是或重自由(个性)或重纪律(群性);四是或重理想或重习惯。③ 这些执其一端或非此即彼的训育做法,在其看来显然都不可能培养出所谓健全的人格来。训育为教育成败之所系,差以毫厘,就会谬以千里,所以,他呼吁有志于救国者对此不可不慎重。他通过分析这些矛盾,提出相应的训育方针为:"一曰以理性指导情意,使学生有整肃之气精进之心;二曰以他律辅助自律,使学生有忌惮之情,自爱之心;三曰以纪律范围自由,使学生于活泼之中恪守秩序;四曰以理想提持习惯,使学生脚踏实地而又知所趋向。"④这些提法中大多皆是依据当时学校实际情况而提出,比如针对学生关于学校管理要求的极端民主、学生运动等。

余家菊上述道德教育思想主要围绕民族性与爱国心这一主题。他一生基本都在中国近代教育发展过程中度过,因而在长期的教育实践中形成了十分丰富的道德教育思想。除上述内容外,关于家庭及社会对德育的影响、学校德育的组织与实施、德育的方法等等,在其理论体系中也都有专门论述。由于现代社会变化所带来的深刻影响,家庭、学校、社会在教育过程中各自所承担的职责及发挥的作用也在发生着巨大改变,传统的家庭教育功能不断式微,而学校教育功能反之则大大增强,同时社会影响也日益复杂化,从而导致了教育过程中各种矛盾不断积累。余家菊对现代社会教育所隐含的这些矛盾已有较清晰的认识,从培养所需要的国民人格这一教育总目的出发,他对家庭、学校、社会各自对德育的影响及其相应义务作了富有启发性的分析论述。总体而言,在儿童道德社会化问题上,余家菊更为重视家庭的作用,这主要是由于家庭能够提供儿童道德成长所需要的环境,"在家庭生活之中,凡社会生活中所有之关系,大多数皆发生作用于其间……

① 余家菊译述:《训育论》,上海:中华书局,1931 年,第 6 页。
② 余家菊:《国家主义下之教育行政》,《中华教育界》,1925 年第 15 卷第 1 期。
③ 余家菊:《国家主义教育学》,上海:中华书局,1925 年,第 51 页。
④ 余家菊:《国家主义教育学》,上海:中华书局,1925 年,第 56 页。

故家庭之势力最为强大"。① 至于学校方面,他认为:"学校教育之秘诀,在使学校教训与家庭教育保持谐和的关系。"②当然,他也清楚地意识到,理想的家庭是不多的,他所寄希望于学校或教师的是"宜利用其优点而启发之",并且希望教师一面以身作则,为学生树立模范;一面培养校风,使学生耳濡目染,能收潜移默化之效。

在对余家菊的公民道德教育思想体系作了粗略分析论述之后,依然有几个相关问题需要进一步加以澄清。其一,如同蔡元培,余家菊也没有直接提出何谓公民,因为这在国家主义者看来是不言自明的,他们心目中的公民即是民族国家的国民,因而公民道德教育也就是民族国家的国民道德教育;其二,将余家菊的教育思想放在文化民族主义立场上,主要依据其职业生涯及其学术研究,而其与政治民族主义的区别,似乎可以采用他回忆录中的文字来加以说明,他说:"我的思想性格和青年党的主流不相合,我的加入青年党很勉强。"③而要加入的主要原因是:"第一是因为朋友们的面子关系,第二是因为要合力宣扬国家主义。在实际上,我的思想与青年党主要人物的思想都不同,周旋其间很是苦恼。我支持青年党三四十年,只基于义务的感情,而并不是基于自发的兴趣。当时我打定主意,第一,绝不亲近党权……第二,不组织派系……第三,不依党为生。因为如果依靠党谋生,终必不能保持正气。我在这个长久的时间之内,始终坚持这三个原则。"④又说:"其实有很多见解我同曾琦很有差异,未能弥缝,尤以革命思想为甚。曾琦是鼓吹革命的,我是相信进化论的,我认为革命只是损伤元气,对于问题的解决丝毫没有益处。再者曾琦主张组织控制个人,我认为个人是进步的源泉,个人无自由,进步无从生发。"⑤

总之,民国初期的公民道德教育承载着进步教育人士太多美好理想,然而,无论是蔡元培还是余家菊,他们视域里的公民形象都不可能是完全意义上的现代公民,而是处在由近代国民向现代公民转换阶段,这种情况不仅是在民国初期,也贯穿整个民国时期,究其原因,主要是受当时国内整个社会状况的制约。另外,朱元善、樊炳清等一批教育学者大力宣扬公民教育,其研究主要是侧重于西方公民及其道德教育思想的导入与传播,而对不同立场及其内涵的公民教育则较少分别,也较少进一步结合国内社会实际情况及其需要来探讨;人格主义教育派及国家主

---

① 余家菊译述:《训育论》,上海:中华书局,1931 年,第 4 页。
② 余家菊译述:《训育论》,上海:中华书局,1931 年,第 5 页。
③ 余家菊:《余家菊(景陶)先生回忆录》,台北:台北慧炬出版社,1994 年,第 48 页。
④ 余家菊:《余家菊(景陶)先生回忆录》,台北:台北慧炬出版社,1994 年,第 35 页。
⑤ 余家菊:《余家菊(景陶)先生回忆录》,台北:台北慧炬出版社,1994 年,第 17 页。

义教育派则与之有所不同,他们依据各自教育理论,从不同侧面从而也是从更深层面展开了对公民道德教育的理论探索,这样的探索不仅丰富了公民道德及其教育的内涵,为当时的教育者更加清醒地认识特定时代背景条件下的道德教育提供了生动的个案材料。不过,实事求是地来说,无论是人格主义教育派还是国家主义教育派,其理论探索的高度都还是有限的,其主要特点不在于对公民道德教育本身的探究,即纯粹的理论理性本身,而是体现为一种奔放的热情和探索的勇气,即寻求一种适合民国初期社会需要的国民性,并对这种国民性极力给以学理的分析和吁求。可以说,对公民和公民道德的认识,在近代中国社会始终是一个未能完成的任务。至 20 世纪 30 年代中后期,在前期已取得的成果基础上,学界又一次兴起探讨这个问题的热潮,仅就出版的著作而言,先后主要有:《公民教育》(熊子容编,商务印书馆 1933 年版)、《公民教育概论》(小尾范治著,崔叔青译,中华书局 1935 年版)、《公民教育》(C. E. Merriam 著,黄嘉德译,商务印书馆 1935 年版)、《公民教育详解》(彼得斯著,鲁继曾译,商务印书馆 1937 年版)、《公民教育概论》(袁公为著,文通书局 1941 年版)、《公民教育学》(龚启昌编著,正中书局 1948 年版)。此外,商务印书馆于 1937 年前后也出版了"公民教育丛书"系列,包括《日本公民教育》(范寿康编著)、《英国公民教育》(高士著,黄嘉德译)、《法国公民教育》(张怀编译)、《德国公民教育》(Paul Kosok 著,金澍荣、黄觉民译)、《美国公民教育》(C. E. Merriam 著,严菊生译)、《意大利公民教育》(S. B. Clough,H. W. Schneider 著,胡贻毅译)、《瑞士公民教育》(R. C. Brooks 著,鲁继曾译)、《苏联公民教育》(S. N. Harper 著,马复、曹建译)等。总体来看,以上这些著作的问世,其主要用意不仅在于应当时国内公民教育实践的需要而介绍别国公民教育的经验以为我所用,而且也带有主动探索学科发展所需要的理论体系的意图,然而,这一研究客观上被日本政府发动的全面侵华战争给阻滞了。

第三节　公民道德教育理论与学校德育实践

一、公民道德课程与教材的演变

专制已除,共和既成,人们对新生的国家报以极大热情。西方公民教育思想与公民道德教育理论的传入,以及对公民教育的研究反映了人们此时对未来共和国家殷切的期待。在教育理论研究上,人们就培养什么样的公民以及如何培养等问题进行了理论探索。于德育方面,民元后修身科仍是学校进行道德教育最为普遍的课程,尽管其内容体系也在德育理论发展的影响下不断加以充实、调整与提高,如对现代国民的权利与义务以及社会公德、公益等已成为修身教育中普遍的认识,但其基本精神毕竟与公民教育宗旨相异,因而在1922年"壬戌学制"颁布后,便令其废止而代以公民科,而公民道德教育则要求通过融入公民课程来进行,不再设置独立的道德教育课程。可是这种方式往往也造成教育上的顾此失彼,最大的问题是容易导致道德教育边缘化甚至是受到忽视。那么,实践中的公民道德教育情况究竟又如何呢?

民国初期适逢整个世界风云变幻之时,不仅国内政局形势迭变,而且列强之间的战火也升腾起来,这使得民国肇造之初,教育领域就弥漫着颇为浓厚的军国民教育思想和尚武精神。这种军国民教育思想在一定意义上也可以视为公民教育思想的表现,曾任教育总长的范源濂是这种教育思想的积极倡导者,就连袁世凯也颁下尚武的教育宗旨。而在社会方面,全国教育会联合会决议通过军国民教育实施方案。袁氏在位期间还积极推行"国民教育",颁布《国民学校令》,教育总长汤化龙也积极响应。袁氏所谓国民教育的思想是要把国民陶铸成一定的模型,使其具有大仁、大智、大勇的资格,而以"忠孝节义"为基础。汤氏也认为,教育一方面应该发扬国民固有的特性以夸耀于世界;另一方面,也要培养他们的生活能力,使其能适应世界竞争的趋势,以巩固国家。[1] 这些思想在当时的修身教科书中得到了明显体现,虽然它也含有公民教育的意味,但毕竟距离真正的公民要求尚有较大差距,而且学校课程中也未有明确的公民或公民道德科。直到洪宪帝制失败后的1916年10月,教育部修改《国民学校令施行细则》,在修身要旨中始有规定"自第三年起兼授公民须知,示以民国之组织及立法司法行政之大要"。但考察此时期的修身教科书,发现这方面的要求并未得到贯彻落实。

1918年底,第一次世界大战结束,加之国内新文化运动等的影响,中国教育迎来了改革和发展的新的机遇。同年12月,教育部为调查及审议教育上重要事项,决定组织"教育调查会",于次年4月召集会议,对教育宗旨重新予以研究。调查会经研讨商议,拟定新教育宗旨为"养成健全人格,发扬共和精神"。其具体解释是,所谓健全人格者,当具有下列条件:一是私德为立身之本,公德为服务社会国家之本;二是人生所必需之知识技能;三是强健活泼之体格;四是优美和乐之感情。而所谓共和精神,包括:(1)发挥平民主义,俾人人知民治为主国根本;(2)养成公民自治习惯,俾人人能负国家社会之责任。可以看出,新教育宗旨确实充满着公民教育的思想与精神。1919年全国教育会联合会考虑到"值此世界大势日趋

---

① 龚启昌编著:《公民教育学》,南京:正中书局,1948年,第41页。

改进,平民主义澎湃五洲,苟非于公民知识教养有素,势必盲从轻举,易人企图,关系国家实非浅鲜",遂议决编订公民教材,主张由各省区教育会聘请教育专家精选教材,按其程度,分别编制。江浙两省教育会即本此意编订公民教育分册,分为卫生、道德、法制、经济四编。① 至此,公民道德教育借公民科教材问题的妥善解决才首次以教科书方式正式进入课堂。

由于教育界起了这样大的思想变化,所以到民国八、九年时,原先学校中开设的修身课就逐渐为公民科所取代。1922 年新学制公布后,全国教育会联合会拟定中小学课程标准,即将先前的修身科取消而代之以公民科。至于改革的理由,中华教育改进社于当年 7 月在济南召开第一届年会时通过了《修身科宜改称公民科》的议案,其中就此作了如下解释:

"修身范围太狭,仅斤斤于个人之修养,务使个人适应社会;公民学则改良社会以适应个人。故修身不适应于共和的社会,此应改之理由一。修身注意道德之涵养,缺乏法律的观念。法治国之人民,以富有法治精神为最要。其能培养法治精神,巩固法律观念者,莫公民学若。本是而言,则修身不适用于法治国家,此应改之理由二。修身之标准太旧,多从消极方面立言,与公民积极图谋团体幸福适相反。修身不适用于合作团体,此应改之理由三。"②

可以看出,用公民科取代修身科,本意是为了顺应时势,强化公民教育并加强公民道德教育。然而,实际实施过程中也存在着不少问题,如常识灌输与宪政精神、重视公民知识学习与轻忽道德修养等。故而围绕这些问题,又引起了各种讨论。根据全国教育会联合会新学制课程标准起草委员会制订的《新学制课程标准纲要》的要求,小学和初级中学开设公民课,其中初级小学的公民课含于社会科(卫生、公民、历史、地理),高级小学为单设;在初级中学属于社会科(公民、历史、地理),但为独立开设。同时规定,旧制修身科,归入公民科,关于个人修养,仍宜注重,各学科均应兼顾道德教育。③

《小学公民课程纲要》(杨贤江起草,委员会复订)④说明此课程的目的为:

使学生了解自己和社会(家庭、学校、社团、地方、国家、国际)的关系,启发改良社会的常识和思想,养成适于现代生活的习惯。

---

① 舒新城编:《近代中国教育思想史》,福州:福建教育出版社,2007 年,第 252 页。
② 《新教育》第 5 卷第 3 号。
③ 全国教育联合会新学制课程标准起草委员会编:《新学制课程标准纲要》,上海:商务印书馆,1925 年,第 8 页。
④ 全国教育联合会新学制课程标准起草委员会编:《新学制课程标准纲要》,上海:商务印书馆,1925 年,第 12 页。

关于此课程毕业最低限度的标准,初级小学为:

1. 明了个人与家庭、学校、职业的关系,和服务的责任;2. 明了市、乡、县、省的组织,和公共事业的性质大概;3. 有投票、选举、集会、提案等关于地方自治的常识。

高级小学的毕业标准为:

1. 明了国家的组织、经济、地位,以及国际的情势;2. 明了公民对于国家、国际的重要责任;3. 能述做良好公民的重要条件。

《初级中学公民学课程纲要》(周鲠生起草,委员会复订)①说明此课程的目的为:

1. 研究人类社会的生活;2. 了解宪政的精神;3. 培养法律的常识;4. 略知经济学原理;5. 略明国际的关系;6. 养成公民的道德。

其内容分为六个大的方面:

1. 社会生活及其组织;2. 宪政原则;3. 中华民国的组织;4. 经济问题;5. 社会问题;6. 国际问题。

规定的毕业最低限度的标准为:

1. 具有卫生、法制、经济及社会的常识而能应用;2. 能明了人己关系而实践公共生活的规律。

从上述小学和初中公民课程纲要来看,主要包括有关社会、政治、经济、法律等内容,不同年龄与学级其教学内容的程度有别。至于公民科(学)的目的及性质是什么,以上表述似乎不是很清楚,也欠概括。例如,初级中学的公民学其目的究竟为何? 如果将"培养法律的常识""略知经济学原理"等知识性的目标都作为公民学的目的,那么,由经济学或法律学就可以完成的目标,何故又要公民学来做呢? 这就是说,公民学作为独立开设的学科,应有其自身的目的,不仅在性质上不同于其他学科,而且在内容体系上也不应该是有关各科知识的简单罗列,或者是对有关学科知识的说明。1924 年,中华教育改进社第三届年会上,公民组议案中就有人针对初中公民学存在的此类问题,提出了《初中公民学教本的说明》一案,认为公民学决不仅仅是要造成一种公议投票的公民,也不必替其他学科费心劳力。公民学既经特别设立,自有其特殊的性质,特殊的范围,特殊的目的,有独立成一科目的价值。公民学所要养成的公民,狭义言之,是中国的理想国民;广义言之,是社会的标准人物。公民学为达到这个目的起见,在初级中学应该采取众社

---

① 全国教育联合会新学制课程标准起草委员会编:《新学制课程标准纲要》,上海:商务印书馆,1925 年,第41 页。

会科学的健全的结论,以解释做理想国民、做标准人物的事实及方法。又由于初中学生的抽象能力正处于发达时期,不得不从具体的事体,切近经验的现象入手训练,所以初中公民学特别要包括学校训育。据此,将公民学的性质概括为:初中公民学是社会科学人生哲学学校训育的结晶品,是这三种元素所构成的东西。①

这份提案主要是针对初中公民课教学中实际存在的学科性质不明问题而提出,但它反映出重知识灌输,轻精神陶冶的倾向,而且相关学科知识拼凑的现象也相当严重。本来,中华教育改进社于1922年召开第一届年会时,改修身科为公民科的议案就在大会斟酌内外情势后,一致获得通过,所以新学制课程标准纲要中遂有将修身科归入公民科的规定。但"归入"本意并非是要取消道德教育,相反,它强调指出:"关于个人修养,仍宜注重,各学科均应兼顾道德教育。"显然,这样的做法有加强道德教育的意思,尽管从表面上看,修身科已消失于公民科之中。然而,公民学实施以后,由于学科性质不清,也缺乏实施的实际经验,故公民学便纯粹成了"其他学科的领地",这也是上述提案中所指出的问题。那么,道德教育在这种情形之下,其地位也就不言而喻了。舒新城指出:"普通公民课本,少有讲及道德问题",②有鉴于此,他在自己为初中生所编的公民课本中特辟道德专题。这种情况表明,公民道德教育可能有借"各学科均应兼顾道德教育"之名,被拒于校门之外的危险。1925年,中华教育改进社第四届年会上,公民组就有人提交议案,谓"中等学校宜及时提倡孔道培养国民品性以遏乱源而巩国基建议案"。该提议将社会及学校道德状况不佳的原因归咎于公民科的失误,认为"修身为我国实行道德之一科,其名词复见于经传。告朔饩(音戏)羊,本不应废,今既代之以舶来品之公民科,似亦不可抛弃私人道德。偏重公民知识,以致流弊潜滋,不可穷诘。古来之兼善天下者,皆始于独善其身,今则自身未修,即倡言服务;不能自治,竟狂言治人。是皆未奉教于孔子也。而暗受偏驳教科书之害,亦复不浅。有教人之责者,宜共思所以匡救之"。③ 它提议要求恢复孔道,实际上是鉴于公民科没有予私德修养以重视,是在替修身鸣不平了。不过,教育者对公民科及其教育效果不满意确也由此可见一斑。

鉴于上述事实,学校公民学遂有了一些改革。商务印书馆于1923年出版了一套由周鲠生编纂的初中《公民学教科书》,分六编共三册,之后又将这种综合体系的公民学分开,按专题编写成册。1925年,以公民科课程纲要为准,采用分编的

---

① 《新教育》第9卷第1、2期合刊。
② 舒新城编:《新中学教科书初级公民课本》第1册,上海:中华书局,1923年,"编辑大意"。
③ 《新教育》第11卷第2期。

办法,于道德、法制、经济各为一册,而成公民道德、公民法制及公民经济。在此之前,商务印书馆实际上已有类似尝试,如1923年就以"公民须知"为题,出版有《新著公民须知·道德篇》。此次出版《公民道德》,理想意图是对此问题进一步系统化与理论化。下面就以此教科书为例,并辅以其他教本,对当时初中公民道德教育的内容及其结构设计作一考察,以说明其思想特征及趋向。

二、公民道德课程内容及其结构分析

以上对公民道德课程与教材演变所作的简要论述说明了公民道德教育在实践上有一个逐步推进的过程,在专门的公民道德教材问世之前,公民道德教育同公民教育的其他方面是合而为一的。依据全国教育会联合会新学制课程标准起草委员会的要求,小学和初级中学开设公民课,其中初级小学的公民课纳入社会科,高级小学与初中公民课也纳入社会科,但皆为独立开设。

(一)初小社会课程

小学社会科包括历史、地理、卫生与公民,公民在其中只是占有一定分量,但将公民课纳入社会科中,历史地理卫生等的知识教育在性质上就发生了改变,而不仅仅是原先修身范围的扩大。社会科主要围绕社会生活要求按儿童能力水平系统进行社会适应性的知识教育,在低年级(一年级)教材主要以图画形式进行,到中高年级便改用主要以故事方式进行,适当配合图画加以说明。这种编排方式是符合儿童心理发展规律的。当时影响较大的一套教材是由丁晓先和常道直编纂,朱经农和王岫庐(即王云五)校订,商务印书馆于1924年1月出版的《新学制社会教科书》(共8册,小学校初级用),到同年3月这套教材就已达20版,1928年又经大学院审定修改后继续作为小学社会科教材。丁晓先在这套教材初版时还为其编制了一套教授书,仍由商务印书馆出版,名为《新学制社会教授书》(8册),初版时间为1924年12月,到1926年11月也已达23版。可见,这两套教材在当时受欢迎之程度。丁氏在其起草的社会课程纲要中,对此课程教学目的及其学习标准作了如下说明①:

关于课程目的:

1. 使知社会的过去、现在的情状和社会与人生的关系。
2. 培养儿童观察社会的兴趣和尽力社会的精神。
3. 养成社会生活的种种必要习惯。

---

① 全国教育联合会新学制课程标准起草委员会编:《新学制课程标准纲要》,上海:商务印书馆,1925年,第21页。

关于修毕最低限度的标准：

1. 本地的大概情形——区域、出产、交通、公众事业和机关。

2. 本国的大概情形——区域、物产、交通、运输、重要都会、商埠、现在政府的组织。

3. 衣、食、住的进化大概。

4. 衣、食、住的卫生大概。

5. 中华民国建国史的大概。

6. 一年间的重要纪念日和节日的大概。

7. 个人对于家庭、学校、地方、国家的关系和服务的责任。

课程纲要对此门课程的教学内容也有如下计划与要求：

表 3 – 4　初小社会课程教学内容及其标准一览表①

学年	教学内容
第一学年	1. 家庭的设计、研究
	2. 身体、服物的清洁
	3. 纪念日和节日的研究——历史事迹、风俗惯例等，与自然研究联络或混合教学
	4. 关于公民、卫生、史、地各种故事
	5. 自己对于家庭、学校的行为和责任
第二学年	1. 学校市乡的观察研究
	2. 衣、食、住的卫生
	3. 原始人生活
	4. 异地人生活
	5. 纪念日和节日的研究
	6. 自己对于家庭、学校的行为和责任

---

① 全国教育联合会新学制课程标准起草委员会编：《新学制课程标准纲要》，上海：商务印书馆，1925 年，第 21 – 23 页。

学年	教学内容
第三学年	1. 学校市乡、县、省的观察研究
	2. 增进健康的卫生常识、和公共卫生大要
	3. 原始人生活
	4. 异地人生活
	5. 事物发明史
	6. 纪念日和节日的研究
	7. 自己对于家庭、学校、地方团体的责任
第四学年	1. 国家组织的概况（例如本国的宪法大要和机关权能与国民的关系、国际的关系等）
	2. 注重公众卫生和浅易的急救法、治疗法
	3. 近代本国大事
	4. 事物发明史
	5. 本国大势，及本国与世界著名各国的关系
	6. 史、地观念的整理
	7. 公民对于地方、国家的责任（例如选举、赋税、兵役等）

　　从上述课程纲要可以看出，小学以社会课程代替修身科而进行公民教育，有利也有弊：有利之处是与儿童生活有关的知识范围较修身确实有很大扩展，从而体现了现代社会发展对人知识程度的基本要求；不足方面主要是对儿童道德性的要求较修身有所减弱，在同样时间、同样教学方式条件下，社会科的公民道德教育较之专门修身科的道德教育而言，其实际程度与要求不可能达到相等。

　　（二）高小公民学（Civics）课程

　　与初小不同，高小公民课是独立设置的课程，公民道德是其中的一部分。这门课程纲要的起草人为杨贤江（见前文）。由于有了统一的课程标准与要求，故而各教材在内容设计上有着较大共同性。实施新的课程标准之后，各大出版社皆围绕着课程标准组织教材的编写与出版。其中，商务印书馆出版有《新法公民故事读本》（1922）、《新法公民故事教本》（1923）、《新法公民教科书》（1923、1925）、《新学制公民教科书》（1924）、《新撰公民教科书》（1924、1926）等；中华书局出版有《新小学教科书公民课本》（1923、1926）；世界书局出版的有《新学制小学教科书高级公民课本》等。与教科书相适应，这些出版机构同时也出版有公民教授书。

那么，这门课程的教学内容及其标准又如何呢？课程纲要也有如下要求：

表 3 – 5　高小公民课程教学内容及其标准一览表①

学年	教学内容及其要求
第一学年	1. 家庭生活概况——例如父、母、子、女的服务责任，以及与自己的关系等
	2. 学校所定规约的缘由，和遵守方法等
	3. 自己对于家庭、学校的行为和责任
第二学年	1. 学校生活概况——例如学校的性质、事业、经费的由来，以及教师学生的责任，并与自己的关系
	2. 邻居相互的关系及其公共事业
	3. 邻近职业状况的观察
	4. 续自己对于家庭、学校的行为和责任
第三学年	1. 市乡生活概况——例如市乡的性质、经济、事业，以及市乡与自己和一般居民的关系等
	2. 县、省组织的概况——例如县省机关的性质、事业等
	3. 学校自治服务的初步
	4. 自己对于家庭、学校、地方团体的责任
第四学年	1. 参与县省公务的直接和间接的方法
	2. 国家组织的概况——例如国家的宪法大要和机关权能
	3. 公民对于地方、国家的责任（例如选举、赋税、兵役等）
	4. 时事研究（与历史、国语等科联络）
第五学年	1. 学校的组织，和公民与教育的关系
	2. 地方自治事业与公民的关系，并改良方法
	3. 团体的组织研究
	4. 公民的责任和娱乐
	5. 各种服务公众的方法
	6. 时事研究（与历史、国语等科联络）

---

① 全国教育联合会新学制课程标准起草委员会编：《新学制课程标准纲要》，上海：商务印书馆，1925 年，第 12 – 14 页。

学年	教学内容及其要求
第六学年	1. 县、省、国的组织、事业,学业同第四学年而扩充其范围
	2. 国内的家庭、妇女、劳动等特殊问题
	3. 职业的种类和择业的方法
	4. 本省中等学校的种类和选校、应试等的升学方法
	5. 时事研究续前学年
	6. 完成一个公民的条件

从以上初小和高小社会课程、公民课程的内容来看,二者并无多大区别,基本上都是以儿童社会生活为轴心,循序渐进地对儿童进行社会生活知识与责任的广泛教育,其中公民课程更强调儿童对社会生活的参与。这种将历史与现实、现在与未来、个人与群体、学习与职业、生活与责任等结合起来对儿童进行的教育是在充分考虑到了现代生活特点基础上进行设计的,同时也反映了教育者对未来社会的希望与要求。但是,无论对哪个层次的社会生活,课程要求都侧重于一般情况的了解,知识性要求明显重于道德性要求。在摒弃直接道德教育模式而采用道德渗透模式情况下,上述基本特征对道德教育往往带来负面的影响;更何况就当时动荡不安的社会形势而言,如果没有直接的道德课程,很难想象所谓公民道德教育究竟会是个什么样子?另外,也由于学者对公民含义的理解不是很一致,因而在公民教育的侧重点上也有不同。注重本国文化的自然不用多说,它完全以道德为本位;而偏向西方文化的也有不同,像美国的公民教育历来注重公民政治权利知识的灌输,英法则侧重公民个人的自由权利,而德日则比较注重对公民进行爱国道德教育等等。但从以上社会课程及公民课程内容来看,似乎受美国影响比较明显。

(三)初中公民学课程

初中公民课程纲要由周鲠生起草(见前文),他在纲要中对这门课程的内容及其标准作了如下设计:

表 3 – 6 　初中公民课程教学内容及其标准一览表①

范畴	具体内容
社会生活及其组织	①家庭及其组织;②学校生活;③同业组合(业团,包括同业团体组织的原则、同业公共利益及互助的精神、个人对于同业的义务等项);④地方自治团体;⑤国家;⑥个人的习惯(包括公正、诚信、名誉心、尚秩序的精神、自制力、礼节、清洁诸德,为做良好公民必要的条件者);⑦维持社会组织的原则(例如尊重他人自由、多数取决主义、责任心、服从法律、服公务、互助等)。
宪政原则	①国家的性质(包括国家的要素、种类、目的、职务诸项);②政治组织(包含政体、立宪政治、宪法、民主政治、代议政治、直接立法诸项);③代议制度的运用(包含选举权、政党诸项);④政府组织(包含政府的意义,及行政、立法、司法各部之职权分别);⑤中央政府与地方政府;⑥人民权利自由;⑦人民对国家的义务(例如纳税、服兵役、服名誉公职、投票诸项);⑧法律(包括法律的性质及分类诸项);⑨公共治安(包含警察、军队等)。
中华民国的组织	①中华民国的起源;②民国政府的组织;③地方政府的组织;④国宪与省宪。
经济问题	①生产原则;②交易制度(包含钱币、纸币、银行、公司、商业、国际贸易诸项);③分配制度(包含现有的分配方法、社会主义的分配方法、财产诸项);④消费(包含储蓄);⑤财政(包含预算、租税、公债、厘金、关税等项)。
社会问题	①教育;②职业;③卫生;④劳动问题;⑤禁酒禁烟问题;⑥救贫及其他慈善设备;⑦救荒问题。
国际关系	①对外关系;②国防;③外交(包含外交机关);④国际关系的维持(包含国际道义、国际法诸项);⑤不平等的国际关系(包含领事裁判权、租借地、租界、势力范围、外交、驻兵等项);⑥国际组织(包含海牙仲裁法庭、万国联盟、常任国际裁判法院等项)。

　　初中公民课程纲要就其基本特点而言,同小学公民课程有类似之处,就是同样注重公民基本常识的教育,公民道德问题只是在协调与维持社会生活及其组织中得到了强调,当然这是必要也是重要的,因为社会生活的协调运转根本上是得益于作为参与社会生活的个人的品质高低。然而,在整个公民教育六个部分的内容设计中,公民道德所占的比重与位置的确令人担忧,这反映了当时公民教育内容设计自身内在的矛盾,即对公民教育过于宽泛的理解与规定,结果使得公民教育体系过于膨胀。这样一来不仅危及了公民道德教育,而且连公民教育自身的效果也会受到限制。另外,这个课程内容体系也反映了设计者自身的特点,就是对

---

① 全国教育联合会新学制课程标准起草委员会编:《新学制课程标准纲要》,上海:商务印书馆,1925 年,第 41 – 44 页。

公民教育中的政治、法律及国际关系教育相当详细和重视。

正是因为依托公民教育来完成道德教育的任务存在着难以克服的实际困难，所以公民课程纲要实施以后，不少教育学者对此提出了进行修改的意见，商务印书馆也是应这一修改要求，于是将原先的公民教材体系按内容性质重新组织，并分开出版，以此来加强对公民道德的教育。这样，《公民道德》在1925年就正式从公民教材中分离出来独立出版，编者为高阳和陶汇曾，由王岫庐校订，同时出版的还有法制与经济两册，本教材为第一册。其体系结构如下：

表3-7　《公民道德》体系结构简表①

章	节	章	节
第一章 总论	公民道德之意义	第二章 个人之道德	总论
	公民道德之修养		健康之法则
	公民道德与实践		游戏之法则
第三章 家庭道德	总论		自制
	公民道德与家庭		自助
	父母子女		自信
	兄弟姊妹		服从
	夫妇		诚信
第四章 职业道德	总论		协动
	职业之选择		亲切
	职业之道德		忠实
第五章 社会道德	总论	第六章 国家道德	总论
	公平正直		爱国
	博爱同情		服从法律
	礼让		慎重选举
	牺牲		尊重舆论
	公德心		履行义务
	公益心	第七章 国际道德	总论
	责任心		国家交际
			国民交际

① 此书由高阳，陶汇曾编，王岫庐校订，书名《新撰初级中学教科书公民道德》第1册，上海：商务印书馆，1925年1月初版，仅仅一年之后，即1926年6月就达27版，由此可见当时公民道德教科书之急需。

《公民道德》全书内容共分 7 章,依次为总论、个人道德、家庭道德、职业道德、社会道德、国家道德、国际道德。可以看出,在教材体系结构上,《公民道德》仅就表面而言倒与先前修身教材相类似,但是具体的内容设计和思想主旨则与修身有着本质不同。全书围绕着善良公民这一教育宗旨对何谓公民、何谓公民道德予以系统说明。首先指出公民有广狭二义,狭义公民为法律所规定,是指"达一定之年龄,具相当之资格,而得以行使公权者",而广义公民则是指"民主共和国国民"。①关于广义公民与狭义公民的区分,实际上也是西方公民学常见的做法。不过,在西方公民普遍的身份一般是政治含义的,即有选举权的公民;而在中国则有所不同,尽管国人也认可现代公民这种普适性的身份基础,但思想上还是比较倾向于广义的追求。这里有一个重要的原因,就是由于民国初期政治长期不入轨道,宪法也未能成功,故教育人士竟愿意多用广义公民。此种现象既反映了教育者对现实的无奈与不满,也体现了他们对共和国理想公民的祈愿及向往。其中,公民道德教育是培养理想公民的重要一环。对此,此书作者有深深的期许,认为"公民道德者,使吾人有公民自觉者也"。② 当然,这种期许不仅编者独有,且也是教育者共同的关怀。至于公民应该具备哪些道德,编者对其具体内容作了这样的解释,认为"公民的道德者,始于正心修身之个人道德,而进入社会国家之公共道德者也","公民的道德,最注重者,厥有二端",即"自治(自律)"和"协同"。③ 而公民道德教育的目标则在于培养善良国民,即"忠实义勇,尽力于社会国家,而不顾其身之国民也"。④ 由此,公民道德教育就可以概括为:以个人道德及公共道德等为内容,培养公民自觉意识,使成善良公民的教育。

成为善良公民是公民道德教育的最终目标。公民道德虽致力者多端,然实以个人道德为基础。个人之于社会国家,犹砖木之于屋室,未有砖木不良,而屋室坚固者。故想求社会国家之进步,必欲先求个人道德之养成。此正是修身乃为齐家治国平天下之基础的道理。那么,公民应具有何种个人道德呢? 作者认为人不同于物,在于其有人格,而道德的基础正在于人格的实现。人有人格,故其可贵,然实现人格的基础又在于树立理想,仅有简单模仿,或盲从他人无法求得人格之实

① 高阳,陶汇曾编:《新撰初级中学教科书公民道德》,上海:商务印书馆,1925 年,第 1 - 2 页。

② 高阳,陶汇曾编:《新撰初级中学教科书公民道德》,上海:商务印书馆,1925 年,第 1 页。

③ 高阳,陶汇曾编:《新撰初级中学教科书公民道德》,上海:商务印书馆,1925 年,第 3 - 5 页。

④ 高阳,陶汇曾编:《新撰初级中学教科书公民道德》,上海:商务印书馆,1925 年,第 8 页。

现。不但如此，要想求得自我之人格，还得有意志自由，即无待外人命令、指挥，而能够自主判断行为之善恶，自觉做出道德行为的选择，诚能如此，个人的人格才会充分得到实现。将有理想、有自由意志作为衡量人格实现的维度，不仅表明所要求的人格与既往不同，而且也意味着以人格实现为基础的个人道德同传统个人修身有了质的区别。编者在此所呈现的个人道德内容，主要包括自制、自助、自信、服从、诚信、协动、亲切、忠实等。这些道德作为个人修养方面，都贯穿着一系列公民道德的根本精神及要求。例如，自制之德要求处理好个人情欲与意志自由、私欲与公共幸福等之间的关系，因为作为公民不能自制，也就无以尽力于社会国家。不能自助，也就不能助人。这一观念有积极意义，无论其提出的修养自助方法是否恰当、周全，但把自助放在助人之前，作为助人的前提，是道德观念的重要转变。个人是这样，国家也理所同然。所以，在当时学说纷纭，对待个人与社会、国家与世界关系莫衷一是情况下，这种自助先于助人的教育观念，无疑有着某种现实导向的意义及作用。但自助不是各顾其私，自助的本质是坚强自己成事的意志力，并且经善于学习而达到行动目的。所以，自助不是自私，不是只顾私利，概括说就是锻炼好自己的能力。公民自我能力不强大就无以担当起救人、救国的重任，虽勉强担当，也只会适得其反。可以说，编者的这一教育观念是有很强现实意义的。公民必有自信，公民政治若乏自信之公民，必不能使民之主权推行尽致。然而，公民也当服从，首要的是服从一国之法律。服从不是强制，是正当服从，即服从公理与正义，因而也是服从一己之良心。真正自由就是服从良心，不受私欲之牵制。①传统修身也注重服从，长者命令、家长意志、宗教威权等是不可违反的，而公民只服从公理，服从自己的自由意志。这就从道德上真正区分了现代公民与封建臣民的不同性质，从共和政治的国家要求出发，塑造了一种良好的现代公民的个人形象。

在家庭道德部分，编者重点分析了东西方家庭结构方式的差异，以及不同结构方式对家庭成员所产生的道德影响。家庭是社会的雏形，人于家庭最先学习群体生活，由于天性的血缘优势，故而道德的涵养在家庭最易。家庭最有利于养成的道德有：服从心、公共心、牺牲心、同情心、协同心等。② 实际上，通常说来，家庭所易养成的这些道德，更经常体现在中国式的大家庭中。中西相比，中国的家庭多为家族制，而西方则为普遍的夫妇制（小家庭）。尽管家庭最有利于涵养上述道德，但相对于西方的小家庭，编者还是投以热烈的青睐，而认为家族制即大家庭于

---

① 高阳，陶汇曾编：《新撰初级中学教科书公民道德》，上海：商务印书馆，1925 年，第 28 页。
② 高阳，陶汇曾编：《新撰初级中学教科书公民道德》，上海：商务印书馆，1925 年，第 40 页。

道德则有种种弊害,主要有依赖心之助长、保守性之养成、自由之束缚、人格之轻视等;相反,小家庭的优点是尊重独立、尊重自由、尊重人格等。① 大家庭同小家庭相比,于道德上几成相反之点。对于编者此意,自然不可作抽象推论。在清末,中国封建家族制度的弊端就多为有识之士所抨击,其核心正在于要求伸张人的独立、自由、个性及人格。至民国初期,公民道德教育目标确立,而家族制所具有的威权道德惯性依然存在,这显然有碍于新教育目标的实现。从教育角度而言,对家族制的道德缺陷进行总体批评就仍有必要,而对小家庭美德的张扬也属时势所需。从本质上讲,无论是批评还是张扬,编者真正的目的还在于通过家庭这个途径,引导出一种共和政治所需要的善良公民。

职业生活(经济生活)是公民生活的重要内容,也是国家社会繁荣的必要基础。因此,公民不可不图经济生活,而经济生活又不可缺乏道德。但经济生活广阔无边,编者主要从教育的角度出发,重点讲述了对待职业应该具备的品性及行为,如勤俭、精敏、和睦、安分、信实等职业品性,以及通事理、能谨慎、有决断、无嗜好、守秩序等职业态度及行为。这些品性、态度及行为大多针对国人所谓固有不足而发,有些也确乎切中要害。例如,国人因素未多受科学之训练,养成行事粗莽、作风拖延的习惯,故于现代社会复杂、精密、有序的职业要求往往不相适应。因此,教育学生应该具备良好而必要的职业品性及行为,也是教育培养善良公民目标的题中应有之义。固然,职业道德中的品性与行为确为现代公民所必须,但在民国初期之时,恐怕职业价值观是横亘于职业道德中的一个更为根本的问题。因为中国曩昔言职业,士农工商,士为业首,商为末,并无多少职业含义。近代以来,尽管价值变迁,职业也因之繁复,但"学优则仕"之风习依然根深蒂固。因此,若要促进社会繁荣,自然就要于理论上破除人们心中"干禄""功名"等旧习,使人们乐于从事各行各业;否则,职业道德也就无从讲起了。

社会由人组成,社会的进步也多赖人类自身的努力。公民社会正是人类社会进步的结果,需要公民在知识、能力、道德上也要有相应的提高。个人与社会不仅关系密切,而且互为一体,民主政治社会犹然。因此,公民的社会道德是造成良好社会的重要条件。就公民的社会道德,编者提出了公平正直、博爱同情、礼让、牺牲、公德心、公益心、责任心、组织力等方面的内容。其中,绝大部分在编者看来,都是国人应当急急谋求的,尤其是公德心、公益心、责任心及组织力则更是如此。有一种思想为当时多数公民教材所共有,足以见证教育人士对国民性的一般认

---

① 高阳,陶汇曾编:《新撰初级中学教科书公民道德》,上海:商务印书馆,1925 年,第 40 – 42 页。

识。其意大概是:我国民论个人能力不比欧美人差,但合谋共事则远逊于人。兹摘录若干条如下:

我国个人能力,不让欧美。然欧美团体事业远胜我国者,组织力强故也。组织力强,故团体易立,重以自治精神之畅达,协同道德之发扬。故于执行事业之人,选举既当,监督时施,协助进行,不相推诿。于规则章程之立,审慎权衡,重视遵守,排除障碍,极力推行。个人与个人之间,如机之轮,如车之辐,莫不尽其协力之致。故千百人相合,故其力千百于个人。我国不然,个人与个人相集,则冲突与牵制随之。①

我们中国人,最大的缺点,在没有组织能力,在没有法治精神。拿一个一个的中国人,和一个一个的欧美人分开比较,无论当学生,当兵,办商业,做工艺,我们的成绩,丝毫不让他;但是,他们合起十个人力量,便加十倍,能做成十倍大规模的事业;合起千百万个人力量,便加千百万倍,能做千百万倍大规模的事业。中国人不然,多合了一个人,不唯力量不能加增,因冲突掣肘的结果,彼此能力相消,比前倒反减了。合的人越多,力量越减。②

我国人对于社会活动,一是无组织力,二是无责任心,三是只顾个人的利益,不顾公众的幸福。所以有几个人聚在一起做事,不是你躲我避,便是你争我夺,总不能好好地做成一件事。③

以上这些文字可算是新时期的国民性批判,集中到一点就是国人缺乏公益心、责任心及团结力。对国民性的批判自清末经五四新文化运动以来,一直是中国思想界、教育界的热点问题。不过,这里的批判凸显了与先前不同的若干特点:一是径直的中西对比,突出了国人群性上的缺陷,但肯定了作为个体国民的成绩;二是这种批判直接进入教科书,面对中学生开放。应该说,作为初中公民教科书,这种教育意图不会是一种随意的安排。让稍涉世事的初中生了解国民性之不足,如果引导得当,必然会激起学生奋发有为之志。若否,则教育目的之达成就难以预料了。所谓引导得当,即是教育不但要呈现国民性不足的一面,更重要的是要分析其原因,并据此提出相应对策,以及实施对策所必要的条件。梁启超曾坦白说出了中国人的缺点,固足令人深思之,但他更可贵的地方在于为试图超越这些缺点,建设一个新国家而作的新民设计,以及为推行他的新民理想而提出的条件,即开明专制论。这是一套有系统的批判,因而是极富建设性的。反观上述批判,

---

① 高阳,陶汇曾编:《新撰初级中学教科书公民道德》,上海:商务印书馆,1925 年,第 83 页。
② 顾树森,潘文安编:《公民须知·道德篇》,上海:商务印书馆,1923 年,第 50 页。
③ 舒新城编:《新中学教科书初级公民课本》第 3 册,上海:中华书局,1924 年,第 77 页。

我们发现,只有为数不多的编者,思想触及到了批判的本质,多数还只是停留在给学生提供了一幅国民如一盘散沙的私民形象。《公民须知·道德篇》较其他教本可贵之处,正在于它不仅提出问题,而且也对问题的原因作了力所能及的分析。此书将问题真正根源归于"有无共同生活的规律",即一群人之所以能够结合,"靠的是一种共同生活的规条,大众都在这规条的范围内分工协力。若是始终没有规条,或是规条定了不算账,或是存了一个利用的心,各人仍旧是希图自己的便利,这群体如何能成立? 便不能共同生活"。① 中西相较,欧美人正因为无论大到治国,小到团体游戏,人人心坎上都认定若干应当共同遵守的规则,所以行起事来,就可以如一架整合有序的机器,有条不紊。反观国人,情况则不然。这难道是国民天赋的劣根性吗? 作者果断予以否定,认为国人之所以如此,乃有历史的根源。"是从前的历史,这种良能被压抑住了久未发达",这里的所谓良能,正是共同生活或遵守共同规则的精神。的确,千年专制的历史,除了家族,就只有命令与服从的生活,而无真正意义的社会共同生活。那么,究竟何为共同生活? 共同生活又要怎样进行? 可惜的是,作者的分析仅到此为止。

上述提到的对国民社会道德不足的批判,若追根溯源势必会涉及国家道德问题。国家也是社会组织的一种,是一国中握有统治权,有引导社会责任的最发达的社会组织。民国初期,国家这个词是许许多多爱国人士的难言隐痛,言国家,可谓影像跌乱,真有也实无。在这种情况下,何言国家道德呢? 爱国、选举、服从法律、履行义务等等,这些本是欧美民主国家国民道德生活的常态,而言之于我国,则多半无从向学生说起。因此,每当论及国家道德时,公民教科书的窘相处处可见。《新中学教科书初级公民课本》在"公民道德修养"一章里,竟至以"民族道德"一节相提,而无论国家道德;《公民须知·道德篇》虽有言及,但对爱国心、选举权利、服从法律等内容,也是匆匆掠过,不见其详,甚至对公认的国民基本义务,如服兵役、纳税、接受教育等都无所提及。唯本书仍本着共和国的理想,对国家道德逐条论列,而说明爱国的意义、必要性及方法,申明公民在选举时应有的道德,服从法律的必要性,以及公民对国家应尽的基本义务。这可谓是站在教育者的立场,不因国家政治乱象而困惑,试图发挥对青年一代进行正当的爱国道德教育功能,已属难能可贵。

然而,国家尽管未入正轨,却并不减损教育者对国际道德的关怀,对天下和平、人类未来的畅想。言爱国,必兼言爱人类,爱天下,这是中国知识人特有的道德情操。

---

① 顾树森,潘文安编:《公民须知·道德篇》,上海:商务印书馆,1923 年,第 50－51 页。

现在许多人,只知本国,不知他国,这是由爱国心的不完全。

须知所谓爱国心,是公共的精神,主旨在维持安宁,发达社会,谋世界全人类的幸福。

各国战后所耗元气,都要取偿于外,环顾宇内,就剩中国一块大肥肉,自然远客近邻,都在那里打我们的主意。若是自己站不起来,单想靠国际联盟当保镖,可是做梦哩!

我们是要在这现状之下,建设一个世界主义的国家。①

这几行文字所反映的思想主旨的确耐人寻味。它们一方面表明爱国的直接目的是要建立一个世界主义的国家,而所谓世界主义的国家,当然不是"偏狭的国家主义",是本着国家平等互助的观念,是世界主义和国家主义的调和;另一方面,这个世界主义的国家恰恰又是图谋战后"这个现状"以及"远客近邻都来打我们主意"的时候而建立起来,这就令人有些匪夷所思了。

爱国心者感情也,非与公共心相依,往往陷于偏狭。其极必至于憎异族憎异教,为世界人类和平之梗。

我国处战争侵略未息之时,惟世界主义之空想是趋,则一朝有事,诚不免手足无措,陷于悲苦沉沦之域。

我国公民道德之理想,应取国际主义,而不汲汲于世界主义之理想。国际道德以国际主义为理想,易词言之,即国家道德与人类道德之调和是也。②

这里也是一面把爱国心等同于爱人类之心,但另一面又对空空的世界主义有所警惕,而别用友好的国际主义来弥合。岂知,国际主义也非灵丹妙药,"单想靠国际联盟当保镖,可是做梦哩"。既然国际联盟也做不了保镖,那么,倘若"一朝有事",又拿什么来防止国人"陷于悲苦沉沦之域"?

言爱国必言人类,这大概是中国知识人的思维习惯,是一种根深蒂固的优良传统。礼记曰:"大道之行也,天下为公;选贤与能,讲信修睦。故人不独亲其亲,不独子其子;使老有所终,壮有所用,幼有所长,鳏寡孤独废疾者皆有所养;男有分,女有归;货恶其弃于地也,不必藏于己;力恶其不出于身也,不必为己。"这种社会理想代代相传,不知开启了多少学人浪漫的情怀。由天下为公,并进而人类大同,无论世道多么艰难,中华世代知识人总能用其丰富的情感和不竭的想象力,在国家未得富强、民族未能复兴之际,不断幻化出一幅幅人类乐园的美好蓝图。

---

① 顾树森,潘文安编:《公民须知·道德篇》,上海:商务印书馆,1923 年,第 54 – 58 页。

② 高阳,陶汇曾编:《新撰初级中学教科书公民道德》,上海:商务印书馆,1925 年,第 88 – 102 页。

　　民国初期,公民是一个有着强烈时代意识和使命感的词汇,它成为教育培养的目标与社会进步的基石,因而有着开辟历史的重大意义与价值。健全的现代社会意识、国家观念、公民道德、个人权利等,经此一个教育历程而在先进中国人心中深深扎根,它们不仅为民国初期社会指明了发展方向,而且也作为进步思想势力继续为其后中国社会演进提供不竭的思想动力。然而,民国初期的公民道德教育又总因认识程度无法超越时代局限,而表现出一定"流行"现象。在公民道德教育中,对公民形象的现代性设计、世界和平理念等公民共性的关注往往优先于对自助意识、民族命运等公民个性的考虑,书本知识的灌输优先于实际的公民训练等等,均说明民国初期的公民道德教育有着较强的抽象性特征。尽管公民教育在国内崛起的使命并非为着简单迎合世界潮流,然其最终还是在不自觉中受其制约,换言之,对于在一个半殖民地半封建国家如何开展公民教育尤其是公民道德教育还缺乏足够且成熟的考量。

　　总之,民国初期公民道德教育的产生有其特定的时代背景。就国内而言,首先是辛亥革命结束了千年帝制并建立起共和国家,使得教育的人才培养目标发生了根本性的转变。其次,国内动荡多变的政治局势,以及帝国主义侵略加深,激励着有志之士为缔造共和教育而努力。再次,五四新文化运动也在思想上昭示了新的国民道德方向。最后,包括西方公民教育理论和民主教育思想在内的各种教育思潮的广泛传播,则直接供给了思想来源及理论基础。就国际而言,首先是同时期的西方各主要国家因政治统一并基本实现了教育的国家化,故对公民教育愈益重视,这为民国初期通过教育建设共和国家提供了参照与启示。其次是"一战"以后的国际和平思潮,给公民道德教育注入了新的理想。受这些内外因素的交互影响,民国初期的公民道德教育理论也表现出多元化的面貌,有基于个人的,有基于国家的,也有基于世界或人类的。各种理论之间,或同异互见,或相互冲突,使得民国初期的公民道德教育理论呈现出多元复杂的景观。

第四章

南京国民政府时期训育理论研究

　　1927 年,国民党在北伐战争取胜的历史条件下建立起南京国民政府,在形式上实现了国家统一;之前纷扰的思想局面渐归平息,民主潮流也因一时受挫而陷入沉寂。随着南京国民政府政治上由"军政"转向"训政",教育上也加强了控制,于是,训育就成为这一时期学校德育的主导形式。随着德育实践的转变,在德育理论方面也以对训育的研究代替了对公民道德的探讨。不过,训育并非此时才产生,而是早在清末时就已存在。

　　提起这一时期的训育,很难说现今人们对它已经有了清晰的认识。其来源与演变、理论发展与实践措施、政治渗透与学术追求,以及训育理论发展过程中的外来影响与民族性要求等等,这些重要问题几乎都未经过透彻研究。大致在 2000 年以前,国内教育理论界关于训育基本上还是引改革开放前的看法为同调,在训育之前仍冠以"反动"二字以作盖棺定论,而对训育在理论与实践、政策与学术等各方面存在的复杂矛盾并没有作认真研究与探讨。事实上,在 20 世纪上半叶,训育是中国教育理论和实践领域中引人关注的一种重要现象,不是"反动训育"所完全可以概括的。就教育实践层面而言,即使说南京国民政府所建立的训育体系是"反动"的,但奇怪的是,到目前为止也没有见到过有哪种研究对训育本身的反动性进行彻底清算。这种情况说明,对于训育的研究无论是从反面还是从正面,学界开展得都还很不够。有鉴于此,本章尝试从理论上对民国训育问题作一系统研究。

第一节　训育及其研究的思想背景与理论资源①

一、训育演变的基本情况

在清末学制颁行之初,训育同学校行政一起统称为"管理"。1903年颁布的《各学堂管理通则》对学生在学堂生活的各种场所及其礼仪、禁令与赏罚等都作了具体规定。虽不复提倡传统教育中的体罚,但教师的权威和学校严格管理的氛围并没有减少多少,对学生的管理还是采取普遍的干涉与禁止的做法。

清末学堂一般都设有专门负责训育或管理的人员。初等学堂里,负责管理学生学习的设有"监学",管理生活方面的有"舍监",中学也大多设有这样的专门管理人员。监学或舍监的主要职责在于严格执行管理条规,对学生进行管理,以维持学堂秩序,并对学生行为进行赏罚。由于奉行权威与干涉的教条式管理,引起学生不满与仇视,因而往往成为学潮的起因。对于高等学堂的训育,清末的学堂章程虽然并没有明文规定,但《学务纲要》和《各学堂管理通则》中的有关"禁令",实际上与初、中等学堂关涉不大,而主要是同高等学堂有关。其中,学生的集会、结社等活动更是悬为禁例。而学堂之所以出此禁令主要也是针对来势汹涌的西学潮流,目的在于维护既有的政体、权势与政教格局。一方面,严禁学生"离经叛道",另一方面势必要以传统经典来范围人心,因此,作为儒家经典的经书就是学生必需的学习内容和研究对象。对此,《学务纲要》有清楚说明:"中国之经书,即是中国之宗教。若学堂不读经书,则是尧舜禹汤文武周公孔子之道,所谓三纲五常者尽行废绝,中国必不能立国矣。"②"理学为中国儒家最精之言,惟宗旨仍归于躬行实践,足为名教干城。此次章程,既专设品行一门,严定分数,又于修身读经著重,是处处借以理学为本。"③这是清末典型的"中学为体,西学为用"的政教方针。在师范教育上,这一方针更有具体的规定与体现。1904年颁布《奏定学堂章程》时,对于初级师范学堂曾特订"教育总要十二条",其中第二条至第七条与训育有关,分别是:(二)变化学生气质,激发学生精神,砥砺学生志操,在充教员者最为

---

① 本节主要参照肖朗,田海洋:《近代西方道德教育理论的传播与民国德育观念的变革》,《社会科学战线》,2011年第7期。

② 舒新城编:《中国近代教育史资料》上册,北京:人民教育出版社,1981年,第200页。

③ 舒新城编:《中国近代教育史资料》上册,北京:人民教育出版社,1981年,第210页。

重要之务。故教师范者,务当化导各生,养成其良善高明之性情,使不萌邪妄卑鄙之念。(三)尊君、亲亲,人伦之首,立国之纲,必须常以忠孝大义训令各生,使其趣向端正,心性纯良。(四)孔、孟为中国立教之宗,师范教育务须恪遵经训,阐发要义,万不可稍悖其旨,创为异说。(五)国民之智愚贤否,实关国家之强弱盛衰;师范生将来有教育国民重任,当激发其爱国志气,使知学成以后,必当勤学诲人,以尽报效国家之义务。(六)膺师范之任者,必当敦品养德,循礼奉法,言动威仪足为楷模;故教师范者,宜勉各生以谨言、慎行,贵庄重而戒轻佻,尚和平而忌暴戾;且须听受长上之命令、训诲,以身作则,方能使学生服从。(七)身体强健,成业之基,须使学生常留意卫生,勉习体操,以强固其精力。① 比较而言,对师范生的这种教育更突出了以传统道德来淳化其心性的要求。1907 年,添设女子师范学堂,又增订"教育总要"十条,其中第一条与第二条即关于训育方面,同先前师范训育相比,要求很不一样,从中很可以反映出清末人士对女子教育的看法。其内容是:(一)中国女德,历代崇重。凡为妇为母之道,征诸经典史册,先儒著述,历历可据。今教女子师范生,首宜注重于此,务时勉以贞静顺良慈淑端俭诸美德,总期不背中国向来之礼教与懿徽之风俗。其一切放纵自由之僻说,务须严切摒除,以维风化。(二)家国关系至为密切;故家政修明,国风自然昌盛。而修明家政,首在女子普及教育,知礼守法。又女子教育为国民教育之根基,故凡学堂教育必有最良善之家庭教育以为补助,始臻完美。而欲家庭教育之良善,端赖贤母;欲求贤母,须有完全之女学。凡为女子师范者,务于此旨体认真切,教导不怠。② 女子师范训育较男子师范训育对母道与家政有特别的要求,并被提高到"国基"的高度,足见对传统女德的重视。当然,在国门已经洞开,中西交流日益频繁的新形势下,这种"中体西用"方针对传统思想所能起到的维护作用,以及对新思想所具有的抵御作用究竟有多大,自然已经无须多论。西方的政治伦理思想成为清末维新的重要动力,也成为革命火种的播种机,就已经说明了一切。

　　民国成立后,学校制度虽较前清有较大变化,但训育上总体来说,基本以五四新文化运动为界,之前变化并不明显,而之后则发生了明显变化。小学训育从制度上看,主要以级任制为主,即在年级设置负责人主持整个年级的训育工作,学校没有统一的训育组织,级任教员往往负责同一年级的所有课程或主要课程,训教合为一体。内容上充实了学生的课余活动或课外服务,注重个体的道德训练。五四新文化运动之后,受杜威为代表的美国进步主义教育思想的影响,小学的训育

① 周予同:《中国现代教育史》,上海:上海良友图书印刷公司,1934 年,第 264－265 页。
② 周予同:《中国现代教育史》,上海:上海良友图书印刷公司,1934 年,第 265－266 页。

发生了较大变化。一些条件较好的学校比较注重改善学校的社会环境,从实际事务上来锻炼学生实际的社会生活适应能力。规模较大的学校还采用了"训导制",就是把全校学生按教师人数分为若干组,由一个教师负责一组,对学生的学习、生活、行为等各方面进行指导。但南京国民政府建立之前,小学因没有一个统一的训育计划和训育目标,各校的随意性较大。中等学校和专科以上学校的训育情况,在五四新文化运动之前并无多大改观。民国元年教育部颁布《学校管理规程》,作为各校标准,但并无具体条文,详细规定则由各校斟酌实际情形自行处理。学生对于校规,如有意见,可以面陈或上书学校当局。教师除学科教学外,也负有对学生训育事宜。五四新文化运动之后,受进步主义教育思潮的影响,学生自治团体纷纷成立;在团体里,学生充分行使自主权,广泛参与学校各种事务管理,锻炼公民道德与获得公民常识。从此时起至南京国民政府建立,中等以上学校的训育面临两个最大问题的考验,一个是男女同校问题,另一个就是学生参与政治运动问题。前一件事为从前所没有,算是五四运动后出现的新问题。这件事引起教育界乃至整个社会的热议,赞成与反对不一,但很快,男女同校之风借进步主义教育思潮之势,遍地开花了。从训育来说,男女同校就需要有与以往不同的办法,学生的学习、生活、交往等方面的教育都会面临一系列破除常规的要求,这对转变教育者尤其是专门从事训育工作的教育者的教育观念而言,无疑是一种挑战,而从教育自身发展的角度来看,它也逐渐促进了教育观念的转型。训育面临的另一个棘手的问题,就是20年代后,基于国内复杂的政治形势,中等以上学校,尤其是高等学校的学生日益卷入政治运动之中,全国学潮频发。这给学校正常教学与管理带来了很大影响,不仅是学生,而且教师、教育当局等都难以置身事外。频发的学生运动也加剧了师生之间,教育人士之间,以及教师与教育管理者、教育行政组织等之间的紧张与矛盾,学校训育工作几乎陷于瘫痪,无法正常进行。

1916年教育部《修正师范学校规程》有如下规定:(一)健全之精神宿于健全之身体,故宜使学生谨于摄生,勤于体育。(二)陶冶性情,锻炼意志,为充任教员者之要务,故宜使学生富于美感,勇于德行。(三)爱国家,遵法宪,为充任教员者之要务,故宜使学生明建国之本原,践国民之职分。(四)独立博爱为充任教员者之要务,故宜使学生尊品性而重自治,爱人道而尚大公。(五)国民教育趋重实际,宜使学生明现今之大势,察社会之情状,实事求是,为生利之人而勿为分利之人。(六)世界观与人生观为精神教育之本,故宜使学生究心哲理而具高尚之志趣。① 这些教育规条看上去虽然很是妥当,但并无实际内容,显得有些空乏,基本由民国

---

① 舒新城编:《中国近代教育史资料》中册,北京:人民教育出版社,1981年,第702–703页。

初期教育方针演绎而成。五四新文化运动之后,师范学校训育面临的情况与一般高校没有什么两样,学生自治比较盛行。在其后的学生运动中,师范学校的学生多半因出身贫寒,而往往较之一般学校学生更有革命热情。

南京国民政府建立后,随着政治上逐渐走向统一,也开始对学校教育着手全面进行整顿,以加强对教育的控制,而对中等以上学校的训育则尤为关注。为此,出台了一系列关于各级各类学校教育的训令。在一定程度上,可以说对政府与学校教育、国家发展与人才培养等关系的思考是导致训育研究形成热潮的一个很重要因素。当然,同以前相比,这一时期的训育已经是另一番景象了。

二、训育的主要思想背景

五四新文化运动前,学校在对学生的训育上基本与传统管理没有本质区别,学生在管理面前主要是服从,训育观念还是消极防范的多。然而,五四运动之后,受国内政治、教育改革、学术思想、国际形势等种种因素的影响,学生群体在中国政治舞台上愈益成为一种影响时局的不可忽视的因素,这使得学校与社会渐渐打成了一片,学校教育再也难以在复杂多变的社会及政治环境中安然寻找到一片宁静空间。受社会政治及时局的影响,学潮①成为这一时期令人瞩目的现象,此时来自社会各方面对于教育不同的声音或各种关于学生管理的规章制度几乎都与此相关。而共和精神指导下的教育对健全人格的追求,对民主制度下公民教育的设计,以及以美国为模式的教育改革等等,这些因素无疑又进一步加速了现实教育同传统社会及其习惯的背离。所有这一切都使得那个时代的教育既蕴含着生机,也充满着不安与困惑。

南京国民政府建立后,随着政治上渐趋统一,也开始有意识地加强对学生思想进行控制与引导,于是便着手对学校教育予以大力整顿。南京国民政府教育部于1930年3月发布《整顿学风令》,要求对各学校尤其中高等学校的学风、教风进行整顿。行政院《整顿教育令》(1932年7月)在批评学校教育时说:"十余年来,教育纪律愈见陵替,学校风潮日有所闻。学生对于校长则自由选举,如会议之推主席。对于教授则任意黜陟,如宿舍之雇佣庖丁。甚至散传单以谩骂,聚群众以殴辱。每有要求动辄罢课以相挟持,及至年终且常罢考以资结束。"②这种批评的

---

① 关于学潮的释义较早可见常道直、余家菊合著:《学校风潮的研究》,上海:商务印书馆,1925年,第5页。此处对学潮有如下解释:所谓学潮者,在一般人之解释,常兼指教职员之索薪风潮、经费独立运动、学生之政治运动、学生之反抗教职员及其他要求等等。本文认可此种解释并取其后两者。
② 教育部训育研究委员会编:《训育法令汇编》,1940年,第33页。

背后,正反映了当时学校学生日益高涨的民主意识与情绪。那么如何引导这种要求,在当时背景下,自然就成为对学生进行训育的一个难题。学生这种"自动""自治"行为自然为政府视为放纵而招致严斥,行政院责成教育部对学风厉行整顿,教育部遂在1930年3月发出整顿学风令后,又于1932年再次发布整顿学风令。在此背景下,一些中高等学校开始酝酿导师制,改进并加强对学生的训育管理与教育引导。"九一八事变"之后,学生的爱国运动时有发生,再加上国难教育的提倡,对学生的管理就变得更加困难,如何对待学生运动本身也成为一个很敏感的问题,政府、社会贤达及教育界人士等之间的认识也有所不同。

蔡元培在国民党五中全会上提交的关于青年运动的提案,内里也表达了他对学生运动深层原因的分析,较之一般政治见解来要客观得多。他说:"往者中央党部国民政府在广州,举国大半在军阀之下,不得不厚集革命之力量,以颠覆窃据。故吾党当时助青年学生之运动,不复虑及其一时学业之牺牲,虽有所痛于心,诚不能免乎此也。及后革命势力克定长江,学生鼓励民气之功绩已著,而青年牺牲学生训练之流弊亦彰,改弦易辙,人同此心。"①

身为南京国民政府最高领袖的蒋介石也表达了自己的看法。在国民党第二届全国教育会议上,他表示:"自五四运动以来,革命同志多注意于破坏,而不及建设。此因时间关系,而不择手段,诚有不得已之苦衷。当今时代虽破坏之时期已过,然国内学风仍然不良。此则今日教育不良之果,不可谓非昔日所种之因。国民革命,必能成功,在革命过程中,如何实施,建设教育,煞可研究。今时何时,破坏之时已过。如重行破坏性质之教育,则必失败。建设性质之教育,须以有秩序为先决条件。"②这实际上与上述蔡元培的意见有相似之处,既认可了过往学生运动的成绩,也认识到了以前教育所为所造成的影响。然而,学生经过革命思想与革命运动洗礼后成长起来的自动自助自主意识,毕竟也是革命教育本身的成果之一,理应是可喜的现象。在破坏时代结束,建设时代到来之时,如何利用学生成长起来的民主意识,来做建设时代的教育,确为"煞可研究"之事。但实际情况并非如此,多数人是把它当作放纵、散漫、不负责任等的消极破坏行为,而力图加以抑制甚至是弹压。蒋氏在对学生运动作了上述表示后,接着引用孙中山在黄埔学校的演说,现摘其大意如下:"党员无自由,学生无自由,故总理绝对不主张学生有自由。余以为中国今日之一切不良情形,不得不归咎于学生之太自由。教育成效非一日所可见也,十年二十年后始可见之……今日之教育应负民族存亡之责任,故

---

① 李相勖:《训育论》,上海:商务印书馆,1935年,第279页。

② 《第二次全国教育会议始末记》,上海:江东书局,1930年,第53页。

各大学校长,及各省教厅长,肩负甚巨,直接间接关系于国家之存亡危急。吾人必须负此责任,以从事教育。着手方法,首在整顿学风,使从前之浪漫紊乱现象,一扫而空,俾国家之百年大计,得以确定。教育家如能切实整顿学风,虽有若何阻力,而党部政府无论如何,必为之后盾,虽牺牲性命,亦所不惜。"①蒋氏此次发言,是整顿学风令之所以出台的直接原因。

胡汉民在这次教育会议上,就学生运动问题的发言则是对蒋氏意见的支持,他的说法是:"中国过去之教育朴作教刑,固属不当。但自杜氏(指杜威——笔者注)之说输入中国,不免矫枉过正。学生习于浪漫……教育投机取巧,拐卖青年,投其所好,以打到宗法封建及资本主义等,为其投机之护符。流弊所及,学风顿坏,至于不可收拾。因此教育不得不加以严格。应使青年深能了解保持纪律之必要,即保持纪律,乃群众对于社会之义务。"②客观说来,胡氏在这里所言也有其合理的一面,比如说学生受民主思潮影响"习于浪漫",但他把学生自主意识增强说成是流弊或学风败坏,也有失之简单之嫌。

作为上述批评和思考的结果,是出台了一系列训育的举措,具体措施包括:

在学校方面,三民主义教育宗旨确立后,以党义科代替了公民科(1932 年后又改回);教育部发布训令《各学校应将忠孝仁爱信义和平八字制匾悬挂以资启迪》(1931 年 7 月);初中增设"党童子军",高中以上学校则普遍实施"军事训练";1938 年 9 月,教育部再发训令《各校应悬挂国训匾额并制定校训校歌严令学生熟诵青年守则纲要》,所谓"国训"即"忠孝仁爱信义和平",所谓"青年守则"即原先所订"党员守则十二条";1938 年后,"训育原理与实施"成了师范专业的必修课。

在学生方面,取消"全国学生联合会"(1929 年 10 月),并颁布《学生团体组织原则》及《学生自治会组织大纲》(1930 年 1 月),《学生自治会组织大纲实施细则》(1930 年 10 月),对学生的自治活动进行了严格限定,要求学生团体本着三民主义的精神,开展校内的自治生活;明确规定学生自治会不得干涉学校行政,自治会章程须请当地高级党部核准呈报主管官署备案等。

在训育人员方面,出台了一系列措施,要求对相关人员的资格进行检定。如,《检定各级学校党义教师条例》(1929 年 7 月,同年 11 月订正),《各级学校聘用党义教师训育主任规则》(1929 年 11 月),《中等学校训育主任公民教员资格审查条例》(1936 年 2 月),《修正专科以上学校训导人员资格审查条例》(1940 年 6 月),《修正中等学校训导人员公民教员资格审查条例》(1941 年 11 月),《国立中等学

---

① 《第二次全国教育会议始末记》,上海:江东书局,1930 年,第 54 页。
② 《第二次全国教育会议始末记》,上海:江东书局,1930 年,第 61 页。

校训导人员公民教员资格审查》(1943年4月)等。

在训育政策方面,颁布了《青年训练大纲》(1938年2月)、《训育纲要》(1939年9月)等重要文件。上述两个文件均依据三民主义建国精神,训练学生为良善国民,使之能够忠勇卫国。《青年训练大纲》将青年应有的基本观念分为"人生观""民族观""国家观""世界观",并对每个方面规定了若干认知目标,使青年学生在国难之时认清自己人生的目的意义,清楚认识自身民族、国家所处现状与未来命运,同时知道国际形势以及国际社会的性质,明了本国同世界各国的关系。该大纲在训练要项方面,规定的目标有"信仰""德行""体格""生活""服务"等,每项之下也都有更细致的训练目标。训练内容涉及三民主义的信仰、基本道德规范、服务社会的精神、体格锻炼、军事教育等方方面面。《训育纲要》首先将训育的意义解释为:"训育之意义,在于陶冶健全之品格,使之合乎集体生存(民生)之条件,而健全品格之陶冶,在于培养实践道德之能力。"①训育既为培养实践道德之能力,故对于道德之意义不可不明了。该纲要将"党员守则十二条"作为青年学子修己善群之内容,具体为:忠勇为爱国之本;孝顺为齐家之本;仁爱为接物之本;信义为立业之本;和平为处世之本;礼节为治事之本;服从为负责之本;勤俭为服务之本;整洁为强身之本;助人为快乐之本;学问为济世之本;有恒为成功之本。在此基础上,该纲要将训育目标确立为四个方面:(一)自信信道,(二)自治治事,(三)自育育人,(四)自卫卫国。四个方面分别涉及教育、政治、经济、军事,而以"信道"为核心。《训育纲要》不仅规定了道德范围、训育目标,而且对各级各类学校训育的实施提出了基本要求。除了上述两个重要文件外,教育部陆续颁布的重要训育文件还有:《今后中小学训育上应特别注意之事项》(1932年6月),对中小学训育目标、训育责任、环境设备、实施方法等,作了特别强调;《小学训育标准》(根据1933年2月公布的《小学公民训练》修订而成,1941年10月公布),这个标准的目标在于根据建国需要,发扬本国固有道德及民族精神,训练儿童,以养成三民主义的健全公民。教育部还定有学校训育要目系统,分别就学生对于自己、家庭、社会、国家、世界等方面所应负责任,详细拟定德目,作为中小学实施训育的实际指导。另外,国民政府第三届中央执行委员会第十七次常务会议通过的《三民主义教育实施原则》(1931年9月3日)在"实施纲要"里,也对各级各类教育所实施的训育要求有明确规定。为落实训教合一之精神,还颁有《实施导师制应注意之各点》(1938年3月),《中等学校导师制纲要》(1941年3月),《专科以上学校导师制纲要》(1943年3月)等措施,1941年4月教育部还专门成立了训育委员会

---

① 教育部训育研究委员会编:《训育法令汇编》,1940年,第14页。

负责对全国学校训育的领导与研究。

此外,学界也在对五四运动以来的学校训育进行着反思。有些学者在探讨这个问题时,比较注重分析学校与学生自身存在的不足之处,如徐庭达在其所著《训育研究》(1936)中,就认为学校训育的失败有两个方面的原因:一方面是同学校本身有关,包括:(1)学校组织问题,认为学校的纵向结构如同官府的垂直领导,以权临于学生之上,处处形成压制,人格感化无从说起;(2)学校行为问题,权威领导使得学生总视学校行为对自己不利,于是产生对立;(3)学校设备问题,学生因学校设备不完备而感到学习与生活需要不能满足,遂产生不满情绪;(4)人的问题,学校领导者与教员的人格、学识、才能、态度不够师表,难副学生希望;(5)教学问题,只教授知识,而不注意道德训练与人格感化;(6)环境问题,学校周围环境不良,学生易受不良刺激;(7)政治问题,缺少对学生进行引导。另一方面是同学生自身有关,包括学生行为、心理、年龄特点等。这里尽管将学校教育中的不足列举了许多方面,使人们对其中隐含的问题可以有比较清楚的认识,但反映出的则是一种训育完全失败的论调。相较而言,杨同芳在其所著《中学训育》(1941)中的分析更进一步。他首先指出了人们忽视训育的若干原因,包括:(1)不明白训育的真义,仅将它看作对学生行为的制裁或消极的抑制,而不是作为陶冶学生人格和培育理想的手段;(2)受唯知思想的影响,学校重"教"不重"训",只是从事知识与技能的培养,而忽视德性的陶融;(3)受一般新教育学说的影响,认为道德不能直接教授,从而忽视道德培养;(4)由于道德标准之不确定,德育不如其他学科有明确的内容范围和原则标准可循,个人只是据经验行事,空乏而无系统;(5)训育成绩不易考察;(6)中学不需注重训育的谬误观念,认为中学生已经不是儿童,可以自我管理等。在这些不足之中,像"不知训育的真义""忽视道德培养""道德标准不确定""据经验行事"等方面的确是训育的核心问题,而且在杨同芳看来,这些问题也与训育的理想不一致,"学校的训育方针和实施须与社会理想符合调和,这是最重要的训育原则。即如现在的社会是民治主义的社会,那么凡是违背民治主义的训育实施,我们都应否认"。① 接着他又较为详细地分析了训育为何不振的其他方面原因,指出:中学的训育不能和社会的理想相结合;教师与学生间存在着隔阂;教训分开;训育人员的不当;训育重消极制裁而忽视人格感化;缺乏对青年的思想进行指导;缺少自治精神等。这几点原因确实击中了南京国民政府管理下的学校教育因教训分离所导致的各种训育弊端,如训育同民主社会的理想分离、教学与训育分离、制裁与感化分离、职业与职责分离、师生缺少联络等等。

---

① 杨同芳:《中学训育》,上海:世界书局,1941 年,第 47 页。

　　李相勖在其所著《训育论》(1935年版)中的分析,可视为比较全面周到的,不仅有原因分析,也提出了改进对策。他首先分别从以下四个方面对原因进行了分析:一是政治方面的原因,包括政局不安定、教育经费拖欠,以及用人惟人情势力,不能选拔真才。二是社会方面的原因,主要是无道德标准,没有一定的是非。三是教育界方面的原因,包括教育行政机关不负责任,没有公平观;学校当局不负责任,遇事敷衍迁就;教育界彼此倾轧,妄分派别。四是学生方面的原因,包括学生实际参与政治活动,好意气用事,多数学生不能主持公道。看得出,李氏对问题的分析更为尖锐,是把问题的责任直接归咎于政府和教育行政当局,像"政局不安定""用人唯人情势力""无道德标准""不负责任""没有公平""彼此倾轧"等措辞亦是很激烈的批评。当然,有些方面也还需要作进一步深入分析。譬如,如何看待学生实际参加政治活动? 学生"闹事"是否皆因学生好意气用事或缺乏公道所致? 其实,像这些问题的成因也不妨用李氏自己的分析来回答。李氏又据其所认为的不足提出了几条改进意见,包括:修明政治、改造社会的心理、教师专业化、确定训育的目标和细目、注重课外活动、注重学生自治、实行训教合一、注重联络家庭、注重特殊儿童的训育、推行新生活等。这些意见中,有的则是借鉴欧美国家学校训育基本经验的结果,像教师专业化、注重学生自治与课外活动、注重联络家庭、注重特殊儿童的训育等等。

　　总之,南京国民政府建立后,无论政府还是学界,对五四运动以来的学校训育都做了不同程度的反思,尽管看法不见得一致,但对这一时期的学校训育而言,无疑都有一定的影响与作用。

三、训育的主要理论资源

　　南京国民政府时期训育研究同西方的理论资源之间有着非常密切的关系,大量近现代西方道德教育理论以及心理学有关道德发展理论研究成果被介绍进来,是使这一时期训育研究获得坚实理论基础的重要方面,而且通过借鉴不仅提高了训育研究的理论水平,也推动了德育观的进一步转变。

　　(一)近代西方道德教育理论传播概况

　　西方工业革命与科学技术的发展,不仅带来了经济和社会的繁荣,而且也促进了近代教育制度的建立,伦理道德思想及教育理论空前发达,而道德教育理论即为其中的重要组成部分。从卢梭、康德、赫尔巴特(J. F. Herbart),到斯宾塞、涂尔干(E. Durkheim,亦译迪尔凯姆)、杜威,都形成有各具特色的道德教育理论。自清末起,近代中国人便热衷于传播西方伦理道德思想,并将其作为改造本国传统伦理道德的重要理论资源。如梁启超仅在1902年就通过《新民丛报》系统导入了西方自古希腊到近代民族国家有代表性的政治与伦理思想,而王国维担任主编的《教育世界》也发表了诸如《西洋伦理学史要》《伦理学概论》《现代之伦理学》等论著。所有这些对当时德育观念的转变都起到了一定的启发和促进作用。早在1909年便有人在《教育杂志》上撰文,谴责中小学堂的德育,不仅对其强行要求小学生读经提出了严厉批评①,而且也对修身课程专讲儒家言论表示了不满②。但这种影响毕竟十分有限,一方面是由于受到清朝封建体制及整个社会状况的制约,另一方面,伦理道德思想毕竟不同于道德教育理论,还不能直接为中小学堂的德育实践提供明确的指导。辛亥革命推翻了帝制,也重塑了教育理想。鉴于旧制度下的德育无论观念还是方法皆难以适应新时代和社会的要求,故而自20年代初起,学人便开始有意识地系统引进西方道德教育理论,借以变革既有的德育观念,并指导学校的德育实践。然而,德育观念变革是一项深远而复杂的教育事业,也是教育核心价值观的直接体现。近代西方道德教育理论在促进民国德育观念变革的同时,也留下了一系列值得后人加以反思和总结的问题。

1. 杜威的道德教育理论

辛亥革命后共和政体的建立以及此后不久新文化运动的兴起,使西方近代"民主"和"科学"的理念与思想在中国广为传播。在此大背景下,伴随着胡适、蒋梦麟、陶行知等留美学生纷纷回国以及杜威来华讲学两年有余,美国的实用主义哲学和进步主义教育思想传入中国,其中包括杜威的道德教育理论。正如《民主主义与教育》一书所指出的:"一切能发展有效地参与社会生活的能力的教育,都是道德的教育。这种教育塑造一种性格,不但能从事社会所必需的特定行为,而且对生长所必需的继续不断的重新适应感到兴趣。对于从生活的一切接触中学习感到兴趣,就是根本的道德兴趣。"③杜威的道德教育理论在本质上与其教育思想体系相吻合,主张学校德育必须遵循儿童身心发育的规律并与社会生活紧密地结合在一起。就在杜威来华前夕,蒋梦麟曾在《新教育》"杜威号"上发表《杜威之伦理学》及《杜威之道德教育》等文,成为国内介绍和传播杜威道德教育理论的开山之作。蒋梦麟评价道:"杜威把道德和社会联在一块儿,照他的意思,讲道德离不了社会,讲社会的幸福就是讲道德,他说社会的价值就是道德的意思。"④1921年,仍值杜威在华讲学之际,中华书局出版了元尚仁翻译的杜威《教育上的道德原

---

① 顾实:《论小学堂读经之谬》,《教育杂志》,1909年第4号。
② 缪文功:《论修身教授不可专用儒家言》,《教育杂志》,1909年第12号。
③ 〔美〕杜威:《民主主义与教育》,王承绪译,北京:人民教育出版社,2001年,第379页。
④ 蒋梦麟:《杜威之道德教育》,《新教育》,1919年第1卷第3期。

理》(中文译名《德育原理》),该书较为系统地展示了杜威的道德教育理论体系。关于其翻译的初衷和动机,元尚仁在"译者小言"中写道:"道德到底是什么东西呢? 说来是平常得很的。它就是一种完全生活的法则,一种做人的法则;并不是什么'四勿''三从'一类的消极的防范。""德育是什么呢? 简单说就是教儿童'实行'那完全生活的法则,改良那做人的道理……所以现今学校中所通行的'修身教科书',非但是蛇足,而且是大背德育原理的。"①这表明他译介杜威道德理论旨在变革以消极灌输的修身教育为主体的传统德育,使德育重返儿童的现实生活。此后,直至 20 世纪 40 年代,国内各大出版机构竞相出版杜威的著作,宣传他的教育思想以及贯穿其中的德育观。

表 4 - 1　民国时期杜威著作中译本一览表②

作者/译者	英文/中文名称	出版单位/年代
J. Dewey ①刘经庶编译;②刘伯明译;③丘瑾璋译;④孟宪承、俞庆棠译	How We Think(1910) ①《思维术》;②《思维术》;③《思想方法论》;④《思维与教学》	①南京高等师范学校,1918;②中华书局,初版 1921,第 9 版 1926;③世界书局,1935;④商务印书馆,1936
J. Dewey 刘衡如译	The School and Society(1899) 《学校与社会》	中华书局,1921
J. Dewey ①元尚仁译 ②张铭鼎译	Moral Principles in Education(1909) 《德育原理》	①中华书局,1921 ②商务印书馆,1930
J. Dewey 郑宗海译	The child and the Curriculum(1902) 《儿童与教材》	中华书局,1922
J. Dewey 张裕卿、杨伟文译	Interest and effort in Education(1913) 《教育上的兴味与努力》	商务印书馆,1922

---

① [美]杜威:《德育原理》,元尚仁译,上海:中华书局,1921 年,"译者小言"。
② 北京图书馆编:《民国时期总书目(1911 - 1949):教育·体育》,北京:书目文献出版社,1995 年;中美百万册(CADAL)。

续表

作者/译者	英文/中文名称	出版单位/年代
J. Dewey & E. Dewey 朱经农、潘梓年译	School of Tomorrow（1915） 《明日之学校》	商务印书馆，初版 1923，第 1 版 1933，第 2 版 1935
J. Dewey 邹恩润译	Democracy and Education（1916） 《民本主义与教育》	商务印书馆，初版 1928，第 1 版 1947，第 2 版 1948；万有文库本 初版 1929
J. Dewey 张岱年、傅继良译	The Sources of A Science of Education（1929），《教育科学之源泉》	人文书店，1932
J. Dewey ①许崇清译 ②胡适、唐擘黄译	Reconstruction in Philosophy（1920） 《哲学的改造》	商务印书馆 ①1933，②1934
J. Dewey&J. H. Tufts 余家菊译	Ethics（1908） 《道德学》	商务印书馆，1935
J. Dewey ①李培囿译 ②李相勖、阮春芳译	Experience and Education（1938） 《经验与教育》	①正中书局，重庆初版 1942，上海第 1 版 1946；② 文通书局，初版 1941，第 1 版 1946
J. Dewey 吴耀宗译	A Common Faith（1934） 《科学的宗教观》	青年协会书局，初版 1936
J. Dewey 董时光译述	Education Today（1940） 《今日的教育》	商务印书馆，1946

　　这一时期,学界除翻译杜威教育著作直接传播其道德教育理论而外,还翻译了与杜威道德教育理论关系较大的几位学者的作品,主要有美国学者朴墨(Palmer)的《德育问题》(1921)、察忒斯(W. W. Charters)的《理想的培育法》(1930)、斯密斯(W. R. Smith)的《建设的学校训育》(1936)和普林格尔(R. W. Pringle)的《中学训育心理学》(1937)等,这些著作在道德教育问题上基本采取了杜威进步主义的主张,从而对杜威道德教育理论的传播起到了推波助澜的作用。

2. 涂尔干的道德教育学说

就在教育界大力传播和应用杜威的道德教育理论之际,舒新城等一批教育家便对杜威所宣扬的美国式的"民主"及其教育是否适合中国国情的问题进行反思并提出了质疑,他们也不赞成当时的学校对青少年的德育采取放任自流的态度与措施。特别是南京国民政府成立后,加强了对学校德育及训育的管理和控制。伴随着"杜威热"的逐渐降温,法国社会学家、教育学家涂尔干的道德教育学说逐渐引起国人的关注,1929 年教育学家崔载阳即翻译了他的代表作《道德教育论》(亦译《道德教育》)。该书原为涂尔干于 1902—1903 年间在巴黎大学索邦学院教育学系讲授道德教育课程时的讲稿,他死后由其弟子、索邦讲座教授保罗·富科内(P. Fauconmet,亦译福孔奈)整理成书并于 1925 年出版①。在西方学界,它被视为德育学科独立的重要标志。相对于西方的历史经验,涂尔干道德教育学说的最大特点与贡献在于它有力地推动了道德教育的世俗化,即与宗教相分离,以及使用社会学实证方法力图创立"科学的"道德教育理论。这种努力在《道德教育论》中得到了充分体现。在这部著作中,涂尔干首先明确区分了理性道德教育与宗教道德教育并梳理了两者之间的关系,遂将道德教育的基础完全建立在儿童的理性之上,从而取代了宗教默启的教义和方法。其次,他一反传统道德学的主观主义方法而采用社会学的实证方法,从历史与现实的事实中分析那些具有规律性的德性元素,从而得出纪律精神、牺牲精神及意志自由为人必须服从的道德律。最后,他在此基础上进一步论述了如何通过教学来培养儿童的各种品德。涂尔干的道德教育学说改变了欧洲历史上长期以来形成的以个体为本位的伦理观,因而相应地被视为社会本位的道德教育论。

事实上,从清末起法国中小学的道德教育就一直为国内学者所关注,尽管所介绍的还不能直接说成是涂尔干的道德教育思想,但从其实际内容来看,以社会为导向的倾向则十分明显,而这与涂尔干道德教育学说的价值趋向颇为一致。例如,《教育世界》第 73 号(1904 年 4 月)发表的《法国修身教授法之一斑》、第 145 号刊载的《法国之道德教授》以及《教育杂志》第 4 卷第 1 号刊登的《法国中小学修身科教授要目》、第 4 卷第 12 号登载的《法国之修身教授》等等,细读这些文章后就会发现,在法国近代学校德育中存在着很明显的社会导向。涂尔干道德教育学说的代表作译成中文后,《教育杂志》于第 22 卷第 6 号、第 23 卷第 4 号上先后发表《法国教育集权与自由之精神》、《涂尔干的社会学的教育学说》等文,崔载阳

---

① 陈桂生:《中国德育问题》,福州:福建教育出版社,2007 年,第 220 页;[法]涂尔干:《道德教育》,陈光金译,上海:上海人民出版社,2001 年,第 3 - 4 页。

自己也在《教育研究》上发表《涂尔干的教育学说》,进一步对涂尔干的教育思想包括其道德教育学说进行阐述与补充。1933 年,教育学家吴俊升又翻译了法国著名哲学家拉郎德(A. Lalande)的《实践道德述要》,由中华书局于 1935 年出版;该书按社会道德生活领域并采用社会学的调查法逐条罗列德目,最后厘定人类社会具有普适性的德目共 225 项,以此作为指导儿童行为的标准。

3. 康德的伦理道德思想及其德育观

与涂尔干道德教育学说几乎同时传入的另一种道德教育理论是康德的伦理道德思想及其德育观。在西方,康德的伦理道德思想所代表的伦理学是一种规范伦理学,也是一种强调人的善良意志、主张道德行为的"至善"主要有赖于它的动机而无须涉及它的效果的形式论的伦理学。康德的伦理道德思想在清末民初便由梁启超、王国维、蔡元培、杨昌济等人导入中国,并对民初的教育方针产生过一定影响。① 20 世纪 30 年代康德的伦理道德思想再度受到中国学界注目,其原因是多方面的,但主要原因则在于国内政治和社会形势的变化。随着南京国民政府的建立,一个"破坏"的时代宣告结束,代之而起的是所谓"建设"的时代,围绕如何"建设"的问题,学界从不同的方面和角度展开了广泛而热烈的研讨。就德育方面而言,促成康德伦理道德思想及其德育观"复兴"的具体因素主要表现在:其一,清末民初介绍导入康德的伦理道德思想主要停留在哲学和教育方针的层面,而对学校的德育实践层面却影响甚微,但如前所述,五四新文化运动后美国进步主义教育思想及杜威的道德教育理论传入中国后对学校德育既产生的积极的作用,也带来了负面的影响,而南京国民政府成立后加强了对学校德育及训育的管理和控制,于是康德伦理道德思想再度受到中国学人的关注,他们不满足于仅仅从哲学或教育方针的层面来阐释和发挥康德的伦理道德思想,而试图进一步结合康德的教育思想来揭示其德育观并将之运用于指导学校的德育实践。其二,从国际上看,19 世纪下半叶西方兴起了"回到康德去"的运动,致使新康德主义应运而生并逐渐形成了影响广泛的社会思潮,它强烈地吸引了中国一批知识分子的注意力,其中以张君劢、张东荪等为代表人物,后者更自称是"康德派"和新康德主义者,② 他们曾与国际相呼应组织并推动了国内康德诞辰 200 周年的纪念活动,一些有影响的报刊如《学灯》《晨报》等纷纷发表纪念和研究文章,而《学艺》(1924 年第 6 卷第 5 期)及《民铎》(1925 年第 6 卷第 4 号)杂志还出版了"康德专号"。上述这一

① 肖朗:《康德与中国近代教育思想》,《教育研究》,2003 年第 10 期;肖朗:《吸收与改造:康德伦理道德思想在近代中国》,《社会科学战线》,2005 年第 5 期。
② 叶青:《张东荪哲学批判》,上海:辛肯书店,1934 年,"序言"。

切,都为国内康德伦理道德思想的"复兴"创造了一种时代氛围,引导学界进一步研究和阐发其德育观。

值得一提的是,这一时期的教育学者直接参与其中,发挥了重要的作用。例如,1924年留学哈佛大学的瞿菊农(又名瞿世英)编译了《康德教育论》,商务印书馆于1926年将此书收入"师范小丛书"中初版;之后,为适应教育形势发展的需要,商务印书馆又于1930年出版"万有文库"本,并于1933年再版。再如,教育学家范寿康撰著了《教育哲学大纲》一书,结合康德的批判哲学体系介绍了其道德教育思想。至30年代,康德关于道德哲学的代表作均已译成中文出版,如张铭鼎译《实践理性批判》(商务印书馆1936年版)、唐钺译《道德形而上学探本》(商务印书馆1937年版)等。这些成果对传播康德的伦理道德思想及其德育观无疑起到了极大的促进作用。

(二)民国进步主义德育观的兴衰

1. 从传统的修身教育理念到进步主义德育观

清末民初,部分先进人士逐渐明确地意识到道德变革的重要性。严复率先将中西社会不同之根源归结为"自由不自由异耳"①,从而开启了清末伦理道德转型之端绪。梁启超继而发出了"发明一种新道德,以求所以固吾群善吾群进吾群之道"的诉求②,章太炎也认为"无道德者之不能革命"③,进而陈独秀又提出了"伦理的觉悟为吾人最后觉悟之最后觉悟"的观点④,这些呐喊都强烈地表达了"启蒙"与"救亡"的时代使命感。本着这种使命意识,他们急切地将西方政治及伦理道德思想导入中国,经此冲击,传统伦理道德终于步出两千多年封建社会的重围而开始了现代转型。伦理转型为教育目标重构提供了全新的价值诉求和有利的思想背景,但"修身即德育"⑤的传统观念依旧统摄着人心,而且清末"修身"的具体内容又不同于明治日本导入的西方近代"修身学",而依旧是以儒家伦理观念及其德目为旨归。因此,改革修身教育就不仅仅是德育本身的需要,更是实现教育的人才培养目标由封建臣民向近代国民转变的必然要求。日后,有的学者因感于欧美道德教育之发达,曾针对中国教育的现状切中肯綮地指出:"中国之所以兴教

① 严复:《论世变之亟》,王栻主编:《严复集》第1册,北京:中华书局,1986年,第2页。
② 梁启超:《新民说》,《饮冰室合集》专集之四,上海:中华书局,1936年,第15页。
③ 张枬、王忍之编:《辛亥革命前十年间时论选集》第二卷上册,北京:三联书店,1963年,第513页。
④ 陈独秀:《吾人最后之觉悟》,《青年杂志》,1916年第1卷第6号。
⑤ [日]牧懒五一郎:《教育学教科书》,王国维译,载《教育丛书》第二集,上海:教育世界社,1902年,第12页。

育数十年而未得教育之效果者,实原于未讲求道德教育之故。今欲求补救之之方,则亦不可不先从事于道德教育。"①

　　辛亥革命及随后兴起的五四新文化运动促使民主思潮勃兴,教育面临的首要任务因之而转变为通过造就具有健全人格的国民,以发扬共和精神。在这种情况下,传统的修身教育再也难以适应教育改革的需求,于是创立新型的道德教育便成为当务之急。早在民初,蔡元培即力倡"五育并举"的教育方针,并以追求"自由""平等"和"博爱"等价值取向的公民道德教育为其中坚,从而确定了民国道德教育的基本走向。五四新文化运动期间,胡适也旗帜鲜明地提出"非个人主义新生活"的主张,反对脱离现实社会生活的独善的个人主义,而提倡杜威所说的"真的个人主义"或"个性主义"。② 他们所倡导的德育观都远远超越了传统修身所囿于的个人视界,把道德教育的目标从传统狭隘的、孤寂而静修式的"束身寡过主义"推向广阔而丰富的现实社会生活,从一己的"小我"推进到社会的"大我",从而把个人的道德修养与社会的改革发展紧密联系在一起。而杜威的道德教育理论便对此时德育观念的转变起到了直接的推动作用。

　　在《德育原理》一书中,杜威指出道德教育首先要区分"道德的观念"与"观念上的道德"③,因为两者之间有着本质的区别,而道德教育旨在培养前者,而不是后者;换言之,有意向学生灌输种种德目的教育根本不可能培养起学生的美德。杜威的这种认识来源于美国教育的现实,因为在一定程度上可以说其道德教育理论是针对美国资产阶级民主社会培养公民的要求而提出的。他曾批评美国学校中普遍存在的以公民知识灌输和公民资格训练为主要内容的公民教育是一种很狭隘的教育,认为这种教育培养出来的公民将无法承担起应尽的社会责任。④ 进而,他反对学校通过直接设置道德课程以使儿童死读书本的方式来开展德育,而主张儿童通过各种形式的学习、活动并以参与社会生活的方式来接受道德教育。由此出发,杜威以社会学和心理学为依据系统地论述了对儿童进行道德训练的要求和方法,形成将学校生活、教学方法与课程相统一的"三位一体"的德育模式。一些美国学者认为,"有意研究正当的行为不见得能产生道德"⑤,"新制度的训育施行虽然不易,但在道德教育上,比较任何专制的统治,更为有力的成分"⑥,类似

① 蒋拙诚:《道德教育论》,上海:商务印书馆,1919 年,第 4 页。
② 胡适:《胡适文存》卷四,上海:上海书店出版社,1989 年,第 174 页。
③ [美]杜威:《德育原理》,元尚仁译,上海:中华书局,1921 年,第 1 页。
④ [美]杜威:《德育原理》,元尚仁译,上海:中华书局,1921 年,第 6－7 页。
⑤ [美]朴墨:《德育问题》,王克仁、邰爽秋译,上海:中华书局,1921 年,第 9 页。
⑥ [美]斯密斯:《建设的学校训育》,范寯梅译,上海:商务印书馆,1936 年,"原序"。

的看法都表达了对以杜威为代表的进步主义德育观的认可。杜威所表达的德育观在当时被认为是"间接德育"或"积极德育"的杰出代表，而且也与当时中国的教育改革形势及其要求相契合。当这种德育观传入中国后，其思想本质符合民初培养"共和国民健全之人格"的教育方针，既有助于肃清以造就封建臣民为宗旨的传统德育思想，又在一定程度上纠正了清末传入的德国教育学家赫尔巴特以教师和课堂为中心的训育观念，从而给那些有志改革中国学校德育现状的教育界人士以深刻启发，并对民国时期的学校德育实践产生了深刻的影响。有的学者在论述民国时期的中学训育时即指出："旧时的训育，因为太着重纠正和抑制，以致妨碍学生个性的自然发展，不能获得教育上实际的效果。由于教育思潮的变迁和新教育学说的灌输，已经发现那种训育再没有存在的价值，适合时代需要和吻合教育目的的进步的训育，便应运而生了。"①这里所说的"新教育学说"，主要指的是杜威的道德教育理论，尤其是它所提倡的"三位一体"的德育方法和打破智德体"三育"分野的教育精神。

2. 回归秩序：进步主义德育观的转变

南京国民政府成立前后，学校教育所面临的纪律松懈和秩序紊乱的问题是相当严峻的。五四新文化运动以来对传统道德持续的批判确实取得了思想解放的成效，但与此同时也削弱和动摇了道德本身的权威性。一些学校当局及管理部门对学生的德育及训育采取放任自流的态度，更使正常的教学秩序受到严重的干扰和破坏。如何使学校重新回归秩序，遂成为这一时期教育界人士共同关心的问题，也引起了政府部门的极大关注。1932 年南京国民政府行政院颁布的《整顿教育令》声称："十余年来，教育纪律愈见陵替，学校风潮，日有所闻。学生对于校长，则自由选举，如会议之推主席。对于教授，则任意黜陟，如宿舍之雇用庖丁。甚至散布传单以谩骂，聚群众以殴辱。每有要求，动辄罢课以相挟持；及至年终，且常罢考以作结束。"②关于造成这种现象的原因，蔡元培在国民党五中全会上主要从政治的层面分析道："往者中央党部国民政府在广州，举国大半在军阀之下，不得不厚集革命之力量，以颠覆窃据。故吾党当时助青年学生之运动，不复虑及其一时学业之牺牲，虽有所痛于心，诚不能免乎此也。及后革命势力克定长江，学生鼓励民气之功业已著，而牺牲青年学生训练之流弊亦彰，改弦易辙，人同此心。"③胡

① 杨同芳：《中学训育》，上海：世界书局，1941 年，第 4 页。
② 宋恩荣，章咸选编：《中华民国教育法规选编》（修订版），南京：江苏教育出版社，2005 年，第 116 – 117 页。
③ 李相勖：《训育论》，上海：商务印书馆，1935 年，第 279 – 280 页。

汉民则借全国教育会议之机直指以往教育之不当,认为"近几年来教育界亦有专事向外国搬来以行之中国者,但搬来时坏多而好少……到现在已经到了无可拘束之时,只能以放任主义,亦可谓方便主义,听学生以自由"。① 他将以往教育界不问国情、直接搬用杜威思想的做法视为导致学生习于散漫、学校纪律松弛的重要原因。而有的教育学者更是就学校德育本身批评道:"新教育家注重教育活动之统整性,不顾从教育活动中分别德育而注重之。如杜威即曾反对专为德育而设置道德课,斥为不能灌输真正之道德观念,以为真正之道德观念须在儿童之活动中方可于不觉间自然养成。此种见解推之极端,一切道德上劝诫训勉之手段,均认为失当,而除奖励儿童从事社会活动外,更无任何德育设施之可言。起初此种见解,原期在儿童活动中,无时无事不具德育之效力,但因无明确之目标,反至无任何时、无任何事,以德育为旨归矣。故德育之受忽视,此种新教育之见解,亦不能不负一部分之责任也。"② 在此大背景下,涂尔干的道德教育学说开始进入国人的视野。

作为社会学家的涂尔干,社会秩序及其整合是其毕生研究的主题,这也源于他所生活的时代和环境。近代法国社会的动荡不安,促使涂尔干希望通过研究社会学来解决社会的现实问题,从而有助于国家达到安定。在他看来,宗教、法律、道德等都是社会学特定的研究对象,道德遂被纳入他所设定的社会事实中。涂尔干认为,社会事实先于个体生命而存在,因此,它不取决于个人而取决于社会,并且将以社会的外在形式给个人以"强制"的影响和约束。从这个角度出发,他宣称"以个人为目的的行为,不算是道德的行为","以他人为目的的行为,亦不算道德的行为","道德的行为只可来自一超个人之物,即只可来自社会"。③ 在涂尔干的社会组织和团体的概念中,最重要的是"祖国"。他说:"道德价值之最高的是政治社会,是祖国。"因此,他宣称:"学校绝应变成培养祖国道德的环境。"④尽管涂尔干的道德教育学说并未否定儿童的个性,但其立足点则在社会,其核心是提倡德育应以培养儿童"委身社会"、"服务祖国"的价值观念为根本目标,这些显然有别于杜威的道德教育理论,而且的确有助于弥补后者之不足。戴季陶读了《道德教育论》后评价道:"余……觉涂氏之所言皆为余之所言而不能尽,或欲言而未能者。同声则相应,同气则相求,能使余于百忙中竟读其书者,殊非偶然也。曾忆曩年杜

① 《第二次全国教育会议始末记》第二篇,上海:江东书局,1930 年,第 60 页。
② 吴俊升:《德育原理》,上海:商务印书馆,1935 年,第 12 – 13 页。
③ [法]涂尔干:《道德教育论》,崔载阳译,上海:民智书局,1929 年,第 50 – 54 页。
④ [法]涂尔干:《道德教育论》,崔载阳译,上海:民智书局,1929 年,第 71 页。

威来华讲学,于是中国学风为之大变,适于其前后来华传授其思想学说者二三人,皆各揣其种以玄。十年之间,教育上之是是非非无不与此数西洋学者有甚深之因缘,而其结果不特不能使中国得其益,且反受其弊。此虽非各传其道之西洋学者之咎,而其理论之过与不及亦有相当之责任,正不止不合国情已也。"①在这里,戴季陶不仅表达了他对涂尔干有"同声相应、同气相求"之感,而且更重要的是通过与杜威等人的比较而表达了涂尔干的学说正为当时之中国所需要的看法。

关于道德本身的内容和形式,涂尔干又认为:"吾人不应混两种极不同之情感为一事:对于旧规律感觉有代以新规律之需要,此一事也;对于一切规范,均不能忍耐,对于一切训练,均加仇视,此又一事也。在一定情况之下,第一种情感乃属自然的、健全的、有意识的;第二种情感则属变态的,因其诱致吾人自外于生活之根本条件也。……从来许多革命事业之毫无效果,或所得之效果,与若辈所下之努力功夫常不相应,正坐此病。其实正惟在反对规律之时代,更应感觉规律之需要。正惟在推翻规律之时代,吾人应常存一不可缺乏规律之心,因惟遵此条件,吾人之工作,始得积极之效果也。"②这反映出他主张在德育过程中应注意区别道德内容与道德形式,前者可以因社会变化而改变之,但后者则是不变的,因为道德形式反映的是道德精神,而人无论何时何地都不能不遵从道德精神,以维护道德的权威。可见,涂尔干的道德教育学说侧重于维护社会道德的权威性,强调任何社会的道德及其教育对人都发挥着"引导"甚至是"强制"的正当作用,这种观点在一定程度上切中的当时中国学校德育的弊端,难怪教育学家吴俊升感叹道:"涂氏之言,宛若为中国之道德现状而发者。"③就道德教育实施的具体方式而言,涂尔干十分重视课堂教学的作用,如他认为培养牺牲精神的基本途径之一是通过各科教学来对学生施加影响,同时主张利用课堂从培养班级精神、树立集体荣誉感入手来增进学生的社会意识。凡此种种,均与杜威的道德教育理论大相径庭,并对当时中国的学校德育产生了一定的影响。

批评杜威的道德教育理论而迎来了涂尔干的道德教育学说,这是当时中国社会发展客观需要使然。但涂尔干的学说所展示的教育理想是要求对社会道德秩序的服从,尽管如前所述他并没有否定儿童的个性,但高扬的社会性会对儿童个性构成冲击甚至压制,这也是毋庸置疑的。其实,法国在"政体"上是开创西方资产阶级民主共和国的先驱,但在"治体"上却采用了中央集权的管理模式,而其近

---

① ［法］涂尔干:《道德教育论》,崔载阳译,上海:民智书局,1929 年,"戴序"。
② ［法］拉郎德:《实践道德述要》,吴俊升译,上海:中华书局,1935 年,"译序"。
③ 吴俊升:《德育原理》,上海:商务印书馆,1935 年,第 7 页。

代学校教育制度也早已受到人们的批评,如罗素就断言:"在法国,国立学校如同被宗教控制的学校那样,是专断独行的。"①客观地说,20 世纪 20—30 年代传入的涂尔干道德教育学说,为纠正美国进步主义德育观的偏差提供了理论依据,但在一定程度上也成为南京国民政府实施"训政"的工具。

3. 德育观多元化的冲突与融合

一般来说,道德教育总是在具体的社会规约或规范下进行的,这些规约或规范构成了德育的实际内容和必须遵循的基本原则。在社会学的视野中,道德律即为社会的道德规范,它是衡量和判断人类行为道德性的主要标准,而道德教育的目的正是通过教导、指导和劝导儿童行为合于社会的道德规范,最终养成儿童符合道德律的品格。然而,道德律发挥作用所依赖的社会制裁方式也具有强制性,道德教育在这种强制性面前如何实现人的道德性呢? 杜威和涂尔干给出了几乎不同的回答。杜威倡导通过"间接德育"的方式来培养儿童的意愿以形成道德行为,然而,在道德义务面前,仅凭意愿而行,其力量则十分脆弱,不足以保证道德行为的有效性。涂尔干尽管没有完全否定杜威的设想,但他显然更注重外在训练的重要性。这就关系到人类德性生成的基本问题,即德性究竟由"外铄"还是靠"内发"而成? 古今中外,不少哲学家在理论上确立起道德的理想,并规定德育实施的原则;同时,教育学家为使德育实施有充分的理论依据,也无时不在寻求道德哲学的原则。

可以说,康德在上述两种答案之外,给出了另一种解答。学界公认道德哲学是康德哲学体系的核心,对此张东荪曾解释道:"康德之研究知识问题仍以求得人生问题之圆满解决为其背景,故吾谓康德哲学以人生价值(即道德)为归宿也。"②如前所述,康德的伦理道德思想所代表的伦理学是一种规范伦理学,强调人的善良意志对其道德行为的形成具有决定作用,进而宣称道德行为的"至善"主要有赖于它的动机而无须涉及其效果。康德认为,道德行为应以"至善"为唯一的目的,即人在自由意志的基础上完全出于"义务"来执行道德法则,而与任何需求、爱好、利益或结果无关,用他自己的话来说,即"不论做什么,总应该做到使你的意志所遵循的准则永远同时能够成为一条普遍的立法原理"。③ 因此,他主张道德行为应该只受"义务心"的驱使而"自发地"产生和实现,这与杜威的"情愿"行为不同,更与涂尔干的"纪律训练"有异。康德的这一观点尽管也可以纳入"内发"说,但

---

① [英]伯特兰·罗素:《罗素自选文集》,戴玉庆译,北京:商务印书馆,2006 年,第 83 页。

② 张东荪:《道德哲学》,上海:中华书局,1930 年,第 308 页。

③ 康德:《实践理性批判》,关文运译,北京:商务印书馆,1960 年,第 124 页。

与杜威基于本能、情绪、智慧等的主张显然有区别,因为康德的"自发"行为是超越"自愿"行为之上的道德行为,是一种自觉的责任体认,是意志自律的结果,它只受"义务心"的支配。质言之,儿童的道德行为"非为利害之计较,非为对于行为本身情愿执行,乃为受义务心之驱迫"①。

对儿童道德行为的教育和训练究竟以何者为标准,是依据"强制",还是"自愿"?这个问题曾在民国教育界引起争论,并导致不同的看法。拥护杜威的人每每谴责传统德育对儿童本性造成压抑;②批评杜威的人则认为其德育失却标准,没有明确的目标,因而对德育失败的现状负有不可推卸的责任;赞成涂尔干社会学立场的人更是坚信教育的社会基础③,认为教育的本质只能从社会的角度加以说明,教育的目的也只能用社会的要求来规定,因为教育与道德、宗教等一样都是社会的产物。④ 而康德的伦理道德思想反映在教育上,则强调道德律是一种"绝对命令",道德教育旨在培养儿童的道德义务心,使之从小就在心目中形成履行道德义务的自觉意识。⑤ 瞿菊农评析道:"康德认定道德教育是最高的教育,不以知识教育为满足。而本分的观念(即义务的观念——笔者注),尤其是他的教育思想的中心。"⑥较之杜威和涂尔干的道德教育理论和学说,康德的伦理道德思想及其德育观并未对民国时期学校德育的实践产生广泛的影响,但它试图排除政治因素和意识形态的干扰,立足于道德本身来探讨德育,毕竟为道德教育树立起崇高的标的,此后"德性""义务""至善"这些道德要求也进一步受到中国教育界的重视。当然,涂尔干也很重视"义务""至善"之类的道德要求,正如有的学者所指出的:"'纪律精神'与'牺牲精神'实际上也就是通常所谓'义务观念'与'至善观念'。"⑦与康德相比,涂尔干的贡献在于使这些抽象概念的内涵具体化了,进而有助于落实到学校德育的实践和操作层面。

从历史上看,任何时代当多种理论并存之际,价值观念趋向多元并相互冲突是无可避免的现象。就道德教育而言,每一种理论都不是绝对正确和一劳永逸的,但也并非绝对冲突而不可调和,只要真正把握了每一种理论各自的本质及其特点,通过比较借鉴、扬长避短,就有可能在道德教育过程中达成统一,以实现理

---

① 吴俊升:《教育哲学大纲》,上海:商务印书馆,1935年,第122页。
② 杨同芳:《中学训育》,上海:世界书局,1941年,第17页。
③ 庄泽宣:《教育之社会的基础》,《教育杂志》,1938年第28卷第7号。
④ 崔载阳:《涂尔干的教育学说》,《教育研究》,1929年第13期。
⑤ 肖朗:《人的两重性和教育的两重性——康德教育哲学思想探析》,《南京大学学报》(哲学·人文科学·社会科学),2003年第1期。
⑥ 康德:《康德教育论》,瞿菊农编译,上海:商务印书馆,1933年,"序"。
⑦ 陈桂生:《中国德育问题》,福州:福建教育出版社,2007年,第229页。

论间的融合。如果说杜威的道德教育理论旨在充分发展儿童的个性并引导儿童进入社会,那么涂尔干道德教育学说的主旨则在牢固地维系社会,而使社会之生命延展及儿童。从表面上看,两者大不相同,但就本质而言,它们在道德教育的社会性问题上是一致的。康德的伦理道德思想及其德育观注重品格陶冶与意志训练,为道德行为固本培元,可谓把握住了道德的根本;虽然康德所说的道德具有抽象性,在德育的具体实践中又注重培养"善意"而不注重训练"善行",且有排斥感情因素的倾向,使得道德行为的实现成为一个过分依靠理性的冰冷过程,但上述不足的方面均可通过与杜威道德理论相结合而得到克服。有鉴于此,有的学者主张,理想的德育最初应该"以外部制裁为手段;其次应侧重杜威主张,使儿童自我逐渐扩展,与个别义务合而为一,乐于执行;最后应以康德之道德理想为最高原则,训练儿童依抽象义务原则而执行道德行为"。① 认为这样就能将上述三派的理论完全统一在整个道德教育过程中,从而更有利于教育者对儿童道德发展与品德陶冶规律的认识与提高。虽然限于当时的历史条件,民国时期德育观念的变革仍然留下了许多问题有待后人解决,但由于学术界和教育界的共同努力,德育理论建设终于在现代化的道路上迈出了一大步,其成功的经验和存在的不足均为当前中国德育的改革和发展提供了有益的借鉴。

总体而言,民国德育观念变革是中国近代教育现代化的重要方面,所输入的近代西方道德教育理论是进步人士为解决时代道德及其教育问题而有意向西方寻求并选择的结果。20 世纪 20 年代后输入的西方道德教育理论,无论是从时代适合性、输入动机,还是就学者群体的变化,抑或在理论对象的选择上,都表现出同清末很不一样的情形。仅就时代状况来看,辛亥革命后,社会存在"体"的转变必然伴随寻求与其一致性的"用",而道德教育作为"体用一致"性的表达,也必然会随着社会的变化而变化。道德教育从其本质而言,反映的是一种教育理想,即一种有关"道德人"的追求,在清末资产阶级所表现的理性曙光中,它已初露轮廓,再经 20 年代自由民主思想的洗礼,其形象更为明朗。清末民初之际,对于理想的培育,当教育者尝寄望于修身与伦理,将诚实、勇敢、清洁、爱国等美德按条目一个个地直接教授给儿童,却并没有带来令人满意的效果时,它遭到新思想、新力量的唾弃便是理所当然的事,就如当时有人所说的那样:"看看我们的学校里,既讲什么修身伦理,又有什么学监舍监,照理说来,学生受了许多道德的知识,复受专职人员的指导,应该道德日高才是,乃反一天一天的低落,这岂非一件很奇怪的事

---

① 吴俊升:《德育原理》,上海:商务印书馆,1935 年,第 77—78 页。

吗?"①正因为传统修身观指导下的德育不能达到教育的理想,所以寻求对德育的变革就成为迫切的教育需要,而杜威道德教育理论的引进正是出于这样的动机。其实,不仅杜威的理论是如此,而且之后相继输入的其他理论也都同样是出于自觉变革现有德育观念的需要。从这一点来看,民国时期,无论是"杜威热"也好,还是"康德热"也罢,似乎不能轻易说是"盲动"的结果。正如胡适当年欢迎杜威那样,他是出于对"二十年前的旧古董,在二十世纪大舞台上做戏"、"二十世纪的新布景,却偏要做那二十年前的旧手脚"②现状的感慨与反思,才有以思想改造为救国先图的决计。很明显,这是一种思考与反思的能力,是一种行动的勇气与力量,也是一种自觉的责任体认与担当。民国时期的道德教育研究,也由于有着这样一批学者,才使得在输入西方道德教育理论时,较为成功走出了如梁启超当年所说的那种"腐鼠罗雀"皆美味的混沌状态。

(三)西方心理学有关道德发展理论的引介及其影响

在西方,道德向来是宗教与哲学的领地。然而,科学心理学诞生后,其知识与方法日新月异的进展则为人们科学认识自身道德提供了十分有利的条件。

西方心理学传入中国最初是应清末新式教育对师资培训的需要,主要由日本转道而来。③ 到20年代及其后,因受留学潮流变化等多种因素的影响,欧美心理学便大量涌入,在此过程中,也包括了道德心理学的理论与知识。笔者根据中美百万册数据库(CADAL)和国家图书馆特色资源库提供的资料,在作了比较详细的统计后,发现以下基本事实:若从学科研究角度来看,1903—1948年间,国内学者共计翻译引进各种心理学专著近80种(包括同一学科不同作者的著作,但同一作者的同一专著不同译本只计一次);在1910年之前,除丹麦海甫定(H. Hoffding)的《心理学概论》(王国维译,1907)外,其余都译自日本学者,且数量也不多;绝大多数译著是在1921年至1939年间出版,主要来自美、德、英等国,范围涉及普通心理学、教育心理学、学习心理学、实验心理学、社会心理学、儿童心理学、青春期心理学、发展心理学、婴幼儿心理学、人类心理学、犯罪心理学、变态心理学、心理学史、学校心理卫生、性心理学,以及职业心理学、工业心理学、商业心理学、医学心理学、法律心理学、军事心理学、审判心理学、宗教心理学、各理论派别的心理学等多个领域;20年代引进的专著多以普通心理学、教育心理学、儿童心理学、社会心

---

① 朴墨:《德育问题》,王克仁、邰爽秋译,上海:中华书局,1921年,"译余赘言"。
② 胡适:《胡适文存》卷四,上海:上海书店出版社,1989年,第2页。
③ 颜永京曾将美国心理学家海文(J. Haven)的《Mental Philosophy》一书译成中文,取名为《心灵学》,1889年出版,一般认为这是西方心理学传入中国之始。

理学、青春期心理学等为主。

表 4－2　1903—1948 年间翻译的心理学专著数量一览表①

年份	1903	1905	1907	1910					
数量	1	2	1	1					

年份	1921	1922	1923	1924	1925	1926	1927	1928	1929
数量	1	2	3	3	4	3	1	4	3

年份	1930	1931	1933	1934	1935	1936	1937	1939	
数量	5	5	5	4	8	4	7	4	

年份	1940	1943	1944	1945	1947	1948			
数量	1	1	2	1	1	1			

西方心理学专著的广泛译进为国内教育界带来了大量的心理学知识理论。就道德方面而言,以上翻译引进的心理学专著中,尽管还未有道德心理学的专门论著②,但是关于儿童道德的心理学研究成果在引进的教育心理学、儿童心理学、发展心理学等心理学著作中则常有涉及。受其影响,在国内心理学者所编（著）书籍中,这些成果得到了较好的借鉴、吸收与运用。其中,代表性的著作主要有（译著以翻译出版的时间为准,其他著作皆为初版时间）:

A. 翻译引进的有关代表性著作

《教育心理学》(日)高岛平三郎著 田吴炤译 商务印书馆 1903 年

《心理学》(日)大久保介寿述 湖北师范生编辑 湖北学务处 1905 年

《心理学讲义》(日)服部宇之吉著 株式会社东亚公司书籍部 1905 年

《心理学概论》(丹麦)海甫定著(H. Hoffding)(英)龙特译 王国维重译 商务印书馆 1907 年

《教育心理学》(日)柿山蕃雄 松田茂著 王国维译 京华印书局 1910 年

《青春期心理学》(美)屈雷西(F. Tracy)著 汤子庸译 商务印书馆 1924 年

---

① 根据中美百万册数据库(CADAL)提供的信息整理而成。

② 瑞士心理学家皮亚杰的《儿童的道德判断》(The Moral Judgment of the Child)虽然在 1932 年同时出版了法文版与英文版,但研究发现当时国内并没有引进。

《教育心理学导言》(美)斯特朗(E. K. Strong)朱定钧 张绳祖译 商务印书馆
1925 年

《儿童心理学》(美)华特尔(Ch. W. Waddle)著 葛承训译 中华书局 1928 年

《人类心理学要义》(美)华伦(H. C. Warren)著 赵演 汪德全译 商务印书馆
1928 年

《发展心理学概论》(美)何林渥斯(H. L. Hollingworth)著 赵演译 商务印书
馆 1935 年

《中学训育心理学》(美)普林格尔(R. W. Pringle)著 李相勖 徐君梅译 商务
印书馆 1937 年

《教育心理学大纲》(美)斯密斯(S. Smith)等著 王书林 邓德萍译 商务印书
馆 1937 年

《青年期心理学》(美)布鲁克斯(F. D. Brooks)著 丁祖荫 丁瓒译 商务印书
馆 1937 年

《现代心理学与教育》(美)雷斯德(C. E. Ragsdale)著 钟鲁斋 张俊玕译 商务
印书馆 1937 年

B. 自著、编著或编纂的有关代表性著作

《心理学讲义》蒋维乔编纂 商务印书馆 1912 年

《心理学要领》樊炳清编纂 商务印书馆 1915 年

《儿童心理学》萧恩承著 商务印书馆 1921 年

《教育心理学纲要》舒新城编 商务印书馆 1922 年

《儿童心理之研究》陈鹤琴著 商务印书馆 1925 年

《儿童心理学》姬耀章编 北平文化学社 1931 年

《青年期心理学》沈履编述 商务印书馆 1932 年

《教育心理学》艾伟编纂 商务印书馆 1933 年

《教育心理学》陈礼江编 商务印书馆 1934 年

《教育心理》沈有乾编著 正中书局 1935 年

《教育心理学新编》滕大春编 开明书店 1936 年

《儿童心理学》黄翼编著 正中书局 1939 年

《青年心理与训育》高觉敷编著 正中书局 1942 年

《教育心理学》萧孝嵘著 国立编译馆 1944 年

《训育与心理》姜琦编著 正中书局 1944 年

《教育心理学大观》艾伟编 商务印书馆 1945 年

《发展心理学》左学礼著 商务印书馆 1946 年

可以看出,20 世纪上半叶,无论是西方还是国内,对儿童道德的心理学研究主要集中在与教育关系密切的教育心理学、儿童心理学包括青年期或青春期心理学、发展心理学等领域。另外,就整体研究水平而言,由于受到实际条件的限制,此时国内这方面的研究基本上还处于向西方借鉴的阶段,独立研究较少。

20 世纪 20 年代以前,以樊炳清的《心理学要领》为界,①之前的心理学主要受日本影响,采用知情意三分法体系。当然,这种体系也非产自日本,而是流行的康德官能心理学影响的结果。在这种心理学体系中,道德问题被包含在知情意中属"意"的方面,称为"品性"或"道德品性"。早期心理学由于自身发展水平有限,因而对品性的心理学研究还说不上有多少令人信服的科学性,研究的思辨性质以及依靠大量粗浅经验与主观假设的情况仍很常见。这从蒋维乔所编的《心理学讲义》对品性的解释中便可见一斑。它认为以一定的法则规定一切行为而不变谓之品性,然规定行为的法则很多,难免相互不有冲突,这样就需要有一最高法则即善之理想来统一之,由善之理想,始终一贯,从轻重缓急之关系而调和统一,以规定意志使无变动,则方可称道德的品行。那么,人的道德品性从教育而言应如何进行呢? 道德品性乃为教育最终之目的,教育之全体须致力于此。尽管品性最终要通过社会来完成,但学堂教育要造成儿童坚固的基础,为此,品性教育不独修身科,各科教授皆要唤起其兴趣,且活用之。品性在于习惯,而习惯又在于反复。父母和教师的榜样作用同样重要,儿童品性之基础根于父母教师之品性。② 从这里可以看出,有关品性的认识与科学心理学对道德的研究还有较大距离。

进入 20 年代,心理学对外引进开始突破日本的局限而直接转向欧美,尤以美国为主。自然,这主要与当时美国心理学较为发达有关,同时也与留美学生以及杜威、孟禄等美国著名学者于 20 年代频繁来华讲学有关。美国在 20 世纪初就已成为世界心理学研究的中心之一,诸如机能主义、行为主义等心理学于其时确为翘楚,其理论也颇为实用。用这些理论来指导儿童的学习、解释行为或进行行为训练,就不像以往官能心理学那样悬空莫测,也不像内容心理学或结构心理学那样机械,更不像精神分析心理学那样专注病态人格,它是实际的、可操作的,便于教育者把握,尤其是由它所推动的实验研究更使得其理论有很强的说服力。

---

① 据笔者所知,樊炳清的《心理学要领》应为民国初期国内首次使用异于知情意三分法体系的心理学著作,但尽管如此,它在当时并不占优势,此后一段时间三分法体系仍旧流行,大致在 1922 年前后,情况开始发生变化。

② 蒋维乔编:《心理学讲义》,上海:商务印书馆,1912 年,第 97 - 98 页。

现代心理学家常以本能为观察点，以进化论为理论工具，认为个人的与社会的道德大都是社会本能进化的结果。道德标准、习惯与理想随年龄、种族、时代、文明程度以及人群组织的进化而变化不一。人于幼时既非道德的又非不道德的，不过是无道德的。道德观念与理想，以及道德心等乃是由经验而来的。儿童的道德观念、道德判断、道德责任随年龄和智力而逐渐增进。"道德的责任亦像人的肌肉经日积月累而养成，不是中途忽然学得的。道德的发展显然与身体发展时期相同"。① 对儿童道德性质的这种认识已成为当时大多数心理学者的共识，它体现了一种进化道德观，从而与以往的认识相区别：一是道德的基础是人的本能，而道德的习惯则是一种经验，它说明了道德发展由可能向现实转化的途径；二是善的理想与标准既是有差异的也是不断进化的；三是道德的能力随智力的发展而增进。

儿童道德发展既涉及道德观念的发展，也涉及道德行为的发展。这一时期关于儿童道德的研究已可粗略勾勒出其发展的大致模式。对于大多数研究者而言，儿童的道德发展是与对个体心理发展阶段的探索同在的，但也有关于道德发展阶段的专门研究，这方面的学说可以概括为以下几种：一是"三阶段"说，即无道德时期、过渡期及成熟期，这是研究初期依据儿童心理发展阶段的观察对儿童道德发展所作的一种宽泛解释。二是"四阶段"说，美国心理学者布鲁克斯（F. D. Brooks）借鉴麦独孤（W. McDougall）的社会心理学关于人类行为四个层级的划分方法，将青年道德行为的表现也分为四个层次，即本能的行为、奖励和惩罚、社会的赞扬或不赞扬以及利人主义，②并对各个层次上的青年道德行为表现及其成因作了更进一步的分析。依据这一理论，教育工作者在对待青年的行为时，就要多了解并掌握其复杂多样性，进行道德判断与评价时既要有发展水平的依据，也要有成因的分析，按同一标准或仅凭直觉经验来行事，往往是不适当的。对行为作道德判断与评价必须要严肃、科学。三是"五阶段说"，即幼稚期时的无道德时期、儿童初期时的道德预备期，儿童后期时的道德判断发生期、青年前期的"道德我"产生期，青年后期道德充分发展期。③

关于儿童道德发展阶段的不同研究，无论其将儿童道德发展分为哪几个阶段，目的都是要揭示出个体道德发展的一般规律，因而都有着很重要的意义。但

① ［美］华特尔：《儿童心理学》，葛承训译，上海：中华书局，1928年，第196页。
② ［美］布鲁克斯：《青年期心理学》，丁祖荫、丁瓒译，上海：商务印书馆，1937年，第316-317页。
③ ［美］华特尔：《儿童心理学》，葛承训译，上海：中华书局，1928年，第196页。

在当时条件下,有些问题则很难获得一致见解,有的即使是到现在也尚未解决好,如儿童道德发展阶段与儿童心理发展阶段究竟是否一致,儿童道德发展不同阶段之间是否存在不可逆性等。就拿后一问题来说,不少研究者认为道德发展各阶段之间,后一阶段的水平比前一阶段要高或产生一些新的特质,不同阶段间是不可逆的。但也有人对此提出异议,认为儿童道德发展并非以一种直线方式前进。例如,布鲁克斯指出:儿童道德观念和道德行为的发展是渐次的,发展的各个阶段之间难以明确地划分,任何划分只具有相对意义。从心理学研究角度来说,我们对儿童道德的认识取决于我们所使用的方法以及如何使用这些方法,这在某种程度上决定着我们所取得的结果的可靠性。但从教育角度而言,提出这一异议则是很有价值的。在道德教育过程中,我们当然要反对传统将儿童成人化的不正确做法,但同样也要注意对儿童过度保护的危险,即认为儿童是幼稚的、无能的、无道德的,因而是不需要负任何道德责任的。

受欧美研究的影响,20 年代初,萧恩承就在屈雷西(F. Tracy)、斯特朗(E. K. Strong)等人的研究成果基础上,概括提出了儿童道德发展的“二阶段”说,即以 12 岁为界限分为道德之预备期以及道德之过渡期;[1]30 年代时,国内研究者在综合已有研究成果基础上,并结合自身教育实践对此作了进一步探索。黄翼对儿童的道德观念与道德行为进行了观察研究,他总结道:儿童道德观念发展有一些基本的表现与特点,如以“好”与“坏”等类似标准进行的空泛归类,以成人的命令赏罚为是非标准的判断,以偶然结果为依据的判断等;而道德行为的发展也可以分为几个阶段,分别是在原始冲动行为基础上因经验结果的利害而改变的行为、以别人的赞许责怪为动机的行为、以道德的理想为标准的最高级行为。同时,他也根据实际指出,以道德理想为标准的行为是一种很高的道德境界,恐怕只有少数人可以为之。[2] 此研究是通过对我国儿童的实际观察做出,具有印证西方同类研究的作用。由于还只是观察总结的结果,所以各阶段的划分还比较粗略,还不能够细致描述各阶段发展以及阶段之间转化的内在机制。不过,它与布鲁克斯、华特尔等人关于儿童道德发展总的趋势的描述是一致的,即总体上都是由他律走向自律。

儿童的道德发展及其教育是一个很复杂的问题,研究者既要揭示其中可能存在的一般规律,也要对儿童在道德发展过程中所表现出来的不道德行为进行研究。儿童的行为通常既可以是道德的,也可以是不道德的或非道德的,就儿童自

---

① 萧恩承编:《儿童心理学》,上海:商务印书馆,1921 年,第 96 - 102 页。

② 黄翼:《儿童心理学》,重庆:正中书局,1939 年,第 124 - 126 页。

身发展来说,研究其不道德的行为对其成长的意义同样重要。儿童的不道德行为通常称为犯过或道德过失,即使这种行为有碍社会也不能视同成人的罪恶,以法律科罚之,这已经成为当时西方心理学者的一种共识,所以这方面的研究也是这一时期西方心理学尤其是儿童心理学和教育心理学的兴趣点。其研究主要涉及道德过失的原因分析、道德过失与遗传及环境和教育的关系、年龄与性别的差异等方面。与道德过失相关的是其矫正方面的研究,故对奖惩方法的心理学依据、实行的方式、可能的结果及所要遵循的原则等问题进行了深入探讨。相对教育学研究而言,心理学对奖惩的研究更侧重奖惩受体的心理反应,因而在对策方面也就更注重改善或感化的一面,而不主张依靠直接诉诸责罚的方式来教育儿童。当然,对于赏罚的方式究竟何者为佳,研究者意见很难达成一致,因为这不仅仅取决于实验研究的结果,每个研究者自身的儿童价值观与教育价值观,以及个人成长经验等因素都会影响其对奖惩价值的认识。

品格是现代西方心理学重要的研究内容,但关于何谓品格,研究者之间差异较大,有学者将其概括为以下几种:其一是认为品格是观念、情绪、反应倾向的总体;其二是认为品格是人的一种思想方式;其三是认为品格是人的一致稳定的反应方式。[①] 由于对何谓品格的认识不同,因而也就影响到对品格其他问题的看法。美国心理学家盖茨(I. Gates)认为品格是"合于道德、伦理和宗教等规律,以及合于他种行为标准的反应倾向"。[②] 这在当时是一种很有代表性的观点,它指出了品格的一个核心要件,即行为符合伦理标准。实际上,对于品格的完满解释仅仅指出其伦理标准还是不够的,因为伦理学只是说明品格应该是什么,它不能完全替代品格是什么的回答。以伦理标准来规定品格,自然相应地也就影响到对品格构成的探讨与解释。在这一点上,不少心理学者在研究中还是难以避免传统做法,即遵从伦理学上罗列美德条目或德目的做法,通过测验或问卷来查明某种品格特质,如诚实、勇敢、理想等的发展状况。但是,这样的研究则是以一种哲学假设为提前,即人具有美德,而这种假设向来都是争论不休,其根本原因就是因为建立这一假设的基础主要是基于经验,而经验则是各异的。从行为的全部意义而言,经验也仅仅是构成它的一个方面,即外显结果的一个片段。所以它一般只能用来解释人具有什么样的品格问题,而难以解释品格本身究竟是什么以及怎么样的问题。故罗列美德条目的做法难免陷入遗传决定论、环境决定论、意志决定论等各种决定论的窠臼中。

---

① 吴俊升编:《德育原理》,上海:商务印书馆,1935 年,第 15 – 16。
② 滕大春编:《教育心理学新编》,上海:开明书店,第 1936 年,第 231 页。

　　心理学理论知识的广泛传播,以及对儿童道德系列研究所取得的心理学成果为国内德育研究提供了重要的理论资源。在心理学的影响下,20世纪到三四十年代,国内的德育研究便出现了一股心理学化的热潮,这主要表现在以下几个方面:

　　其一是关于道德教育的阶段性探索。由于儿童的道德发展呈现出阶段性,故而在道德教育上也要依据不同阶段特征采用适宜方式。萧恩承在他自己提出的儿童道德发展阶段理论基础上,概括出各阶段具体的训练内容,如预备期的道德训练为有恒、道德之知觉、本能冲动之遏制、不畏难、不图近利、先业后嬉先苦后甜、动作前之动机、造成习惯、理想、服从、动机选择、自治等共计十二项道德训练内容,而过渡期儿童因年龄稍长,道德训练则包括自治、理想、交友、公益心等方面的内容。① 这体现了心理学有关研究成果在德育中的初步运用。

　　李相勖则依据派雷(A. C. Perry)的研究,首先将儿童整个发展分为幼稚期和青春期两大阶段,每个阶段又都分出若干小阶段,然后对每一小阶段儿童的身体、精神(心智)、社交、个性、理智、意志等方面的特征进行了分析,再依据这些特征,对婴儿期、儿童前期、儿童后期、青春发动期、少年期等每个具体阶段的训育都提出了应当注意的问题。② 像这种比较细致的研究就把心理学的研究成果转化成了对儿童道德教育实际的指导,因而既彰显了心理学研究的重要性,也有利于提高德育的实效性。

　　其二是建立德育心理学的初步努力。这一时期还出现了训育心理学的著作和译著,共有三本,分别是:译著《中学训育心理学》(普林格尔,1937)、《青年心理与训育》(高觉敷,1942)、《训育与心理》(姜琦,1944)。《中学训育心理学》一书的作者为美国心理学家普林格尔,他的这本书分为上下编,上编依据行为心理学原理对人的本能、习惯、冲动、意志、团体行为等进行了研究;下编为学生的管理,依据所阐述的原理对学生的行为困扰及学生学校生活的各方面进行了研究。关于此著的目的,作者在序言中写道:"在过去讨论学校训育的著作中,很难发现有任何科学的根据或一致的理论……他们的研究既不合心理学,又不合社会学;他们的结论大部分是似乎出于经验,但有时又是武断的。"③也就是说,作者写此书的目的在于为学校训育提供一致的可资应用的科学理论。高觉敷的著作其目的当然也在于"予中等学校训育实施法以理论的基础"。④ 他首先对青年期身体的、情

　　① 萧恩承:《儿童心理学》,上海:商务印书馆,1921年,第96—102页。
　　② 李相勖:《训育论》,上海:商务印书馆,1935年,第48—57页。
　　③ [美]普林格尔:《中学训育心理学》,李相勖、徐君梅译,上海:商务印书馆,1937年,第3页。
　　④ 高觉敷:《青年心理与训育》,重庆:正中书局,1942年,第6页。

绪的、社会的、道德的发展进行了研究,在此基础上分别对正常发展青年、适应不良青年、心理失常青年、犯罪青年的训育问题给予了指导,最后对训育者即导师的人格提出了要求。该书的体系大致也是按基本原理与实际问题两部分而作。至于姜琦的《训育与心理》,原是他关于"教育心理"的讲稿,但鉴于已有教育心理学只重视学习心理的讨论,他便于讲稿中除讨论一般的学习规则外,特注重行为、品性及情绪方面的培养,对于人格训练原理、原则也很注重,体现了与一般教育心理学不同的特点。姜琦称自己的这种努力是在"建立一新的教育心理学或者训育心理学",目的不仅在于"使教者知道应如何教人做人的道理,和学者知道如何学做人的道理",而且从学科意义上来看,"可弥补以往教育心理学偏重学科学习方面之缺点"。① 综合上述几本著作出版的动机,我们很容易发现,所谓"科学的根据或一致的理论"或者"一致的可供使用的科学理论",实际上就是其试图建立一门新的科学,还是姜琦说得最明了,他认为他的努力是在"建立一新的教育心理学或者训育心理学"。另外,从著作内容体系的设计,即上编为"原理"、下编为"实施"的框架中,也反映了著者在这方面的自觉意识与主观努力。

其三是促进心理卫生教育与德育的结合。20 世纪 30 年代初,当心理卫生学传入国内后,研究者又从这一角度来思考训育问题的成因。心理学家艾伟倡导在对儿童道德过失行为进行矫正时要多关注其意图或动机因素,即注重心理原因而不是外在的行为结果,以利于维护和促进儿童心理健康。② 对于这门科学与训育之间的关系,学者杨同芳认为,心理卫生的主要目的有两个,一是在于注重精神疾患的治疗,一是在于健全人格的培养。前者是心理卫生消极的目的,是专门的知识,应由心理治疗家去负责;后者的工作则是从事教育事业的人所应担任的,不仅学校的教师应当注意,就是一般做父母的人也须在家庭里供给子女适宜的生活环境,把心理卫生的知识应用到日常生活的训练上去,使青少年养成健全的正常的情绪和习性。③ 他特别强调,理想的中学训育,应该极力排除一切阻碍学生人格发展的势力。训育应顾及儿童的需要,施以积极的指导,凡是违反儿童天性的都足以破坏人格的完整,为此学校必须负起重大责任,以求改善生活环境,增进训育效能。他并且探讨了情绪修养的方法,以说明心理卫生对训育的重要意义,对健全人格培养的作用。

总之,这一时期西方心理学对儿童道德的探索为国内德育研究提供了有益的

① 姜琦:《训育与心理》,重庆:正中书局,1944 年,"序"。
② 艾伟:《教育心理学》,上海:商务印书馆,1933 年,第 251－267 页。
③ 杨同芳:《中学训育》,上海:世界书局,1941 年,第 36 页。

理论资源,从而也为德育研究者构建科学德育理论基础发挥了重要作用。

第二节 训育实施的若干理论问题研究

一、训育概念释义

民国时期,无论在当时的国统区还是在革命根据地,训育这个概念都可见于当时的教育文件中。以革命根据地而言,如《小学管理法大纲》(1934年4月教育人民委员部颁布)中关于小学校长的职务就有这样的规定:"领导教员进行全校的教务及训育事宜,并负责检查其成绩。""负责定期召集学生家长联席会议,讨论教授及训育方法,及其他与家长有关系的问题。"而关于小学教员的职务规定则有:"分别负责教授学生各种科目,训育各班学生,遵照中央教育人民委员部所颁布的《小学课程教则大纲》进行教育工作。"①在《陕甘宁边区小学法》(1938年8月15日边区教育厅公布1939年8月15日修正公布)中,也有"附属小学校长、教务主任、训育主任,由主管学校选荐合格人员请教育厅委任"②的规定等等。这说明在当时苏区、抗日根据地的小学教育中,存在着训育这一正式的学校行政组织,以及实际的训育事宜。当然,无论在苏区,还是在抗日根据地或解放区,由于残酷的战争形势,各个革命根据地实际的教育情况往往并不统一。从苏区教育开始,有些根据地教育主管部门就鉴于以往训育中存在的问题,从而把训育改为训导,以实现教导合一的目标,这种情况到解放区时已经比较普遍。

新中国成立后,由于意识形态方面的原因,国内教育界不再提训育,直到改革开放后,渐渐地才有零星研究涉足。30余年来,这方面的成果总的来看为数并不多,论文方面代表性的有陈桂生写的《"训育"辨析—兼论我国20世纪上半期实施"德育"的历史经验》,发表在《杭州师范学院学报》(社会科学版)2004年第5期上;在著作方面,《现代中国的道德演变与德育理论》(冯克诚,中国文史出版社1998)、《清末民国时期中学教育研究》(王伦信,华东师范大学出版社2002)、《中国近代德育课程史》(郑航,人民教育出版社2004)、《中国德育问题》(陈桂生,福

---

① 陈元晖,璩鑫圭,邹光威编:《老解放区教育资料》第1卷,北京:教育科学出版社,1981年,第320–321页。

② 中央教育科学研究所编:《老解放区教育资料》第2卷下,北京:教育科学出版社,1986年,第304页。

建教育出版社2006)等,都分别用一定篇幅论述了训育,然而,就其研究的主要内容而言,还只是对训育大致的勾画,所以,训育研究包括训育概念等仍有一系列重要问题有待进一步探讨。

一般而言,训育这个概念主要与著名教育家赫尔巴特有关,因为他那本已为人所熟知的《普通教育学》的第三部分谈的就是训育。1987年,李其龙在译此书时,就将德文Zucht译为"训育"①,而尚仲衣在1936年翻译此书时则将Zucht译为"训练"②。就德文本身而言,将Zucht译为"训育"可能更符合原意。在德文中,Zucht这个词的含义约有12种之多,其中,明确标明用于"教育"的词项是:"教育""教训""训练""养育",而与之有关的词项还有:"纪律""培养""贞洁""贞淑""贞操""贞节""廉耻""礼仪""礼貌"③。而德文中另一个词Disziplin,它的含义主要有5种,分别是:"教育""训练""纪律""规律""军规""惩戒""学科"④。这样比较起来看,将Zucht译为"训育"应该是比较确切的。

另一种说法是认为这个词来自日语。刘正埮、高名凯、麦永乾、史有为等编的《汉语外来词词典》认为,"训育:旧时指学校里的道德教育",并注明它源于日语Kun'iku⑤。认为训育源自日语当然有其根据,这一点我们也可以从清末传入的日籍教育学著作中得到证明。例如,大瀬甚太郎的《新编教育学教科书》(1905)以及吉田雄次的《新教育学》(1909)等,都有关于训育的论述。大瀬甚太郎认为:"训育者,指儿童之感情意思(即意志——笔者注)及教育上之动作,而以发育厚情优美快活之风气,确乎道德的意思为目的,故训育可谓狭义的教育。"⑥而吉田雄次则认为,训育"专主意志之陶冶,即启发心意作用中活动的方面者","训育本义,乃心意活动中实行的方面之陶冶"⑦。那么,日语中的训育一词是否也与赫尔巴特有关呢?我们知道,赫尔巴特在其所著《普通教育学》(1806)里曾将教育方法划分为三种,即管理(Regierung oder Disziplin)、训育(Zucht oder charakterbildung)和教授(unterricht)。有学者认为,其学说输入日本后,日本教育学者就分别将Re-

---

① ［德］赫尔巴特:《普通教育学·教育学讲授纲要》,李其龙译,北京:人民教育出版社,1989年,第146页。
② ［德］赫尔巴特:《普通教育学》,尚仲衣译,上海:商务印书馆,1936年,第221页。
③ 瞿侃,黄昇,余云岫编:《德华大字典》,上海:商务印书馆,1933年,第1262页。
④ 瞿侃,黄昇,余云岫编:《德华大字典》,上海:商务印书馆,1933年,第183页。
⑤ 刘正埮,高名凯,麦永乾等编:《汉语外来词词典》,上海:上海辞书出版社,1984年,第378页。
⑥ ［日］大瀬甚太郎:《新编教育学教科书》,闵彴、刘本枢译,宋蹯、周之冕发行,1905年,第82页。
⑦ ［日］吉田雄次:《新教育学》,蒋维乔译,上海:商务印书馆,1909年,第1–3页。

gierung 译为管理、Disziplin 译为训育、Zucht 译为训练、unterricht 译为教授。① 若果真如此,日语中训育这个词也应该与赫尔巴特有关。

再有一个说法是认为它源自英语。民国以后,欧美教育学说大量输入,尤其到民国中后期,包括"道德教育"、"纪律教育"、"品格训练"或"道德训练"等内容在内的欧美教育学说更是蜂拥而至。唐钺、朱经农、高觉敷等编的《教育大辞书》(商务印书馆 1930)中,就用英文词 Discipline 而不是用德文词 Zucht 来作"训育"的对应词,同时也将"训练"译为"Trailing"。② 姜琦曾特地就这一问题进行了研究。他对英语中 Instruction、Training、Discipline 三个含有"训"之意义的词进行了辨析,最后认为,用 Discipline 来指代训育是最为合适的。因为 Discipline 这个词多半是应用于人类一切行动的教训,包括品性(character)、行为(conduct)、知识(knowledge)、技艺(art)、身体(phisique)等,尤其应用于人的品性、德性(morality)或人格(personality)的陶冶。换句话说,Discipline 这个词之所以被译为"训育",其命意就在于所谓"训育"两字实含有"教育",尤其含有"人类教育"的意思。③当然,他的这种解释是否为确当,则是可以商榷的。

另外,也有人从民族传统文化的角度来加以解释。舒新城认为,训教两字在中国旧日的字义原属相同,训育好像就是教育,说文说:"训,说教也";字汇说:"训,导也。"不过,他也承认"现在教育学上所谓的训育,实与教育大异其范围,即训育偏重于受教育者之感情意志的陶铸方面,教育则总括教育者对于被教育者所施予之一切教诲"。④ 实际上,现代教育中训育与教育这种不同,正反映了古今之"训"本有差异的事实。

民国时期,教育学者对于训育有着不同的理解,而这种理解上的差异则反映了其在训育观点上的分歧。概括而言,这些分歧主要表现为:

其一是认为训育即学校行政之一种。姜琦在他的《德育原理》中,对训育作了如下的解释:训育一词,它大体是应用于教育行政和学校行政之上,使之与所谓教务和总务或事务相并举。但是在教育行政和学校行政上所有的"训育"这种行政工作,也都是为道德之陶冶和培养或训练而设施的。基于这样的理解,他进一步区分了训育与德育的关系,认为从教育学术上讲,二者是完全相同的,然而在学校行政上讲,则多少又有些相异。因其相同,故二者非打成一片而使之发生一种不

---

① 姜琦:《教育学新论》,台北:大华印务局,1946 年,第 180 – 181 页。
② 唐钺,朱经农,高觉敷编:《教育大辞书》,上海:商务印书馆,1930 年,第 900 页。
③ 姜琦:《教育学新论》,台北:大华印务局,1946 年,第 177 – 178 页。
④ 舒新城:《教育通论》,上海:中华书局,1927 年,第 150 页。

可割裂的互相关系不可。又因其有异,故二者不妨划分为二途,即训育可以作为专门从事办理训导或训育之训导长或训育主任,及其他从事于训育工作的一切人员所共同讨论的科目;而道德教育乃是应当普遍的对于一切从事教育的人员(不问其为教育行政人员,学校行政人员或各科教师)提出来所共同研讨之科目。照这样说来,所谓"道德教育"这个概念要比"训育"其范围似乎大些,前者可以包含后者,而后者只是全部道德教育的一种特征。①

　　其二是认为训育即德育或道德教育。在民国时期,这是一种主流的训育观。如认为"训育以培养高尚品格为目的,故一名德育"②;或者认为"德育即指道德教育,又简称为训育,为训练儿童道德行为之种种设施","有时亦称品格教育或品行教育"③;或者"训育之意义在陶冶健全之品格"④;有的学者对此说得更为明白,认为"人类生活不以摄取物质为已足,必兼营其精神之生活,苟无道德之修养,则人之知能才识,适足以济其恶,即法律之效力,亦将有所穷。所谓学校训育者何?即涵养儿童之品性,使其有道德之习惯是也。故其主要之作用,在以学生固有之禀赋及日常动作为基础,因势诱导,以陶冶其感情意志,完成其道德习惯,矫正其错误,助长其善性之发展,以养成其实践道德生活之能力"。⑤ 将训育视为德育或道德教育,应该说这种训育观既反映了时代的烙印,也有其历史根源。就前者而言,主要是部分教育者将社会不良的原因部分归于整个社会道德的堕落,同时将其改变寄希望于国民道德的提升,因而对德育尤为注重;就后者而言,由儒家伦理文化濡化而成的思维习惯也是他们道德至上教育价值观的深层根源。

　　其三是认为训育即教育。杜威的教育理论在中国广泛传播之后,"教育即生活"之说常腾于教育者之口。陈启天在谈到中学训练问题时说:"中学训练问题与中等教育的全部是极相关的。从狭义说,中学训练问题便为中等教育问题中的一个问题,然就广义地说,中学训练问题无不与中等教育的各种问题直接间接相关,而绝对不能离开它们而单谈所谓训练问题或训育问题。"⑥这种以整个教育为训育的主张在民国也颇为流行。在有此种认识的人看来,训育如果仅仅限于道德教育,那就太狭窄了。一方面而言,有割裂整个教育的危险;另一方面而言,道德训练也不能离开管理、养护等,就是说德、智、体是整个的,是相互联系的。"训育的

---

① 姜琦:《德育原理》,重庆:独立出版社,1944 年,第 2 - 4 页。
② 李相勖:《训育论》,上海:商务印书馆,1935 年,第 1 页。
③ 吴俊升编:《德育原理》,上海:商务印书馆,1935 年,第 1 页。
④ 陶愚川:《训育论》,上海:大东书局,1947 年,第 2 页。
⑤ 陈英俊:《学校训育论》,宜昌:湖北省立第二乡村师范学校,1933 年,第 2 页。
⑥ 陈启天:《中学训练问题》,上海:中华书局,1922 年,第 1 页。

含义很广,其目标在于文化的传递与人格的发展。因为训育是诉诸被教育者的实践,以求达到教育目的的一种方法,所以它与教育的一般目的完全相同。本来,我们不应把教育截然地分为教学和训育两方面,不过为实施的便利罢了。广义地说,训育即是教育"。① 廖世承也认为:"学校内的任何设施,有教育意义的,都和训育有关。"②类似这样的看法还有不少。

上述这些观点基本上反映了对训育范围、性质、目的、功能及作用等方面理解上的差异,而要进一步探寻这些差异本身的原因,则可能要回到赫尔巴特及其学派的教育学。民国时,有两本重要的教育辞典对理解上述差异可以提供一些帮助。《教育大辞书》对"训育"作了如下解释:"教育学家往往将训育与训练混用,视为同义。但精密言之,二者范围各有广狭,不可不辨。自赫尔巴特分教育之方法为管理、教授、训练以来,戚勒(Ziller)亦沿用其说。逮至近时,赫尔巴特派之学者始将此项区分加以改订,如来印(W. Rein)(即莱因——笔者注)者可以为例。依来印之见,赫尔巴特所谓管理与训练二者得同隶教导之下,故教育方法得约分为教授与教导二者。而在我国,所称训练,其义往往与教导相当,实包赫尔巴特所谓管理与所谓训练二者而言。故其范围较赫尔巴特所谓训练为广,此称训练包涵颇大,通常所谓训育也者,实不过指其中关于道德方面之一部而已。"③这段话说明了我国教育界所用"训练"概念同赫尔巴特及其学派所用"训练"概念间的关系,同时也表明训育是专就道德训练而言。另一部教育辞典《中国教育辞典》也表达了类似的观点,其解释是:训育"意同训练。但言训育,则似侧重于积极方面之含义,熏陶;言训练则多偏于消极方面之锻炼管理耳";而关于训练的解释则是:"为教育方法之一部分。赫尔巴特以之为教育学中三门之一,与教授、管理相对待。斯托伊(K. V. Stoy)则立教授学、教导学、养护学三门,而与教导学之中,别立训练与监察(即管理)之二目。意以教授为智育,教导为德育,养护为体育也。但普通则以训练与教授并举,而谓训练应顾身心二面;养护问题除纳一部于卫生学外,余悉归入训练论中,故训练包括养护管理诸问题也。"④粗略概括起来,可以说以上所谓不同的训育观点大体上都是对赫尔巴特及其学派训练观的不同取舍。但是,除此之外,现实的中西教育交流与互动也是影响其观点差异的因素之一。20世纪初,正是欧美教育发生剧烈变化之时,勃兴的教育改革与新兴的教育思潮

---

① 杨同芳:《中学训育》,上海:世界书局,1941年,第1-2页。
② 廖世承:《中等学校的训育问题》,《中等教育》,1923年第2期。
③ 唐钺,朱经农,高觉敷编:《教育大辞书》,上海:商务印书馆,1930年,第900页。
④ 余家菊编:《中国教育辞典》,上海:中华书局,1928年,第535页。

给予了传统教育势力以强烈冲击,在这种情形下,旧有的依据威权而存在的学校秩序与纪律势必会有所打破,而显出凌乱之象。所以,当固有习惯的方面逐渐退出之时,如何建立起一个更为有序的校园环境就成为人们关注的焦点。这一时期,欧美教育界就学校或家庭的"道德训练""人格培养""学校纪律"等问题的讨论颇为热烈,并出版了大量书籍,原因就在于此。这些思想理论在民国"西化"的学术环境下很快便被输入国内,从而成为国内教育学者讨论训育时重要的思想资源。

　　民国时,与训育这个词对应的外文词通常用 Discipline,在英语里,这个词主要有"纪律""训练""惩罚"之义。看得出,它的核心意义在于通过"训练"来学会"服从"。美国学者斯密斯(Walter R. Smith)曾将"school discipline"(国内学者多译作"学校训育")分为三个阶段:权力的阶段即军队式训练、个人统治的阶段即个人的训练、社会制裁的阶段即社会的训练。其中,第一个阶段也是训练最低的阶段就是以 Discipline 为代表的重专制、严厉,强制服从规则、威权,运用惩罚的训练阶段。斯密斯对这一阶段的训练价值给予了肯定,他说:"无论什么社会,都得有某种威权教人尊重。至于学校的威权,则集中于教师,故教师亦必留意使学生敬重之。所以基本的规则必强迫遵从。假如迅速的惩罚对于尊敬和服从是必需的,那么,就莫有理由限制教师尽量的用它以维持尊敬和服从了。关于体罚的用处,有许多感情的妄谈。大家都承认的,体罚是粗俗的方法,表示教师方面缺乏技巧;但从对于学生将来的仁爱的观点及教育的各种原则来说,宁用剧烈的体罚以维持基本的规则,而不让在公民训练之初期便产生混乱。"①教育家巴格莱(W. C. Bagley)对以 Discipline 为特征的训练也作了如下的解释:"此词从拉丁 Disciple 一字而来,原意指个人的思想和动作均须符合于主人、首领、及教师之意志或理想而言。军队中之训练兵士,只绝对服从长官之意旨;而学校训练学生,亦与此相仿,学生亦是绝对服从教员之意旨。"②由此我们可以发现,Discipline 这个词所表达的实际作用正在于它对学校管理所具有的维持纪律与维护秩序的意义,这与赫尔巴特在《普通教育学》中用 Regierung③ 来同义解释 Disziplin(Regierung oder Disziplin),在道理上是很一致的。不过,传统训育是消极而压制的,没有个体的自主与自由,而现代训育则是在继承其中合理性基础上,以培养个体自由人格、陶铸个体自治能力与自治精神为核心,以养成个体健全个性为目标。这样,传统训育

---

① ［美］斯密斯:《建设的学校训育》,范寓梅译,上海:商务印书馆,1936 年,第 46－47 页。
② 张钟郁:《师范学校训育问题》,北平:国立北平师范大学出版课,1932 年,第 6 页。
③ 在德文中,Regierung 的含义有:"管辖""管理""政权""政治""统治""政府""国家"。

必定会随着社会进步和教育发展而让位于现代训育。国内部分教育学者将训育等同于德育或道德教育，则是抓住了欧美教育中关于 Discipline 这个词的本质意义，因为道德教育就其核心内涵而言主要是指道德行为习惯的培养，它反映在学校纪律及秩序的教育中。

若将训育等同于一般教育来对待，那便是一种泛化的训育观。民国时，这种泛化的训育就为训育异化提供了便利，从而使其偏离了自身本来的目标要求及本质内涵，表现在具体实施上便是通过僭越训育自身功能而使其质变为实际的政治训导，这最终给训育带来了损害。如《训育纲要》(1939)就不仅规定了训育的四大目标，即"自信信道""自治治事""自育育人""自卫卫国"，而且还将国民党党员守则十二条规定为学子青年必须遵守的行为标准。且不说将"信""治""育""卫"（或"管、教、养、卫"）都当作训育是否已超越了训育本身的职守，单就这"信道"（信仰三民主义）及十二条守则而言，又岂是一般的训育？南京国民政府教育部还多次颁布并修订中等学校或专科以上学校训导人员资格审查条例，对从事训导人员的政治资格严加限制，这进一步强化了训育的"党化"色彩，致使训育愈益走上了政治化轨道。

总之，训育因这一段历史而长时间消失在人们的视野中，然而，它毕竟不应完全被视为"党化"政治的私有品而遭到抛弃。今天，我们要抛弃的应该是曾经对待训育的错误做法，而不应该是训育本身。

二、训育者及其素养

训育者是实施训育的主体，自然有一定的素质要求。任何一项教育活动，教育者都是首要因素，训育也不例外。但谁是训育者？纵观民国训育的演变，训育者的身份往往因不同制度的要求而发生变化。级任制下的年级主任、主任制下的训育主任与训育员、导师制下的导师等都是不同时期担负训育重要责任的训育者。训育者身份的变化既体现了训育自身的变迁，也反映了教育者对训育认识不断地深化。但这个问题的性质不在于学校的训育应该由多少人来承担，而在于哪些人可以来承担。换言之，训育是不是每个人都可以来担当？如果不是，那么训育者又应该具备何种素养？更为关键的是：训育者由谁来担当这一问题的本质究竟意味着什么？

在进行训育的过程中，训育者常常是诸多矛盾的集中点，人们往往把训育不善的责任部分归咎到训育者身上。因而，要求提高训育者素养的呼声一直不断。吴俊升认为："训育之事非人人所能任。具有何种人格之人，始适于训育之任乎？关于此问，难有正确之答复，因心理学上关于此一部分之知识，发现至少也。正确之研究法,在聚合诸多训育成功之人,分析其共同之性质而作为理想之标准,但此种工作,尚未开始。"①从他对这一问题的回答中,大约可知关于训育者的问题在当时国内还是一个乏经验可承,而亟待解决的问题。他列举了美国课程论专家查忒斯(W. W. Charters)在其著作"The Teaching of Ideals"(1928)中关于教师的几种特性:有威力即动人的力量、诚恳、同情心、正确判断、忍耐、临机应变等,以及教育家巴格莱的著作"School Discipline"(1915)中关于教师特性的说明:矜持(举止含蓄)、热心、公正、诚恳、同情、有精神等。然后,他综合二家之说,认为有威力、诚恳、同情心、正确判断、忍耐、应变、矜持、公正等,乃担任训育者之人格所必备的要素。当然,这种研究正如他自己所说的那样,也只是取自成功人士的共同性质而已,至于这些特点是否就是训育者尤其需要具备的人格特质,他既没有做国别差异的分析,也没有做职业特性的探讨,只是从教师共同属性出发来说明问题,这当然没错,但却很不够。因为,这还只是抽象地提出了训育者的素养是什么,至于训育者的范围、职责等一系列问题仍未得研究。

也有研究者认为负训育之责者即为训育人员"包括学校校长、训育主任、教师三类人员,各类人员因职权与地位不同,责任大小也有轻重差异",②据此可以明确规定不同训育者相应的职责。对于训育者的素养,则往往将其提高到关于训育成败的高度,认为"训育人员除有丰富的学识,以便实地教学外,必具备高尚的品格,健康的身体,勤劳的身手,优良的习惯,以为儿童楷模;敏锐的头脑,清晰的语言,和蔼的态度,同情的心肠,以实施训育"。③ 既然学校不同身份职权之人对训育负有大小轻重不同之责,那么要求素养上做到统一就是不切实际的,这似乎又与训育者的角色要求发生抵牾。

有的研究者如汪少伦从"训育为整个教育的最高目的"出发,认为"凡从事于教育工作的人都应当担负一种训育的责任,无论教员或职员",其主要理由是:"中小学学生均未成人,模仿性很大,服从性亦强;所有教育人员在他们心目中都有一种教育的权威,即可能成为他们模仿的对象,所以每个学校内工作的人员,无论其担任何种职务,实际上都有一种训育影响。因此广义地讲起来,所有在学校中工作的人员都可谓为训育人员。"④照他这样的观点看来,对训育人员素养的要求也就是对于所有教育人员的要求。教育人员是教育理想的实现者,因而其本身首先

① 吴俊升编:《德育原理》,上海:商务印书馆,1935 年,第 154 页。
② 樊兆康编著:《小学训育实施法》,南京:正中书局,1937 年,第 79 页。
③ 同上。
④ 汪少伦:《训育原理与实施》,重庆:商务印书馆,1943 年,第 123 页。

应该是训育理想的体现者,不仅要具备社会一般理想分子的条件,而且还得具有专业条件。这些条件据他的分析可以分为身体和精神两大方面。身体方面主要的修养有:外表(仪表、服装)与内容(吃苦的能力、耐劳的能力),此外,还要有适当的声调、适当的举止、适当的礼貌等方面次要的修养;精神方面的修养也可以分为主要的和次要的两大类,主要的修养包括:使学生爱方面的修养(仁爱、公正、诚恳)与使学生敬方面的修养(学识、能力),主要修养之外,也有次要的修养,包括自制、热心、忍耐及庄严等。他论及了共 16 项修养要求,对每种修养与训育的关系都尽量予以说明。尤其在训育者公正修养这个问题上,他对国民党在训育上的某些做法提出了异议,认为在以党治国的年代,训育人员虽或不能不加入党团,但中央党部颁发的通令如《中等学校训育主任公民教员资格审查条例》,则对党员有种便利,这实际上对训育会产生影响。基于此,他认为:"(训育人员)虽加入党或团,切不可将党或团刻在头上,一举一动都拿党、团做出发点。这样不但不能影响非党、团的学生,而且极易引起非党、团学生的恶感。总而言之,训育人员对于全体学生要大公无私,一律看待;当奖则奖,当罚则罚;不稍偏私,不稍假借。这样才能使人人心悦诚服。"①

　　汪少伦的研究实际上提出了一个很尖锐的训育问题,也初步显出了不同思想倾向之人在这个问题上所持立场的分歧,那就是"谁应当成为训育者",换言之,就是训育者的资格究竟如何来定,由谁来定这一问题。之前,研究者关注的核心问题是训育人员的素养,无论是教育人员一般的素养,还是训育人员专业的素养,在这个问题上大家可以有共同一致的见解,尽管不同研究者之间也存在某些不同。而且我们也发现,对训育人员修养的多方面诉求,基本上都是参考国外研究者的研究成果,然后加以某种中国化的解读。也就是说,较长时间以来,国内研究者在这个问题上似乎并不存在明显地域差异的意识,追求的是训育者或教育者的世界视野以及共有的认知观念。然而,中国毕竟不同于欧美国家。南京国民政府虽然形式上为民主政权,但实际上实行的则是以党治国的政策。这种形式与内容的矛盾给学校训育带来了实际的困难,也使得不少具有真正民主观念的教育界人士感到困惑。例如,汪少伦就将以下现象归为"公正"范畴。他说:"训育人员切不可因偏爱少数学生,引起大多数学生的反感,尤不可利用一部分学生作达到某种目的的工具。偏爱少数学生引起多数学生的反感,自然不合算;而利用一部分学生为私人工具,不但破坏了学生的正义感,而且很容易受其支配,一切训育工作没办法

---

① 　汪少伦:《训育原理与实施》,重庆:商务印书馆,1943 年,第 128 – 130 页。

去做。过去有许多训育工作失败都是如此。"①他由这个问题引出了上文所说的,训育人员应否加入党、团的问题。可见,他所谓的公正还是一种普适性的含义,而以合算与否来衡量不公正的代价。

与之不同,有些研究者则明确根据政府法令赋予训育人员合法地位的依据。南京国民政府曾在小学教员鉴定办法、中学规程、师范学校规程、职业学校规程、专科以上学校教员资格审查及任用条例等法规中,对于各级学校教师的聘用,都有详细的规定。训育方面也实行各级学校训育人员资格审查制度,出台了相关条例。这些文件实际上规定了各级学校训育人格的资格,如此一来,造成的问题是:一方面是训教合一的教育理想,因为在训教合一制度下,凡是教师都应该是教导人员或训育人员;另一方面,训育人员的资格又有严格限制,只有符合检定条件者才可以有担任训育者的资格,并非是所有人员都可以充当。训教合一精神的体现就是全员训育,而资格限定却与这一精神相冲突,这是学校训育在"谁是训育者"这个问题上所体现出来的深层矛盾,也是制约训育成效的深刻根源之一。

作为对这一问题继续的探讨,有些研究者在借鉴国外经验基础上,把思考的视角伸向教师专业化的领域。这种借鉴比单纯参照国外有关教师素养的研究来,方法上要科学得多,意义上也更为重大。如果我们对"谁是训育者"这个问题从教师专业化的高度来审视,自然就会有更进一步的解决办法,而且训育者究竟要具备何种修养这个问题也就连带着好解决了。不过,有这种观察视野的人在当时还的确为数不多,况且即使有所涉及,也还只是浅尝辄止。李相勖在其《训育论》中谈到了他对教师专业化的看法,他写道:"在外国中小学教员都要受过师范的专业训练,凡系师范学校毕业生都由政府派定相当的职务,非遇有特别情形,不至免职。若不是师范毕业生,要想当教员须经过考试。这样,教师就如医师一样变成了专业。"②李氏之所以提出借鉴西方教师专业化的办法,目的是希望通过规范教师队伍,提高教师素养,从而达到转变学风的目的。但是,他的这种主张也如其他研究一样,理论上虽有可行之处,但实际上则缺乏根基。因为既然整个教育界学风不正,师范教育又岂能幸免于此?

三、训育制度

从民国初期到20世纪三四十年代,训育制度曾几经变化,其中既有级任制、训导制,也有主任制、导师制等。民国之前的清末学堂一直实行的是"舍监"制度,

---

①　汪少伦:《训育原理与实施》,重庆:商务印书馆,1943年,第128页。
②　李相勖:《训育论》,上海:商务印书馆,1935年,第288页。

主要是对学生实行监督管理,养成学生服从纪律的习惯,以维护学堂秩序。民国以降,尤其五四运动之后,受社会及政治影响,训育制度一改清末惯例,变消极为积极,遂性质大变。为了使得训育能够满足社会变化对教育的要求,教育学者纷纷对各种训育制度的优缺点进行广泛讨论,以期获得满意的训育效果。

级任制是当时小学训育普遍采用的制度,主要原因是由于小学往往规模不大,年级人数不多;再者,小学生年龄还小,需要有像父母角色这样的教师专人负责。办法就是一个年级设一名主任教师,一人负责全年级所有课程与训育,或者在训育之外负责主要课程,也可以只负责训育。此制度的优点是可以做到责任专一,训教合一,学生能够及时得到老师的指导。级任教师对各自年级的训育负完全责任,可以激发其责任心,而因考评的关系也易于使其在教学时以及教学之外全面关注学生,发现问题,及时指导、解决。较之简单监督,学生在学习、生活、交往等方面遇到问题时也易于得到老师关照,而且权责集于一人,也便于训育的实施,较少受到各方的牵制,特别是级任制可以把训育融于教学和对学生日常管理之中,有效实现训教合一,从而发挥训育的作用。但是,也有教育学者认为级任制并不利于提高训育的效率,贾丰臻甚至将其作为训育效率低下的重要原因之一而加以批评,认为仅有一、二学级如何热心,而其他教师却漠不关心,这种不协调的训育是不可能取得成功的。① 更有学者将级任制的不足如数列出,包括:"师生间接近的时间太少""人数太多训练上无从着手""教室内训话不能发生影响""漠视科任教师"等,从而主张用训导制来代替级任制。② 这种批评是从实际需要出发的。在级任制中,教学与训育合于一人之手,自然是理想的办法,但担任者往往因工作繁重而无法很好胜任工作,尤其是当年级规模较大时更为明显,学生也因此得不到实际上富有个性的指导。其次,以年级为单位实施训育也造成学校整个训育工作条块分割,难以有完整的工作计划,年级之间不容易协调。再者,一个年级的训育完全落在一人之身,其他任课教师就很容易出现轻视训育的现象,从而无形中又造成教、训分离的弊端,反过来会给予训育人员额外的工作压力。

基于级任制自身存在的不足,训导制就成为一种新的选择。所谓训导制就是将全校学生按一定人数分为若干团,由一名教师负责一团学生的训练。分团办法可以通过指定按全校教师人数平均分配,也可以由学生自己选择导师。那么,这种制度较级任制有什么长处呢? 研究者认为,它"可以暗察儿童的性行""训练和监护可以周到""可以尽量发挥儿童剩余的精神"以及"可以免除轻视科任教师的

---

① 贾丰臻:《说训育不振之原因》,《教育杂志》,1913 年第 9 期。
② 谢骧超:《小学校训育亟应采用训导制的建议》,《教育杂志》,1924 年第 6 期。

歧见"等。① 实行训导制后，因为全校教师都负有训育责任，这样就打破了一部分人有责任，而另一部分人无责任的现象，可以有效避免"教"与"育"的分离，而提高训育的效率。采用分团办法也打破了年级局限，各年级学生可以在同一团体内交往、互助与合作，易于养成学生团结友爱及集体观念。训育由少数人负责变为由多数人共同负责，不仅减轻了少数人的工作压力，而且也易于形成学校整体计划。当然，也有人认为训导制如同级任制一样，有优点也有缺点，其不足是"教学与训育难以联络""级务无人主持""难收以专责成之效""儿童的个性难以明确"等。② 由于同一团中各年级学生都有，训导教师就不能像级任教师那样可以做到教学与训育合一；也由于同样原因，教师在指导不同年级学生时往往会面临实际的困难，比较难以照顾学生的个别差异。于是，就有人提倡把这两种制度结合起来，取长补短。

如果说小学训育由于学生年龄尚小，受外界影响不是很大，训育开展起来困难与难度都相对会小得多的话，那么中等学校则不然，学生极易感于环境，学校经常因为政治变动、管理不善、社会腐败等原因而每每有所牵动，再加上中等学校因为教学科目增多，教学难度加大，学生也因年龄增长身心都处于剧变期，故而训育工作并非易事。自五四运动后，中学训育就成为教育界关注的焦点问题，一直被当作最重要而又最难解决的问题而得到普遍关注。中学训育究竟怎么办？以五四运动为界，中学训育前后确有很大变化，之前由于办教育者多为旧式知识分子，教育上注重师道尊严，强调权威、专权，方法上多用压制、服从等，所以消极方面的训育多。而五四运动之后，随着大批留学人员回国，尤其是留美学生将新的教育思想与管理理念传入国内，传统教育权威受到了强烈冲击，相反要求尊重学生个性，培养完美人格越来越成为教育界一种普遍的呼声。训育由强调服从向主张个性的转变反映了训育性质的变化，这必然要求训育制度做出相应改变。那些对教育现状怀着强烈不满的教育人士对学校训育只系于少数人（即训育主任）的做法提出了中肯的批评并建议对训育加以改革。早在1914年，就有人提出应实施"自治的训育"以养成学生自治能力的建议，认为无论是遵循自然主义的"放任主义"还是要求严格规则的"严厉主义"都不可能达到真正教育的目的。③ 五四运动之后，自治训育在越来越多中学得到了响应，它尤其得益于一批有志气、有理想的教育者身体力行的鼓铸，这种理想就像蒋梦麟所说的那样，中国社会有很重的病，要

① 谢骥超：《小学校训育亟应采用训导制的建议》，《教育杂志》，1924年第6期。
② 徐蕴晖：《小学训育制度的研究》，《教育杂志》，1928年第2期。
③ 王炎：《自治的训育》，《教育杂志》，1914年第9期。

用新学术来治疗,而新学术就是新文化运动,"新文化运动的目的是要酿成新文化的怒潮,要酿成新文化的怒潮,是要把中国腐败社会的污浊洗得干干净净,成一个光明的世界"。① 为此,他希望办学校的人要奖励学生自治,给学生思想自由的机会,要助学生研究社会问题,要助学生达丰富的生活。② 不过,由于学生自治问题涉及整个训育的方向,故而他对自治精神及自治责任的内涵作了特别说明。关于自治的精神,他强调:"学生自治并不是一种时髦的运动,并不是反对教职员的运动,也不是一种机械性的组织。学生自治是爱国的运动,是移风易俗的运动,是养成活泼泼的一个精神的运动。学生自治要有一个爱国的决心,移风易俗的决心,活泼泼地勇往直前的决心。没有这种大决心,学生自治是空的,是慕虚名的,是要不得的。"而关于自治的责任,他认为学生自治有提高学术程度、公共服务以及产生文化的责任。③ 陶行知也认为:"学生自治是学生结成团体来,大家学习自己管自己的手续。"④鉴于自治对于训育变革的重要意义,不少学者着重探讨了其理论根据,太玄的《德谟克拉西与训练》、胡愈的《德谟克拉西之缺点》等都试图为学生自治提供理论的支持与指导。而郑晓沧、陈鹤琴、廖世承等教育学者则在《新教育》上分别撰文介绍了美国中小学校自治实施的计划、办法、效果及其注意的问题,为国内的学生自治运动提供经验借鉴。

从根本上讲,自治训育在五四运动后兴起主要是由于原有训育制度存在严重不足,与新思潮的要求不相适应。有学者这样质疑道:"中国自办学校到现在,训育到底到什么地方去了。'五四'以前是教师压制,'五四'以后是学生放纵",⑤这话虽然有些武断,但也道出了当时不少关心教育者的共同心声。然而,训育之所以没有成绩,训育制度不良是主要原因,"训育绝不是校长或学监先生们开几次训话会,或添设几个训育主任所能够奏效的。训育是应该使学生的全生活浸润在特别的一种环境里"。⑥ 一边是对既有训育制度的反思与批评,一边是勃兴的学生自治,在五四新文化运动的背景上,一场对训育制度的讨论与改造就这样展开了。为此,《中等教育》在 1924 年第 3 卷第 2 期出版训育研究专号,包括廖世承、曹刍(chú)、张念祖、宋焕达、王衍康、潘文安、吴文奎等多位知名教育人士都发表了自己的见解,其中,廖世承的意见具有代表性,他赞同那种认为"训育是全体问题,不

---

① 蒋梦麟:《新文化的怒潮》,《新教育》,1919 年第 1 期。
② 蒋梦麟:《学潮后青年心理的态度及利导方法》,《新教育》,1919 年第 2 期。
③ 蒋梦麟:《学生自治》,《新教育》,1919 年第 2 期。
④ 陶行知:《学生自治问题之研究》,《新教育》,1919 年第 2 期。
⑤ 周予同:《中国学校的训育呢? 压制与放纵》,《教育杂志》,1922 年第 1 期。
⑥ 周予同:《再论中国学校的训育》,《教育杂志》,1922 年第 3 期。

是局部问题"的主张。① 同时或其后,《教育杂志》、《中华教育界》、《新教育》、北京高师《教育丛刊》等主要教育刊物也都发表了诸多讨论训育的文章,在总的自治精神指导下就训育的目标、标准、原则、实施方法、存在问题等方面展开讨论。

由学生自治引起的对中学训育问题的研究逐渐在教育界形成一种共识,即认为训育不是少数人所可以为功的,训育应注重学生个性,是一种全面的道德训练,学校训育主任负责全校训育工作,但具体训育应贯穿学生学习及生活的各个方面,教育者首先应有高尚人格。这些可贵的认识尽管在北京政府时期由于动荡的社会形势而无法在教育上得到切实体现,但却影响了随后南京国民政府时期的学校训育,从而成为这一时期训育导师制出台的重要背景。

早在 1925 年,高觉敷就针对当时训育制度之不良即中等学校教、训分立问题而提出训育上的"训教合一"制,尽管还没有明确用导师制一语,但已具导师制的雏形。他认为要改革不合教育的训育制度,办法是中等学校最好是不设训育主任与训育员,而由全体或多数主要的教员负责,具体办法是采用分团制,并提出两条应遵循的原则:其一是每一教员所管理的学生至多不能超过 20 人;其二是被管理的学生必须是在主管教员班内上课的学生。这种训、教合一方法的优势,据他说主要是"较易明白学生的个性""增加彼此接触的机会"以及"增加教员生活的兴趣",同时他也强调对所聘教员的操行要严格考察。② 与此时其他众多教育者的见解一样,虽然说法颇切中肯綮,但囿于现实条件制约,所谓"训教合一"也只能是一种良好愿望而已。确切说来,中等以上学校导师制的实施及引起大范围讨论是在 1938 年后,因为这一年国民政府教育部颁布了《中等以上学校导师制纲要》,要求全国大中学校推行导师制。在此之前,有部分学校虽然已经开始探索这一新制度,但毕竟还是少数。其中,提倡最力的要算江苏省。1933 年,江苏省教育厅曾制定《教训合一实施初步办法和教训合一试行办法》,通令全省各中学遵行,并以教育厅主办的《江苏教育》为园地出版"教训合一"专号(1932 年第 1 卷第 10 期),对中学导师制这一新制度进行讨论。

严格地说,导师制作为训育制度是一种舶来品,它在国内的出现较早可见于学者对英国中学寄宿舍的介绍,③而对英国大学导师制的全面介绍是在南京国民政府颁布《中等以上学校导师制纲要》之后。应该说,导师制的目的主要在于解决现代学校条件下"道问学"与"尊德性"之间的矛盾。中国自清末实行新学制后,

---

① 廖世承:《中等学校的训育问题》,《中等教育》,1924 年第 2 期。
② 高觉敷:《训教合一制》,《教育杂志》,1925 年第 10 期。
③ 张仲述:《中学训育问题》,北京高师《教育丛刊》,1923 年第 4 期。

教育现代化水平已朝前迈出了一大步,但随着传统书院教育式微,现代教育的增长却使得"德性"与"学问"间的矛盾愈益突出,只是由于社会政治一直没能走上正轨,这一矛盾遂被掩盖。故而导师制所要解决的问题之前就已存在,只是到了南京国民政府时期,由于国家政权初步得到统一,无疑也会对教育提出相应的新的要求。相比较而言,之前针对训育制度的弊端尽管也有反思与批评,但多半还只是停留在形式阶段,即指出问题与改进的方向,而具体的实施办法还未能深入探求;南京国民政府时期的研究则是要思考如何把导师制这一新的训育制度全面推开,真正使得学校教育中训、教分离现象得以有效转变。这就涉及导师制这一制度的意义、作用、特点、目标、条件、原则、方法等方面的内容,只有当教育者对这些方面都有了较为清楚的认识,新制度实行起来才能顺利。《中等以上学校导师制纲要》一经出台便引起了热心教育人士的强烈反响,赞成者有之,批评者有之,怀疑责难者亦有之。各种报刊都登载有评论导师制的文字,此外,像国立中山大学的《教育研究》、正中书局的《教与学》以及教育通讯社的《教育通讯》等都发刊过"导师制专号"。这些研究不仅就导师制本身诸问题进行了详细探讨,而且也对实行过程中存在的问题与不足进行了经验总结,从而有利于导师制的进一步推行。知名教育人士谭维汉认为导师制实行于大学与实行于中学其办法应有所不同,学校实施导师制的前提条件是"校长与教员之人选及其保障问题",因为导师是实行导师制的骨干。① 学者梁殴弟也撰文认为战时大学有实施导师制的必要,强调导师应具备的条件以及应明确导师的任务②。姜琦认为,就教育全体而言,导师制是一种良好的制度,不容非难,只是在现有条件下要尽力去做,强调学校尤其是大学所有人员从校长到学生必须齐心协力,然后方可收效。③ 学者孟莹则认为,"七七事变"促使举国上下团结一致,有利于整个社会道德标准的树立和学校德育的进行,因此,在政治与社会层面无论是中学还是大学实行导师制已经具备条件,问题是如何进行,要研究的问题主要是:大学导师制与大学训导有无区别?大学导师制与中学导师制有无性质之差异?大学导师制之实施应先具备何种条件方不流于形式之空虚?换言之,其成败之关键何在?④ 这些问题突出了高等学校与中等学校实施导师制的差异以及实施条件的重要性。就中学如何实施导师制的问题,学者钟鲁斋作了全面分析,在指出中学实施导师制的实际困难同时,也

---

① 谭维汉:《我对于导师制的管见》,《教育研究》,1938 年第 84 期。
② 梁殴弟:《战时的大学导师制度》,《教育研究》,1938 年第 84 期。
③ 姜琦:《大学之导师制度》,《高等教育季刊》,1941 年第 1 期。
④ 孟莹:《大学导师制之根本问题》,《高等教育季刊》,1942 年第 2 期。

就实际需要提出若干建议。① 余家菊则针对导师制在实行过程中未能尽善的情况,认为除了受战时情形及各校特殊情形影响外,一般障碍还有"学术障碍""性格障碍""权势障碍""工具障碍"等几个方面,并据此提出两原则:其一是"学风与士风分别培养",即学术风气的培养由任课教师负责,而无待导师制,士风即为人处世风气之培养则是导师之职责;其二是"导师任务寄托于教授之外",大学教授学术有专精,是大学所以权威的象征,没有余暇从事训导之事,建议导师可由助教与讲师担任。② 其分析与建议具有独到之处。另外,资深教育学者吴家镇对当时国内多所大学实行导师制情况进行了调查,包括国立北平师范大学、国立浙江大学、国立清华大学、国立北平女子文理学院、省立安徽大学、国立北平大学、私立北平辅仁大学、私立北平中国学院、私立厦门大学等,在对这些学校的实行情况进行一番比较分析后,指出了其中存在的缺点并提出若干补救办法。③ 这为其时各学校导师制的实行提供了最直接的经验与教益。以上讨论林林总总,概括而言,主要是两个方面:一是导师制本身的问题,涉及此制度的意义、特点、作用等;二是实施问题,包括实施的前提、条件、方法等,而以后者为主。由于教育界的热烈讨论,也由于实际执行过程中存在的问题与取得的经验,南京国民政府教育部随后对抗战初期颁布的纲要进行修订,先后于1941年和1943年制定并颁布了《中等学校导师制纲要》及《专科以上学校导师制纲要》。

四、训育目标

训育目的是关于教育要培养的人的品德的总体质量规格与要求;训育目标是训育目的的具体化,是对训育目的的落实,体现为各级各类教育在训育方面的规格与要求,它可以是纵向的目标,如初等教育、中等教育或高等教育的训育目标,也可以是横向的目标,如普通教育、职业教育或师范教育的训育目标,还可以是学校某个课程或某一活动的训育目标。训育目标是训育实施的准绳,同时也是训育成绩考核的依据。要使训育有系统,便于实施,首先就要确立训育目标,有了明确的目标,然后依照目标才能逐步实现训育的理想。

南京国民政府从20世纪30年代初开始,就陆续颁布多项与训育有关的法令文件,重要的有《三民主义教育实施原则》《训育纲要》《青年训练大纲》《小学训育标准》等,其中前两个文件是主要的,集中反映了训育目的、目标及其实施原则,是

---

① 钟鲁斋:《中学实施导师制的困难及其补救的方法》,《教育研究》,1938年第84期。
② 余家菊:《论大学导师制》,《高等教育季刊》,1942年第4期。
③ 吴家镇:《我国大学导师制之初步考察》,《教育研究》,第71期。

较全面体现这一时期训育本质及其要求的法令文件。

关于训育目的，《训育纲要》中有明确说明。这份文件是由南京国民政府教育部于 1939 年 9 月 25 日颁发，它将训育目的表述为："中华民国教育所需之训育，应为依据建国之三民主义，与理想之人生标准（人格），作育学生，使之具有高尚之志愿，坚定之信仰，与仁智勇诸美德，在家为良善之子弟，在社会为有为有守之份子，在国家为忠勇守法之国民，在世界人类为维护正义促进大同之先锋。故要求各级各类教育必须依照学生在校之程度，作有系统有步骤之实施，并尽量要求家庭社会之合作，与教师之身体力行，以期达到同一之目的。"①1929 年颁布的《中华民国教育宗旨及其实施方针》所确立的教育宗旨是："中华民国之教育，根据三民主义，以充实人民生活，扶持社会生存，发展国民生计，延续民族生命为目的；务期民族独立，民权普遍，民生发展，以促进世界大同。"②可见，上述训育目的与教育宗旨的精神是基本一致的。此训育目的包含三方面的内容：一是作为指导思想的三民主义；二是培养标准；三是实现目的的要求或途径。其中，培养标准反映了这个目的的类型，看得出这个训育目的是力图将个人与社会统一起来，尽量规避个人本位与社会本位的矛盾。不过，从总体上看，它仍偏于社会本位。因为目的由政府教育主管部门的专家来制定，自然会体现出国家主导意识。

一般说来，训育目的在于陶冶人健全之品格。何谓品格？如何陶冶健全之品格？《训育纲要》认为："健全品格之陶冶，在于培养实践道德之能力。培养实践道德能力之道无他，好学，力行，知耻三者而已。好学而不惑，智者能之；力行而不忧，仁者能之；知耻而不惧，勇者能之。培智之道在于求真，求真则知益；行仁之道在于博爱，博爱则情厚；养勇之道在于自强，自强则意坚。而培养此三者，尤以意志之坚定为先。""故意知情三者之发展于完整，为构成品格之要素，缺其一则不能全其功。"③这解释了训育目的的构成要素及其相互关系，揭示了训育目的的内在逻辑结构。此结构中之所以强调"意志"在形成品格中的特别作用，首先是对教育现实状况反思的产物，其次也是对传统德育思想特点的继承。

训育目的确定之后，只有具体化为训育目标才可以实现。《训育纲要》从现实需要出发，确立了训育的四大目标，指出："建国之事，虽云多端，简括之可分为四：曰管、曰教、曰养、曰卫。管之对象为事，其标的为政治建设；教之对象为道，其标

---

① 《训育纲要》，教育部训育委员会编：《训育法令汇编》，1943 年，第 14 页。

② 《中华民国教育宗旨及其实施方针》，教育部训育委员会编：《训育法令汇编》，1943 年，第 1 页。

③ 《训育纲要》，教育部训育委员会编：《训育法令汇编》，1943 年，第 14 页。

的为文化建设;养之对象为人,其标的为经济建设;卫之对象为国,其标的为军事建设。治事之前提为自治,能自治乃可以治事;信道之前提为自信,能自信始足以信道;养人之前提为自育,能自育斯足以育人;卫国之前提为自卫,能自卫方克以卫国。管养卫皆达材之事,而信道皆所以成德。教育既系应国家之需要以设施,故教育之标的即针对建国之四大需要而为:(一)自信信道,(二)自治治事,(三)自育育人,(四)自卫卫国之四点。"①由此训育目标也就被确立为:(一)高尚坚定的志愿,与纯一不移的共信:自信信道;(二)礼义廉耻的信守,与组织管理的技能:自治治事;(三)刻苦俭约的习性,与创造服务的精神:自育育人;(四)耐劳健美的体魄,与保民卫国的智能:自卫卫国。

自信信道,按《训育纲要》的解释,自信是创业的需要与条件,古人言"信以立己",就是这个道理,自不必多言。而信道呢?《训育纲要》认为"信以行道,则为共信",作为共信之道就是三民主义。个人的自信与共信的动力都源自立志,于个人而言,自古就有"士尚志",无志则人生无事可成。个人是如此,国家也同样。"个人之志,所以决其一生之成就,而国家之志,则所以明一国之前途及其对于世界文化所负之责任。我国对于世界人类所抱之志愿,为实现三民主义之理想,进世界于大同之域,而其步骤则从建设三民主义之中国入手。故灌输三民主义为教育青年者所应有之责任,而实行三民主义为全体青年应有之义务"。② 这一段话的主旨在于指出国家的志向在于建立一个三民主义的国家,故又说"共信不立,互信不生,互信不生,团结不固,是则主义之共信(信道)实为民族统一团结之主要条件也"。③ 那么,怎样来看待自信信道这一训育目标呢? 应该说,三民主义作为国家的共信和教育的指导思想,其目的是要求处理好现实与理想的关系。因此,评价自信信道这一训育目标的价值,关键就是要看以"我国对于世界人类所抱之志愿",即"实现三民主义之理想,进世界于大同之域"作为训育目标的恰当性。孙中山在《三民主义》第一讲中把三民主义解释为"救国主义",即全面提高中国在国际上的地位,包括政治地位、经济地位,使中国永久适存于世界;而按中国历史上社会习惯诸情形讲,所谓民族主义也就是"国族主义"。他认为:"中国人最崇拜的是家族主义和宗族主义,所以中国只有家族主义和宗族主义,没有国族主义……中国人的团结力,只能及于宗族而止,还没有扩张到国家。"④他并且强调,国族主

---

① 《训育纲要》,教育部训育委员会编:《训育法令汇编》,1943 年,第 16 页。
② 《训育纲要》,教育部训育委员会编:《训育法令汇编》,1943 年,第 17 页。
③ 同上。
④ 孙文:《三民主义·民族主义》第一讲,上海:中央图书局,1927 年,第 1—2 页。

义的提法只适用于中国,在国外就不恰当,比如在英国。正因为中国政治上不统一,经济上不发达,国际上还没有平等地位;正因为中国人没有国家意识,只有家族和宗族观,团结力还未能发达到国家高度,所以,孙中山才将三民主义解释为救国主义与国族主义。显然,这不是什么国际主义、世界主义,或世界大同主义。故把三民主义提高到世界大同主义有主义僭越之嫌。同时,以此主义来作为学校训育的目标,从抗战进入相持阶段的国情现实来看,既与现实相背,也与真正的理想不相符节。从现实性而言,不但大同主义没有现实根基,即使推行,也无疑是曲高和寡,失去指导现实的作用;从理想性而言,因训育指导思想悬鹄过高,理想也就变得虚无缥缈,成为可有可无的东西了,从而严重制约整个训育的功能发挥。此外,它的另一个结果就是造成同自育育人,自治治事,自卫卫国这些实际的具体训育目标相矛盾。教育上的世界主义是新文化运动后国内不少知识分子一种共有的认识嗜好与思想倾向。蔡元培、胡适等新文化运动的领袖们当年都是如此。胡适于 1935 年发表于《独立评论》(第 149 期)上的纪念"五四"一文,对此有一段较为中肯的反省。他说:"现在回想起来,我们在当时都不免有点'借他人之酒杯,浇自己之块垒'。我们大家都不满意于国内的政治和国际的现状,都渴望起一种变化,都渴望有一个推动现状的机会。那年十一月(指"一战"胜利——笔者注)的世界狂热,我们认作一个世界大变局的起点,也想抓住它作为推动中国社会政治的起点。同时我们也不免都受了威尔逊大总统的'十四原则'的麻醉,也都期望这个新世界可以使民主政治过平安日子。"[1]如果说,胡适的反省代表着学者可贵的醒悟,那么,在国难日殷之时,世界大同主义仍作为学校的训育目标,不能不说"借他人之酒杯,浇自己之块垒"的方法,实际上已经成为某些人的潜意识或者似乎是一种集体无意识了,它超越了孙中山的救国主义。

由于训育的四大目标直接以"信道"即信服三民主义为核心,训育实践也以三民主义为指导,所以自治治事目标下所确立的"礼义廉耻的信守,与组织管理的技能";自育育人目标下的"刻苦简约的习性,与创造服务的精神";自卫卫国目标下的"耐劳健美的体魄,与保民卫国的智能"等等具体目标同三民主义的理想就难免不无扞格。

《训育纲要》在确立四大训育目标之后,并对各级学校训育都提出了若干实施要求。至于各级学校训育的具体目标,南京国民政府在之前颁布的其他类似性质的法令文件中已有规定。如《三民主义教育实施原则》(1931 年 9 月 3 日)中关于初等教育目标共有三条,其中涉及训育的有两条:一是使儿童整个的身心融育于

---

① 白吉庵,刘燕云编:《胡适教育论著选》,北京:人民教育出版社,1994 年,第 342－343 页。

三民主义教育中;一是使儿童个性、群性在三民主义指导下,平均发展。关于中等教育目标也有三条,有两条涉及训育:一是确定青年三民主义之信仰,并切实陶冶其忠孝仁爱信义和平之国民道德;一是注意青年个性及其身心状态,而予以适当的指导及训练。关于高等教育目标有五条,涉及训育的有两条:一是训育应以三民主义为中心,养成德、智、体、群、美兼备之人格;一是设备应力求充实,并与课程训育相关联。关于师范教育目标中,虽然没有明确表示与训育相关,但在实施纲要的训育部分所列十条原则中,则明确规定要根据本党师范教育宗旨,兼采用党员训练方式,以指导其全部生活。① 而《青年训练大纲》(1938)也含有相关部分。按其主要构成可分为基本观念、训练要项及训练方式三个方面,其基本观念部分包括人生观、民族观、国家观及世界观,对此四者都规定了各自的目标。人生观方面的目标是:认清生活之目的为增进人类全体之生活;认清生命之意义为创造宇宙继续之生命。民族观方面的目标是:认清中华民族为世界上之最优秀民族之一;认清中华民族对于世界文化有其独特之贡献,应该发扬光大;认清中华民族为富有创造精神之民族。国家观方面的目标为:确立国家高于一切之信念;认清国家与个人之关系;认清我国之现状及此后应努力之途径。世界观方面的目标为:认清世界各国之现状;认清近代国际社会之性质;认清我国与世界各国之关系。训练要项包括信仰、德行、体格、生活及服务,每项也都制定了各自的目标。信仰方面的目标是:信仰三民主义;信仰并服从领袖。德行方面的目标是:发挥忠孝仁爱信义和平诸美德;实现领袖提倡礼义廉耻之意义;涵养公诚朴拙之精神。体格方面的目标为:健全的体魄;自卫卫国的技能。生活方面的目标为:军事化;生产化;艺术化。服务方面的目标是:认清人生之目的在于服务,不在夺取;认清服务社会为人类生存之基本义务;认清服务之精义,在能彼此互助,祛除自私自利心,以社会福利为前提。② 从这两个文件所规定的训育目标的精神来看,其中《三民主义教育实施原则》所确立的各级教育目标中,关于训育方面的根本思想只是一个,即要在三民主义指导下,促进学生整个身心的发展,或者个性与群性平均发展,或者德智体美群兼备。而《青年训练大纲》中关于基本观念的目标,除了国家观与世界观外,余则显得抽象高远。如作为训育所指向的人生观,若只是同人类生活与宇宙生命相联系,那无疑抽离了人生的具体丰富性,而没有实际生活支持的人生又何谈人生观;训育本身不是哲学,尽管它不能离开哲学。至于训练要项所确立的目标,确实还有着较浓的中古色彩,服从、勇武、克制、奉公、服务等是其

---

① 《三民主义教育实施原则》,教育部训育委员会编:《训育法令汇编》,1943 年,第 2 – 7 页。
② 《青年训练大纲》,教育部训育委员会编:《训育法令汇编》,1943 年,第 25 – 30 页。

核心理念与精神,这体现了非常时期国家权益对个人权益的挤占。

此外,在南京国民政府教育部根据 1932 年颁布的《小学公民训练标准》修订而成的《小学训育标准》(1942)中,有关于小学训育目标的规定:根据建国需要,发扬我国固有道德及民族精神,制定本标准,训练儿童,以养成奉行三民主义的健全公民。具体包括:(1)关于公民的体格训练:养成整洁卫生的习惯,快乐活泼的精神;使能自卫卫国。(2)关于公民的德性训练:养成礼义廉耻的观念,亲爱精诚的德性;使能自信信道。(3)关于公民的经济训练:养成节俭劳动的习惯,生成合作的知能;使能自育育人。(4)关于公民的政治训练:养成奉公守法的观念,爱国爱群的思想;使能自治治事。这个小学训育目标从形式上看,构想是比较合理的,首先以习惯与观念来统整行为,再以精神、德性、知能、思想的训练来促进儿童的体、德、智、群的发展,最后达到管、教、养、卫统一的目的。中等教育方面,教育部曾制定过一个《中等学校训育要目》,[1]订有很详细的德目。另外,第二次全国教育会议通过的《中等学校训育纲要》(1930)列举中学训育目标为:勤学(7)、思想(4)、服务(5)、纪律(14)、公德(6)、卫生(5)、态度(5)、言语(4)、情趣(4)、社交(3),[2]共计 10 个总目标,57 个分目标。这两种训育目标的表述方式都与前述不同,采用类似具体德目的方式,以便学校采纳执行。

上述关于训育目标的规定,总的来看,存在下述几个特点:(1)在初等教育的训育方面目标相对明确,中等、高等教育不明显。(2)具体目标尽管多与社会现实联系较紧密,但与人自身发展需要相联系多有不足,即训育的社会指向远大于个人指向。(3)制定目标的理论依据多半比较单一,根据三民主义或根据建国需要往往成为最主要的依据,体现出较强的功利色彩。

以上是从政策角度来透视教育决策部门在训育目标上的意图。此外,学界在这方面也有一些不同的反映。李相勖在谈到训育目标的重要作用时指出:"假使学校训育仅规定空空洞洞的校训如诚朴、勤俭几个字做训育的目标,当无实际的成效。所以训育若没有适当的目标以为指导的依据,则一切的训育实施必致纷乱而没有统一的计划。"[3]训育目标既然很重要,那应该制定什么样的训育目标呢?他列举了南京国民政府教育部所颁布的相关法令文件中有关训育实施原则的论述,或一些学校所制定的训育标准,但既没有研究制定训育标准所需要的各种依据,也没有指出如何根据这些实施原则来制定目标。樊兆康也说:"训育的范围非

---

① 伍瑞凯编著:《训导实施》(订正本),广州:广东文化事业公司,1947 年,第 9 - 10 页。
② 李相勖:《训育论》,上海:商务印书馆,1935 年,第 254 - 256 页。
③ 李相勖:《训育论》,上海:商务印书馆,1935 年,第 247 页。

常广泛,空空洞洞地谈训育问题,往往流于消极的制裁,而忽略了积极的指导。尤其是小学校没有积极的指导,学生便无所依据,无所适从。因此负训育责任者,便不能没有一个积极指导的计划。如果没有计划,无论教师学生及训育人员,都没有标准可循。"①

这一时期,学界除了对现实情况予以批评外,也有学者对训育目标问题进行了研究。徐庭达在研究中指出,训育目标"要有时间性、空间性及简要化"。所谓时间性就是要能适应时代,又能立在时代之前,为未来作准备;从这一点出发,他反对复古派所倡的旧道德教育。空间性是指既要因地制宜,又要博采他民族适应时代的好的精神。所谓简要化就是目标要讲究科学性,戒繁文缛节。本着简要化的精神,他提出一个训育目标的设计:(1)学生态度合理化;(2)学生行为纪律化,注重秩序、习惯;(3)学生思想科学化;(4)学生生活、劳动简朴化;(5)学生活动集体化,注重组织能力及社会道德公民责任行为的训练;(6)学生情绪美化乐观而进取;(7)要有独创奋斗爱护国家发扬民族之精神;(8)劳作与合作及技能之训练;(9)身体刻苦训练,充分发育。② 他所提出的关于训育目标的三个特性基本上是科学的,不过在对待旧道德问题上,不能因为目标有时间性要求而简单加以排斥,旧道德中那些具有普世意义的方面也有必要加以继承。至于他的目标设计,仅就学生一方面而言,实际上还是关于学校训育标准的问题。而在这些标准中,如"合理化""民族精神""刻苦";"纪律化""简朴化""公民责任";"集体化""组织能力""合作""情绪美化"等等,既保有民族传统道德的优点,也有对西方德育思想优秀成果的借鉴,如涂尔干、杜威的德育思想。将这些优秀的思想成果集中起来作为训育的标准,表面上看起来是对现有训育的良好改造,但实际上,由于这些标准所适用的文化及民性有着差异,因而如何让其融合起来并在实践上得到统一,就是一个需要解决的内在问题。

杨同芳在研究中学训育时,则着重指出"中学训育目标向无规定",也"缺乏科学的研究",他的意思自然是指整个中学训育而言,而不是就某所具体的中学来说,并认为"训育目标常随教育目标而变迁……在某种教育思潮下,必定会产生某种训育目标;当然训育目标正和教育目标一样,必须能适应个人的生活和当时社会的需要"。"训育目标要能概括社会的需要,以及普通的道德理想。太琐碎了,失之凌乱,而无系统;太简略了,失之笼统而欠精密。按照我国今日的国情,中学

---

① 樊兆康编著:《小学训育实施法》,南京:正中书局,1937 年,第 11 页。
② 徐庭达:《训育研究》,北平:人文学社,1936 年,第 48－50 页。

训育应该着重两点:发展个性与社会化训练"。① 这里实际上是指出了制定训育目标时必须要注意的两个基本依据:心理学和社会学的要求。从心理学的角度而言,训育必须考虑到要依据个性、通过个性和为了个性;而从社会学角度而言,训育也必须考虑到要依据社会、通过社会和为了社会。总之,在社会化训练下,要将个性与社会性统一起来,而这正是杜威在其《教育上的道德原理》中所表达过的主张。

杨贤江在谈到这个问题时,也对当时中学训育目标提出了批评,他认为:"向来我国人对于训育的见解……往往误认为只是道德上的作用,且认为道德只是些个人的'修身养心',还不免带有高贵玄妙、难能可贵等等的意味。"②不管他所批评的把训育当修身的现象在当时是否属实,但从他的意见来看,显然他是不同意仅仅把训育的目标规定为道德教育一途的,他认为这是"把整个的人生割裂了,以为'德、智、体三育'是分立的,不相干涉的……过去的教育从训育一方面看,已把人生分裂了"。③ 他是在"全人生指导"思想下,对现有学校训育进行反思。

教育学者的批评意见反映了他们各自对训育目标不同的理解,但总体而言,南京国民政府时期在学校训育目标上基本是明确的,而小学则更为细致完整,也是训育落实得较有成效的领域。中学则由于复杂的社会环境、动荡的时局以及学生自身等多种因素,始终是各种矛盾的集中地,所以训育问题也较为集中,一些批评意见多指向于此。所谓中学训育目标的问题实际上反映的正是中学训育实际的困难。

五、训育原则

训育原则是关于训育实施的指导方针,是训育理论研究的重要内容之一。训育目标一旦确定下来,训育原则就是保障其实现的重要基础,从这一点来说,二者在本质上具有一致性。反过来看,如果训育目标不明确,那么再科学的训育原则也会失去其效用性。南京国民政府建立后,由于对各级各类学校训育基本上都分别制定了具体的目标及其相应标准,尤其小学校的训育标准更为明确,故而对训育原则的研究也就较以往更为系统、深入。

对训育原则的研究大致兴起于五四新文化运动期间,这主要是由于:一方面,频繁的学潮冲击了学校原本正常的教学秩序,部分教育人士忧心教育现状;另一

---

① 杨同芳:《中学训育》,上海:世界书局,1941 年,第 231－236 页。
② 任钟印编:《杨贤江全集》第 2 卷,郑州:河南教育出版社,1995 年,第 324 页。
③ 任钟印编:《杨贤江全集》第 2 卷,郑州:河南教育出版社,1995 年,第 325 页。

方面,以杜威为代表的进步主义教育理论大量输入国内,造成了国内教育界空前活跃的思想氛围,从而借鉴西方已有训育理论成果成为这一时期关心学校训育人士的优先选择。例如,有学者在《教育杂志》上翻译介绍了美国教育学者斯密斯(W. R. Smith)的训育思想,将其关于有效训育四原则的理论引进国内。斯密斯认为,有效训育必须符合以下原则:(1)学校与社会的理想须调和;(2)训练不可止于消极的与禁止的,须为积极的与建设的;(3)训练方法不可为直接的须为间接的;(4)须用生徒能够理解及最高尚的管理法。① 稍后,著名教育家杨贤江在此基础上根据教育实际情况进一步阐述了斯密斯关于间接训育法的含义及其具体方法。② 斯密斯信奉杜威进步主义教育主张,在权威训育、人格训育以及社会训育三种主要训育方式中,他积极主张后两者,尤其是社会训育,即主张训练社会化。众所周知,在道德教育方面,杜威一贯认为个人是无法离开社会的,社会的伦理目的即是学校道德教育的目的,为此他把道德教育的内容归为"社会知识""社会能力""社会兴趣"三个方面。可以说,斯密斯的训育思想正是贯彻了杜威主张。由于杜威的影响,斯密斯的上述训育四原则在五四新文化运动中很容易为国人所吸收,尤其是积极训育与消极训育、直接训育与间接训育的原则很快成为训育的基本原则,而为国内教育界所共识。1936 年,其著作《建设的学校训育》为范寓梅翻译介绍进来,至此国人得以窥其思想之全貌。

南京国民政府成立后,为适应新形势的需要,训育理论研究也必须做出某种转变。1928 年,国内知名学者、中山大学教授崔载阳在一次学术演讲会上提出了要注意训育方针的问题,认为新时代训育方针的选择标准应坚持以下原则:(1)所选方针确与三民主义教育宗旨相照应;(2)今后训育方针要与我国国民性相适合;(3)今后训育方针要能包括欧美各种美德之所长;(4)训育方针必须广大圆通。③其演讲目的自然在于及时引导训育的转变。训育方针要服务于现实的需要,这是政治形势转变后训育必然要面对的实际问题。它具体体现为:一是训育原则在现实条件下的深化或具体化,既包括对西方训育理论或原则的转化与运用,也包括根据实际需要使之具体化;二是要服务于现实政治。一般情况下,这两个方面是相互联系的,前者在训育实施过程中往往表现为具体方法或措施,而后者则表现为某种指导思想。南京国民政府时期,对训育原则的研究在上述两个方面的情况

---

① 天民:《训练之社会化》,《教育杂志》,1920 年第 3 期。
② 杨贤江:《间接训育法之实际》,教育杂志社编:《训育之理论与实际》,商务印书馆,1925年,第 63 页。
③ 崔载阳:《新时代的训育方针与计划》,《教育研究》,1928 年第 5 期。

究竟如何呢？

在训育原则的具体化方面，一些基本原则有了进一步渗透。换言之，像积极训育与消极训育、直接训育与间接训育等经过教育学者的大力主张与探讨已渗透到训育的方方面面，包括训育的标准、方针、方法等。以山东省立第四师范学校为例，该校将精神方面的训育方针分为消极与积极两个方面，消极方面为：(1)扫除呆板的精神；(2)扫除颓靡的精神；(3)扫除妥协的精神；(4)扫除苟安的精神；(5)扫除怯懦的精神；(6)扫除怠惰的精神。积极方面为：(1)养成活泼的精神；(2)养成勇敢的精神；(3)养成奋斗的精神；(4)养成进取的精神；(5)养成革命的精神；(6)养成服务的精神；(7)养成博爱的精神；(8)养成牺牲的精神；(9)养成互助的精神；(10)养成大无畏的精神。山东省立第一女子师范学校也规定训育方法分积极与消极两种，积极方法为：(1)人格的感化俾养成品德高尚之人才；(2)适当的训导俾免除轨外之行动；(3)养成优良的校风以增进愉快的生活；(4)鼓励课外作业以养成责任心与合作之精神；(5)订训育公约俾学生自动的共同遵守以养成自尊心。消极方法为：(1)以劝告使学生明瞭其所犯之过；(2)以适当之惩罚使犯者知戒未犯者知勉；(3)如劝告无效惩罚不悔则令其退学并报告其家长。① 这些都是训育基本原则具体化的表现。

为了能够较为全面了解这一时期国内教育界有关训育原则研究的情况，现将主要理论研究成果列表如下（按时间先后）：

表4-3 南京国民政府时期关于训育原则研究主要理论成果一览表

作者及其著作	训育原则
陈英俊《学校训育论》湖北省立第二乡村师范学校1933	1. 注重积极之训练
	2. 融合师生感情
	3. 注重人格感化
	4. 促进学生自治
	5. 注重消闲教育
	6. 辅进生产教育
	7. 注重学生体格之锻炼
	8. 其他

---

① 《山东省立各学校训育大纲》，《山东教育月刊》，1929年第2期。

作者及其著作	训育原则
陈智乾 《中小学训育行政》 广州世德职业学校 1933	1. 训育应多为积极的建设少为消极的禁止
	2. 应多为间接的少为直接的
	3. 是主动自动的而非被动的
	4. 训育行政者须抱公开的态度
	5. 训练须多行于游戏中
	6. 实施消极训练以不妨碍学生身心活动和伤害师生感情为主
	7. 训练前后须有条理的考察和指导
	8. 训育行政者须以身作则
	9. 训育须联络家庭
	10. 判定学生行为的优劣须有客观的标准
李相勖 《训育论》 商务印书馆 1935	1. 社会理想与训育
	2. 积极的训育与消极的训育
	3. 直接的训育与间接的训育
	4. 其他
吴俊升 《德育原理》 商务印书馆 1935	1. 直接教学与间接教学
	2. 各科教学与德育
	3. 其他
徐庭达 《训育研究》 中华印书局 1936	1. 要积极启发并建设,少消极限制
	2. 要间接教授少直接教授
	3. 所希望学生之反应要为其所能达到或理解
	4. 要以人类理想活动为经,以各科知识为纬
	5. 培养好习惯并养成规律
	6. 训练理想性格
杨同芳 《中学训育》 世界书局 1941	1. 课程、教学与训育
	2. 课外活动与训育
	3. 其他
汪少伦 《训育原理与实施》 商务印书馆 1943	1. 直接道德训练
	2. 间接道德训练
	3. 训育综合

续表

作者及其著作	训育原则
邵鹤亭 《训导原理》 正中书局 1945	1. 统整的原则
	2. 权威与自由调和的原则
	3. 年龄与个性的原则
	4. 行动的原则
	5. 社会性的原则
	6. 其他
陶愚川 《训育论》 大东书局 1947	1. 阶段衔接的原则
	2. 联络教学的原则
	3. 即知即行的原则
	4. 因时因地的原则
	5. 实事求是的原则
	6. 群己协调的原则
	7. 其他
伍瑞锴 《训导实施》 广东明日出版社 1947	1. 要积极的指导而非消极的禁止
	2. 多用间接方法少用直接方法
	3. 力谋协作切忌隔阂
	4. 说话要确定统一万勿随便矛盾
	5. 要明白学生的行为是因果的而不是自觉的
	6. 对于行为的解释不能单靠道德标准而要用心理的原因
	7. 对于过失处置要是教育的而不是法律的
	8. 结果要是心服的而不是驯服的
	9. 着重感情训练尤注重义务观念的养成
	10. 要使学生从半自由而臻于全自由
	11. 其他

表4-3关于训育原则的研究有下列几个特点:(1)对训育基本原则的认识取向基本一致,即间接训育、积极训育优先于直接训育、消极训育;(2)对训育原则的运用在逐渐深化与具体化,深化的过程既是运用的过程,也是具体化或创造的过程,在这一方面,不同研究者都从理论与实际相结合的角度提出了多少有些相异的看法;(3)研究者所处的环境制约了研究者对训育原则的认识,具体而言,专科

以下教育工作者更强调训育一般原则的重要性及其运用,而专科以上教育工作者尤其是大学教育工作者则更为注重对体现训育一般原则精神的方法,以及训育原则在教育生活中的丰富内涵的探讨,如间接训练及直接训练的具体方法,校风、课程、教学、活动以及学校环境及教育途径等方面与训育的关系,这种研究上的差异主要是由于不同教育层次对训育不同的要求造成的;(4)训育原则作为训育实施的指导方针,其理论研究成果同现实政治要求之间并非完全同步。这一时期,关于训育原则的研究同训育政策之间的关系,可以通过比较南京国民政府教育部1939年颁布的《训育纲要》中的有关内容来认识。

表4-4　《训育纲要》关于各个教育阶段训育原则一览表①

教育阶段	原则内容
小学校	1. 应根据总理遗教,幼童军训练法,新生活规律,及小学公民训练标准,以制定训练儿童之具体方案。
	2. 注意训育与教学之合一,并顾到生活及环境之实际情形,以谋学校家庭社会之联系。
	3. 小学全体教职员应共负训练的责任,务使随时随地注意儿童各种活动,直接间接引用小学公民训练规律和条目,指导儿童遵守。
	4. 由历史地理之研习及各种纪念会之举行,以启发儿童爱国家民族之精神并培育其热忱、负责、急公、好义诸美德。
	5. 讲述国耻及民族先烈故事,以激发儿童雪耻图强之勇气,与忠勇牺牲之精神。
	6. 由总理及总裁言行之阐述,以树立儿童对领袖之尊敬与信仰,并培育其忠贞、服务、贡献、牺牲诸美德。
	7. 由日常生活中实际知识之授予,以引起儿童好学兴趣及探讨科学之习惯并培育其勤勉、精细、虚心、审问、慎思、明辨、有恒诸美德。
	8. 由劳作教学,游戏运动及课外作业之实施,以启发儿童生产劳动之兴趣并培养其敏捷、活泼、勤劳、敬业之精神。
	9. 由消费合作的训练及储蓄等事项之指导,以养成儿童节俭的习惯与互助合作的精神。
	10. 由学校卫生及幼童军之训练,以养成整齐、清洁、刻苦、耐劳之习惯。

---

① 《训育纲要》,参见教育部训育委员会编:《训育法令汇编》,1943年,第21-23页。

续表

教育阶段	原则内容
小学校	11. 举行消防、急救、警报、灯火管制、避难练习等特种训练,使儿童明白战时的状态,以便有所准备。
	12. 由音乐、美术之研习,以陶冶儿童情操,并使多与自然界接触以养成其审美观念。
	13. 演习洒扫、应对、进退等,使儿童熟悉对人、处事、接物的礼节,以养成孝顺、敬爱、友恭、敦睦之情谊。
	14. 指导儿童组织级会及自治团体,使儿童演习民权初步,略知四权之运用。
	15. 由团体运动、集会等训练,以养成儿童守时间,守规律的习惯。
	16. 布置适合卫生的环境,揭示有关公德之标语于公共场所,并指导实践方法,以养成儿童注意公共卫生爱护公物之美德。
中学校	1. 讲解三民主义之要义及总理与总裁之言行,以确定并加强青年对三民主义之信仰,并以童子军誓词规律及青年守则,切实陶冶其国民应备之道德,发扬忠贞、公勇、服从、牺牲之精神。
	2. 对于青年之训导,横的方面,应以其全部实际生活为对象,而以本身为出发点,贯通家庭、社会、国家、世界各方面之联络;纵的方面,应顾及小学与中学训育事项之联系与衔接。
	3. 由家庭伦理观念之启发,以昭示青年对于家庭宗族之责任,并革除其依赖家庭之心理。
	4. 由历史地理公民科及时事之讲解,灌输民族意识,树立"民族至上国家至上"之自信,使知如何爱护国家复兴民族,以尽其对国家民族之责任。
	5. 由体操、游戏、竞技、爬山、游泳等运动,以锻炼其强健之体格,养成其敏捷,活泼之习惯,并于其行动中训练其集体生活。
	6. 由劳作课程生产训练与举办各种合作事业,社会事业,以训练青年刻苦、耐劳、勤俭、有恒之习惯,协同互助之精神,与服务社会之热诚。
	7. 指导组织学生自治会及其他各种集会,以训练青年四权之运用。
	8. 由各种学术之自动研究及课余各项娱乐之指导,以养成潜心学问之兴趣,注重音乐歌唱以陶冶优美之情操。

续表

教育阶段	原则内容
中学校	9. 切实实施军事管理及童子军管理,以养成青年简单、朴素、整齐、清洁、严肃、敏捷之生活,及负责任、守纪律诸美德。
	10. 师范学校并应指示教育救国之真义,及中外大教育家献身教育事业的精神,以坚定其毕生尽瘁教育事业的志愿与乐育为怀的情操。
	11. 职业学校并应特别注意建国方略中之物质建设一章之讲解,指示生产救国之真义,与国防产业之重要,以增进学生之创业精神与职业道德。
	12. 女子学校并应特别指示妇女在家庭与社会上之地位,借以培养其对于改善家事之热忱,以为改善社会之始端。
专科以上学校	1. 由民族历史文化的特性,研究各种学说主义之各自适合性,归纳其结论于三民主义创见于中国之必然性及其适应性之理由,使学生切实理解三民主义之真谛,并依据总理、总裁之训示,确立三民主义的革命人生观。
	2. 由军事教育,竞技运动等严格的训练,以锻炼强健的体魄,及奋斗为国,坚忍图强之精神。
	3. 注重实际问题之调查与研讨,切实了解建国方略建国大纲之内容,鼓励创作之志趣,以养成穷理尽性的学术研究精神,与学以致用的建国责任之自觉。
	4. 陶冶爱好自然的情绪,及崇尚礼乐之美德,以养成优美刚健之风格。
	5. 厉行节约运动,纠正浮华习气,以养成俭朴勤劳之平民生活。
	6. 对于学生自治团体及三民主义青年团之校内组织与以适切之指导,以养成其有组织有规律之习惯,及组织管理之能力。
	7. 鼓励并指导社会服务及劳动服务,使学生深入社会内层,从事民众知识之提高,与社会利弊之兴革,以养成工作劳动的习惯,服务社会的热忱,与做事的责任心。
	8. 指导学生从事各种合作事业,以养成互助合作的精神,及准备负荷对于社会国家以及世界人类之责任。

　　仔细比较表4-3与表4-4可以发现,两者在很多方面是一致的,尤其在对间接训育的重视以及试图将训育贯穿学生全部实际生活方面有着几乎相同的认

识。然而,不同之处也比较明显,即后者作为政府教育政策性文件,对各级学校的训育有着明确的政治导向与要求,而前者并不尽然。当然,这种差异或许并不表明两者之间必然有着尖锐矛盾,可能只是体现了学者研究的某种学术自由。

第三节　训育理论体系的系统建构

——以吴俊升为考察中心

一、生平及其学术研究

吴俊升(1901—2000),字士选,江苏如皋车马湖人。祖父和父亲以教书为生。吴俊升于 1914 年小学毕业后,因家境清寒,考入父亲的母校——如皋县立师范学校,这所学校罗致有不少优良师资,还有些老师宿儒在校任教,校风严肃,师道尊重。学习期间,学校开设有心理学、论理学、教育学和教授法等与教育有关的科目,这为他了解东西方教育学术打下了基础,据他自己说"对于教育发生兴趣,都要归功于这五年的师范教育"。① 1915 年,因日本向我国提出"二十一条"不平等条约,引发了全国性的反日怒潮和抵制日货运动。如师的学生积极响应,将县城内一巨绅所开的洋货铺里的日货尽行搜出焚毁,吴俊升为点火第一人,因此种行为出于爱国热忱,故巨绅与学校并未追究。这种强烈的爱国情感自少年起贯穿其一生。

1919 年,吴俊升以第一名的成绩从如师毕业后,在如师附属小学任教一年,并兼高小一年级级任。次年考入南京高等师范学校教育科学习。1924 年从南高师卒业后,任附属中学教员(教授高中部的论理学与教育学、初中部的公民)兼推广部主任(两年后改兼初中部主任,直到东南大学改为第四中山大学为止),在附中任教同时也在东南大学补修大学学分,1925 年从东南大学毕业。"在南高与东大的五年之中,开始与现代文明作进一步的接触,并受许多名师益友的熏陶,学问与事业,都是在此时期初立基础"。② 吴俊升进南高师时正值南高、东大的全盛时期,校长郭秉文在校内延聘有许多教育专家,宣扬并实行杜威的教育思想。当时教育科的教授,如陶行知、廖世承、郑晓沧、陆志韦、孟宪承、程其保和陈鹤琴诸位,都是这一时期教育学或心理学的权威,也大多崇奉杜威的教育思想。1919 年杜威

---

① 吴俊升:《教育生涯——周甲》,台北:传记文学出版社,1976 年,第 11 页。
② 吴俊升:《教育生涯——周甲》,台北:传记文学出版社,1976 年,第 15 页。

在南高的演讲,尽管吴俊升没有赶上,但是"他所发表的演讲,都在报纸刊出。我都阅读过。教育科各位教授在课堂所讲的,多是他的理论。所用的教本,也多是杜威所写的,或是杜威一派的学者所写的。我于此时开始研讨和接受了杜威思想。杜威的五大演讲集,和他的两本与教育有关的著作'平民主义教育'(Democracy and Education)和'思维术'(How We Think)对我影响最深。使我感觉从前在如师所学的传统的教育理论和方法,都不免陈旧,应该放弃。我这时已开始成为杜威教育学派的一个信徒者"。① 吴俊升在南高东大学习期间,也正是五四新文化运动达到高潮的时期,受此影响他对于传统文化也多持批评的态度,而对于社会、家庭、道德、伦理的改革,对于政治上的自由民主等则"完全站在新文化运动者方面"。"可是对于传统文化一味批评和轻视,对于新思想新潮流一味加以接受,这只是我在南高与东大初期的立场,后来渐渐演变"。② 在南高东大学习的后期,他加入了"少年中国学会",但未属任何政党,不过思想上还是引国家主义教育为同调,并在国家主义派结集发行的《国家主义论文集》中著有《国家主义教育的发展及其评论》一文。他说:"我写这篇文章,表示我对于文化、政治和教育思想一种转变",即"由赞同当时以杜威思想为主的自由、民主及国际主义的立场,渐渐加以修正和补充而兼顾民族文化的延续与发扬和爱国主义的提倡"。③ 因为在他看来,"由于自由民主教育的鼓吹和推行,渐渐趋向极端,对于祖国文化和社会约束以及爱国情操渐渐蔑视,使国家生存发生危机",再加上"因为参加此运动(即五卅运动,当时吴俊升在东大被推为'五卅惨案后援会'主席,联络全南京各校组成后援会——笔者注)目击身受,所受刺激很大,便想到救亡图存,应为教育第一要图,而对于过分偏重放任自由的新教育采取了保留的态度"。④ 而在附中任教的几年里,由于廖世承领导有方,使得他对于教育理论与实际有了进一步的体验,对此他写道:"我在附中任教时,经过对于这两种同中有异(指同受杜威思想影响的附中和附小。附中采取杜威所倡导的新教育理论与方法,注重学生兴趣与活动,并适应个性,提倡自治,但同时对于各科的系统教学和学生程度的提高并不忽视;而附小则完全偏重儿童的学习兴趣,采取活动中心课程和设计教学法,训育方面也比较放任自由,尽管学生自动和适应能力很强,但基本训练不足——笔者注)的教育方式的体认和比较,已经感觉杜威一派教育学说的制限而为后来的批判张本

---

① 吴俊升:《教育生涯——周甲》,台北:传记文学出版社,1976年,第17页。
② 吴俊升:《教育生涯——周甲》,台北:传记文学出版社,1976年,第20页。
③ 吴俊升:《教育生涯——周甲》,台北:传记文学出版社,1976年,第24页。
④ 吴俊升:《教育生涯——周甲》,台北:传记文学出版社,1976年,第25页。

了。"①由此可以看出,从1919年至1927年这几年里,吴俊升在思想上受杜威学说的影响很大,也是青年吴俊升教育思想趋于成熟的关键时期,并因此奠定了他今后学术研究的方向。

1928年4月,吴俊升偕夫人倪亮远赴法国留学,初入"法国文化协会"补习法文,同年秋在巴黎大学注册入学,主要攻读教育学和社会学,并师从著名社会学家涂尔干之嫡传弟子富孔奈教授。1930年,在准备博士论文《杜威之教育学说》期间,适逢杜威到巴黎大学接受名誉博士学位,蒙导师推荐,吴俊升得以晋谒杜威,请教论文事宜,得其指导和嘉许。1931年,吴俊升以《杜威之教育学说》一文获巴黎大学文科博士学位。他之所以选择研究杜威其原因固然有多个方面,②但其中一个重要思想动因是杜威对他教育思想的影响。他认为:"杜威教育学说,对于教育的两极,儿童与社会,本是兼顾的。他在美国还是超越十九世纪的个人主义教育而注重教育的社会一面的第一个教育学家。他的第一本划时代的著作,便是《学校与社会》。可是他的学说,在中国的发展,渐渐偏到儿童个人方面。"③而他在巴黎大学的学习又使他有幸直接接触到了涂尔干及其学派的社会学立场的教育思想,因此系统研究杜威的教育思想便成为他的兴趣所在。在这篇博士论文中,他于第一部分叙述了杜威的为人及其著作,正文部分系统介绍了杜威的教育学说并试图给以全面评价,最后部分则列举杜威的学说对于世界各国教育所发生的影响。此论文与其夫人的毕业论文合订为一册收入巴黎大学图书馆中。1958年此书再版时,因其为一中国人用法文介绍美国人之学说,为国际文化交流与合作的象征,故时任联合国教科文组织秘书长的艾文思博士(L. H. Evans)特为其作序。1931年回国后,吴俊升在北京大学教育学系讲授教育哲学、教育社会学和德育原理等课程。两年后受北大校长蒋梦麟和文学院院长胡适之聘,任教育学系系主任。在北京大学期间,吴俊升潜心学术,撰写的《教育哲学大纲》(商务印书馆,1935)和《教育概论》(正中书局,1935)为其赢得了广泛学术声誉。后又至安徽省教育厅任主任秘书。1936年冬,吴俊升利用休假机会赴美国考察教育一年,在这期间第二次访谒了杜威。1937年夏,吴在访问归国途中得知日本侵华战争爆发,

---

① 吴俊升:《教育生涯——周甲》,台北:传记文学出版社,1976年,第31页。
② 吴俊升在《教育生涯——周甲》里简要讲述了他论文选题几方面的原因,题目由他的导师提议,主要是出于这样几点考虑:一是杜威对中国教育影响很大,而吴俊升对杜威也较熟悉;二是杜威的教育思想与涂尔干关于教育社会性的观点有相通之处;三是此种研究有助于在法国提倡"新教育"(富孔奈时为国际"新教育同宜会"法国分会会长);四是对杜威不久来巴黎大学接受名誉博士学位也有助益。参见第44-45页。
③ 吴俊升:《教育生涯——周甲》,台北:传记文学出版社,1976年,第42页。

回国时北平已沦陷,遂辗转至湖南长沙,旋又至南岳衡山,继续从事教育事业。1938 年 1 月,应教育部长陈立夫之邀,担任教育部高等教育司司长至 1944 年年底。在此期间,吴随政府西迁,致力于安置流亡师生,赓续弦歌。不仅迁移原有院校,并根据当时需要增设院校,造就人才。他倡行贷金制度,使流亡青年得以完成学业,又提议政府资助学生赴英、美留学;同时参与讨论并制定《大学科目表》,使得高等学校的课程得到统一。1944 年秋,吴俊升赴美考察战时教育,并于次年春第三次拜会杜威。国民政府迁回南京后,吴俊升在中央大学任教。1945 年任正中书局总编辑。1949 年任教育部次长,后由广州转赴香港,任职于新亚书院,升任院长。在此期间,他曾多次赴欧、美和南亚研究教育哲学。1954 年赴台,任台湾当局教育部次长。1969 年退休后定居美国。

吴俊升一生立志于教育,身后留下了大量教育作品,如《教育哲学大纲》、《教育概论》、《德育原理》、《论理学概论》(后改版名为《理则学》)、《杜威之教育学说》、《教育论丛》、《教育生涯——周甲》、《教育与文化论文选集》,以及译著《实践道德述要》(拉郎德著)、《自由与文化》(杜威著)等。有的还被译成英文、法文、意大利文、西班牙文。

二、《德育原理》及其理论体系的建构

《德育原理》是吴俊升在北大授课时的讲稿,后经修改由商务印书馆于 1935 年出版,归入"小学教育丛书"系列;1948 年,商务印书馆又将此书作为文库本第 1 版出版,成为"国民教育文库丛书"之一。但比较这两个版本内容相同并无改动,可知后者为再版。吴俊升是于 1931 年秋到北大教育学系任教,1934 年下学期起任教育学系系主任之职,从而成为校务会议的当然代表。到全面抗战爆发之前,他在北大任教已届满五年,这五年也是吴俊升在教育学术上取得重要成绩的时期。根据资料显示,约从 1933 年起,他便在北大文学院教育学系开设"德育原理"课程,①但当时并无合适教材,他就自己编写讲义。他开设这门课程的初衷主要是他感到"当时因为德育在学校教育中比较不受重视,而在新文化运动时,因为反对旧礼教而对于德育更加忽视,所以特开'德育原理'一课。"②同年还将法国著名哲学家拉郎德的著作《实践道德述要》(Précis Raisonné de Morale Pratique)翻译过来以配合教学之需,此书由中华书局于 1935 年出版。在《德育原理》开篇以及在为《实践道德述要》所作的长篇译序中,吴俊升都比较详细地道出了之所以从事德

---

① 《国立北京大学文学院课程一览》,1933 年至 1935 年。
② 吴俊升:《教育生涯——周甲》,台北:传记文学出版社,1976 年,第 62 页。

育原理教学与研究的原因。如在译序中,他认为中国社会道德堕落固然有经济破产、吏治不良、教育失效等多种客观原因,然道德观念本身动摇,没有规范可循也是一重要原因。故而在他看来,要挽救社会颓风,必须祛除导致道德堕落的社会原因固然是当务之急,"而对于道德观念之重新确立,道德规律之重新制定,以及道德权威之重新建树,亦属不可稍缓之事"。① 这体现了他希图通过教育来重新树立道德在社会生活中的权威作用的思想。而在《德育原理》第一篇中,他从人性论出发认为自然主义教育论者的德育观是不符合人性实际的,任儿童自然发展并不能导致儿童与社会道德相符合,因为社会文化是后天获得的,不是自然发展的结果,因此对儿童应该实施符合社会规范的道德教育。他也驳斥了那种认为在社会过渡时期道德教育似非必需的观念,因为社会一日不能离开道德律,个人也就不能缺乏服从此种道德律的精神。然而,他也认识到德育尽管很重要,但忽视道德教育的现象则是普遍存在的,不仅中国的教育是这样,而且从美、法、德等国教育人士对自己国家教育的批评也可看出,它们对德育的忽视也莫不如此。为此,他进一步分析了德育为何受到忽视的原因,认为"主知主义的影响""基本学科不发达""新教育家不愿单独注重德育"②是其中主要的原因。全书结构如下所示:

1935/1948 年《德育原理》的内容体系	1935 年《德育原理》讲义的内容体系③
第一篇　绪论	第一篇　绪论
一　名词释义	一　道德教育之重要
二　德育与智育及体育之分野	二　德育之三方面
三　德育之重要	第二篇　品格论
四　德育之忽视	一　品格之性质
五　忽视德育之原因	二　品格之分类
六　德育之三方面	三　品格之缺陷
第二篇　品格论	四　品格改变之可能
第一章　品格之意义及其构成	五　品格之测验
第二章　品格之分类	第三篇　道德律与德育目标

---

① ［法］拉郎德:《实践道德述要》,吴俊升译,上海:中华书局,1935 年,"译序"。

② 吴俊升编:《德育原理》,上海:商务印书馆,1935 年,第 10 - 12 页。

③ 参见《国立北京大学文学院课程一览》,1935 年至 1936 年。关于"德育原理"学程的课程说明是:本学程之目的在阐明德育之基本原理作为实施之准则,末尾附有几本参考书,分别是:杜威的《德育原理》、查特斯的《理想的培育法》、涂尔干的《道德教育论》以及巴格莱的《学校训育》。

以上讲义和出版的著作在体系上没有发生多大改变,但饶有趣味的是,在出版的书籍中,吴俊升对德育现状作了较为细致的剖析,而删除了品格测量以及自由与权威问题的讨论,这种处理方式反映出作者在变动而复杂的社会时势面前微妙的心理变化。

吴俊升认为德育即指道德教育又简称为训育,有时也称为品格教育或品行教育、意志教育。关于德育,他认为主要涉及三个方面的问题,首要的是品格问题,它是道德教育最终的目的,或者说一切道德教育的最终目的都在于养成品格,故而它应为从事德育的人首先要回答的方面。其次是道德律的问题,因为所谓善良品格其含义就是使儿童的行为符合社会公认的道德律,那么社会的道德律就成为德育应当关注的目标。最后就是如何按照目标培养所需要的品格,也就是如何实施德育。从中看出,这三者从理论到实践是自成体系的,其中品格与道德律是德育实施的重要理论依据,前者是德育的心理学依据,主要揭示人品格的构成、先天因素与后天因素对品格形成的作用、品格的差异、种类、学校教育在品格形成与改变中的作用及意义等重要问题。后者则是德育的社会学与哲学的依据,主要揭示道德律的性质、道德律的社会学基础与哲学基础、德育目标与道德律之间的关系,如何制定德育目标等问题。这些问题都是在具体实施德育之前必须要思考清楚的问题,道德教育者不可能在对需要何种道德、为什么需要这种道德以及儿童道德成长规律等问题毫无准备和思考的情况下,就贸然进行所谓的德育活动。从这点出发,《德育原理》更注重对德育基本理论的阐发,包括德育实施的基本理论。尤其值得提及的是他对德育的心理学、哲学以及社会学基础的密切关注,这一点较好体现了他综合运用多学科的理论知识来解决德育问题的深度意识。对吴俊升来说,他似乎更有这方面的优势,早年在南高师学习时已受教于国内多位心理学专家,也接受过教育学科知识的系统训练,尤其后来在巴黎大学留学期间更是直接熏陶于心理学、社会学方面的国际权威,这为他研究教育打下了扎实的理论功底。但是,知识只有通过思考才能产生力量。在《德育原理》中,吴俊升广泛而系统吸收了心理学、哲学、社会学方面的研究成果,并将这些成果运用于对道德教育问题的思考和探索上。在心理学方面,他充分采撷上自古希腊罗马的希波克拉底(Hippocrates)和加伦(Galen)的气质学说,下至近代以后尤其是 19 世纪以来心理学在品格研究方面所取得的最新成果,包括德国心理学家冯特,美国心理学家詹姆士,法国社会心理学家塔尔德(Tarde)以及芮伯特(Ribot)、卡巴尼斯(Cabanis)、播朗(Paulhan),英国的班恩(Bain)、苏莉(Sully)等。他运用这些心理学成果系统探讨了有关品格及其教育的问题,特别是对儿童品格不良的成因及其教育对策进行了研究。他认为从事德育的人应该有种信仰,即"个人虽为环境之产物,但同时亦有战胜环境或选择环境之力量,唯其如此,道德责任之观念始可成立。唯其如此,教育之事始不完全为外方的机械力量之设备,而亦在于养成个人自己教育自己之力量也"。① 这种将教育的外因与内因恰当结合起来,并适当重视内因的观点是辩证的、科学的,从而与那些单纯主内或主外的教育观有所不同。

品格是德育的起点也是其终点,道德教育以儿童已有品格为基础,但又以陶冶儿童优良品格为追求。儿童品格是其行为习惯的反映,而行为是有善恶标准的,一切行为善恶皆是对于先定标准而言,此种判断行为善恶的标准就是所谓道德律。吴俊升认为,道德教育之目的,即在养成合于社会理想的道德律的品格,也就是使儿童行为合于理想之标准。然而,不同社会用以判断行为道德性的标准是有差异的。那么,教育者应如何根据社会道德律来确定德育的目标呢? 这个问题非常富有意义和价值,兼具理论与实践双重品格。对于生活在一个特定社会中的人们而言,道德教育所要采用的标准是否应该紧从社会现实的标准,的确需要有清醒的认识,尤其当社会处于深刻变动或过渡时期之时,德育所采用的标准如何并不仅仅是德育本身有无时效的问题,而是将深刻影响到新的社会道德律能否有效建立的大事情。故而一般从事德育工作的人在这个重要问题上若缺乏应有的思考,有可能将会成为社会道德进步的阻力而不是动力。如此看来,依据社会道德律来确立德育目标,并不是理所当然之事,而需要下一番研究的功夫。换言之,对道德律本身要进行甄别,凡是落后的、陈腐的、愚昧的等必须加以祛除。为此,吴俊升解释了哲学家和社会学家各自不同的方法。哲学家的方法是"形上"的,所

---

① 　吴俊升编:《德育原理》,上海:商务印书馆,1935 年,第 25 - 26 页。

谓形上的方法就是先用一最高道德原则作为一切道德律的基础,然后依此演绎出各种道德律来,如康德。而社会学家所采用的方法正好相反,是"形下"的,因为在其看来所谓最高原则往往是不切实际的,不能够作为道德律真正的基础,也不能够提供人们选择其所在社会道德律的依据。"社会学家不从'理想中的道德应该如何'着手,而从研究社会现存的道德律入手,研究此等道德律和其他社会各种情形的关系如何。如其关系属于常态,彼此相应,则认可此种道德律;如其不相应,则根据社会其他情形而加以修正。再则考虑此一社会演进之方向如何,预料将来应起之变化如何,更从社会学研究的心得,考虑欲适应此种新变化,应该需要何种新道德,而加以制定。依此方法而制定之道德律,乃合于社会实况的,合理的,亦即是理想的,便可作德育之理想目标矣"。① 这已经将确立德育目标的方法、程序等作了较为清楚的揭示。而他翻译的《实践道德述要》一书正是作为哲学家的拉郎德运用社会学家的方法在德育方面所取得的重要成果。他将该书翻译进来,其用意不仅仅是要表示此书所涉及的道德律很少有"时代性与地方性"的局限,而是更希望国内有识之士受此启发也能够腐心研究适合于我们自己所需要的道德律。其殷殷之心诚可为鉴。

社会学家运用社会学方法所确立的道德律尽管可以为德育提供符合社会实际需要的道德目标,但道德作为一种价值并非完全是对现实的反映,它同时也是人性至善的标志,是人类对理想寄予的关怀。故而在人类历史上,道德从来就是哲学家们的耕耘之地。吴俊升对西方近代以来的道德学说进行了研究。他将西方近代以来的道德哲学划分为"主内派"如康德、"主外派"如边沁以及"综合派"如杜威,在做出这样的划分之后,他对各派道德哲学的特点及其对德育的影响进行了剖析与对比。康德的道德论体现了浓厚的道德责任意识,被称为义务论的道德学,它注重人行为的内在动机,强调善良意志的作用,并以此作为判断行为道德性的标准,其思想对近代以来的伦理道德及其教育的发展产生了极其深远影响。而以人的幸福为主题的功利伦理道德,虽然在判断行为善恶的标准方面不同于康德,而以行为的外在结果为标准,同样也对其后的伦理道德及其教育的发展产生了重要影响。在杜威之前,这两派的思想难以调和,不过在学界它们都是被认可的解释人行为道德性的必要标准。当杜威思想传入国内之后,将其同边沁、穆勒、斯宾塞等功利伦理以及康德义务伦理进行比较并系统阐发各自特点及其在道德教育方面的价值,吴俊升的研究是有开创性的,他针对"主内"与"主外"两派的思想特征,而将杜威的思想归为"综合派"。这是由于在他看来,主内派如康德只是

----

① 吴俊升编:《德育原理》,上海:商务印书馆,1935 年,第 87 页。

强调了行为的内在德性或个体自我的道德自觉性,要求个人应服从于义务心的制约,这对儿童来说是一种较高的要求;而主外派如边沁等人也有片面之处,他们只是侧重行为的外部利害关系,注重外部制裁,轻视儿童内在德性的培养。而只有杜威兼取两派之长,"关于善行为之执行问题,杜威既不主张诉诸抽象之义务观念,亦不主诉诸行为以外之利害而主张使善行为与个人之自我合而为一,使个人情愿执行。其执行非因趋利避害,亦非因义务心自内驱迫,只因本身爱好此种行为甘愿执行"。① 这就是说,所谓道德并非仅是一味地服从义务,也并非总是要受外力诱致,而是更多出自个体内心自愿,换言之,不是出自个体自愿的行为并不能保证其道德性。类似这种分析不仅在本书里,而且在他同年出版的《教育哲学大纲》中也得到了贯彻。

其实,以上派别的道德哲学对德育都有重要影响,但特点及要求各不相同。吴俊升也认为,现代德育的理论与实施,其精神多缘于这些派别。那么,它们各自在德育方面的价值究竟怎样呢? 关于这一问题我们可以将他的研究概括为如下表格。

表4-5　各派道德哲学对德育的影响简表②

派　别	对德育的影响	
	德育目标	方法与程序
主内派	道德之价值存于动机或意志,故以存养善意为第一要义。	不认为外部制裁为理想的手段,故赏罚不主多用;善即无条件服从规律,故使儿童执行道德行为,既非为利害之计较,亦非对于行为本身爱好情愿执行,乃为受义务心驱迫而行。
主外派	不在于善意之训练而在于善行之训练,道德习惯之养成,成为当务之急。	注重赏罚,但也主张制裁自外而内,以决定道德训练之程序。
综合派	不仅仅是善良意志或善良习惯,而是兼具二者之"有行动力量的品格",其中道德智慧最为重要,使儿童就个别情景考虑善之所在,一切训条规律不视为规范行为之天经地义。	不主赏罚,亦不主诉诸抽象义务原则,乃主张使儿童生活于一种社会情境之中,使其自我逐渐扩展,久而久之,与义务合而为一,行其所愿行。

① 吴俊升编:《德育原理》,上海:商务印书馆,1935年,第76-77页。
② 表中内容根据吴俊升的《德育原理》第72-79页整理而成。

就以上道德哲学派别对德育的影响而言,吴俊升是公允对待的,尽管他对杜威提出的"自愿"道德更为欣赏,称其是"对于德育之一种贡献",①但他仍然认为"在道德教育方面,杜威道德哲学只是功利主义与康德主义之间之过渡桥梁,而不能完全替代两派,成为德育之唯一原则"。② 当然,杜威的道德哲学是否就是一种"过渡桥梁"是可以进一步商讨的,然而他对待道德哲学的态度则是非常可取的。在认真吸取三派各自特点及其长处之后,在道德训练问题上,他的理想规划是:以功利主义方法开其端,继之以杜威方法承其绪,而以康德主张为最高理想。这也就是说,对儿童的道德教育开始时要注意外部制裁方法的运用,渐渐过渡到以培养儿童自愿心为主,并在此基础上使其朝着自觉水平发展。现代道德心理学的研究表明,一般而言儿童道德发展遵循由他律到自律的发展规律,而吴俊升的设想无疑也是同这一基本规律相符合的。

三、《德育原理》的理论特征及意义

若以现代德育原理学科的基本要求为规范,就可以发现吴俊升《德育原理》的基本特征及其在我国现代德育原理学科史上的重要意义。

首先,吴氏的《德育原理》顺应了当时国内教育学科的发展需求,初步体现出了德育原理的学科意识。它是当时由国人自己编撰的第一本以"原理"来命名的德育学专著,正如作者在课程说明中所认为的那样,其"目的在阐明德育之基本原理作为实施之准则",即主要不是为因解决实际教育问题需要而开设的德育课程提供具体方法指导,而是试图归纳或总结德育的一般原理或规律。以此为指导,他尤其重视德育的相关学科基础,应该说这体现了他试图将德育原理作为一门学科的某种自觉意识。进一步说,即便是对德育实施问题的研究,他也只是对直接与间接德育方式、德育的课程渗透、学校训育组织、学生自治、惩罚与奖励等为当时教育学者所关心的基本德育理论问题进行了探讨,并提出了自己在这些问题上的见解。至20世纪40年代时,姜琦在反思以往学校德育的基础上,也写过一本《德育原理》(1944)。他曾认为自实施新教育以来,从小学直到大学的德育,无论是修身、伦理,还是公民、训育,这些课程都只能是提供某种道德教育指导,还不是真正的德育原理,高等学校尤其是师范学校需要一门叫作德育原理的课程,它能

---

① 吴俊升编:《德育原理》,上海:商务印书馆,1935年,第77页。
② 吴俊升编:《德育原理》,上海:商务印书馆,1935年,第79页。

够把道德的基本问题充分展开。① 其实,把姜琦的意思表述得更明白些就是他认为已有的德育课程存在一个很大缺陷,即太注重了德育的技术层面,而忽视了基础理论知识尤其是关于道德的基本理论知识;德育科目只是讲如何进行德育,而关于道德究竟是什么等基本问题反而受到轻视。这说明随着教育学科的发展,德育原理作为一门学科已经成为教育自身发展的内在需要。不过,由于他过于强调德育要注重道德知识本身的讲授,反而将德育原理演绎成了德育哲学,而德育实施所需要的基本理论知识,在他那里则被所谓“原理”的门槛挡在了课程门外,当然这也同样与德育原理的要求不相符合,因为“德育哲学”毕竟不同于“德育原理”。而吴俊升的《德育原理》与姜琦的不同,他不仅系统探讨了作为道德教育目的即品格的心理学、社会学和哲学的基础,而且对德育实施的基本理论问题也同样给予了关注,使德育在道德教育意义上而非仅仅在道德意义上来展开。可是反过来看,姜琦的努力也正揭示了当时的学校德育有着某种急切的需要,即存在着由实践经验向理论转化或提升的要求。吴俊升也许是早一步敏锐观察并捕捉到了这一要求,所以他在课程说明中特别申明此课程以注重“原理”为目的。为了进一步把握中国近代这仅有的两本《德育原理》之间的区别,②现也把姜琦这部作品的结构体系列表如下以便比较。

表4-6　姜琦《德育原理》内容体系结构简表

章	节	章	节
道德之概念	“德育原理”之题解	传统道德	传统道德之意义
	道德之意义		传统道德之内容
道德之本质	道德之起源	道德运动	道德运动之意义
	道德之现象(上)		道德家之意义
	道德之现象(下)		实践道德

① 姜琦:《德育原理》,作者自刊,1944年,第3-4页。
② 这里仅指由国人自己编、著,且以“德育原理”来命名的德育论专著,而杜威的《德育原理》因其是译著,不包括在内。另外,20世纪上半叶国人还编、著有不少《训育论》或《训育原理与实施》等德育论专著,在此不一一作比较,具体内容在其他章节已有所涉及。

续表

章	节	章	节
道德之法则	道德之公理	道德测验	道德测验之意义
	道德之定律		智力测验与道德测验
道德之内容	道德主义	道德与真·美·神	科学与道德
	道德标准		艺术与道德
	道德纲领		宗教与道德
道德之变态	国民道德与职业道德	道德教育	道德教育之意义
	道德颓废		道德教学
	道德异常		礼仪教学
道德之目的	公德与私德		
	道德理想——至善		
结论			

其次,吴氏的《德育原理》传播了西方德育学的基本范式,是国人以之为蓝本所做的一次具有开拓性意义的研究。将哲学、社会学与心理学作为德育的理论基础,这是成熟的德育学常有的普遍特征,它反映了德育学作为一门独立学科的基本要求。吴俊升在这方面的努力应该值得肯定,尽管还存在这样或那样的不足。熟悉涂尔干《道德教育论》以及杜威《德育原理》的教育学者都比较清楚这样一个事实:作为现代独立学科的德育学由它们开始,尤其是前者被德育学界公认为是科学德育学诞生的标志。涂尔干是因为教育同宗教分离之后,人的精神无所依归而创理性道德论或科学道德论,《道德教育论》正是为解决此问题而作;杜威则是为了纠正美国社会大众对学校道德教育的误解,而作"Moral Principles in Education"。涂尔干依据其社会学理论并运用心理学原理建构了他的科学道德教育论,杜威也依据其实用主义哲学、机能主义心理学以及社会学原理系统论述了他心中的道德教育,尽管两人在道德教育上有明确分歧(如直接与间接道德教育),但他们的研究对20世纪初科学德育学的建立都发挥了重要作用。相较而言,吴俊升的努力虽然还不能与之相提并论,但其在传播西方德育学范式方面则起到了重要作用,堪称国人以西方德育学范式为蓝本所做的一次具有开拓性意义的研究,为日后中国德育学的发展提供了有益的借鉴。

此外,德育原理这门课程是首次在享有盛誉的高等学府北京大学开设,这对于扩大其影响也起到了一定的表率作用,此后不久,"训育原理与实施"之所以能够成为综合性大学教育系科以及师范学院的必修或选修课程,不能不说是同北京大学以及吴氏的努力相联系的。

第四节　训育理论与学校德育实践

一、学校德育实践的政策驱动

教育是国家手中的工具之一,由国家来掌控教育是现代国家发挥其功能的必然要求,作为教育一部分的德育更是如此。南京国民政府时期的学校德育同之前各个时期有明显不同,它显著体现在德育政策上。这一时期,政府当局围绕学校德育制定并颁发了大量专门性的德育文件,这是以往任何时期都不曾有的现象。这些政策文件尽管由于时局动荡实际执行起来存在一定困难,但总体而言,它们有指导并制约南京国民政府时期学校德育实践的作用。归纳起来,可以将其分为两大类,即法令性的文件与一般指导性的文件。当然,这种划分只具相对意义。法令性的文件一般说来有法律或类似法律的性质与作用,涉及整个教育或者是专门的德育政策文件,因而对德育具有直接的强制执行力。一般指导性的文件主要是对德育提供方法上的指导或建议,以为各校必要的参考,并非具有强制执行力。依据这样的分类,笔者将国民政府时期颁布的专门或直接与德育有关的主要政策文件整理如下:

表4－7　国民政府时期颁布的主要德育政策文件一览表①

文件类型	文件名称
法令性文件	《中华民国教育宗旨及其实施方针》(1929)
	《三民主义教育实施原则》(1931)
	《学生团体组织原则》(1930)
	《整顿学风令》(1930)
	《学生自治会组织大纲》(1930)
	《整顿教育令》(1932)
	《新生活标准》(1934)
	《中等学校特种教育纲要》(1936)
	《专科以上学校特种教育纲要》(1936)
	《中等学校训育主任公民教员资格审查条例》(1936)
	《高中以上学校新生入学训练实施纲要》(1938)
	《青年训练大纲》(1938)
	《训育纲要》(1939)
	《各级学校训令》(1939)
	《修正专科以上学校训导人员资格审查委员会组织规程》(1939)
	《修正专科以上学校训导人员资格审查条例》(1940)
	《中等学校导师制纲要》(1941)
	《修正中等学校训导人员公民教员资格审查委员会组织条例》(1941)
	《修正中等学校训导人员公民教员资格审查条例》(1941)
	《小学训育标准》(1942)
	《教育部训育委员会组织规程》(1942)
	《国立中等学校训导人员公民教员资格审查》(1943)
	《专科以上学校导师制纲要》(1943)
	《专科以上学校训育委员会组织规程》(1947)

---

① 根据南京国民政府教育部训育研究委员会编《训育法令汇编》(1940)、训育委员会编《训育法令汇编》(1943)以及《教育部公报》(第16卷第20卷)。

文件类型	文件名称
一般指导性文件	《中等学校训育要目》(1930)
	《今后中小学训育上应特别注重之事项》(1932)
	《高中以上学校军事管理办法》(1936)
	《初级中学童子军管理办法》(1937)
	《实施导师制应注意之各点》(1938)
	《切实推进导师制办法》(1939)
	《全国青年实施国民精神总动员具体办法》(1939)
	《调整高中以上学校训导与军事训练办法》(1940)
	《加强学校训导之指示》(1941)
	《学生自治会规则》(1943)
	《中等以上学校训导设备要项》(1943)
	《各级学校德育日工作大纲》(1943)
	《训育专题研究办法》(1944)

以上所列出的德育文件广泛涉及德育各个方面,其基本内容与特点可概括如下:

其一,注重政治教化。《国民政府训政时期约法》《中华民国教育宗旨及其实施方针》《三民主义教育实施原则》等几个重要文件的颁布,使得三民主义成为南京国民政府时期的教育纲领和根本指导思想。为了使其得到有效贯彻,几乎所有德育文件中都强调了这一点。后期甚至还将服从三民主义进一步升格为服从领袖。这对德育而言,影响是多方面的。首先,它使得政治思想教育凌驾于道德教育之上,结果是突显了前者在德育中的功能,而弱化了后者应有的作用。其次,思想宣传上对三民主义高度的重视同实际执行中对三民主义有限度的发挥相互抵触,从而弱化了受教育者对三民主义的信仰。孙中山早年提出的"民族、民权、民生"三大主义是革命的三民主义,后来进一步发展成为"联俄、联共、扶助农工"的新三民主义。就实际执行状况来看,且不说新三民主义被束之高阁,即使就"民族、民权、民生"来看,三民主义的精神也未能很好体现出来。突出的表现是民族主义几乎成了三民主义的代名词,注重国民精神的动员,而民权、民生方面则不多强调。由于存在激烈的党争,故而在民权方面总表现为自相矛盾,一方面希望学生能够自治,另一方面又担心因实施自治而失去对学生的控制。这既招致了广大青年学生的不满,也使得部分教育者怀有意见。南京国民政府时期的教育处于一个较为特殊的历史时期,这主要表现在:(1)中等以上学校尤其是高等教育界有着一个较高现代性意识的教育者群体,他们是新教育的代表。在 20 世纪三四十年代的中国教育场景里,这个群体无疑对当时的学校教育发挥着实际的影响。所谓新教育也就是西方教育,信仰新教育的知识分子也同样信仰西方人权,渴望自由。而且不可忽视的是,在这个群体中不仅一般知识分子重视人权、自由和民主,而且那些信仰民族国家主义的知识分子也大体有着类似的觉悟,尽管在文化上他们更看重民族文化自身,但在政治上对"一个党","一个领袖"也多有反感。(2)南京国民政府在政权上取得统一后不久,日本政府就悍然发动了"九一八事变",接着又是"一·二八事变",一时间国难笼罩全国。在这种形势下,多数爱国人士都急急奔走于国难教育,而政府当局却执行"攘外必先安内"的政策。然而,随着国难日亟,中国共产党的积极抗日主张为越来越多进步人士所接受,南京国民政府在学校德育上的政治教化方式渐渐难以自圆其说。时局与人心向背总是密切相连的,在国难面前南京国民政府一再奉行党权至上,在教育上贯彻政治教化,既与民主人士的政治愿望不相符节,也与大多数热爱自由的进步人士的理想相龃龉,因而逐渐失去民意及进步人士的拥护。这一切都从根本上影响着南京国民政府时期的学校德育,也是改变这一时期教育政策包括德育政策作用的重要因素。(3)上述政策文件中常常是将政治教化与道德熏陶相提并论,甚至将卫生、体育、军事教育、国防教育等也列入其中,这不仅使得道德教育面目不清,也与普遍将训育作为道德教育并希望通过振兴道德来挽救社会人心的教育人士的旨趣迥异,这是导致大多数进步人士批评学校教育不重视德育的重要原因之一。其实,站在政府当局的立场上来看,教育何时不曾重视德育呢?"训令"一个接一个而来,要说不重视德育也与情不合,然而实际上,批评人士的意见更符合情理。

其二,强调教训合一。教训合一本身是一种道德教育方式,但南京国民政府时期在训育上所推行的"教训合一"制不仅仅指道德教育而言,它还包含广泛的政治、经济、军事、文化娱乐及社会服务等多种内涵,这些不同的教育形式都有一个统一的名号即训育。其实施方式也多种多样,就其主要而言,大体有这样几个方面:

一是推行导师制度。在中等及高等学校推行导师制,目的主要在于对学生实施人格陶冶。理论上而言,导师制是由于这一年龄阶段学生自身发展需要决定的,尤其是学业成长的需要。但南京国民政府时期的导师制度则主要是适应战时教育的需要。《实施导师制应注意之各点》(教育部第 1526 号训令,1938)对为何推行此项制度作了说明:

我国过去教育,本以德行为重,而以知识技能为次要。师生之关系,亲如家人父子;为师者之责任,非仅授业解惑而已,且以传道为先。自行新教育以来,最初学校犹列修身伦理为教科,而老师宿儒,人格熏陶,收效尚巨。迨至近十余年前,放任主义兴,个人主义之思潮泛滥全国,遂影响于教育制度。修身伦理既不复列为教科,而教育功能亦仅限于知识技能之传授;师生之关系,仅在口耳授受之间。在讲堂为师生,出讲堂则不复有关系。师道既不讲,学校遂不免商业化之讥。凡此情形,不仅使教育失败,实为世道人心之患,早为有识者所深忧。①

此文对之前的教育作了"失败"的定调,故而试图以导师制挽回之。该文还对如何实施导师制提出了"校长要负责选好导师""导师要以身作则""保持师道尊严"等几项特别要求。导师制提出之后,立即在教育界引起很大反响,各种报纸杂志纷纷发表意见,有商榷也有批评,有经验交谈也有体会感想。为此,国立中山大学的《教育研究》、正中书局的《教与学》、教育通讯社的《教育通讯》等,都发刊过"导师制专号"。尽管声音不尽一致,但总体说来大家对导师制本身还是持拥护态度的。姜琦认为:"如果我们站在导师制之本义上而考察,我们觉得导师是导师制中之一种最重要的要素,比之校长及主管训导行政人员(训导长或训育主任)更为重要……他们是直接地参与指导学生一切行动之人员。"②本意上,姜琦是想强调导师的言传身教对于学生成长的示范作用。可是,也有人对此持不同意见。余家菊就认为大学教授各有专攻,不一定每个教授都适合作导师,而作导师的对学生成长的引导作用也不一定就是全面的。他进而提出了实施导师制的几个原则:一是学风与士风宜分别培育,由教授培植学风,由导师培植士风,教授不一定必为导师;二是训导重心宜寄于教授之外,训导主要由助教与讲师来担任,导师不必负管理责任,只负训育之积极责任。③ 上述两种看法在当时很有代表性,前者为导师设计了一个理想的形象,即导师是师道尊严的代表,而后者则从大学之所以为大的精神出发,提出大学的使命是进行高深学问研究,所谓教授即术业有专攻,故而教授不必是理想的导师。二者的分歧主要集中在"谁可以为导师"这一点上。按照国民政府教育部有关导师制的文件要求,只要是专任教师都可以担任导师,无论是中等学校还是高等学校,凡此规定都是相同的。然而,由于教育部文件再三要求校长要认真遴选导师,所以实际操作中导师的人选渐渐地就走了样,教授或者成绩突出的教师往往成了导师的首选。不过争议归争议,在战时条件下,导师

---

① 　教育部训育委员会编:《训育法令汇编》,1943 年,第 38 页。
② 　姜琦:《大学之导师制度》,《高等教育季刊》,1941 年第 1 卷第 1 期。
③ 　余家菊:《论大学导师制》,《高等教育季刊》,1942 年第 2 卷第 2 期。

制的推行为稳定与提高战时教育质量还是起到了较好的作用。

二是出台训导人员资格检定办法。这是为了对公民教员、训育主任或训导人员的资格进行审查而设定的制度。兹摘录《修正专科以上学校训导人员资格审查条例》及《修正中等学校训导人员公民教员资格审查条例》有关条目如下：

《修正专科以上学校训导人员资格审查条例》部分内容：①

第二条　本条例所称训导人员，系指现任专科以上学校训导长、训导主任及生活指导组主任与训导员。

第四条　专科以上学校之训导人员，在一年内未备审查手续或审查而不合格者，不得继续充任。

第五条　专科以上学校训导人员之资格规定如左：甲、凡中国国民党党员，曾在大学教授或专科以上学校专任教员二年以上著有成绩，经审查合格者，得充大学训导长或专科学校训导主任。乙、凡中国国民党党员，在国内外大学毕业具有左列资格之一，经审查合格者，得充专科以上学校生活指导组主任或训导员：1. 曾任专科以上学校生活指导组组员、训育员或训导员一年以上而有成绩者。2. 曾任高级中学校长、教务主任、训导主任一年以上，或高级中学教员三年以上著有成绩者。3. 曾任专科以上学校讲师一年以上或助教二年以上者。丙、凡任训导员四年以上著有成绩者，得由学校呈荐为训导主任资格之审查；任训导主任二年以上者，得由学校呈荐为训导长资格之审查。

第六条　凡中国国民党党员符合下列资格之规定者，得免审查，但须提出证明资格之文件，向审查委员会请求登记，经登记合格后，取得训导长或训导主任之资格：1. 曾任专科以上学校训导人员资格审查委员会委员；2. 曾任教育部训育研究委员会委员，并任大学教授或专科以上学校专任教员二年以上者。

第七条　凡请求审查者，应呈交左列各件：1. 本条例第五条所规定资格之各种证明文件；2. 本人二寸半身相片二张；3. 志愿书。

《修正中等学校训导人员公民教员资格审查条例》：②

第二条　本条例所称训导人员公民教员，系指现任或志愿担任各类中等学校规程及中等学校行政组织补充办法所规定之训导处主任、训导组长、训育组长或教导主任及公民课程之教员。

第三条　全国各中等学校训导处主任、训育组长、训导组长或教导主任、公民教员，均应受审查委员会之审查。其在各该地审查委员会开始办公三月后，未经

---

① 教育部训育委员会编：《训育法令汇编》，1943 年，第 40 页。
② 教育部训育委员会编：《训育法令汇编》，1943 年，第 50 页。

审查,或审查而不合格者,不得继续充任。

第五条　凡中国国民党党员或尚未加入中国国民党而对于三民主义确有研究并符合下列资格之规定者,得请求受中等学校训导人员公民教员资格之审查:甲、凡具有中等学校教员资格,并曾任中等学校训育职务者,得请求受中等学校训导人员资格之审查。乙、凡具有以下资格之一者,得请求受中等学校公民教育资格之审查:1. 专科以上学校毕业曾习政法经济等社会学科,并有教学经验,或经检定合格者。2. 具有中等学校教员资格,曾教授公民或三民主义课程者。3. 具有中等学校教员资格,对于公民或三民主义确有研究者。

第七条　凡中国国民党党员符合下列各项资格之规定者,得免审查,但须提出证明资格之文件,向该地审查委员会请求登记后,始取得中等学校训导人员公民教员之资格:1. 取得中等学校训育人员及党义教师之检定或审查合格证书,且系高级中学以上学校毕业,而有中等学校训育工作经验及教学经验二年以上者。2. 曾任检定党义教师或审查党义教师资格委员会委员,且系高级中学以上学校毕业而有中等学校训育工作经验及教学经验二年以上者。3. 现任或曾任训育人员公民教员资格审查委员会委员者。

从以上文件主要内容来看,专科以上学校需要检定的人员是具有中国国民党党员身份的训导人员,包括有训导职务的训导者以及无训导职务的训育员或训导员;中等学校则是有中国国民党党员身份或者对三民主义有较好研究的训导人员,也包括有训导职务人员或无训导职务的公民教员。这就清楚表明,资格审查实际上是为了保证学校教育达到"一个思想""一个主义"的重要手段。这样训育或训导就进一步被纳入了政治思想教育轨道。不仅如此,南京国民政府在适应战时需要情况下,也借助军事教育来对此进行强化。资格检定制度对学校训育实践有重要影响,最根本的是它将道德教育意义的训育异化了为政治思想教育,从而使得"教训合一"走上偏锋,其结果导致了学校道德教育在管理上出现了人员"真空"。那么,在这样的一种教训合一制度下,道德教育又究竟如何来安放呢?

其三,重视传统道德。南京国民政府时期,学校在加强政治思想教育的同时也对道德教育有所注重,其中传统道德占有一定地位。这方面的原因,若追根溯源则始于孙文所著的《三民主义》,正是在这里孙中山将民族传统道德——"忠孝仁爱信义和平"的恢复同民族独立地位的获取紧密联系在一起。而对于孙中山三民主义的继承者而言,恢复传统道德自然仍应是救国的基本指导思想。《中华民国教育宗旨及其实施方针》中关于"实施方针"第二条就规定:普通教育须根据总理遗教,以陶融儿童及青年"忠孝仁爱信义和平"之国民道德。显然,"忠孝仁爱信义和平"不再仅是传统装束,而成为现代"国民道德"的基础。在《三民主义教育实施原则》关于各级各类教育的相关规定中,情况也是如此。如对于初等教育课程,规定"应注重伦理知识及实践,以助长儿童忠孝仁爱信义和平之德性";在中等教育目标中,"确定青年三民主义之信仰,并切实陶冶其忠孝仁爱信义和平之国民道德"也作为教育目标之一等等。教育部为响应行政院以及湖南省、河北省政府等部门提议以"忠孝仁爱信义和平"作为训民要则,于 1931 年 7 月发布 1219 号训令,要求"各学校应将忠孝仁爱信义和平八字制匾悬挂以资启迪"。1932 年,教育部在《今后中小学训育工作应特别注意之事项》中进一步明确将"应发扬我民族固有美德忠孝仁爱信义和平"作为中小学今后的"训育目标"。① 1934 年 2 月,蒋介石在江西南昌开始提倡新生活运动,提出礼、义、廉、耻四大生活准则。后来在第三次全国教育会议上,他并提议将其作为所有学校的共同校训,并亲笔书写匾额由正中书局发售,教育部为此还于会后专门发布《各级学校训令》,要求将此匾额在各级学校悬挂,以资启迪。为适应战时教育需要,也为了贯彻本次会议之精神,教育部出台了《青年训练大纲》和《训育纲要》,以加强对青年学生生活上和思想上的指导。在《青年训练大纲》中,将党员守则 12 条作为青年训练守则,而"忠孝仁爱信义和平"也被融入其中,如提出"忠勇为爱国之本,孝顺为齐家之本,仁爱为接物之本,信义为立业之本,和平为处世之本"等。② 陈立夫在"三民主义之体系与其实行程序"中也把以"诚"为中心的"智、仁、勇"传统"三达德"作为国民革命基本的原动力。

国民政府学校训育实践一般都将传统道德,如"智仁勇""礼义廉耻""忠孝仁爱信义和平"等作为训练公民品格的标准,这一思想既体现在公民教学中,也落实到了实际的行为训练上。如初中公民教学就把"健全的修养"作为公民道德的衡量标准,也作为好公民的重要条件之一。陶百川在其主编的《初中公民》课本中,关于"什么是公民的品德"写道:"公民的品德就是礼、义、廉、耻四种德性。我们要依据礼、义、廉、耻为最高准则,从自己日常生活的衣、食、住、行起,努力改进自己的全生活,增进自己的品德。"③而叶楚伧、陈立夫在其所编的《初级中学公民》里也将"高尚品格"作为"好公民"的重要条件,指出:"什么叫作高尚品格?就是礼义廉耻四种德性。至如何可以养成高尚的品格,则方法不一……最要的关键,是在自己行动方面,须常常记着礼、义、廉、耻四德,作为检查行为的标准。"④

---

① 教育部训育委员会编:《训育法令汇编》,1943 年,第 32 页。
② 教育部训育委员会编:《训育法令汇编》,1943 年,第 27 页。
③ 陶百川主编:《初中公民》第 1 册,上海:大东书局,1936 年,第 14 页。
④ 叶楚伧,陈立夫主编:《初级中学公民》第 1 册,南京:正中书局,1935 年,第 9 页。

二、中小学训育或德育标准

作为一种德育形式,在学生道德修养方面,中小学的训育同德育课程教学有明显不同,它注重实际行为训练和生活习惯的养成,并在训练中培植与巩固思想品德。这样一来,训育标准问题就显得非常重要。

南京国民政府建立之后,为了恢复校园往常的秩序,于第二次全国教育会议率先通过了《中等学校训育纲要》,这个纲要共分十个方面,分别是勤学、思想、服务、纪律、公德、卫生、态度、言语、情趣、社交,每个方面之下又细分若干条目,以此作为训练学生日常行为的标准。训育标准的性质实际上是对学生的生活重新规划,或者说是对教育培养目标重新定位,以使以前曾受革命运动与思想运动影响的学生重新回到所谓正常的校园生活中来,一言以蔽之,即是重新打造"平静校园"。这个纲要是南京国民政府成立后制定的首个训育标准,但由于刚刚建立的政权还不十分稳固,再加上全国各地自身的历史传统及区域差异,尤其是政权中心周边地区的差异则更大,故而这个《训育纲要》对各地中学的作用究竟有多大,情况不容乐观。仅以上海为例。当时上海市教育局颁布的训育标准其主要内容如下:

1. 培养革命精神,使学生服膺党义,修养人格,改善环境,效忠党国。
2. 注意体格锻炼,使学生身心健全,战胜困难,增加工作效率。
3. 注意意志陶冶,使学生有高尚抱负,刚健笃实,见义勇为。
4. 实施科学训练使学生思想敏捷,处事有客观态度,遇事有评判精神。
5. 养成劳动习惯,使学生能操作生产,有勤苦耐劳、节俭朴实之德性。
6. 实践团体生活,使学生能善用"权能",严守纪律并协力合作。
7. 注意艺术陶冶,使学生有审美观念,高尚情趣,善用休闲时间。
8. 注意社交训练,使学生能言行正当,亲爱精诚,确守信约。

这个训育标准以大纲形式列出,没有开列具体目标,但它又确实是一个简明扼要的训育标准,综合了德、智、体、美、劳、群等多个方面的要求,其中政治品质是第一位的。与之相比,上海中学根据自身情况制定的训育标准与之有些不同,其主要内容如下:

(一)发扬民族精神

1. 要有爱国的观念与行动;2. 要有创造的精神与力量;3. 要有进取的精神与习惯。

(二)锻炼健全体格

1. 要有充分的卫生常识;2. 要有每日运动的习惯;3. 要有刻苦耐劳的精神。

（三）陶冶高尚人格

1. 要有真诚的态度;2. 要有恭敬的礼貌;3. 要有合作的精神。

（四）注重纪律训练

1. 要有遵守法律的观念;2. 要有自治自律的能力;3. 要有保持秩序的精神;4. 要有厉行公益的习惯。

（五）培养生产知能

1. 要有实用的知识;2. 要有科学的头脑;3. 要有研究的兴趣;4. 要有职业的陶冶。①

这个训育标准最大的特点就是它并没有把"服膺党义"与"效忠党国"作为约束自己的首要标准。从教育理想而言,它把培养对象置于民族国家大义之下,突显了身为办学者与教育者的气魄;郑通和掌校期间曾定"为公、前进、合作"六字校训,作为"上中精神"。从指导思想而言,它也融入了教育上的德智体全面教育精神以及孙中山三民主义的宗旨。

中等学校训育的具体标准及其办法由于各校之间差异较大,很难有一个统一的衡量标准。直到全面抗战之前,对于中等学校的训育标准,教育主管部门除了颁布有一般的、共通的训育要则外,基本上没有专门性和一致性的规定。全面抗战之后,《青年训练大纲》、《训育纲要》、《青年守则》(即党员守则)的颁布可算是其中针对性的训育标准了。在此期间,教育部还颁布过一个比较具体的《中等学校训育要目》,规定了若干必要的德目以作为中等学校的训育标准,其内容包括以"诚"为总纲、以"智仁勇"为核心、以对自己、家庭、社会、国家及世界的责任为基本内容的德目系统,共罗列德目72项。其各项具体德目分别是:②

（一）对自己的责任

1. 身体:康健、齐整、清洁、刻苦、耐劳

2. 品性:诚实、正直、弘毅、谦和、纯美

3. 行为:敏捷、庄重、活泼、谨慎、礼节

4. 学问:勤勉、专精、虚心、审问、思辨

5. 服务:勤俭、忠实、愉快、敬业、有恒

6. 信仰:精诚、正确、专一、坚定、力行

（二）对于家庭的责任

1. 父母:孝顺;2. 夫妻:敬爱;3. 兄弟:友恭;4. 子女:慈爱;5. 宗族:敦睦

---

① 以上两个训育标准摘自李相勖:《训育论》,上海:商务印书馆,1935 年,第 254 – 257 页。

② 参见《第二次全国教育年鉴》第 4 篇之"中等教育",上海:商务印书馆,1948 年,第 21 页。

（三）对于社会的责任

1. 朋友:信义、规劝;2. 师弟:尊敬、和爱;3. 老幼:恭敬、爱护

4. 邻里:和睦、互助;5. 团体:乐群、合作;6. 公众:秩序、协助

（四）对待国家的责任

1. 地方自治:热忱、负责、急公、好义

2. 政府:奉公、守法、勤慎、廉洁

3. 国家:忠贞、公勇、建设、牺牲

4. 领袖:尊敬、信仰、服从、贡献

（五）对待世界的责任

1. 国际:公正、信义、和平

2. 人类:同情、自由、平等

3. 万物:博爱、创造、善用

以下将江苏省立扬州中学 1932 年度第 2 学期教导大纲录示如下,以便从一个更为具体的角度来观察了解当时中学的训育情况。

表 4 - 8　江苏省立扬州中学教导大纲(1932 年度第 2 学期)简表①

周次	训育目标	具体内容
1	始业	考察事项:生活规约之履行状况;学则之了解程度及遵守情形
2	礼貌	考察事项:在校内校外遇师生同学时表示敬意;衣服仪容清洁端正;行动合于规矩;说话谦和
3	秩序	考察事项:上课或集会时依指定席次入座;整队时服从口令;鱼贯出入会堂教室;走路或上下楼梯时轻步低声;集会结队时保持镇静;打铃之前不入膳厅
4	服务	考察事项:教室值周生自修室寝室服务生努力服务;膳厅值日生及炊事委员均能按时工作;课外活动委员会合作社职员均能尽职;选举各种委员或服务生时出于诚意
5	清洁	考察事项:自己洒扫;改革吐痰恶习;废纸果壳送入垃圾箱;墙壁桌椅保持整洁;能注意性卫生

① 汪少伦:《训育原理与实施》,重庆:商务印书馆,1943 年,第 217 - 222 页。

续表

周次	训育目标	具体内容
6	健康	考察事项:每日晨操无缺席;眠衾均守常态;对于课外运动热心参加
7	交换谈话	
8	春假	
9	诚实	考察事项:说话根据事实;做错了事自己承认;不妄取他人物品;捡拾遗物送还失主
10	勤勉	考察事项:绝不缺席;按时交纳课卷;逐日复习本日所受课程;保留相当时间预习新课
11	节俭	考察事项:平日用钱有预算;不做浪费金钱与时间的游戏;有储蓄的习惯;精神与时间的应用支配适宜
12	交换谈话	
13	国耻	考察事项:爱国行动的表示;服用国货;拒用日货;对于日本国情详加研究
14	公德	考察事项:情愿牺牲自己利益不破坏大家利益;希望别人做什么事自己先行做到;平日应用公私物品加以保护,对于校园花木未曾攀折
15	责任	考察事项:看公事如自己的事;自己承认做的事无论如何都做到;注意自己的地位与能力,做自己分内的事
16	勇敢	考察事项:做事不畏难;做他人不做的好事;救护别人的危险;服从纪律与真理反对坏人;努力为团体与社会谋幸福
17	交换谈话	
18	互助	考察事项:助人行为的事实证明;做过助人的事以后绝不邀功;未曾对于某事冷眼旁观甚至妄肆讥评
19	自省	考察事项:从未与人口角;爱护公物;待人接物必诚必敬;学业均能中程
20	考试	

　　这个教导大纲一共含有 15 个德目,除"国耻"外,余则皆为学生日常行为准则。其基本特点是注重学生生活、人际交往、学习、服务等方面的自我品行锻炼,并兼重公德与时事,而政治思想训导并没有占据显著位置。

　　相较中等教育,初等教育的训育标准就要统一得多。尽管《小学训育标准》迟到 1942 年才颁布,但这个标准是由小学公民训练标准修改而来,而后者则早在 1932 年小学课程第一次修订时就已经颁布。南京国民政府建立后,曾用党义课取代过小学公民课,但后来经国民党党内人士提议,为避免误解而在 1932 年对小学课程进行修订时改回,不过与以前不同的是,修订的课程为公民训练,小学不再设置独立的道德知识课,关于公民知识部分的教学初小并入常识课,而高小则并入社会科。这样小学的公民教育就为公民训练所代替,以训练儿童的思想品性与行为。1932 年《小学课程标准》正式颁布,关于小学"公民训练"一科,教育部颁布有《中国公民规律》,共分体格训练、德性训练、经济训练及政治训练四大方面,每个方面之下再设训练要项,共计 32 项目,这些项目被称作"规律",其表述方式采用易为小学生感知、理解的方式,如"中国公民是强健的:我的全身各部分都要锻炼强健"。所有规律的内容包括:强健、清洁、快乐、活泼;自制、勤勉、敏捷、精细、诚实、公正、谦和、亲爱、仁慈、互助、礼貌、服从、负责、坚忍、知耻、勇敢、义侠、进取、守规律、重公益;节俭、劳动、生产、合作;奉公、守法、爱国、拥护公理。

　　1936 年修订小学课程标准时,根据新生活运动的精神,将原有"规律"调整为 26 个,每个之下再分细目,共计德目 249 条,这些德目依据年级不同分别设置。1942 年,为适应战时情况、满足建国需要,小学课程标准进行第二次调整,这次遂将原先的公民训练标准改为训育标准,细目也缩减为 200 条,另外增加"起居规律"与"社交礼仪"各 18 条,以与训育标准相配合。至 1948 年第三次修改小学课程标准时,训育标准又改回为公民训练标准。

　　小学训育因为有了具体明确的训练标准,所以各地学校遵照起来也极为方便,尽管训练名称不同,如有的称为"模范学生",有的则称为"好国民",还有的称为"好公民"或者"好儿童"等,但训练标准基本是一致的。

　　通过以上的分析论述,我们不难发现训育理论对训育实践的影响。总体而言,作为训育实践导向的训育政策体现了政府的主导意志,而政策制约下的训育具体标准自然也要贯彻这种意志。然而,训育政策作为体现政府意志的产物,尽管有着明显的政治导向及要求,但同样也有着德性陶冶的需要。换言之,政治教化的目的主要在于强调三民主义作为训育指导思想不动摇,并使得三民主义由训育实施的"依据"变为实际训育实施的一部分,从而使之成为儿童青少年的信仰与人生观,但同时儿童青少年作为国家建设的重要后备力量,除了政治教化外,其品格(美德)、习惯、观念及精神也十分重要,尤其在御侮图强之时,加强对后者的教育与训练则更为迫切。由于这方面的缘故,南京国民政府训育政策的一个显著特点就是它十分注重训育者的素养,通过提高其素养作为加强和改进儿童青少年品性陶冶工作的重要手段,这顺应了学界要求注重训育者人格品质的普遍呼声,只是前者将其限定在特定身份条件下来加以解决,比如具有国民党党员资格等。然而,政治身份是否是衡量训育者素养的首要条件,其又将对训育工作造成何种实际影响等,对这些至为重要的问题,在当时具体历史条件下,政治与学术之间实际上很难完全达成一致。相对于训育政策确定性的政治要求,具体训育标准在政治与学术之间则有着更高相容性,譬如在对待民族传统道德、具体训育目标、基本道德规范等方面都是如此,从而较好体现了训育实践对理论要求的顺应。

三、学校德育实践的具体形式

这一时期,学校德育在训育这一总名称下,其具体内容及其实践形式显得复杂而多样。就课程形式而言,先后存在三民主义、党义课、常识课、社会科、公民科等;就活动形式而言,像军事训练、童子军、社会服务、卫生教育、各种纪念日和德育日等,都包括在内。其中的每个方面,政府也颁布了相应的指导性文件,对课程与活动的开展明确了具体要求。

单就公民教育而言,政府先后至少公布有4个文件(见表4-7),它们都是有关中等学校公民教员资格审查方面的规定与要求,而且是与训育人员同等看待。中小学校的公民科得到恢复以后,在其后不长的时间里就有了较快发展,主要表现是:其一,系统介绍了当时世界各主要国家,如英、法、德、意、俄、美、日、瑞士等国的公民教育状况,商务印书馆将其纳入“公民教育丛书”系列予以出版;其二,实施公民教育,出版了系列公民教育教材,其中如商务印书馆、中华书局、世界书局、正中书局等各大出版社,都对此做了大量工作;其三,取得了公民学科标志性的研究成果,如《公民教育概论》(袁公为1942);最后,积极开展公民训练,《中华教育界》及各主要教育期刊还热烈讨论了世界各国在当时实施的公民训练方法。

第五章

中国近代德育理论与德育学科建设

20 世纪 80 年代,由六院校①合编的《德育学》在绪论中有如下一段话:

德育学是研究德育规律的科学。作为一门独立科学,德育学产生于近代。过去,德育理论大多是被放在伦理学、教育学内作为其中的一部分来研究的。随着教育科学的发展,德育理论才逐渐从伦理学、教育学中分离出来,进行独立研究,自成体系。早在本世纪三十年代,苏联著名教育家马卡连柯就认为德育应当有自己的独立范畴,不应与教学、教养混在一起……他的《论共产主义教育》一书,就是一部德育理论专著,至今对我们社会主义国家的德育,具有积极的指导意义。以后,凯洛夫、哈尔拉莫夫、苏霍姆林斯基等教育家也都写过德育理论专著。日本在七八十年代也有不少《道德教育》《德育原理》专著问世。我国的台湾学者姜琦、龚宝善都写过《德育原理》。这说明德育学作为一门独立科学,在国内外早已成为事实。我们党和政府对德育从来都是十分重视的,不过系统地作为一门独立科学来研究,那还是三中全会以后的事。德育学列为高等师范院校教育系的一门专业课程开设,也是最近几年的事。所以,作为一门独立科学的德育学,在我们国家还是很年轻的一门科学。②

这段话主要包含两方面的意思:一是认为具独立形态的德育理论是德育学作为一门独立学科诞生的标志,它经历了从作为教育学或伦理学的一部分到从教育学或伦理学中分离出来自成体系的过程;这一说法自然是有充分理由的,但需要予以论证,不过到目前为止,这仍然还是一个未曾有人详细说明过的问题。二是作为一门独立学科的德育学产生于近代,我国也不例外,因为姜琦的那本《德育原理》出版于 1944 年,但是仅仅根据这一点来判断,自然很不够,因为在此之前还有其他一些这样的著作,包括从国外翻译引进的也有,而且在当时大学里也已开设

---

① 六所院校分别是:华中师范大学教育系、陕西师范大学教育系、杭州大学教育系、四川师范大学教育系、西南师范大学教育系、西北师范学院教育系。

② 参见六院校合编:《德育学》,西安:陕西人民教育出版社,1986 年,"绪论"。

有关课程。本章尝试就这些问题作初步探讨并在此基础上分析中国近代德育理论的学科价值与意义。

第一节　中国近代教育学中的德育论

一、作为教育学组成部分的德育论

众所周知,中国近代教育学是在清末从日本传入,它在当时为国人开启了一扇了解域外教育理论的重要窗口。20 世纪上半叶,随着教育学在国内逐渐发展壮大,它也同时在为德育论从教育学中分离出来并成长为一门独立学科创造有利条件。因此,教育学的发展同德育专门化之间有着密切的关系,而这种关系先得从德育论作为教育学的组成部分说起。纵览 20 世纪上半叶国内各式教育学著作,其中不少都有德育论的内容。以下就以出版时间先后为序,试列举其中的代表性作品:

《教育学》立花铣三郎讲述 王国维译《教育世界》第 9、10、11 号 1901 年

《教育学教科书》牧獭五一郎著 王国维译《教育世界》第 29、30 号 1902 年

《教育学原理》尺秀三郎等讲述 季新益译 东京教科书辑译社 1903 年

《教育学教科书》小泉又一著 周焕文等译 华新书局 1904 年

《新编教育学教科书》大濑甚太郎著 闵彖 刘本枢译述 1905 年

《教育学》王国维编著 教育世界社 1905 年

《兰因氏之教育学》《教育世界》第 134～138 号、140～142 号 1906—1907 年

《最新教育学教科书》缪文功著 文明书局 1906 年

《大教育学》熊谷五郎著《教育世界》第 147、149、150、152、153、155、156、157 号(未完) 1907 年

《教育学教科书》波多野贞之助讲述 金太仁作译 东京株式会社东亚公司 1907 年

《教育学》(奥)林笃奈尔著 陈清震重译 京师私立第一中等商业学堂 1907 年

《教育学》秦毓钧编 中国图书公司 1908 年

《新教育学》吉田雄次著 蒋维乔编译 商务印书馆 1909 年

《教育学讲义》长尾桢太郎讲 蒋维乔述 商务印书馆 1912 年

《大教育学》张子和编 商务印书馆 1913 年

《实用教育学教科书》日本师范学科研究会编 周维城 林壬编译 北京女子师

范学校 1913 年

《教育学》张毓骢编 商务印书馆 1914 年

《教育学教科书》宋嘉钊等编译 中华书局 1914 年

《教育学》刘以钟编 中华书局 1914 年

《教育学》王凤歧述 商务印书馆 1915 年

《新体教育学讲义》韩定生编 商务印书馆 1918 年

《教育学》王炽昌编 中华书局 1922 年

《教育学原理》孙贵定编 商务印书馆 1923 年

《教育原理》余家菊著 中华书局 1925 年

《教育学讲义》孙振编 商务印书馆 1926 年

《教育通论》舒新城著 中华书局 1926 年

《三民主义教育学》张九如编 商务印书馆 1928 年

《教育原理》王云五编 商务印书馆 1928 年

《教育概论》范寿康著 开明书店 1931 年

《教育学》朱兆萃编 世界书局 1932 年

《教育概论》罗廷光编著 世界书局 1933 年

《教育学大纲》邓胥功编著 华通书局 1933 年

《教育概论》吴俊升 王西征编著 正中书局 1935 年

《教育学》汪懋祖编著 正中书局 1942 年

《教育学新论》姜琦著 台湾书店 1946 年

《教育通论》孟宪承 陈学恂编 商务印书馆 1948 年

以上所列难免会有遗漏,但均为近代中国含有德育论(训育论或训练论)的教育学代表作。总体而言,这些著作在德育研究方面呈现出以下基本特点:

其一,就结构体系而言,这些著作大体可以分为四类,相应地,德育内容的安排也有不同特点。一是明确按照赫尔巴特派的"目的—方法"体系来组织,多见于日文著作或以日文著作为蓝本而编著的教育学著作。二是"目的—方法"体系的扩大化,而以此体系为核心,如王炽昌、朱兆萃等各自所编的《教育学》。三是明确按"四育"体系来组织而异于赫尔巴特学派的体系,如韩定生的《新体教育学讲义》等(少数著作则尝试将二者结合起来,如邓胥功的《教育学大纲》),但采用这种体系的著作为数不多。四是新探索的体系,这主要体现于 20 年代末以后国人自著的具有通论或概论性质的教育学著作,如舒新城、孟宪承等分别所著的《教育通论》,罗廷光、吴俊升等分别所著的《教育概论》。在前两种体系中,德育论都是其方法论的一部分,第三种体系是把德育作为整个教育相对独立的一方面,而在第四种体系中以上特征皆不明显。

其二，以五四新文化运动为界，之前的教育学著作，无论是翻译介绍抑或译述、编纂主要以日文著作为主，之后则趋于多元化，尤其受美国的影响明显，不少著作在篇首都明确宣称其"进步教育"的宗旨；受此影响，德育理论的价值取向也在不断发生变化，总体上趋向多元。

其三，不同体系特点的教育学著作对德育研究关注的程度有异。总体来说，宗赫尔巴特学派体系的著作，由于主张德育具有极高的地位，因而对其关注较为集中，也比较详细；而采用其他体系尤其是综合体系的著作，论述则较为简略。

总之，不同风格的教育学著作于德育研究尽管表现不一，但对德育论的发展无疑都发挥了应有的作用。归纳起来，这种作用主要表现在两个方面：一是通过教育目的论变化间接影响德育地位；二是通过对训育基本命题的探讨直接影响德育基本理论体系。

二、教育目的论变化对德育地位的影响

中国传统儒家教育是伦理本位的，整个教育以道德为中心和旨归，这种教育方式下的德育往往具有泛化的特征。在一定程度上，赫尔巴特的教育学说也有类似的特点，他说："我们可以将教育唯一的任务和全部的任务概括为这样一个概念：道德。""道德，普遍地被认为是人类的最高目标，因此也是教育的最高目标。谁否认这一点，谁肯定并不真正知道何为道德。"①可以肯定地认为，赫尔巴特派教育学在 19 世纪末之所以能够在日本盛行，同它的这一特征有着十分密切的关系。然而，日本教育学者当年传入的教育学说不限于赫尔巴特派，而且对传入的赫尔巴特派教育学说也根据其他理论进行了改造，这些都可以从清末民国初期国内学者翻译引进的日本教育学著作中得到反映。换言之，清末民初从日本引进的教育学已经不完全是赫尔巴特派的教育学，准确说应是经日本教育学者改造过的所谓赫尔巴特派教育学。这种现象给我国教育学发展所带来的影响，目前国内学界还没有系统的研究，本文在此也只是就它同德育论之间的关系作一考察，以期说明这种改造对德育专门化所产生的影响。

当然，日本教育学者对赫尔巴特派教育学的改造既有其确切的现实需要，也受到教育学理论发展的影响。从前者来看，其直接目的是为已进入 20 世纪的日本社会和国家发展寻找新的教育理论依据。进入 20 世纪后，日本社会因明治维新所取得的巨大成就促使国力迅速增强，短时间内就由一个亚洲弱国跃升为世界

---

① 　李其龙编：《赫尔巴特文集》教育学卷二，杭州：浙江教育出版社，2002 年，第 177 页。

强国,再加上中日战争、日俄战争胜利的刺激,国民性一时高涨。这样的社会背景就使得赫尔巴特教育理论难以独立承担社会发展所需要的教育理论基础,不能完全胜任教育的社会功能,因为赫尔巴特教育理论的基础是指向个人精神的完善,以培养道德人格为根本着眼点,而轻视包括国家意识、团体精神、谋生进业等在内的广泛知识技能、身体素质等,这些与人的现实生活密切相关的教育训练在赫尔巴特教育理论中几乎都被高高在上的道德及德育拒之门外。从后者而言,19世纪末欧美以社会为本位的教育学兴起,这也与20世纪初日本社会发展的需要一拍即合。这两方面的原因就使得赫尔巴特派的教育理论在20世纪初的日本因其社会发展的实际需要而得到了改造,而此时中国传入的正是这种被改造了的教育学。

对赫尔巴特派教育学的改造给德育专门化带来了两个方面的影响:一是改变了德育在教育中的地位,使德育由唯一或全部教育目的变为教育的一部分或一方面,从而有利于德育论从教育学中分离独立出来,这通过对赫尔巴特派教育目的论的改造来完成;另一个是初步形成德育论的理论构架,这通过对赫尔巴特派教育学德育内容的改造来完成。本小节论述前一个问题,后一个问题留待下一小节探讨。

对赫尔巴特派教育目的论改造的方式主要有两种:一是介绍与比较;一是直接的分析与批判。若仔细分析此时的日本教育学著作,我们就会发现,它们对历史上教育目的的变迁基本都有过系统的梳理,并进行了归纳与比较。而这种梳理就可以把赫尔巴特派教育目的论放在一个广阔的历史空间中,使其利弊得失通过历史本身的兴衰得到权衡。现以几本著作为例试作说明。在尺秀三郎等讲述的《教育学原理》中,作者明确表达了这样一个观点,即"欲知教育之目的及内容,请先观古今鸿哲之教育学说"①,从而将自柏拉图到毛贪因(即蒙台涅,今通译蒙田)、弥勒顿(弥尔顿)、陆克(洛克)、卢骚(卢梭)、偏斯他洛氣(裴斯泰洛奇)、黑排梯(赫尔巴特)、黑智儿(黑格尔)、笛斯偷惠(第斯多惠)、斯宾塞等人的教育目的学说都做了简要介绍,并将其归纳为人文与实利二大派。大濑甚太郎、波多野贞之助等在其各自所著的教育学中对此也有类似的整理。前者在叙述教育目的之不同时,将西洋历史上的各种教育目的概括为实利主义与实利的教育、宗教主义与宗教的教育、自然主义与自然的教育、审美主义与审美的教育,以及道德主义

---

①　[日]尺秀三郎,中岛半次郎:《教育学原理》,季新益译,东京:教科书辑译社,1903年,第4页。

与道德的教育,①并对诸主义之长短作了简要评价。后者于此则概括为国家的政治的教育主义、宗教的教育主义、人道主义、实科主义、审美主义、道德主义、功利主义、社会的国家的教育主义。② 受其影响,这一时期国人自著的教育学中也表现了对这一问题较系统的认识。缪文功在其所著的《最新教育学教科书》里就按照历史演进进程,较为恰当地将西方教育目的论概括为十大主义,并在每种主义之下还列举了代表性人物,这些主义包括:审美主义、宗教主义、武士主义、自然主义、道德主义、个人主义、社会国家主义、实利主义以及泛爱主义、世界主义。③ 民国初期以后,随着世界教育思潮波波推进,不少教育学著作则在此基础上都以主义或学派为标准对教育目的变迁作了更详尽的历史与现实考察,这为教育学者正确认识与评价赫尔巴特学派教育目的论提供了开阔的视野。

直接的分析批判是另一种改造方式。在学科基础上,有人批评赫尔巴特只借助伦理学与心理学而忽视社会学与生理学的做法是"残缺不全,未造于美善之域也"。④ 继之,对科恩与莱因的教育学说也提出了异议,认为科恩关于"教育者,以一定之目的与方法使受教育者之心确乎不移者也"的释义不完全,既排斥了体育且也没有顾及个人与社会之关系,因而作者认为教育应是"教育者以一定之目的与方法陶冶受教育者之身心使为一公民而有团体自治之品行者也"。⑤ 将科恩教育定义中"心"之一面扩充为"身心"两个方面,更为不同的是把科恩教育定义中的个人改为"公民",且将"确乎不移"的品质明确规定为"团体自治的品行"。又认为,莱因教育学原理在论教育目的时力攻实利派,认为幸福主义最有害于教育,因为其杜绝高尚之奋励心及新理想而渐丧社会之道德,此种说法虽是至理,但也易入虚无杳渺,恐蹈能言不能行之弊。故而"欲体用兼备、本末兼赅,必浑一人文派与实利派所言教育之目的及其内容而后可"。⑥ 同样,在其他教育学著作中,类似这样的主张也比较普遍。如,小泉又一在论及教育目的时,认为教育虽以确立道德之品性为终极之目的,但道德之内容究竟是什么,虽有待伦理学来决定,然"所谓道德者,决不能离于实用",故他主张"以实用主义而调和于道德主义,以个

---

① [日]大濑甚太郎:《新编教育学教科书》,闵彩、刘本枢译,1905年,第19-20页。

② [日]大濑甚太郎:《新编教育学教科书》,闵彩、刘本枢译,1905年,第27-40页。

③ 缪文功:《最新教育学教科书》,上海:文明书局,1906年,第13-15页。

④ [日]尺秀三郎,中岛半次郎:《教育学原理》,季新益译,东京:教科书辑译社,1903年,"序"。

⑤ [日]尺秀三郎,中岛半次郎:《教育学原理》,季新益译,东京:教科书辑译社,1903年,第3页。

⑥ [日]尺秀三郎,中岛半次郎:《教育学原理》,季新益译,东京:教科书辑译社,1903年,第5页。

人思想而调和于社会思想,此则吾人教育上所可依据者也"。① 他虽然认可了赫尔巴特的教育目的论,但又嫌赫尔巴特道德教育内容过于狭隘,有虚而不实之弊,故而要用实用主义来调和赫尔巴特的道德主义。大濑甚太郎也认为:"使人之道德有进步,是教育之一大目的,不待言也。而道德者最重意思(指意志——笔者注)之要素……虽然,仅知之而不能决行之,则不惟不生道德,且反伦理,此不可不拒避。故善之可贵重者,须由决意而遂行之,以至得实际行为之动作,始可称之为道德。"②对赫尔巴特关于教育目的中道德的见解提出了异议,并主张将重点由赫尔巴特关于道德的知转向道德的行。波多野贞之助指出:"夫教育之目的在使人顺应于当世而尽其责任,固未可专赖伦理学而定之也。"那么,教育目的究竟如何来定呢? 他认为"盖当思人世生活之关系,不流于抽象,而征于实际,如此而始可定也"。具体而言,人生于世虽为谋个人独立自由之生活,但也从一定的时代与一定的国家社会始得营其生,所以"先宜思人之为个人而存于斯世,果有如何之目的;次宜明国家社会生活变迁之迹,而己于其中果有如何之职分;又宜思人类全体目的之关系,而后调和之以定教育之目的"。③ 将道德易为"尽其责任"不仅仅是一种概念置换,本质上是对道德的现实化,即通过强调个人与社会、理想与现实的调和来实现对赫尔巴特教育目的论的改造。吉田雄次在其所著《新教育学》中对赫尔巴特学派教育目的论之不足的分析则更为清晰。他认为赫尔巴特及其学派"以为人间之真价值,惟意志强固而已",据此,"谓教育之目的,陶冶儿童道德的意志",而所谓意志之规定又自主观入手而非由客观入手,即由直觉或先天而非归纳或经验定之,"实与近代思想界之趋势背驰",④此为其教育学说之一缺点也。接着,对赫尔巴特"五道念"之说也提出疑问:"夫此五道念者,果足规定人类之意志,而完全无待于外乎",并明确指出其两点不足:"一则人类之生活不能由此以求完全;二则教育之原理宜包括实际事业,而五道念则有不足也。"⑤因之,他提出新教育学的设想,即社会的教育学。经过上述批判与反思,日本教育学者至少从人文与实利、个人与社会、道德的知与行、理想与现实、主观与客观等多个方面展开了对赫尔巴特学派教育目的论的改造。

　　就以上日本教育学者对赫尔巴特学派教育目的论的纠偏,我们当作如何看待

---

① 〔日〕小泉又一:《教育学教科书》,周焕文等译,北京:华新书局,1904 年,第 11 页。
② 〔日〕大濑甚太郎:《新编教育学教科书》,闵彖、刘本枢译,1905 年,第 26 页。
③ 〔日〕波多野贞之助:《教育学教科书》,金太仁作译,东京:株式会社东亚公司,1907 年,第 43－44 页。
④ 〔日〕吉田雄次:《新教育学》,蒋维乔译,上海:商务印书馆,1909 年,第 33－34 页。
⑤ 〔日〕吉田雄次:《新教育学》,蒋维乔译,上海:商务印书馆,1909 年,第 35－36 页。

呢？总的来说,这种改造使得教育学所讨论的教育目的在突破赫氏学派后更加全面系统,也为教育更好地服务现实社会以及人与社会的协调发展提供了充分的理论依据。具体而言,这种改造主要是破除了赫尔巴特教育目的论中德育至上的神秘信条,使德育同教育中其他部分一样成为教育的必要内容之一。从价值取向上看,它使德育从以往纯粹人文性走向了人文与实利的结合,从而使其更切合社会实际需要和时代进步的需求。而从教育理论发展而言,这种改造也恰恰适应了德育论与教育学分野的内在教育要求。至此,赫尔巴特学派的教育目的论发生了以下两个方面的变化:一是道德作为教育的终极目的仍被继承;二是道德作为教育目的的一部分服务于社会现实需要和人格全面发展的内在联系得到认可。经清末日本教育学的影响,民国初期的教育学中对教育及其目的的认识开始有明显变化。如,"教育之意义,乃施教育者对于被教育者,具一定之目的方法,以陶冶其身心,俾成完全之人格是也"。①"成熟者(先觉着)以一定之目的与方法,陶冶未成熟者(后觉着)之作用,谓之教育"。②"教育者何？成人欲使未成人之身心完全发育,所施之有意作用,并有一定方案之作用也"。③ 等等,这些对教育的认识都不再局限于人的道德方面,而是指向人的"身心""完全人格",或从整体上强调"教育影响""教育作用"等。对教育认识的改变必然带来相应的教育目的论的变化。民国初期教育学在探讨教育目的时,大多往往指向这种完全人格的培养,而所谓完全人格即是知、情、意等多方面都得到发展,而不仅仅只是道德一方面。德育从教育的唯一或全部目的到成为教育的一部分或一方面的变化,也就从理论上为德育论从教育学中分离独立出来创造了有利条件。

三、所探讨的训育基本命题对德育理论体系形成的影响

20 世纪上半叶,教育学著作对训育基本命题的探讨大致勾勒出一个德育理论体系的框架,这从以下各表中即可得到反映。

---

① 张毓骢编:《教育学》,上海:商务印书馆,1914 年,第 1 页。
② 刘以钟编:《教育学》,上海:中华书局,1914 年,第 2 页。
③ 宋嘉钊编:《教育学教科书》,上海:中华书局,1914 年,第 1 页。

表5－1 清末4种译著所涉及的训育基本命题一览表

基本命题	作者及其著作			
	小泉又一《教育学教科书》	大瀬甚太郎《新编教育学教科书》	波多野贞之助《教育学教科书》	吉田雄次《新教育学》
训练意义及目的	√	√	√	√
训练养护教授	√	√	√	
训练之方法	√	√	√	√
训练与个性	√		√	√
教育之联络		√		
教育者资格	√		√	
训练之要件	√			
心理学基础				√
抑制与诱导		√		

表5－2 民国初期7种编译或编纂著作所涉及的训育基本命题一览表

基本命题	作者及其著作						
	缪文功《最新教育学教科书》	秦毓钧《教育学》	张子和《大教育学》	宋嘉钊《教育学教科书》	张毓骢《教育学》	刘以钟《教育学》	王凤歧《教育学》
训练之意义及目的	√	√	√	√	√	√	√
训练、养护及教授	√		√		√		√
训练之方法	√	√	√	√	√	√	√
训练与个性	√						
家庭学校社会联络		√	√		√		√
教育者之资格					√	√	√
训练之要件	√					√	
训育之心理的基础			√			√	
训育之作用					√		
训育之主义	√	√	√	√	√		
训练之效果		√					

续表

基本命题	作者及其著作						
	缪文功《最新教育学教科书》	秦毓钧《教育学》	张子和《大教育学》	宋嘉钊《教育学教科书》	张毓骢《教育学》	刘以钟《教育学》	王凤歧《教育学》
训育之方针							√

表5-3　民国中期10种国人自著的教育学著作所涉及的训育基本命题一览表

基本命题	作者及其著作				
	王炽昌《教育学》	余家菊《教育原理》	舒新城《教育通论》	孙振《教育学讲义》	张九如《三民主义教育学》
训育目的意义	√		√	√	
训育与教授	√				
训育的方法	√	√	√	√	√
训育的统一	√			√	
训育心理基础				√	
训育的主义				√	
训育的方针		√	√		
训育的原则	√		√		√
年龄与训育				√	
训育的材料					
训育的实施					
训育的目标					

表5-3　民国中期10种国人自著的教育学著作所涉及的训育基本命题一览表（续）

基本命题	作者及其著作				
	朱兆萃《教育学》	邓胥功《教育学大纲》	范寿康《教育概论》	吴俊升《教育概论》	罗廷光《教育概论》
训育目的意义	√	√	√	√	√
训育与教授					

续表

基本命题	作者及其著作				
	朱兆萃 《教育学》	邓胥功 《教育学大纲》	范寿康 《教育概论》	吴俊升 《教育概论》	罗廷光 《教育概论》
训育的方法	√	√	√		√
训育的统一	√	√	√		
训育心理基础		√	√		
训育的主义		√	√		
训育的方针					
训育的原则					
年龄与训育		√	√		
训育的材料			√		
训育的实施				√	
训育的目标				√	√

　　以上用列表的方式对清末至民国时期教育学著作所关注的训育基本命题作了呈现,从中可以发现不同时期的教育学著作所关注的训育基本命题既有相同之处,也有不同之处。训育目的及意义、训育方法、训育与家庭学校社会联络等问题为不同时期教育学者所共同关注;较清末而言,训育的心理基础在民国初期及中期受到较广泛的关注,这体现了训育理论的科学化水平在提高;民国初期教育学者在学习与研究过程中,开始关注训育的学派倾向,对训育的主义包括种类问题有了初步的归纳与研究;民国中期,教育学者对训育基本命题的研究范围显著扩大,命题本身的理论性水平也有明显提升,对训育的原则、方针、目标、心理基础包括年龄特征等原理性命题抱有兴趣,这一方面固然反映了现实教育的需要,但另一方面也反映了在现实需要激发下,教育学者对德育价值问题的深度追求。当然,总体而言,无论是清末民初还是民国初期以后,教育学著作对德育基本命题的探究还不可能全面深刻,但其对德育理论发展的贡献又是有目共睹的,其所揭示的基本命题是德育理论获得良性发展的必要基础。民国初期以后,在吸收前人研究成果基础上,专门系统的德育理论成果逐渐增多,不能不说同这方面的影响有密切关系。

表 5 – 4　民国 5 种德育论专著所涉德育基本命题一览表①

基本命题	作者				
	李相勖	吴俊升	杨同芳	汪少伦	陶愚川
训育的意义及目的					
训育研究的方法					
训育的理论基础					
训育目标					
训育原则					
训育组织、制度					
训育方式					
训育考核					
训育人员					
训育方法					
训育途径					
学生自治与训育					
校风与训育					
课程、教学与训育					
课外活动与训育					
性教育与训育					
训育的检讨与改进					

　　表 5 – 4 展示了 20 世纪 30 至 40 年代由国内教育学者或著或编的有关训育论或德育论、德育原理方面的主要著作所探讨的德育基本命题,较之在它之前或同时期的教育学著作,可以说,在德育学作为一门独立学科建设的过程中,它所必需的知识体系与命题系统,教育学已为之做了初步准备,奠定了必要的基础。

---

① 此表根据以下论著整理:李相勖的《训育论》(商务印书馆大学丛书 1935)、吴俊升的《德育原理》(商务印书馆小学教育丛书 1935)、杨同芳的《中学训育》(世界书局世界新教育丛书 1941)、汪少伦的《训育原理与实施》(商务印书馆大学丛书 1943)以及陶愚川的《训育论》(大东书局 1947)。

第二节　近代德育论与大学训育论课程的开设

作为现代意义上的我国德育学或德育原理这门学科,目前的基本看法是认为它产生于 20 世纪 80 年代,而以胡守棻教授的《德育原理》(1989)等一批德育论著作的出版为标志。① 其实,说德育学或德育原理学科产生于 80 年代,它的判断依据主要是两个:一是专门论著的出版,一是高校(包括高等师范和综合性大学)教育系相应课程的开设。前者用以说明德育学或德育原理此时从教育学中分化出来已成为独立的学科,而后者则说明德育论或德育原理在大学教育学科中已占有的地位及其重要性。那么,民国时期德育论及其相关课程在大学开设的情况又是如何的呢? 本节拟对此作一考察。

一、独立形态德育论产生的标志

据现有资料,从清末到民国在德育理论研究方面已积累了较为丰富的成果,这些成果的存在是中国近代德育学或德育原理开始成为一门独立学科的重要标志。以下是笔者根据中美百万册数据库 CADAL 和国家数字图书馆民国特色资源库等整理出来的关于 20 世纪上半叶国内出版的主要德育论专著,其中包括译著和用于大学的教材,以出版时间先后为序:

《德育鉴》梁启超(日本横滨)新民社 1905 年

《训育谈》李廷翰 中华书局 1916 年

《道德教育论》蒋拙诚 商务印书馆 1919 年

《德育问题》(美)朴墨著 王克仁 邰爽秋译 中华书局 1921 年

《德育原理》(美)杜威著 元尚仁译 中华书局 1921 年②

《中学训练问题》陈启天 中华书局 1922 年

《训练法》范寿康 商务印书馆 1925 年

《训育理论与实际》教育杂志社 1925 年

---

① 参见八院校合编:《德育原理》,北京:北京师范大学出版社,1985 年;金林祥主编:《20 世纪中国教育学科的发展与反思》,上海:上海教育出版社,2002 年;张忠华:《我国新时期德育原理学科发展探析》,《教育科学研究》,2008 年第 1 期。上述八院校分别是:华东师范大学、北京师范大学、西南师范大学、南京师范大学、湖南师范大学、天津师范大学、安徽师范大学、山东师范大学。

② 此书商务印书馆于 1930 年也有出版,其译名相同,译者为张铭鼎。

《小学训育的实际》李康复 商务印书馆 1929 年

《道德教育论》(法)涂尔干著 崔载阳译 民智书局 1929 年

《训育论》(英)威尔逊 步南佛著 余家菊译 中华书局 1931 年

《师范学校训育问题》张仲郁 国立北平师范大学 1932 年

《学校训育论》陈英俊 湖北省立第二乡村师范学校 1933 年

《中小学训育行政》陈智乾 世德职业学校 1933 年

《理想的培训法》(美)查忒斯著 吴培芥译 商务印书馆 1933 年

《训育论》(日)野田义夫著 苏芎雨译 人人书店 1934 年

《训育论》李相勖 商务印书馆 1935 年

《德育原理》吴俊升 商务印书馆 1935 年/1948 年

《训育研究》徐庭达 中华印书局 1936 年

《建设的学校训育》(美)斯密斯著 范寓梅译 商务印书馆 1936 年

《中学训育心理学》(美)普林格尔著 李相勖 徐君梅译 商务印书馆 1937 年

《小学训育实施法》樊兆康 正中书局 1937 年

《中学训育》杨同芳 世界书局 1941 年

《大学训导之理论与实施》王裕凯 陆傅籍 文通书局 1941 年

《青年心理与训育》高觉敷 正中书局 1942 年

《训育原理与实施》汪少伦 商务印书馆 1943 年

《训育与心理》姜琦 正中书局 1944 年

《德育原理》姜琦 自刊 1944 年

《训导原理》邵鹤亭 正中书局 1945 年

《训育论》陶愚川 大东书局 1947 年

《训导实施》伍瑞锴 广东明日出版社 1947 年

《小学训育》薛天汉 中华书局 1949 年

上述专著的作者和译著的译者基本上都有从事高校工作的经历。从中可以看出,第一本具有德育论性质的专著《德育鉴》(梁启超著)在清末就已产生,而从学科角度来研究道德教育的专著《道德教育论》(蒋拙诚著)也在 1919 年就已经问世,到 20 年代尤其是 30 至 40 年代,德育论专著包括译著在内仅数量已相当可观。这些论著的研究,总体上看是沿着由"谈"、"问题"或"法"到"论"再到"原理"这样一条由表及里、由浅入深的路径渐渐展开;研究范围纵向方面广泛涉及从普通教育到高等教育各个层次的德育问题,横向方面也初步涉及了德育与心理、德育与行政(管理)等几个方面;而在 20 至 30 年代,还较多借鉴了美英法等国家的德育理论,这同当时其他教育学科一样,是德育学或德育原理学科在建设之初构建知识体系时向外借鉴的需要。那么,这些专著本身是否可以说明 20 世纪上半叶德育论已从教育学中分化出来,从而促进德育学或德育原理成为一门独立的学科? 为了进一步考察这个问题,再选择不同时期有代表性的德育论专著就其主要理论范畴作一直观比较。

表 5 - 5　近代中国不同时期代表性德育论专著所涉理论范畴及其变化一览表①

理论范畴	著作名称			
	《德育鉴》②	《道德教育论》	《训育论》	《训育原理与实施》
	辨术	道德教育之重要	训育的性质和目的	训育的意义
	立志	道德教育之目的	训育与三民主义	训育研究的方法
	知本	道德教育之根本	训育背景(理论基础)	训育时代性与民族性
	存养	道德教育之范围	训育的原则	训育基础(理论基础)
	省察	道德教育之条件	训育的制度	训育理想(训育目标)
	应用	道德教育之关键	赏罚问题	训育组织
		欧美道德教育	训育的目标和成绩考核	训育人员
			校风与训育	直接训育(道德训练)
			教学与训育	间接训育(训育讲授)
			课程与训育	训育综合与训育考核
			课外活动与训育	
			学生自治与训育	

表 5 - 5 直观呈现了 4 个不同时期代表性德育论专著所涉理论范畴及其变化情况。其中,《德育鉴》是梁启超针对当时社会转型所表现出的所谓"学绝道丧"现象,对传统德育思想所作的系统整理,虽然借重古人,而与现代德育保持一定距离,但它所确立的"目标—方法"德育论体系对以后德育论发展有重要影响。蒋拙诚《道德教育论》则脱去了这一复古特征,论述的主要范畴已基本转向了现代德

---

① 用来比较的论著分别为梁启超的《德育鉴》,蒋拙诚的《道德教育论》,李相勖的《训育论》,以及汪少伦的《训育原理与实施》,各论著出版时间分别为 1905 年、1919 年、1935 年、1943 年。因而应该说它们分别代表近代中国不同时期德育理论发展状况。另外,吴俊升的《德育原理》当然是更为理想的代表作品,但由于在第 4 章第 3 节已作详细论述,为避免内容重复,故在此没有选用,而选用李相勖的《训育论》。

② 此是我国近代最早的具德育学性质的著作。辨术即知仁心,为道德认知;立志为德育目标;知本即致良知,为德育方法,具体方法为存养、省察、克治;应用即力行,为德育途径。

育,并且整个体系是以直接批判传统德育为起点来构建的。至三四十年代,近代德育的理论研究已进入高潮及繁荣的时期。李相勖的《训育论》、吴俊升的《德育原理》及汪少伦的《训育原理与实施》等则反映出了这种特点,主要理论范畴包括训育本质、研究方法、理论基础、训育目标、训育人员、训育原则、训育途径、训育方式方法、组织与制度、训育考核等均已出现,且形成了相对完整的理论体系。尽管在研究对象问题上还没有明确将这一理论范畴独立出来,但对训育的本质或意义,都有清楚的解释或规定。这种情况较好说明了中国近代德育论已具备其核心内容,并形成了比较完整的学科知识体系与范畴系统,从而为德育学开始成为一门独立的学科奠定了必要基础。

二、大学训育论课程设置的基本情况

20 世纪上半叶,中国高等师范院校、独立教育学院、综合性大学中的教育学院以及文学院中的教育学系是否开设德育学方面的相应课程,基本上可以南京国民政府教育部于 1939 年颁布《大学科目表》为界作一考察。在此之前,自"壬寅·癸卯学制"至"壬戌学制"颁布期间,无论是《奏定学堂章程》所规定的高等学堂、大学堂、优级师范学堂等,还是 1913 年教育部颁布的《大学规程》所规定的专科以上学校,伦理学或道德学都是有关学科中常设的教学科目,一般皆要求在传授伦理道德知识的同时也负有道德教育的任务,当然,此后它也一直是各高校教育系科常设科目之一。不过,随着伦理学或道德学逐渐成为一门独立的学科,它们显然已不能再混同于德育,尽管从教学要求上说,它们始终还肩负道德教育的职责,这只要查阅 1934 学年北平师范大学关于教育系第一年必修科目"道德学"的内容简要即可清楚,其主要内容是:"本学程在使学者对于以往各家之道德理论,能有清切之认识,且依正义之道德标准理论解决道德生活之问题,内容分为:绪论;心理学之道德论;道德标准之理论;道德生活。"[1]而这一点在省立安徽大学课程说明中有更明确的要求:"本学程(指伦理学——笔者注)之目的在使学生明了伦理学上重要的概念,养成道德评价的能力。拟避去从来哲学的观点,而采取科学的观点,以期建立伦理科学。"[2]它直接提出了讲授这门学程的一个重要目的就是要有利于"建立伦理科学",这反映出此时对这门课程的要求已明显不同于以往。

五四新文化运动后,教育界由于受到思想解放潮流的激荡,遂产生改革学制

---

[1] 《国立北平师范大学一览》,1934 年,第 78 页。
[2] 《安徽省立安徽大学课程说明书》,1935 年。伦理学为教育学系一、二年级选修,2 学分,每周 2 小时。

的议论。1922 年,教育部颁布《学校制度改革令》,其中规定标准七项:①适应社会进步之需要;②发挥平民教育精神;③谋个性之发展;④注意国民经济力;⑤注重生活教育;⑥使教育易于普及;⑦多留各地方伸缩余地,并有"大学校用选科制"之规定。于是,专科以上学校的统一标准遂发生问题。1924 年,教育部颁布《国立大学条例》,其中规定:"国立大学校各科系及大学院,各设教授会,规划课程及其施行事宜。"①如此一来,专科以上学校的课程则完全由各校自行订定。自此至《大学科目表》颁布期间,各高校的课程由于相互间差异较大,难以作明确说明,因此要弄清楚在此期间哪些教育院系开设有这门课程或类似的课程,并非易事。有一个调查数据颇能在总体上给我们一些有关这个问题的重要信息。这份调查由张文昌于 1933 年所做,据他的《国内二十六处教育学院系状况与课程调查》一文显示,在所调查的院系中,开设有"训育法"或"训育问题"学程的各有 9 校,一般在三年级或四年级作为选修课来开设,绩点为 2 个学分。② 这种情况得到了一些大学有关做法的证明,如 1929 年大夏大学教育学院的课程设置表明:教育行政系和中等教育系都开设有"训育问题"(课程编号为"教育 186 号"),课程性质为选修,3 学分,不作为普通必修和本科必修。③ 如此情形,还可以从其他调查得到进一步证明。例如,大夏大学教育学院在 1936 年对国内 14 所大学的教育学院或教育系所作的教育专题研究进行过一次调查,发现其中训育研究也占了一定比例。这些专题研究分别是:④

(1)顽童训育之研究 大夏大学教育学院 邰爽秋指导

(2)中等学校训育之研究 光华大学教育系 廖世承指导

(3)训育之理论与实际 河南大学文学院教育系 沈子善指导

(4)中学训育研究 之江文理学院教育系 胡昌鹤指导

(5)中学教训军合一的理论与实施 中学男女同学问题 中央政治学校教育学系 汪懋祖指导

另外,余家菊在他所译述的《训育论》(1931)序言中也透露,他于 1926 年在国立东南大学讲授过训育论,1930 年又在国立北平师范大学讲授此课程,所用教材皆以英国威尔顿和步南佛合著的《道德训练的原理与方法》(Principles and Meth-

---

① 《大学科目表》,正中书局,1940 年,第 2 页。

② 张文昌:《国内二十六处教育学院系状况与课程调查》,《之江学报》,1933 年第 1 卷第 2 期。据此文称所调查的教育学院、教育系数约占当时总数的 70% 。

③ 参见《大夏大学一览》"教育科课程",1929 年。

④ 上述各专题研究参见《教育研究通讯》,大夏大学教育学院发行,1936 年。其中,第 1 项见第 1 卷第 1 期;第 2 项见第 1 卷第 2 期;第 3、4、5 项见第 1 卷第 3 期。

ods of Moral Trailing)为依据。① 同样,在李相勖所著《训育论》(1935)的序言里,发现也有类似的记载,他说:"我国各大学教育学院或教育系和师范大学因鉴于训育的重要,多设有'训育论'一学程,以研究训育的原理与实施。但是国内关于这方面的著述甚少,虽有一二佳本,却都美中不足。有些译本偏重理论,不顾我国的实际情形;有些又偏重实际,而对于理论的基础未经详细地阐明。著者在厦门大学教育学院讲授'训育论'多年,深苦教本的缺乏,于是本历年在苏皖各地办学的经验和平素调查研究的心得编成是书,以应目前的需要"。② 查 30 年代厦门大学教育学院的课程设置可知,1931 后"训育问题"先为教育行政学系、后也为教育学系的选修课程,3 学分,一学年,每周 3 课时;1936—1937 学年,改为"训育论",仍为教育学系选修课程,半年,3 学分。③ 北京大学文学院教育学系自 1933 年起开设有"德育原理"课程,吴俊升讲授,为三年级选修课,学分为 24 分。在省立安徽大学 1935 年的课程说明书里,也发现"训育论"为教育学系三、四年级的选修课程,2 学分,每周 2 课时。其课程说明如下:

本学程之目的在使学生明了训育之基本原则及训育实施之最新技术。教学方法分讲述及讨论两项。教材内容:关于理论方面有:(一)批评现行学校训育的缺点,(二)训育思想变迁略史,(三)训育所应根据的重要原则,(四)确定训育信条等;关于实施方面有:(一)确定目标,(二)团体组织,(三)个别诊断,(四)品性测验等。④

从中可以清楚看出,"训育论"课程的目的在于"使学生明了训育之基本原则及训育实施之最新技术",也就是要掌握训育的理论(原则)与实施(方法)两方面的要求。因此,讲授内容也就相应分为两个部分。

从以上反映的情况来看,在 1938 年教育部大力整顿大学课程之前十四五年的时间里,国内一些大学的教育院系的确开设了有关德育原理和训育论课程,或者进行了这方面的专题研究,这些为其后教育部制订大学科目计划,尤其为大学教育院系的课程设置提供了重要经验。

1939 年,教育部为整顿大学课程颁布了《大学科目表》,在文、理、法、师范、农、工、商、医八科中,就师范科有明确规定:"训育原理及实施"应作为师范学院教育学系和公民训育学系的必修课程。在前者,此课程规定为第三学年第二学期开

---

① 余家菊译述:《训育论》,上海:中华书局,1931 年,"序"。
② 李相勖:《训育论》,上海:商务印书馆,1935 年,"序言"。
③ 《厦门大学一览》,1931 年至 1938 年。
④ 《安徽省立安徽大学课程说明书》,1935 年。

课,绩点为 3 学分,而同其相关的"伦理学"也为必修课程,3 学分,为第三学年第一学期开课,要求注重本国伦理学说;在后者,"训育原理及实施"课程性质与学分数皆与前者一样,不过要求在第三学年第一学期开课,而相关必修课程"伦理学"与"公民教育",也为 3 学分,也都要求开在第三学年第一学期,但必修课程"中国政治及伦理思想史"除外,其为 6 学分,要求第四学年全年都开课。此外,师范学院的国文学系、体育学系则把"训育原理及实施"作为选修课,2 学分,要求在第四、五学年进行;数学系、英语学、理化学系、史地学系也将其作为选修课,2 学分,要求在第三、四、五学年进行;博物学系在将其作为选修课时,绩点则为 1 学分,时间安排在第三、四、五学年进行。① 这样,对于师范学院的多数系科而言,"训育原理及实施"就成为一门法定的课程。

三、训育论课程观的分析

训育论课程观是指这门课程所持有的德育观,它是德育论课程的核心问题,也是我们解读它的一把钥匙。民国时期是一段特殊的历史时期,中西古今、政治学术、伦理文化等各种矛盾及其冲突错综复杂,这使得我们在研究这门课程时既不能以今度古,也不应有先入之见,而须实事求是地梳理史料,还历史本来面目。故而笔者选择了一种比较直观的考察方式,即从课程所涉及的"德育"或"训育"基本概念入手,因为德育概念是德育观最集中、最直接的反映。不过,概念解释也只是观念的静态呈现,只有进一步透析其成因与思想动机才能真正把握其本质。

以下选择若干本理论体系比较成熟,且在民国时期有一定代表性的德育论专著来进行分析,它们分别是:余家菊的《训育论》(中华书局教育丛书 1931)、李相勖的《训育论》(商务印书馆大学丛书 1935)、吴俊升的《德育原理》(商务印书馆国民文库丛书 1935/1948)、杨同芳的《中学训育》(世界书局世界新教育丛书 1941)、汪少伦的《训育原理与实施》(商务印书馆大学丛书 1943/1946)、姜琦的《德育原理》(柏庐书屋三民主义哲学丛书 1944)。这些著作多数在出版之前曾是大学授课时使用的讲义,出版之后也继续作为各大学的教材在使用,如余家菊、李相勖、吴俊升、汪少伦等的著作都是如此。为使得叙述明了起见,现将他们各自对德育或训育概念的界定列表如下:

---

① 参见《大学科目表》"师范"部分,重庆:正中书局,1940 年,第 99 – 135 页。

表5－6　民国代表性德育论专著对德育或训育解释一览表

专著	对德育或训育的解释
《训育论》	训育以培养道德为目标,故训育一名德育(第1页)
《训育论》	训育以培养高尚品格为目的,故一名德育(第1页)
《德育原理》	德育即指道德教育,简称训育,为训练儿童道德行为之种种设施(第1页)
《中学训育》	训育不仅指道德的训练,包括一切身心的训练(第1页)
《训育原理与实施》	训育是关于"贤"的教育,因此训育普通多称为道德教育(第2页)
《德育原理》	德育原理即关于道德教育之原理(第1页)

　　从表5－6中的内容可以看出,德育、训育、道德教育三个概念在意义上是一致的,尽管作者之间就思想倾向而言可能各有不同,但他们在德育或训育即是道德教育这一点上则是相当一致的。因此统观起来看,可以认为,在德育论这门课程里面,认为德育或训育即是道德教育,在当时应是一种主流观念。之所以如此,西方的影响应该是一个重要的因素,这包括西方道德教育理论直接传播所带来的影响,以及研究者自身的国外求学经历。就前者来看,民国时期西方有影响的道德教育理论基本上都被输入进来,其中主要有赫尔巴特、康德、涂尔干、杜威等人的理论,另外还有大量与这些人物的思想相近或相异的道德教育思想也被介绍进来,如德国的凯兴斯泰纳;美国的朴墨(Palmer)、巴格莱(W. CH. Bagley)、察忒斯(W. W. Charters)、斯密斯(W. R. Smith)、普林格尔(R. W. Pringle);英国的威尔逊(J. Welton)、罗素;法国的拉郎德(André Lalande)等等。这些西方所谓自由民主社会道德教育理论或基于伦理学说,或基于现代社会本质对人德性之要求,或基于民主社会理想等等,有关道德教育对公民培养的意义、作用及其原则、方法等都充满着迷人的论述,因而对民国德育理论发展产生了重要影响。为此,汪少伦、姜琦等人还对训育概念的原形及其道德属性作了颇为详细的考察论证。汪氏认为训育在欧美国家或称"道德教育(Moral Education)"、"道德训练(Moral Trailing)",或为"品格教育(Character Education)"、"品格养成(Character Making)",或"意志教育(Willensbildung/Education de la Volonte)",或"学校纪律(School Discipline)",名称尽管不同,但目的都在于养成道德行为或优良品格。① 姜琦也认为训育一词同注重品格陶冶含义的英文"Discipline"是同义的。②

---

① 汪少伦:《训育原理与实施》,重庆:商务印书馆,1943年,第3－4页。
② 姜琦:《教育学新论》,台北:大华印务局,1946年,第177－178页。

相比较而言,研究者自身国外求学经历的影响可能更为直接。这些人在20世纪20年代甚至更早时候都在欧美或日本知名大学留过学,耳闻目睹并切身感受过西方近代的文明,而他们留学的年龄也正值青壮年之际,都抱有教育救国或改造社会之志,这种特点使他们极易习得西方价值观。回国后,他们基本上都进入高校担任教授或处于教育领导岗位,有的甚至还进入政府重要行政领导岗位,这也使得他们有必要且易于表达或推行自己已习得的价值观,因而对扩大西方德育及道德观念的影响十分有利。以下将这些研究者在民国期间留学与国内任职情况列表如下,以便了解。

表5-7　民国代表性德育论专著作者国外留学与国内任职情况一览表

姓　名	留学与任职简况
余家菊	1922年初赴英国留学,先后在伦敦大学、爱丁堡大学攻读哲学、心理学、教育哲学,1924年初回国。主要任教:武昌师范大学(后改武昌大学)、东南大学、冯庸大学、北京师范大学、北京大学等。主要任职:武昌师范大学哲学教育系主任、河南大学教育系主任、国民参政会参政员、国大代表、国民政府委员、总统府国策顾问,同时也是青年党主要领导人。
李相勖	1924年留学美国加利福尼亚大学,主修教育学("中等教育研究"),1927年获硕士学位。主要任教:东南大学、厦门大学、浙江大学、安徽大学;主要任职:安徽桐城中学、安庆一中、上海浦东中学、广西靖西中学等校校长,厦门大学教育系主任、安徽大学训导长、安徽学院院长。
吴俊升	1928年赴法国巴黎大学留学,师从涂尔干嫡传弟子富孔奈教授,主修教育学、心理学、哲学,1931年以毕业论文《杜威之教育学说》获博士学位。主要任教:北京大学、中央大学。主要任职:北京大学教育学系主任、安徽省教育厅主任秘书、国民政府教育部高等教育司司长、教育部次长,先于1936年、1944年两次赴美考察教育并拜谒杜威。
汪少伦	先后留学的学校有苏联莫斯科中山大学,日本早稻田大学,德国柏林大学,主修教育学、心理学、哲学。主要任教:中央大学。主要任职:中央大学公民训育系主任、安徽省政府教育厅厅长。
姜　琦	早年留学日本东京高等师范学校,后获得明治大学政治科学士学位,1922年赴美国哥伦比亚大学深造,主修教育学、教育史。1925年毕业获得硕士学位。主要任教:南京高等师范学校、暨南大学、大夏大学、中央大学等。主要任职:浙江第一师范校长、暨南大学校长、大夏大学教育行政学系主任、安徽大学文学院院长、湖北省立教育学院院长、福建省统一师范校长、国民政府教育部训育委员会专任委员及参事、西北联大教务长、遵义浙江大学训导长等。

上述几位代表性研究者回国后基本上都有多年从事训育论或德育原理课程

教学与研究的经历,如余家菊在东南大学及北平师范大学、吴俊升在北京大学、汪少伦在国立中央大学及四川省立教育学院、李相勖在厦门大学等。此外,他们也在教育学、教育哲学、伦理学、教育史、传统文化或学校管理等一个或多个领域取得过显著成绩。如吴俊升是我国教育哲学创始人之一,汪少伦为我国民族伦理学体系重要建基者,等等。

　　以上是对成因所作的一些分析。就思想动机而言,上述研究者大多有旨在通过强调道德教育重要性、提高道德教育地位以实现教育救国的理想。"训育之成败,即教育之成败。若无训育,亦即无所谓教育"。① "训育的成败就是教育的成败,若仅注重知识的灌输而忽略品格的陶冶,结果儿童所得知识反足以增加其作恶的本领"。② "要使每个份子能继续其社会的生存,能实现其社会的自由,固需具有丰富的知识与充分的能力,尤其具有高尚的品格……否则或智足文过,或能足济奸……对于社会不但无益,而且有害。因此品格教育或训育为整个教育之中心。训育成败决定整个教育的成败"。③ 上述言论所表达的主张是高度一致的,就是强调道德教育是决定整个教育成败的关键因素。有鉴于此,有的研究者对教育界忽视德育的做法提出了批评,认为这是一味醉心于新教育的结果,"新教育家注重教育活动之统整性,不顾从教育活动中分别德育而注重之……故德育之受忽视,此种新教育之见解,亦不能不负一部分之责任也"。④ 故而提出"正惟在道德破产之时代,更有注重道德教育之必要也"。⑤

　　正是基于对道德教育重要性的认识,他们也对政府当局在德育上所采取的系列举措表达了自己的看法。南京国民政府时期,训育这个域外"来客"被沾染了强烈的政治色彩,而且实际上也被赋予了政治功能,例如,在《三民主义教育实施原则》(1931)、《训育纲要》(1939)等一些重要教育文件中,关于各级教育的训育都有明显的政治要求,后者还与"管、教、养、卫"结合起来,确立了训育的四大目标,即政治上"自治治人"、经济上"自育育人"、军事上"自卫卫国",以及文化教育上"自信信道"。更有甚者,《大学规程》(1929)明确把"党义"同军训、体育等一道规定为大学及独立学院共同必修科目之一,还多次颁布并修订中等及以上学校训导人员资格条例,对训导者的资格进行检定等等。这些举措意在加强对学生的政治教化与思想控制,不仅使训育蒙上了浓厚的政治阴影,而且也直接导致了各种教

---

① 余家菊译述:《训育论》,上海:中华书局,1931 年,"序"。
② 李相勖:《训育论》,上海:商务印书馆,1935 年,"序言"。
③ 汪少伦:《训育原理与实施》,重庆:商务印书馆,1943 年,"自序"。
④ 吴俊升编:《德育原理》,上海:商务印书馆,1935 年,第 12－13 页。
⑤ 吴俊升编:《德育原理》,上海:商务印书馆,1935 年,第 7 页。

育矛盾复杂化,助长了教育领域诸如"维护地盘""奔走衙门""枉分派别"等许多不良现象。对此,有的研究者直斥"教育行政机关不负责任""学校当局不负责任",有的还严词批评教育部门"以学生为政治工具"的错误做法。批评主要是针对不重视德育或异化德育,即将德育泛政治化,但德育同政治并非自来就是对手,政治道德依然是德育的组成部分。故而也有研究者在课程中提出"民权"是德育的重要内容,应该注重培养国民"虚心坦怀""公平正直""负责力行""洁己奉公"①等民权生活所需的政治品质。当然,其本意仍然是在强调道德教育或德育的重要性。

民国时期大学教育学院系开设德育论课程具有重要的历史意义。首先是为德育学成为一门独立学科创造了有利条件。德育论课程进入高师和大学的讲堂,成为高师和大学教育学科课程体系的重要组成部分,反映出它获得了独立的地位,以大夏大学、厦门大学、安徽大学以及北京大学为例,其训育论课程具体情况如下表:

表 5–8　民国四所大学教育学院系德育论课程设置情况一览表②

学校名称	课程设置具体情况						
	所在学年	课程名称	所在系别	性质	年级	授课时间	学分
大夏大学	1929	训育问题	教育行政系中等教育系	选修	不详		3
厦门大学	1931–1935	训育问题	教育行政系教育原理系		不详	一学年,每周 3 课时	3
	1935–1938	训育论	教育学系		不详	一学期	
安徽大学	1935	训育论	教育学系		3、4		2
北京大学	1935	德育原理	教育学系		3 年级以上	一学年,每周 2 课时	4

表 5–8 清楚表明,至少到民国中期以后,德育论课程已经成为大学教育学科课程体系的组成部分,并获得了独立地位,从而为德育学成为一门独立的学科创造了有利条件。其次,民国时期高师和综合大学教育学院系在一定程度上成为孕育近代德育理论的母胎。这一时期许多教师为开设德育论课程而撰写的讲义后

---

① 李相勖:《训育论》,上海:商务印书馆,1935 年,第 4 页。
② 此表根据以下资料整理:《大夏大学一览》,大夏大学出版,1929 年;《厦门大学一览》,厦门大学出版,1931–1938 年;《安徽省立安徽大学课程说明书》,安徽大学出版,1935 年;《国立北京大学文学院课程一览》,北京大学出版,1935 年。

来付诸出版,即成为中国近代德育理论的经典之作,如吴俊升的专著《德育原理》原本是他在北大教育学系开设德育论课程的讲义的基础上经过修改而成,并先后被商务印书馆作为"小学教育"及"国民文库"丛书之一加以出版。类似的情形还有不少,如李相勖的《训育论》以及汪少伦的《训育原理与实施》等也基本如此,其出版之前也曾都是讲义,而商务印书馆将其作为"大学丛书"之一加以出版后,在当时颇具影响。

最后,上述两个方面的共同作用也进一步促进了道德教育独立地位的确立。中国传统的道德教育一向注重修身养性,往往"一身"与"天下""独善"与"兼善"相提并论,然而,由于封闭的小农经济基础与森严的宗法等级制度,使得德育几乎没有发荣滋长的余地,不仅道德及其教育被挤压在狭小的个人私有空间,而且也由于宗法制度、伦理生活与道德之间没有明确区别,致使道德教育呈现出泛道德主义的倾向。清末进步人士虽对传统德育的弊端有所认识和揭露,并在道德研究方面开了风气之先,但像梁启超那样先驱式思想人物在呐喊"道德革命"之后,也仍然回到了私德立场,而照旧服膺于"子王子"之学。而资产阶级革命派虽然在道德的"破"上真心欢迎梁启超"道德革命"的主张,但在如何"立"的方面则并没有何种显著建树,纵观清末的道德教育,修身依然是主流。而努力尝试完成这一转变的,是在民国之后。民国教育界有识之士在积极同欧美先进各国进行广泛交流时,逐渐认识到道德教育是德育的根本,因而将陶铸人的品性视为德育的核心任务,并赋予道德教育(德育)独立的身份地位,试图从根本上改变传统德育观念中泛道德主义的倾向。

结　语

　　综上所述,中国近代德育理论产生于近代中国特定的历史环境,是伴随着传统教育向现代教育转型而发展起来的,它和中国近代整个教育一起被国人视为"救国"的重要途径,被赋予"救亡图存"的伟大历史使命,因而道德观念的变革和学校德育课程的开设等德育改革的实践环节远较道德哲学及德育理论的建设更为迫切和重要,被普遍看作当务之急;另一方面,与西方近代德育理论一样,中国近代德育理论也是建立在近代哲学、伦理学、心理学、社会学等学科的基础上,这些学科的理论水平从根本上影响和制约着德育理论的建构及其水准,而中国近代德育理论的建设与中国近代哲学、伦理学、心理学、社会学等学科的建设几乎是同步进行的,这些学科在近代中国普遍处于初创阶段,总体水平不高,因而必然对中国近代德育理论的建设带来不利影响。正是由于上述原因,中国近代德育理论形成了自身某些基本特征,其主要成就和局限性从根本上说也就是由这些基本特征所造成的。本文最后试图从以下几个方面对中国近代德育理论的基本特征作一分析概括。

　　(一)理论理性与实践理性

　　理论理性与实践理性(也可谓工具理性)构成了解释和评价一种理论的一般参照系,总的来说,前者指向理论自身,而后者则指向理论的实践效用。理论理性发达与否,是影响理论自身科学化与系统化的重要因素,就德育理论而言,也是科学德育学得以建立的基本前提。早在清末时,少数学者就已意识到学理的研究有重要意义和价值。例如,蔡元培在《中国伦理学史》"绪论"中指出:"盖伦理学者,知识之途径;而修身书者,则行为之标准也。"①强调伦理学是修身书的理论基础,而他本人也是这样来安排其《中学修身教科书》的篇章结构的,他把修身明确一分为二,上篇注重修身实践,下篇注重修身理论。再如,刘师培也认为借鉴西方伦理

---

① 蔡元培:《中国伦理学史》,上海:商务印书馆,1910 年,"绪论"。

学的观念和方法来系统总结中国传统伦理思想和修养学说具有重要的理论和实践意义,他在《伦理教科书》的"序例"中写道:"昔《宋史》特立《道学传》,道也者,所以悬一定之准则,以使人人共由者也。则宋儒之言道学,殆即伦理专门之学乎?然宋儒之学,兼言心理,旁及教育,非专属于伦理学也。故学无范围,有学而无律,且详于实践之伦理,而伦理起原言之颇简,不适于教科。夫伦理虽以实行为主,然必先知而后行;若昧于伦理之原理,徒以克己断私之说,强人民以必从之,殆《大学》所谓拂人之性者矣。"①当然,清末作为起步阶段,对德育理论的探讨还比较浅薄,往往由于时代的急迫需要对某种道德观的关注远甚于德育理论本身。辛亥革命之后,初步建立起来的共和国迫切需要教育做出变革,尤其道德教育更是如此。学者蒋拙诚这样认为:"中国之所以兴教育数十年而未得教育之效果者,实原于未讲究道德教育之故",②号召学界对道德教育进行研究。民国初期,从学者引进的西方各种公民道德教育思想中可以发现,引进的思想较之前而言开始注重其本身的系统性,换言之,不仅注重道德观念本身也包括教育的方法、条件、途径等方面的介绍。在国内学者的研究中,也开始可以见到一种初步有体系的理论研究,如余家菊,他不仅积极宣传基于自己国家主义立场的道德教育观,也包括其对道德教育的地位、方针、方法、途径等的看法。进入南京国民政府时期,许多德育问题被归纳为一般命题而得到积极研究,德育研究的理论性与系统性更为增强。《训育论》《德育原理》等这样的理论研究成果相继出现,并且基本上都采用现代《德育学》的结构方式即"理论原理"加"实施原理"二维结构方式来构建其理论体系,前者为德育的各学科理论基础,包括哲学、心理学、社会学、生理学等;后者为德育实施的一般问题及其理论,包括德育实施的方法、途径、环境、教育者、被教育者等。这一时期,甚至也出现了关于德育作为一门学科的性质的初步认识,例如,有学者认为,训育"尚为一种极年轻的学问",③或者认为训育"可视为一种应用科学"等。④ 以上情况说明,近代德育理论对诸多德育基本问题的探讨并使之系统化已为一门科学德育学的创立奠定了必要基础。

　　然而,客观地说,中国近代德育理论的理论理性存在着先天不足,而这种不足主要是由近代中国特殊的历史环境和条件造成的。道德与科学不同,在政治斗争、阶级斗争异常尖锐的时代,作为上层建筑一部分的它始终无法规避政治的需

---

① 刘师培:《伦理教科书》第1册,《刘申叔先生遗著》,宁武南氏校印,1934年,"序例"。
② 蒋拙诚:《道德教育论》,上海:商务印书馆,1919年,第4页。
③ 汪少伦:《训育原理与实施》,重庆:商务印书馆,1943年,第4页。
④ 邵鹤亭:《训导原理》,重庆:正中书局,1945年,第3页。

要。中国近代德育理论在产生、形成及发展过程中就始终无法摆脱政治的裹挟，这使得它在一开始就具有很强的实践理性特征，突出表现在通过引进与传播大量符合时代需要的新型、进步德育观以提高德育的实效性，而这又总是与知识界急切的政治改良或革命联系在一起。中国近代不同历史时期的德育理论研究都具有某种"开启山林"的意义与作用，它们分别以"公德""公民道德""训育"为核心传播了大量符合时代需要的新型、进步德育观。清末时，中国社会正处于传统道德初步转型之时，学界关于公德与私德的理论探讨就及时传播了大量近代西方政治与伦理道德观，如自由、平等、人权、爱国、合群、竞争、进取、冒险等，在特定时代条件下，这些观念都被急切地赋予了国家道德与社会道德的价值，从而成为公德的基本内核而在教育中得到高扬；民国初期，为了建设共和国家，公民道德遂又成为德育理论关注的焦点，围绕如何培养公民道德，进步教育人士不仅导入并传播了西方各主要资本主义国家新兴的公民教育思想，而且还从不同的派别立场展开对公民道德教育的理论研究；南京国民政府时期，德育观更是多样化，不仅西方的伦理道德思想被越来越多地介绍进来，而且也系统引进了西方的德育理论，包括以杜威为代表的进步主义的道德教育论、涂尔干社会本位论的道德教育论、康德义务论的道德教育论等，这些道德教育论或德育观都是近代西方社会变化的产物，对近代西方社会的教育、文化等都产生过重要影响。它们被系统地引进之后，虽然使得教育研究者对德育基本问题的认识愈益全面、深刻，从而有助于推进德育理论体系的丰富与完善，但由此造成国内德育观念变革并进而推动整个社会的政治变革是其始终不得不关注的核心问题所在。

（二）理论原理与实施原理

中国近代德育理论在生成、发展过程中也形成了自己独具特点的结构体系，它由理论原理与实施原理共同构成，是一种二维的结构体系。这一体系特征只要我们将民国时期出版的《德育原理》或《训育论》同 20 世纪 80 年代后出版的《德育学》或《德育原理》作一比较便可一目了然。在二维结构体系中，理论原理部分主要探讨的是德育所要依据的理论基础，即德育同与之有关的其他学科间的联系，这些学科主要是指道德哲学或伦理学、心理学、社会学、教育学以及生理学等。由于这些学科密切关注人的身体、精神、价值、关系、观念等各种因素的发展变化，所以它们成为德育培养儿童品格或品性的前提性条件。而实施原理部分探讨的是德育实施的各个方面，包括德育目标、原则、方法、途径、教师人格以及那个时期为教育界所共同关注的一些热点问题，如自治、性教育等等。这样的二维结构从德育理论体系自身的科学性而言无疑是值得称道的，这使其为科学德育学所奠定的基础更为合理牢靠。当然，客观地说，近代德育理论这一结构体系还有其不足，主要体现在无论是理论原理还是实施原理部分，就其应达到的水平而言都还不够，比如，在前者关于德育的研究方法、学科对象的意识水平等；在后者关于德育实施过程矛盾的揭示、德育内容的层次划分、德育环境的功能分析等，这些重要德育问题基本上还未能引起研究者足够的重视。

近代德育理论的二维体系结构有一个逐步形成的过程。其雏形较早可见于清末时国人翻译引进的伦理教科书，如麦鼎华译日本学者元良勇次郎著的《中等教育伦理学》（1903）以及商务印书馆编译所译日本学者服部宇之吉著的《伦理学教科书》（1908）等，基本都采用了理论加实践的撰写方式。《中等教育伦理学》共前后两篇，即"道德实践篇"与"思想伦理篇"，前篇讲述道德实践的各个方面，后篇为伦理理论。此书在清末有颇大影响，至1906年国内已出5版。梁启超在此书翻译引进前夕曾在《新民丛报》上热情赞扬过，认为日本伦理学著作不可谓不多，但堪称"简而要切实而致用者，未有此书若也"。[1] 蔡元培为这本译著作序，同样也予以赞美之词，并以"我国言教育者亟取而应用之，无徒以四书五经种种参考书，扰我学子之思想也"[2]相号召。无独有偶，几年之后，蔡元培的《中学修身教科书》也有着与之类似的体例结构，全书分上下两篇，上篇注重修身实践，下篇注重修身理论。蔡氏的《中学修身教科书》在民初很受欢迎，此书1912年出版，至1921年时已出第16版。民初的修身教科书中采用此种体例结构的还有樊炳清的《共和国教科书修身要义》，分上下卷，上卷初版于1913年7月，下卷为同年12月。樊氏是较早引进日本伦理学之人，日本学者井上哲次郎与高山林次郎合著的《伦理教科书》即由樊氏于1901年翻译进来，江楚编译官书局出版。次年，他又翻译引进了日本文部省编的《伦理书》，应该说他很熟悉日本的伦理修身书。就影响而言，他的《共和国教科书修身要义》也可与蔡氏《中学修身教科书》相媲美，此书上卷至1919年时已出第22版，下卷到1921年也已出至第11版。上述情况可能揭示了清末民初修身教育一个不太为人知的特点，就是至少从教科书翻译者或编撰者来讲他们是较为注重修身实践的理论基础的，若从教科书使用情况来看，也可以进一步推论，此时的修身教育已与传统修身实践有了不同。这反映出道德教育者德育意识方面的某种自觉性。

五四新文化运动中，修身科被废除，以后的相当长时间里，中小学的公民科中只剩下"伦理大意"作为支撑道德教育的点缀，德育已在一定程度上为"生活"或"自治"一语所代替。这种现象所激起的一个结果就是，训育开始明确成为教育者

---

① 《壬寅新民丛报汇编》，横滨：新民社，1903年，第864页。
② ［日］元良勇次郎：《中等教育伦理学》，麦鼎华译，上海：广智书局，1903年，"序言"。

共同关注的重要问题。五四新文化运动不仅仅是对旧道德的批判,在"科学"这面旗帜下,近代西方以来所取得的各种新科学成果都借此机会源源不断地涌入进来,尤其是心理学、社会学的成果。这个时期即是中国近代德育理论研究转折之时,也是为下一步发展积累力量的时期。正因为此一时期心理学、社会学等学科最新成果得到了大量引进,才使得 20 世纪 30 年代的德育理论研究有了长足进展。首先,在理论基础上,由于心理学、社会学等学科的引进,使得德育突破了先前只以伦理学或道德哲学为单一学科基础的局面,也使得品格培养所需要的理论基础更为全面、准确、科学;其次,西方科学德育学的引进为国内学者构建系统的德育理论体系提供了进一步的参考。这两方面的结合就使得 30 年代的训育研究在理论体系上既对前期有所继承也有所突破。在结构体例方面,继承了前期所采用的理论与实践相结合的方式,但此时无论是所涉理论还是实践的具体内容都已今非昔比。理论方面,已突破了伦理学的局限,而将道德哲学、心理学、社会学、教育学、生理学等与德育有关的理论知识同作为德育的理论基础,被视为"理论原理";实践方面,也已突破修身的具体框架,原先的修身要求经改造化作具体的德育标准,而将德育重心由先前的"德育是什么"转移到"如何进行德育"的各种问题的探讨上,这些问题被视为"实践原理"。30 年代至 40 年代出版的各种《训育论》《德育原理》或者《训育原理与实施》等德育学著作,尽管没有明确给出如此划分,但从其整个理论体系的结构方式来看,上述二维结构是很明显的。

中国近代德育理论存在着二维结构的事实反映出了研究者某种逐渐清晰起来的学科意识,这种意识是理论理性得以成长的重要元素。当然,学科意识不仅有利于理论理性的发展,而且也可以为着一个比理论理性更迫切的现实问题服务,这在近代中国尤为如此。

(三)广义德育与狭义德育

从一般意义上说,德育与道德教育同义,然而,德育确有广义与狭义之分,尤其当代我国德育学者在解释现实德育现象及其矛盾时更是常用这一对术语。广义德育与狭义德育也是中国近代德育及其理论表现出来的重要特征之一。为了更好理解近代德育及其理论的这一特征,可以先简要了解一下当代中国学者就这一问题的论争。

所谓狭义德育专指道德教育而言,也称作"小德育";相对而言,广义德育是指包括思想教育、政治教育、品德教育、心理健康教育等在内的德育,也叫作"大德育"。从表面上看,大、小德育的划分主要是因如下两方面的矛盾而起:一是研究上的困难,因为思想教育、政治教育、品德教育、心理健康教育等不仅各自的知识结构不同,更主要是由于儿童在这些方面成长的规律有异,客观上确实难以将其统一到德育门下,都将其塞进德育这个箩筐里;二是不便于中西交流,这一点是很明显的,无须多言。为了解决上述矛盾,研究者们希望将德育只作道德教育来解释。然而,从根本上看,这种划分要求实际体现了德育研究者某种强烈的学理研究的需要、对现实社会道德滑坡的担忧以及反对德育泛政治化的愿望。事实上,由于任何一种德育都有其无法规避的自身历史连续性,使其在发展过程中总充满着各种矛盾与困惑。

自清末学制颁布之后约半个世纪中,以南京国民政府建立为界限,基本上可将中国近代德育大致分为两个阶段,前一阶段的德育主要是修身教育与公民道德教育,后一阶段则有不同,存在着国共两党截然不同的德育路线,其中,革命根据地的德育经验在新中国成立后成为社会主义德育的重要组成部分。从清末到民国初期再到南京国民政府时期,尽管每个时期的德育在实践理性方面同样都有着为现实服务的急切需要,但其实际情况则又有所不同。先拿修身来说,其内容范围基本上都属于道德教育,公德与私德的探讨主要是为了应对近代社会巨变和社会伦理转型对人的道德要求而自觉进行的一次道德重建,是近代教育对人的道德问题所做的首次全面系统设计,它不仅关注人的日常文明习惯即基本行为规范,也高度重视人的基础道德或基本美德,如忠孝、诚实、勇敢、尊重、责任、平等、博爱等。到五四新文化运动时期,中国教育因模仿美国而行公民教育,于是,公民科遂代替了修身科,其内容范围除道德本身外还包括一般社会问题及政治、经济、法律大意的知识,很明显,道德教育的内涵与范围突破了修身。公民道德教育虽仍强调人的基本美德,但作为现代公民由于他拥有的是与现代民主制度相一致的身份,因此他所需要的公民品德就不再仅是传统的内己式修身,而更要有主动服务社会的意识,要有民主及法制精神,这些才是现代公民品德本质内涵的体现。故而公民道德教育是一种具有新质的德育,它对修身既有继承,更有突破,体现了民主制度下道德的现代内涵。南京国民政府建立后仍延续了公民教育,但德育的主体已是训育。就理论研究的主流倾向而言,这一时期的训育无疑是指道德教育,但就实践而言,除了基本品行训练外,主义信仰、服从党与领袖等思想灌输与政治要求也被贯彻其中,这体现了特定历史时期政治斗争、阶级斗争对德育实践的一般要求。

主要参考文献

（一）教育史料

[1]舒新城编:《中国近代教育史资料》,北京:人民教育出版社,1961年。

[2]陈学恂主编:《中国近代教育史教学参考资料》,北京:人民教育出版社,1986—1987年。

[3]陈元晖、陈学恂主编:《中国近代教育史资料汇编》,上海:上海教育出版社,1990年。

[4]朱有瓛编:《中国近代学制史料》,上海:华东师范大学出版社,1983—1992年。

[5]陈元晖,璩鑫圭,邹光威编:《老解放区教育资料》第1卷,北京:教育科学出版社,1981年。

[6]中央教育科学研究所编:《老解放区教育资料》第2卷,北京:教育科学出版社,1986年。

[7]宋恩荣、章咸编:《中华民国教育法规选编(1912－1949)》,南京:江苏教育出版社,1990年。

[8]中国第二历史档案馆编:《中华民国史档案资料汇编》(教育卷),南京:江苏古籍出版社,1991—1994年。

[9]张静庐编:《中国现代出版史料》,北京:中华书局,1952—1959年。

[10]北京图书馆编:《民国时期总书目·教育 体育卷(1911－1949)》,北京:书目文献出版社,1983年。

[11]张枬、王忍之编:《辛亥革命前十年间时论选集》,北京:三联书店,1960—1977年。

[12]张勇、蔡干苏编:《中国思想史参考资料集·晚清至民国卷》,北京:清华大学出版社,2005年。

[13]吴相湘主编:《民国史料丛刊》,台北:传记文学出版社,1971年。

[14]万仁元主编:《中华民国史史料长编》,南京:南京大学出版社,1993年。

[15]周谷诚主编:《民国丛书》,上海:上海书店,1989年;1991年第三编;1996年第五编。

[16]沈云龙主编:《民国经世文编》(教育卷、道德卷),台北:文海出版社,1970年。

[17]《第一次中国教育年鉴》,上海开明书店,1934年。

[18]《大学科目表》,正中书局,1940年。

[19]《第二次中国教育年鉴》,商务印书馆,1948年。

(二)近代德育及训育著作

[1]梁启超著:《德育鉴》,横滨新民社,1905年。

[2]李廷翰著:《训育谈》,中华书局,1916年。

[3]蒋拙诚编著:《道德教育论》,商务印书馆,1919年。

[4](美)朴墨著:《德育问题》,王克仁、邰爽秋译,中华书局,1921年。

[5](美)杜威著:《德育原理》,元尚仁译,中华书局,1921年。[此书商务印书馆于1930年也有出版,书译名相同,译者为张铭鼎。]

[6]陈启天著:《中学训练问题》,中华书局,1922年。

[7]范寿康著:《训练法》,商务印书馆,1925年。

[8]教育杂志社编:《训育理论与实际》,商务印书馆,1925年。

[9]李康复等编:《小学训育的实际》,商务印书馆,1929年。

[10](法)涂尔干著:《道德教育论》,崔载阳译,民智书局,1929年。

[11]余家菊译述:《训育论》,中华书局,1931年。

[12]刘百川著:《小学训育法ABC》,世界书局,1931年。

[13]张仲郁著:《师范学校训育问题》,国立北平师范大学,1932年。

[14]陈智乾编:《中小学训育行政》,世德职业学校,1933年。

[15](美)查忒斯著:《理想的培训法》,吴培芥译,商务印书馆,1933年。

[16](日)野田义夫著:《训育论》,苏芗雨译,上海人人书店,1934年。

[17]陈英俊著:《学校训育论》,湖北省立第二乡村师范,1935年。

[18]李相勖著:《训育论》,商务印书馆,1935年。

[19]吴俊升编:《德育原理》,商务印书馆,1935/1948年。

[20]徐庭达著:《训育研究》,中华印书局,1936年。

[21](美)斯密斯著:《建设的学校训育》,范寯梅译,商务印书馆,1936年。

[22](美)普林格尔著:《中学训育心理学》,李相勖、徐君梅译,商务印书馆,1937年。

[23]樊兆康编著:《小学训育实施法》,正中书局,1937年。

[24]教育部训育委员会编:《训育法令汇编》,1940/1943年。

[25]杨同芳著:《中学训育》,世界书局,1941年。

[26]王裕凯、陆傅籍编著:《大学训导之理论与实施》,文通书局,1941年。

[27]高觉敷编著:《青年心理与训育》,正中书局,1942年。

[28]汪少伦著:《训育原理与实施》,商务印书馆,1943年。

[29]姜琦著:《训育与心理》,正中书局,1944年。

[30]姜琦著:《德育原理》,作者自刊,1944年。

[31]邵鹤亭编著:《训导原理》,正中书局,1945年。

[32]陶愚川著:《训育论》,大东书局,1947年。

[33]伍瑞锴编著:《训导实施》,广东明日出版社,1947年。

[34]薛天汉、黄兢白编:《小学训育》,中华书局,1949年。

（三）近代教育学著作

[1]（日）立花铣三郎讲述:《教育学》,王国维译,载《教育世界》第9～11号。

[2]（日）牧獭五一郎著:《教育学教科书》,王国维译,载《教育世界》第29～30号。

[3]（日）尺秀三郎等讲述:《教育学原理》,季新益译,东京教科书辑译社,1903年。

[4]（日）小泉又一著:《教育学教科书》,周焕文等译,北京华新书局,1904年。

[5]（日）大濑甚太郎著:《新编教育学教科书》,闵犭、刘本枢译述,宋蹯、周之冕发行,1905年。

[6]王国维编著:《教育学》,教育世界社,1905年。

[7]《兰因氏之教育学》,载《教育世界》第134～138、140～142号。

[8]缪文功著:《最新教育学教科书》,文明书局,1906年。

[9]（日）熊谷五郎著:《大教育学》,载《教育世界》第147、149～150、152～153、155～157号。

[10]（日）波多野贞之助讲述:《教育学教科书》,金太仁作译,东京株式会社东亚公司,1907年。

[11]（奥）林笃奈尔著:《教育学》,陈清震重译,京师私立第一中等商业学堂,1907年。

[12]秦毓钧编:《教育学》,中国图书公司,1908年。

[13]（日）吉田雄次著:《新教育学》,蒋维乔译,商务印书馆,1909年。

[14]（日）长尾桢太郎讲:《教育学讲义》,蒋维乔述,商务印书馆,1912年。

[15]张子和:《大教育学》,商务印书馆,1913年。

[16]日本师范学科研究会编:《实用教育学教科书》,周维城、林壬译,北京女子师范学校,1913年。

[17]张毓骢编:《教育学》,商务印书馆,1914年。

[18]宋嘉钊等编译:《教育学教科书》,中华书局,1914年。

[19]刘以钟编:《教育学》,中华书局,1914年。

[20]王凤歧述:《教育学》,商务印书馆,1915年。

[21]韩定生编:《新体教育学讲义》,商务印书馆,1918年。

[22]王炽昌编:《教育学》,中华书局,1922年。

[23]孙贵定编:《教育学原理》,商务印书馆,1923年。

[24]余家菊著:《教育原理》,中华书局,1925年。

[25]孙振编:《教育学讲义》,商务印书馆,1926年。

[26]舒新城著:《教育通论》,中华书局,1926年。

[27]张久如编:《三民主义教育学》,商务印书馆,1928年。

[28]王云五编:《教育原理》,商务印书馆,1928年。

[29]范寿康著:《教育概论》,上海开明书店,1931年。

[30]朱兆萃编:《教育学》,世界书局,1932年。

[31]罗廷光编著:《教育概论》,世界书局,1933年。

[32]邓胄功编著:《教育学大纲》,上海华通书局,1933年。

[33]吴俊升、王西征编著:《教育概论》,正中书局,1935年。

[34](德)赫尔巴特著:《普通教育学》,尚仲衣译,商务印书馆,1936年。

[35]汪懋祖编著:《教育学》,正中书局,1942年。

[36]姜琦著:《教育学新论》,台湾书店,1946年。

[37]孟宪承、陈学恂编:《教育通论》,商务印书馆,1948年。

(四)近代心理学著作

[1](日)高岛平三郎著:《教育心理学》,田吴炤译,商务印书馆,1903年。

[2](日)大久保介寿述:《心理学》,湖北师范生编辑,湖北学务处,1905年。

[3](日)服部宇之吉著:《心理学讲义》,株式会社东亚公司书籍部,1905年。

[4](丹麦)海甫定(H. Hoffding)著:《心理学概论》,王国维重译,商务印书馆,1907年。

[5](日)柿山蕃雄、松田茂著:《教育心理学》,王国维译,京华印书局,1910年。

[6]蒋维乔编纂:《心理学讲义》,商务印书馆,1912年。

[7]樊炳清编纂:《心理学要领》,商务印书馆,1915年。

[8]萧恩承著:《儿童心理学》,商务印书馆,1921年。

[9]舒新城编:《教育心理学纲要》,商务印书馆,1922年。

[10](美)屈雷西(F. Tracy)著:《青春期心理学》,汤子庸译,商务印书馆,1924年。

[11]陈鹤琴著:《儿童心理之研究》,商务印书馆,1925年。

[12](美)斯特朗(E. K. Strong)著:《教育心理学导言》,朱定钧、张绳祖译,商务印书馆,1925年。

[13](美)华特尔(Ch. W. Waddle)著:《儿童心理学》,葛承训译,中华书局,1928年。

[14](美)华伦(H. C. Warren)著:《人类心理学要义》,赵演、汪德全译,商务印书馆,1928年。

[15]姬耀章编:《儿童心理学》,北平文化学社,1931年。

[16]沈履编述:《青年期心理学》,商务印书馆,1932年。

[17]艾伟编纂:《教育心理学》,商务印书馆,1933年。

[18]陈礼江编:《教育心理学》,商务印书馆,1934年。

[19]沈有乾编著:《教育心理》,正中书局,1935年。

[20](美)何林渥斯(H. L. Hollingworth)著:《发展心理学概论》,赵演译,商务印书馆,1935年。

[21]滕大春编:《教育心理学新编》,上海开明书店,1936年。

[22]（美）普林格尔（R. W. Pringle）著：《中学训育心理学》，李相勖、徐君梅译，商务印书馆，1937年。

[23]（美）斯密斯（S. Smith）等著：《教育心理学大纲》，王书林、邓德萍译，商务印书馆，1937年。

[24]（美）布鲁克斯（F. D. Brooks）著：《青年期心理学》，丁祖荫、丁瓒译，商务印书馆，1937年。

[25]（美）雷斯德（C. E. Ragsdale）著：《现代心理学与教育》，钟鲁斋、张俊玗译，商务印书馆，1937年。

[26]黄翼编著：《儿童心理学》，正中书局，1939年。

[27]高觉敷编著：《青年心理与训育》，正中书局，1942年。

[28]萧孝嵘：《教育心理学》，国立编译馆，1944年。

[29]姜琦编著：《训育与心理》，正中书局，1944年。

[30]艾伟编：《教育心理学大观》，商务印书馆，1945年。

[31]左学礼著：《发展心理学》，商务印书馆，1946年。

（五）近代其他相关著作及文献

[1]（日）浮田和民著：《新道德论》，周宏业译，商务印书馆，1919年。

[2]陈绍舜编：《国民道德要义》，商务印书馆，1923年。

[3]康德著：《康德教育论》，瞿菊农译，商务印书馆，1926年。

[4]孙文：《三民主义》，上海中央图书局，1927年。

[5]余家菊主编：《中国教育辞典》，中华书局，1928年。

[6]唐钺、朱经农、高觉敷编：《教育大辞书》，商务印书馆，1929年。

[7]《第二次全国教育会议始末记》，江东书局，1930年。

[8]张东荪著：《道德哲学》，中华书局，1930年。

[9]陈翊林著：《最近三十年中国教育史》，上海太平洋书店，1931年。

[10]舒新城著：《近代中国教育思想史》，中华书局，1932年。

[11]丘景尼编著：《教育伦理学》，世界书局，1932年。

[12]（美）杜威、塔夫茨著：《道德学》，余家菊译，中华书局，1932年。

[13]蒋梦麟著：《过渡时代之思想与教育》，商务印书馆，1933年。

[14]瞿侃，黄异，余云岫编：《德华大字典》，商务印书馆，1933年。

[15]叶青：《张东荪哲学批判》，上海辛肯书店，1934年。

[16]周予同：《中国现代教育史》，上海良友图书印刷公司，1934年。

[17]（英）罗素著：《教育与群治》，赵演译，商务印书馆，1934年。

[18]刘师培：《伦理教科书》，《刘申叔先生遗书》，宁武南氏校印，1934年。

[19]吴俊升：《教育哲学大纲》，商务印书馆，1935年。

[20]丁致聘著：《中国近七十年来教育记事》，国立编译馆，1935年。

[21]雷通群著:《新兴的世界教育思潮》,商务印书馆,1935年。

[22](法)拉郎德著:《实践道德述要》,吴俊升译,中华书局,1935年。

[23]陈德荣译:《西洋道德史》(1-6卷),商务印书馆,1937年。

[24]姜琦著:《中国国民道德原论》,商务印书馆,1944年。

[25]龚自珍:《龚自珍全集》,上海:中华书局,1959年。

[26]魏源:《魏源集》,北京:中华书局,1976年。

[27]胡适著:《胡适文存》,上海:上海书店出版社,1989年。

[28]梁启超著:《饮冰室合集》,北京:中华书局,1989年。

[29]高平叔编:《蔡元培教育论著选》,北京:人民教育出版社,1991年。

[30]白吉庵、刘燕云编:《胡适教育论著选》,北京:人民教育出版社,1994年。

[31]任钟印编:《杨贤江全集》,郑州:河南教育出版社,1995年。

[32]张星烺著:《欧化东渐史》,北京:商务印书馆,2000年。

(六)近代期刊

[1]《教育公报》,1914年创刊,教育部编审处编辑发行。

[2]《教育部公报》,1929年创刊,教育部总务司编辑发行。

[3]《教育杂志》(上海),1909年创刊,《教育杂志》编辑部主编,商务印书馆发行。

[4]《中华教育界》,1912年创刊,中华书局发行。

[5]《新教育》,1919年创刊,新教育共进社、中华教育改进社主编。

[6]北京高师《教育丛刊》,1919年创刊,北京高等师范学校主编。

[7]《中等教育》,1921年创刊,国立东南大学南京高师附属中学校编辑,中华书局发行(后改由中国中等教育协进社编辑发行)。

[8]《教育研究》,1928年创刊,广州国立第一中山大学教育学研究所。

[9]《教育半月刊》,1936年创刊,成都国立四川大学教育研究会。

[10]《教育通讯》,1938年创刊,正中书局发行。

(七)研究专著及译著

[1]康德著:《实践理性批判》,关文运译,北京:商务印书馆,1960年。

[2]吴俊升:《教育生涯——周甲》,台北:传记文学出版社,1976年。

[3]郭为藩著:《中华民国开国七十年之教育》,台北:广文书局,1981年。

[4]张磊著:《孙中山思想研究》,北京:中华书局,1981年。

[5]陈景磐编著:《中国近代教育史》,北京:人民教育出版社,1983年。

[6]毛礼锐、沈灌群主编:《中国教育通史》,济南:山东教育出版社,1985~1988年。

[7]八院校合编:《德育原理》,北京:北京师范大学出版社,1985年。

[8]六院校合编:《德育学》,西安:陕西人民教育出版社,1986年。

[9]吴祥祯编著:《中国教育家论德育》,成都:四川教育出版社,1987年。

[10]章开沅著:《离异与回归——传统文化与近代化关系试析》,长沙:湖南人民出版社,1988年。

[11]赫尔巴特著:《普通教育学·教育学讲授纲要》,李其龙译,北京:人民教育出版社,1989年

[12]冯契:《中国近代哲学史》上册,上海:上海人民出版社,1989年。

[13]吴熙钊著:《中国近代道德启蒙》,长春:吉林文史出版社,1990年。

[14]熊明安著:《中华民国教育史》,重庆:重庆出版社,1990年。

[15]李步楼著:《冲击与思考——西方思潮在中国》,长沙:湖南人民出版社,1991年。

[16]汪一驹著:《中国知识分子与西方:留学生与近代中国(1872－1949)》,梅寅生译,台北:久大文化股份有限公司,1991年。

[17]冯契主编:《哲学大辞典》,上海:上海辞书出版社,1992年。

[18]江万秀、李春秋著:《中国德育思想史》,长沙:湖南教育出版社,1992年。

[19]马勇著:《近代中国文化诸问题》,上海:上海人民出版社,1992年。

[20]于钦波编著:《中国德育思想史》,长春:吉林教育出版社,1993年。

[21]张锡生主编:《中国德育思想史》,南京:江苏教育出版社,1993年。

[22]王炳照、阎国华主编:《中国教育思想通史》,长沙:湖南教育出版社,1994年。

[23]宋恩荣著:《近代中国教育改革》,北京:教育科学出版社,1994年。

[24]熊月之著:《西学东渐与晚请社会》,上海:上海人民出版社,1994年。

[25]金林祥著:《蔡元培教育思想研究》,沈阳:辽宁教育出版社,1994年。

[26]孙培青、李国均主编:《中国教育思想史》,上海:华东师范大学出版社,1995年。

[27](美)费正清、赖肖尔著:《中国——传统与变革》,陈仲丹等译,南京:江苏人民出版社,1995年。

[28]高瑞泉主编:《中国近代社会思潮》,上海:华东师范大学出版社,1996年。

[29]田正平著:《留学生与中国教育近代化》,广州:广东教育出版社,1996年。

[30]周谷平著:《近代西方理论在中国的传播》,广州:广东教育出版社,1996年。

[31]董宝良、周洪宇主编:《中国近现代教育思潮与流派》,北京:人民教育出版社,1997年。

[32]李华兴主编:《民国教育史》,上海:上海教育出版社,1997年。

[33]罗炽等著:《中国德育思想史纲》,武汉:湖北教育出版社,1998年。

[34]陈谷嘉、朱汉民主编:《中国德育思想研究》,杭州:浙江教育出版社,1998年。

[35]杜成宪、崔运武、王伦信著:《中国教育史学九十年》,上海:华东师范大学出版社,1998年。

[36]刘志琴主编:《中国近代社会文化变迁录》,杭州:浙江人民出版社,1998年。

[37]彭明等主编:《近代中国的思想历程》,北京:中国人民大学出版社,1999年。

[38]昌切著:《清末民初的思想主脉》,北京:东方出版社,1999年。

[39]罗志田著:《权势转移:近代中国的思想、社会与学术》,武汉:湖北人民出版社,

1999 年。

　　[40]张岂之、陈国庆著:《近代伦理思想的变迁》,北京:中华书局,2000 年。

　　[41]金林祥著:《20 世纪中国教育学科的发展与反思》,上海:上海教育出版社,2000 年。

　　[42]田正平、肖朗主编:《世纪之理想——中国近代义务教育研究》,杭州:浙江教育出版社,2000 年。

　　[43]田正平主编:《中国教育研究史研究》(近代分卷),上海:华东师范大学出社,2001 年。

　　[44]王伦信著:《清末民国时期中学教育研究》,上海:华东师范大学出版社,2002 年。

　　[45]单中惠著:《现代教育的探索—杜威与实用主义教育思想》,北京:人民教育出版社,2002 年。

　　[46](美)柯文著:《在中国发现历史》,林同奇译,北京:中华书局,2002 年。

　　[47]李泽厚著:《中国近代思想史论》,天津:天津社会科学院出版社,2003 年。

　　[48]李泽厚著:《中国现代思想史论》,天津:天津社会科学院出版社,2003 年。

　　[49]余英时著:《中国思想传统的现代诠释》,南京:江苏人民出版社,2003 年。

　　[50]张晓唯著:《蔡元培与胡适(1917—1937) 中国文化人与自由主义》,北京:中国人民大学,2003 年。

　　[51]郑航著:《中国近代德育课程史》,北京:人民教育出版社,2004 年。

　　[52]田正平、肖朗、周谷平主编:《中外教育交流史》,广州:广东教育出版社,2004 年。

　　[53]汪辉著:《现代中国思想的兴起》,北京:三联书店,2004 年。

　　[54]章清著:《"胡适派学人群"与现代中国自由主义》,上海古籍出版社,2004 年。

　　[55](美)周策纵著:《五四运动——现代中国的思想革命》,周子平等译,南京:江苏人民出版社,2005 年。

　　[56]杨宏雨著:《20 世纪中国教育变迁的回顾与反思》,上海:学林出版社,2005 年。

　　[57]周明之著:《胡适与中国现代知识分子的选择》,桂林:广西师范大学出版社,2005 年。

　　[58](美)格里德著:《胡适与中国的文艺复兴——中国革命中的自由主义》,鲁奇译,南京:江苏人民出版社,2005 年。

　　[59]余英时著:《现代危机与思想人物》,北京:三联书店,2005 年。

　　[60]陈桂生著:《中国德育问题》,福州:福建教育出版社,2006 年。

　　[61]陈来著:《传统与现代——人文主义的视界》,北京:北京大学出版社,2006 年。

　　[62]黄书光著:《变革与创新——中国中小学德育演进的文化审视》,济南:山东教育出版社,2007 年。

　　[63]郭德侠著:《中国近代高等学校课程设置研究》,青岛:中国海洋大学出版,2007 年。

　　[64]单中惠、王凤玉主编:《杜威在华教育讲演》,北京:教育科学出版社,2007 年。

　　[65]郑大华著:《传统思想的近代转换》,北京:社会科学文献出版社,2007 年。